Tschechisch
ohne Mühe

All rights reserved
printed in EU 08/2025

Die Methode für jeden Tag

Tschechisch
ohne Mühe

von
Olga SPILAR

Deutsche Übersetzung und Bearbeitung von
Judit RANDACK
in Zusammenarbeit mit
Susanne GAGNEUR

Zeichnungen von J.L. Goussé

Der Sprachverlag
Körnerstrasse 12
50823 KÖLN
Deutschland

E-Mail:
Kontakt@assimil.com

© Assimil 1999/2025
ISBN 978-3-89625-006-3

Der Assimil-Verlag bietet folgende Sprachkurse an:

Grundkurse Niveau A1–B2 / Reihe "ohne Mühe"

Amerikanisch • Arabisch • Brasilianisch
Bulgarisch • Chinesisch • Chinesische Schrift
Dänisch • Deutsch (als Fremdsprache) • Englisch
Finnisch • Französisch • Griechisch • Hindi
Indonesisch • Italienisch • Japanisch • Kanji-Schrift
Koreanisch • Kroatisch • Latein • Luxemburgisch
Niederländisch • Norwegisch • Persisch • Polnisch
Portugiesisch • Rumänisch • Russisch • Schwedisch
Spanisch • Suaheli • Thai • Tschechisch
Türkisch • Ungarisch • Vietnamesisch

Vertiefungskurse Niveau B2–C1 / Reihe "in der Praxis"

Englisch • Französisch • Italienisch • Russisch • Spanisch

Weitere Sprachkurse in Vorbereitung

... Aktuelles und weitere Infos unter www.AssimilWelt.com

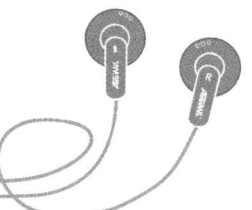

Die Tonaufnahmen

mit den fremdsprachigen Texten aller Lektionen und Verständnisübungen aus diesem Kurs – insgesamt 215 Min. Spieldauer – können Sie im Internet oder bei Ihrem Buchhändler bestellen: **Česky bez nesnází**

    4 Audio-CDs ISBN 978-3-89625-156-5
    MP3   ISBN 978-3-89625-656-0

Dieses Buch ist auch zusammen mit der passenden PC-App erhältlich

VORWORT

Sie essen gerne *Quark*? Sie sammeln *Pistolen*? Oder Sie tanzen gerne *Polka*? Dann kennen Sie bereits drei tschechische Wörter, die – neben vielen anderen – Eingang ins Deutsche gefunden haben.

Tschechisch gehört zur westlichen Familie der slawischen Sprachen. Es wird gegenwärtig von ca. elf Millionen Menschen als Muttersprache gesprochen. Zehn Millionen davon leben in Tschechien, wo es die Amtssprache ist. Seit 2004 ist Tschechisch auch Amtssprache der EU.

Die tschechische Aussprache gilt wegen der Zischlaute und wegen vokaloser Silben mit **r** und **l** als schwierig. Manche Sätze sind völlig vokalfrei … wie zum Beispiel **Strč prst skrz krk!** (dt. Steck den Finger durch den Hals!).

Das Geheimnis des **natürlichen Assimilierens** bei Assimil ist die **Regelmäßigkeit des Lernens**. 20–30 Minuten täglich in Gesellschaft Ihres Buches, und Sie werden schnell Fortschritte machen. **Zwingen Sie sich nicht zum Auswendiglernen**.

Die bessere Art, sich eine Fremdsprache anzueignen (zu assimilieren), ist wiederholtes Lesen und vor allem Anhören der Dialoge und Übungstexte. Wenn Sie die Tonaufnahmen nicht haben, hilft Ihnen die Lautschrift, die es begleitend zu den Lektionstexten gibt. Außerdem rufen wir Ihnen die wichtigsten Regeln immer dann, wenn es sich als nützlich erweist, ins Gedächtnis.

Tschechisch ist eine stark flektierende Sprache mit sieben grammatischen Fällen. Es gibt mehrere Deklinationen und Konjugationen, die mittels Endungen bzw. kleiner Änderungen im Stamm erfolgen, außerdem zeichnet sich die Sprache durch zahlreiche Unregelmäßigkeiten aus. Die Wortfolge ist relativ frei und ermöglicht stilistische Differenzierungen.

Mit dem Kurs **Tschechisch ohne Mühe** wird es Ihnen problemlos gelingen, sich autodidaktisch in 92 Lektionen die Grundlagen des Tschechischen anzueignen. Sie werden hiermit das sprachliche Niveau von 5–6 Semestern VHS bzw. die Stufe **B2** des Gemeinsamen Europäischen Referenzrahmens für Sprachen erreichen – ohne Auswendiglernen und „Grammatikpauken".

INHALT

Vorwort V
Lektionsverzeichnis VII
Tschechisch ohne Mühe mit Assimil IX
Passive und aktive Phase X
Aufbau der Lektionen XI
Arbeitsweise XIII
Lektionen 1–92 1
Grammatikalischer Anhang 493
Grammatikalischer Index 554
Die Aussprache des Tschechischen 560

LEKTIONSVERZEICHNIS

Lektion / Titel	Seite	Lektion / Titel	Seite
1 Telefon	1	**22** Snídaně – oběd – večeře	91
2 V letadle	3	**23** Jan ma rad čokoládu	95
3 Máme žízeň! Máme hlad!	7	**24** Dopoledne	101
4 Na ulici	11	**25** Parkování zakázáno	105
5 Rozumím!	13	**26** Kupujeme lístky do divadla	111
6 To hezky začíná!	17	**27** Bolí mě zuby	115
7 OPAKOVÁNÍ A POZNÁMKY (Wiederholungen)	21	**28** OPAKOVÁNÍ A POZNÁMKY (Wiederholungen)	119
8 Geniální rodina	25	**29** V metru	125
9 Jdeme hrát tenis	29	**30** V parku	131
10 Zdraví je důležité	33	**31** Kde je autobusové nádraží?	137
11 V obchodě	37	**32** Jak se vám líbí v Praze?	143
12 Nový byt	43	**33** Držím dietu	149
13 Marie má narozeniny	47	**34** Máte rád sport?	155
14 OPAKOVÁNÍ A POZNÁMKY (Wiederholungen)	53	**35** OPAKOVÁNÍ A POZNÁMKY (Wiederholungen)	159
15 V hotelu Hvězda	57	**36** Jaké je dnes počasí?	167
16 čtu, čteš – oni čtou	63	**37** Kolik je hodin?	171
17 Na poště	67	**38** V restauraci	177
18 V Tabáku	73	**39** U benzínové pumpy	183
19 Zkouška je zkouška	77	**40** Dotazník	187
20 Připravuji se na cestu	81	**41** Dovolená na Tahiti	193
21 OPAKOVÁNÍ A POZNÁMKY (Wiederholungen)	85	**42** OPAKOVÁNÍ A POZNÁMKY (Wiederholungen)	197

#	Lekce	Str.
43	Dovolte, abych vám představil Terezu	205
44	Povolání	209
45	Velká černá kočka	215
46	Mistrovství světa v hokeji	219
47	Ve vlaku	225
48	Telefonický rozhovor	229
49	OPAKOVÁNÍ A POZNÁMKY (Wiederholungen)	235
50	Pražské jaro	243
51	Dopis	249
52	Češi mluví čínsky	253
53	Móda	259
54	Lázně Karlovy Vary	263
55	Dobrou noc	269
56	OPAKOVÁNÍ A POZNÁMKY (Wiederholungen)	275
57	Připravte si drobné	281
58	Jazyky a filatelie	287
59	Zeměpis	291
60	Příroda a fyzika	297
61	Vánoce	303
62	Matěj jezdí na saních	307
63	OPAKOVÁNÍ A POZNÁMKY (Wiederholungen)	313
64	Ovocný salát	319
65	Na trhu	325
66	Kde je lékárna?	331
67	Ekologie	337
68	Výstava	341
69	U Dvořáků	349
70	OPAKOVÁNÍ A POZNÁMKY (Wiederholungen)	353
71	U Nováků	359
72	To jsou ale snobové!	365
73	V Zoo	371
74	Věda a technika	377
75	Suvenýry	383
76	Velmi surrealistická poezie	389
77	OPAKOVÁNÍ A POZNÁMKY (Wiederholungen)	395
78	Dějiny	399
79	Politika	405
80	Strašidlo	411
81	Naposledy viděn v Irsku	419
82	Votrubcovi jedou na venkov	425
83	Helena se učí latinu	431
84	OPAKOVÁNÍ A POZNÁMKY (Wiederholungen)	437
85	Film	445
86	Literatura	451
87	Švestkové knedlíky	459
88	Pojištění proti úrazům	465
89	Na policii	471
90	V kupé	477
91	OPAKOVÁNÍ A POZNÁMKY (Wiederholungen)	483
92	Tajemné setkání	489

TSCHECHISCH OHNE MÜHE MIT ASSIMIL

Dieser Kurs richtet sich an alle, für die diese Sprache noch eine völlig unbekannte Sprache ist, sowie an diejenigen, die bereits vorhandene Kenntnisse auffrischen möchten. Er vermittelt in 92 Lektionen modernes und lebensnahes Tschechisch. Insgesamt erlernen Sie in diesem Kurs mehr als 2.000 Vokabeln.

Tschechisch ohne Mühe präsentiert Ihnen die Sprache so, wie man ihr im täglichen Leben begegnet. Durch den lebendigen Kontext werden Sie sich sehr schnell wohlfühlen. Die Assimil-Methode bietet eine natürliche Progression: Lassen Sie sich leiten, und Sie werden bequem Ihr Ziel erreichen.

Das Geheimnis des natürlichen Assimilierens bei Assimil ist die **Regelmäßigkeit** des Lernens:
20–30 Minuten täglich in Gesellschaft Ihres Kurses, und Sie werden schnell Fortschritte machen. Haben Sie einmal wenig Zeit, so vermindern Sie die Lerndosis lieber, als dass Sie sie ganz streichen. Sie müssen nicht pro Tag eine Lektion durcharbeiten, sondern können eine Lektion auf mehrere Tage verteilen.

Lernen Sie **nicht auswendig**. Die bessere Art, sich eine Fremdsprache anzueignen – oder besser gesagt: zu assimilieren – ist wiederholtes Lesen und vor allem Anhören der Dialoge und Übungstexte.

Lesen Sie auf jeden Fall die vorliegende **Einleitung** und die **Erläuterungen zur Aussprache** am Ende des Buches. Dort wird beschrieben, wie Sie die vereinfachte Lautschrift lesen. Sie sind eine wichtige Ergänzung zu den Tonaufnahmen.

Sie können die Lautbeschreibungen auf den letzten Seiten dieses Buches außerdem jederzeit zum Nachschlagen benutzen. Vor allem in den ersten Tagen Ihres Studiums sollten Sie sich die **Lautschrifttabelle** immer wieder ansehen und die Laute laut und deutlich nachsprechen.

Nach der letzten Kurslektion finden Sie einen umfangreichen **grammatikalischen Anhang**, den Sie jederzeit zum Nachschlagen verwenden können. Lernen Sie aber bitte die dort abgedruckten Listen und Tabellen NIE auswendig!

PASSIVE UND AKTIVE PHASE

Wie alle Assimil-Kurse gliedert sich auch dieser Kurs in eine passive und eine aktive Phase (auch „Zweite Welle" genannt). Bis Lektion 49 üben Sie zunächst passiv das Verstehen, d. h. Sie sollen die Texte lediglich beim Lesen und Anhören verstehen. Dabei sollten Sie die Aufnahmen möglichst oft anhören, sich mit der Aussprache vertraut machen, die Anmerkungen lesen und die Übungen absolvieren. In dieser Phase bilden Sie noch keine eigenen Sätze, sondern sammeln lediglich passive Kenntnisse an.

Mit Lektion 50 beginnt die „Aktive Phase" oder auch „Zweite Welle", für die Sie von nun an täglich etwa 5–10 Minuten mehr einplanen müssen. Sie finden nun am Ende jeder Lektion den Hinweis „Zweite Welle", gefolgt von einer Lektionsnummer. Das bedeutet: Nachdem Sie Ihre aktuelle Lektion wie gewohnt passiv studiert haben, gehen Sie zurück zu der angegebenen Lektion und arbeiten diese aktiv durch, d. h. Sie versuchen, den deutschen Dialog auf der rechten Buchseite – wie ein Dolmetscher – auf Tschechisch wiederzugeben, wobei Sie die linke Buchseite zudecken. Dies üben und wiederholen Sie so lange, bis Sie den Text korrekt in die Fremdsprache übersetzen können.

Sie können (und sollten) ebenso mit der Verständnisübung der jeweiligen Lektion verfahren, d. h. auch hier versuchen, die deutschen Sätze auf Tschechisch wiederzugeben. Zur Kontrolle finden Sie die fremdsprachigen Sätze auf der gegenüberliegenden Buchseite.

Im Laufe dieser „Aktivierung" werden Sie überrascht sein, wie viele Kenntnisse Sie bereits – ohne Mühe und intuitiv – erworben haben, und dass Sie schon eine Menge Wortschatz und Strukturen passiv „assimiliert" haben. Gleichzeitig werden Sie feststellen, dass Sie Ihre bislang erworbenen Kenntnisse vertiefen und festigen und gleichzeitig Ihren Wortschatz erweitern. Außerdem zeigt Ihnen die „Zweite Welle" noch bestehende Schwierigkeiten auf, und Sie werden herausfinden, was Sie noch einmal wiederholen müssen.

AUFBAU DER LEKTIONEN

A. Lektionstext
Auf jeder linken Buchseite finden Sie einen tschechischen Dialog, auf der rechten Buchseite, vis à vis, die sinngemäße deutsche Übersetzung. Um Ihnen vor allem am Anfang das Verständnis zu erleichtern, gibt es an vielen Stellen auch die **Wort-für-Wort-Übersetzung** bestimmter Satzteile in runden Klammern (…). Satzteile bzw. Ausdrücke im Deutschen, die im tschechischen Text nicht vorhanden, jedoch für das Verständnis oder für die syntaktische Korrektheit des Deutschen wichtig sind, sind mit eckigen Klammern [...] versehen. Zahlen am Satzende ①, ②, usw. verweisen auf einzelne **Anmerkungen**.

B. Vereinfachte Lautschrift/Aussprache
Die phonetische Transkription aller tschechischen Lektionssätze der jeweiligen Seite finden Sie unter dem Lektionstext in einem mit **Výslovnost „Aussprache"** überschriebenen Absatz.

Bei der Lautschrift handelt es sich um eine speziell von Assimil entwickelte Phonetik [aßimil fonetik], die Ihnen die Aussprache des Tschechischen erleichtern soll.

Ausführliche Erläuterungen, wie Sie die Phonetik lesen sollen, finden Sie auf den letzten Seiten dieses Buches.

Ab Lektion 15 werden nur die Ausdrücke in vereinfachter Lautschrift wiedergegeben, deren Aussprache schwierig bzw. ungewöhnlich ist.

C. Anmerkungen
Eingekreiste Zahlen im tschechischen Lektionstext verweisen auf Anmerkungen, die immer auf derselben Buchdoppelseite zu finden sind; das erspart Ihnen umständliches Hin- und Herblättern. Die Anmerkungen enthalten in Kürze wichtige Informationen zum Verständnis des jeweiligen Satzes, eines Satzteils oder eines Wortes bzw. deren Grammatik. Sie können auch ergänzenden Wortschatz, Synonyme, usw. oder einfach landeskundliche Details beinhalten.

D. Verständnisübung mit Lösung
Die 1. Übung jeder Lektion ist eine aus wenigen Sätzen bestehende Übung, in der das Vokabular der aktuellen und auch der letzten Lektionen wieder aufgegriffen und in einen anderen Kontext eingebettet wird. Anhand dieser Übung können Sie feststellen, ob Sie den bisher angetroffenen Wortschatz verstehen bzw. passiv assimiliert haben. Die Lösung dieser Übung finden Sie in Form der deutschen Übersetzung der Übungssätze auf der gegenüberliegenden Buchseite.

Falls Sie Probleme haben, einzelne Sätze spontan zu verstehen, sollten Sie unbedingt die aktuelle Lektion nochmals lesen. Am besten sofort ... und später diese Übung erneut wiederholen.

E. Lückentextübung mit Lösung
Die 2. Übung jeder Lektion ist eine Lückentextübung, die ebenfalls auf dem bislang kennengelernten Vokabular basiert. Hier sollen Sie auf der Grundlage der angegebenen deutschen Sätze in die darunter stehenden tschechischen Sätze fehlende Wörter einsetzen.

Die „Lücken" werden durch Punkte „ . . . . . . " dargestellt, wobei **jeder Punkt** für **einen Buchstaben** steht. Endet ein Satz mit einer „Lücke", so ist der Schlusspunkt des Satzes fett gedruckt.

Die Lösung zu dieser Übung, d. h. die Wörter, die Sie einsetzen müssen, finden Sie auf der rechten Buchseite.

F. Motivationshinweise
Gelegentlich gibt es kleine Lernhinweise, die dazu dienen sollen, Sie zu ermuntern und zu motivieren, Sie also sozusagen „bei Laune zu halten". Sie enthalten auch wichtige Tipps für das effektive Lernen und für Situationen, in denen Sie auf Schwierigkeiten stoßen oder in denen Sie sich evtl. etwas demotiviert fühlen könnten.

G. Wiederholungslektionen
Jede 7. Lektion ist eine Art „Bilanz". Hier werden in systematischer Form die Besonderheiten (inkl. Grammatik) der vergangenen sechs Lektionen wiederholt, vertieft und anhand von Beispielen erläutert. In diesen Lektionen finden Sie u. a. auch Konjugations-, Deklinations- und Wörterlisten, die Sie vielleicht in den Lektionen vermisst haben. Versuchen Sie nicht, alles beim ersten Durchlesen zu behalten! Diese Lektionen sind hauptsächlich dazu da, ein späteres Nachschlagen zu ermöglichen.

H. Illustrationen
Schenken Sie auch den Illustrationen ein bisschen Aufmerksamkeit. Jede Karikatur dreht sich um einen Satz aus der jeweiligen Lektion. Vielleicht helfen Ihnen die Illustrationen, sich bestimmte Wendungen oder Ausdrücke besser zu merken, weil Sie sie mit einem Bild bzw. einer Situation assoziieren können.

I. Tonaufnahmen
Sie können zwar auch mit dem Buch alleine lernen. Wir empfehlen Ihnen dennoch dringend, zusätzlich die Tonaufnahmen oder die PC-App (siehe Seite IV) zu erwerben. Beide enthalten sämtliche fremdsprachigen Lektions- und Verständnisübungstexte. Professionelle

SprecherInnen aus unterschiedlichen Regionen Tschechiens gewährleisten eine hohe Authentizität in Aussprache, Betonung und Satzmelodie.

Zu Beginn werden die Texte relativ langsam gesprochen; im Laufe der Lektionen steigert sich das Sprechtempo bis hin zu dem typischen Tschechisch, wie Sie es unter Tschechen hören werden.

ARBEITSWEISE

1. Hören Sie sich zunächst die komplette Lektion mehrmals hintereinander auf den Tonaufnahmen an, und vergleichen Sie die Aussprache mit der vereinfachten Lautschrift unter dem Lektionstext.

2. Hören Sie sich dann die Aufnahmen erneut an, und lesen Sie den tschechischen Text Satz für Satz laut mit. Machen Sie sich aber vor allem am Anfang keinen Stress mit der Aussprache. Akzeptieren Sie, dass Ihr Ohr sich erst allmählich an die fremden Laute gewöhnt und Sie eine gewisse Zeit brauchen, um diese zu hören und zu erzeugen. Lesen Sie parallel auch die Übersetzung auf der rechten Seite.

3. Lesen Sie immer die den jeweiligen Sätzen zugeordneten Anmerkungen aufmerksam durch.

4. Hören Sie sich am Ende die Lektion noch einmal komplett auf den Tonaufnahmen an.

5. Lesen Sie dann jeden Satz einzeln so oft laut, bis Sie ihn wiederholen können, ohne ins Buch zu sehen.

6. Hören Sie sich die Lektion noch einmal komplett an.

7. Wenn Sie den gesamten Lektionstext verstanden, sich mit der Aussprache vertraut gemacht und die Anmerkungen gelesen haben, absolvieren Sie die Verständnisübung.

8. Arbeiten Sie anschließend, am besten schriftlich, die Lückentextübung durch, natürlich ohne zwischendurch auf die Lösung zu sehen!

9. Gehen Sie erst dann zur nächsten Lektion über, wenn Sie den Text der aktuellen Lektion problemlos verstehen!

Viel Spaß!

1 • **jeden** [jädän] (m.); **jedna** [jädna] (f.); **jedno** [jädno] (n.)

▶ **První (1.) lekce** [prwnjii läktßä]

Telefon

1	– Haló, kdo je to? Marie? ①②
2	– Ano.
3	– Ahoj, tady Karel.
4	– Ahoj. Kde jsi?
5	– Jsem doma. Eva je tady. Má úplně nové auto. ③④
6	– Ano?
7	– Ano. Ale neumí řídit. ⑤
8	– A ty?
9	– Já ano.
10	– To je dobře! Eva je jistě ráda.
11	– Já jsem taky rád. ⑥⑦

(VÝSLOVNOST)

[täläfon **1** haloo, gdo jä to? marijä? **2** ano. **3** ahoj, tadi karäl. **4** ahoj. gdä ßi? **5** ßäm doma. äwa jä tadi. maa uuplnjä novää aUto. **6** ano? **7** ano. alä näumii rřiidjit. **8** a ti? **9** jaa ano. **10** to jä dobrřâ. äwa jä jißtjä raada. **11** jaa ßäm taki raat.]

Erste Lektion

[Am] Telefon

1 – Hallo, wer ist da (das)? Marie?
2 – Ja.
3 – Hallo, hier Karel.
4 – Hallo. Wo bist [du]?
5 – [Ich] bin zu Hause. Eva ist hier. [Sie] hat [ein] ganz neues Auto.
6 – Ja?
7 – Ja. Aber [sie] kann nicht fahren (steuern).
8 – Und du?
9 – Ich schon. (Ich ja.)
10 – Das ist gut! Eva ist sicher froh!
11 – Ich bin auch froh.

ANMERKUNGEN

① **Haló** ist ein Grußwort, das nur am Telefon benutzt wird, oder wenn man eine Person ruft.

② Sprechen Sie das h deutlich behaucht, wie im deutschen „Hallo".

③ Im Tschechischen gibt es weder bestimmte („der, die, das") noch unbestimmte („ein, eine") Artikel.

④ Bei der Aussprache wird das **j** in **jsem** und **jsi** weggelassen: [ßäm], [ßi].

⑤ Sie wissen bereits, dass **ř** wie eine Verknüpfung von „r" und dem französischen „j" („Journal") gesprochen wird. Achten Sie bei der Aussprache darauf, dass es sich um einen Laut handelt.

⑥ **rád, ráda** „froh" ist ein Adjektiv (Eigenschaftswort). Die Endung der Adjektive ändert sich je nach Geschlecht und Zahl des dazugehörigen Substantivs.

⑦ Das Personalpronomen **já** „ich" betont hier die sprechende Person. Personalpronomen werden nur verwendet, wenn die Person besonders hervorgehoben werden soll. Die Person kann an den Endungen der Verben erkannt werden.

3 • **tři** [*trrjĩ*]

1. Übung: Verstehen Sie diese Sätze?

❶ Jsem Karel. ❷ Kde je Eva? ❸ Má nové auto. ❹ Marie je doma. ❺ Jsi rád?

2. Übung: Setzen Sie die fehlenden Wörter ein!

❶ [Ich] habe [ein] neues Auto.

. . . nové auto.

❷ Das ist gut.

To . . dobře.

❸ [Ich] bin sehr froh.

. . . . moc rád.

❹ Wer ist das, Marie?

. . . je to, Marie?

▶ **Druhá (2.) lekce** [*druhaa läktßä*]

V letadle ①

1 – Vidím město! To je Praha? ②③
2 – Ano. Ta řeka, to je Vltava.

(VÝSLOVNOST)

[*wlätadlä 1 widjiim mnjäßto! to jä praha? 2 ano. ta rrjäka, to jä wl'tawa.*]

(ANMERKUNGEN)

① **(V) letadle** ist der Lokativ (6. Fall zur näheren Bestimmung des Ortes) von **letadlo** „Flugzeug". Behalten Sie, was die Deklination der Substantive angeht, zunächst nur in Erinnerung, dass sie mithilfe veränderter Endungen gebildet wird.

Lösung der 1. Übung: Haben Sie verstanden?

❶ [Ich] bin Karel. ❷ Wo ist Eva? ❸ [Sie] hat [ein] neues Auto. ❹ Marie ist zu Hause. ❺ Bist [du] froh?

Lösung der 2. Übung: Die fehlenden Wörter.

❶ Mám ❷ je ❸ Jsem ❹ Kdo

Dies also sind Ihre ersten Sätze auf Tschechisch. Lesen Sie sie noch mehrmals langsam und laut, und betonen Sie immer die erste Silbe eines Wortes [*täläfon*].

Anhand der ersten Übung können Sie überprüfen, ob Sie den tschechischen Wortschatz dieser Lektion, eingebettet in einen anderen Kontext, verstehen. Lesen Sie die Sätze, nachdem Sie sie übersetzt haben, noch mehrmals laut. Die Übersetzung finden Sie auf der gegenüberliegenden Buchseite.

In der zweiten Übung sollen Sie die fehlenden Wörter einfügen (jeder Punkt repräsentiert einen Buchstaben). Die Wörter, die eingesetzt werden sollen, finden Sie am Ende der Lektion.

Zweite Lektion

Im Flugzeug

1 – [Ich] sehe [eine] Stadt! Ist das (Das ist) Prag?
2 – Ja. Dieser Fluss, das ist [die] Moldau.

---

② Es gibt drei Geschlechter: männlich (**ten fotoaparát** „dieser Fotoapparat"), weiblich (**ta řeka** „dieser Fluss") und sächlich (**to město** „diese Stadt"). Näheres dazu in Lektion 7.

③ **ten**, **ta**, **to** sind keine Artikel, sondern Demonstrativpronomen (hinweisende Fürwörter), die aber in der Umgangssprache häufig wie Artikel verwendet werden.

3	– Kde je kamera?
4	– Nevím. Asi v kufru. ④
5	– V kufru! Máš fotoaparát? ⑤
6	– Mám. Je dole, tam, kde je taška.
7	– Opravdu? Tady není. ⑥
8	– Tak je nahoře.
9	– A co je tady? Aha! Taška. A tady mám pas. A vedle je ten fotoaparát.

(VÝSLOVNOST)

[*3* gdä jä kamära? *4* näwiim. aßi fkufru. *5* fkufru! maasch foto'aparaat? *6* maam. jä dolä, tam, gdä jä taschka. *7* oprawdu? tadi nänjii. *8* tak jä nahorrĵä. *9* a tßo jä tadi? aha! taschka. a tadi maam paß. a wädlä jä tän foto'aparaat.]

První (1.) cvičení: Rozumíte těmto větám?

[*prwnjii tßwitschänjii: rosumiitä tjämto wjätaam?*]

❶ Jsem v letadle. ❷ Dole vidím nové město. ❸ Máš ten fotoaparát? ❹ Marie nemá auto. ❺ Ta řeka není Vltava.

šest [schäßt] • 6

3 — Wo ist [die] Kamera?
4 — [Ich] weiß nicht. Wahrscheinlich im Koffer.
5 — Im Koffer! Hast [du den] Fotoapparat?
6 — Habe [ich]. [Er] ist unten, dort, wo [die] Tasche ist (wo ist Tasche).
7 — Wirklich? Hier ist [er] nicht.
8 — Dann ist [er] oben.
9 — Und was ist hier? Aha! [Die] Tasche. Und hier habe [ich den] Pass. Und daneben ist der Fotoapparat.

(ANMERKUNGEN)

(4) Die Verneinung wird einfach durch Voranstellen der Vorsilbe **ne-** vor das Verb gebildet.

(5) **(V) kufru** ist der Lokativ von **kufr** „Koffer".

(6) In der 3. Person Singular (Einzahl) des Verbs „sein" - und nur dort - ist die Verneinung unregelmäßig: **není** „er/sie/es ist nicht".

*Denken Sie, wenn Sie das Lautschriftzeichen [j] sehen, immer an das „heute journal"; so wie im Wort journal wird dieser Laut gesprochen. Beim Buchstaben **ř** folgt er direkt nach dem gerollten Zungenspitzen-r.*

Řešení prvního cvičení: Rozuměli jste?
[rrjäschänjii prwnjiiho tßwitschänjii: rosumnjäli ßtä?]

❶ [Ich] bin im Flugzeug. ❷ Unten sehe [ich eine] neue Stadt. ❸ Hast [du] den Fotoapparat? ❹ Marie hat kein (hat nicht) Auto. ❺ Dieser Fluss ist nicht [die] Moldau.

LEKTION 2

7 • sedm [βädm]

> **Druhé (2.) cvičení: Doplňte chybějící slova!**
> [druhä tßwitschänjii: doplnj'tä cHibjäjiitßii ßlowa!]

① Wo habe [ich] den Koffer und [den] Pass?
   Kde mám ten kufr a . . . ?

② Die Tasche ist oben, aber [die] Kamera ist nicht dort (dort ist nicht).
   Ta taška je nahoře, ale kamera . . . není.

③ Bist [du] wirklich froh?
   . . . opravdu rád?

▶ **Třetí (3.) lekce** [trrjätjii läktßä]

Máme žízeň! Máme hlad!

1	– Mám žízeň. ①
2	– Já taky. Na náměstí je kavárna.
3	– Julie, máš ráda pivo? ②③④
4	– Ne. Víš dobře, že ne.
5	– Julie, já mám hlad.
6	– Na náměstí je taky hospoda. Mají tam dobré jídlo a pivo. ⑤

(VÝSLOVNOST)

[maamä jîisänj! maamä hlat! **1** maam jîisänj. **2** jaa taki. nanaamnjäßtjii jä kawaarna. **3** julijä, maasch raada piwo? **4** nä. wiisch dobrrjä, jä nä. **5** julijä, jaa maam hlat. **6** nanaamnjäßtjii jä taki hoßpoda. majii tam dobrää jiidlo a piwo.]

④ [Ich] weiß nicht, was das ist.
   Nevím, . . to je.

⑤ [Ich] sehe das Flugzeug nicht (sehe nicht das Flugzeug).
   . . . . to letadlo.

Řešení druhého cvičení: Chybějící slova.
[*rřjäschänjii dru*h*ääho tßwitschänjii: c*Hib*jäjiitßii* ß*l*o*wa.*]
① pas ② tam ③ Jsi ④ co ⑤ Nevidím

Dritte Lektion

[Wir] haben Durst! [Wir] haben Hunger!

1 – [Ich] habe Durst.
2 – Ich auch. Auf [dem] Marktplatz ist [ein] Café.
3 – Julie, magst [du] (hast [du] gern) Bier?
4 – Nein. [Du] weißt gut, dass ich keins mag (dass nicht).
5 – Julie, ich habe Hunger.
6 – Auf [dem] Marktplatz ist auch [eine] Gaststätte. Dort gibt es (haben dort) gutes Essen und Bier.

(ANMERKUNGEN)

① **i** und **y** bilden beide den gleichen Laut und werden kurz wie im deutschen „bitte", niemals wie ein „ü" („Gymnasium") gesprochen.

② Zwischen dem Vokal **i** und einem weiteren Vokal wird bei der Aussprache ein *j* eingefügt: [*julijä*].

③ Die Redensart **máš rád/ráda**, wörtlich „du hast gern", hat hier die Bedeutung „mögen". In Lektion 1 haben Sie bereits **jsem rád/ráda** „ich bin froh" kennengelernt.

④ Wie Sie sehen, verändert die Frage nicht den Satzbau. Den Unterschied zwischen Frage- und Aussagesatz erkennt man am Tonfall.

⑤ **a** bedeutet „und". „Oder" heißt **nebo** [*näbo*].

| 7 | – To je pravda. V kavárně nemají pivo. ⑥
| 8 | – A máme peníze? ⑦
| 9 | – Máme. A máme žízeň. A hlad.
| 10 | – Tak pojďme. V hospodě mají taky čaj.
| 11 | – Ať žije hospoda!

(VÝSLOVNOST)

[*7 to jä prawda. fkawaarnjä nämajii piwo. 8 a maame pänjiisä? 9 maamä. a maamä jiisänj. a hlat. 10 tak pojtj'mä. whoßpodjä majii taki tschaj. 11 atj jijä hoßpoda!*]

První (1.) cvičení: Rozumíte těmto větám?

❶ Máš žízeň? ❷ Nemám hlad. ❸ To není pravda. ❹ Karel má rád pivo.

Druhé (2.) cvičení: Doplňte chybějící slova!

❶ Karel hat Durst.

Karel .. žízeň.

❷ Mag er tschechisches Bier?

.. ... české pivo?

❸ Julie ist nicht im Café.

Julie .... v kavárně.

deset [däßät] • 10

| 7 | – | Das ist wahr. Im Café gibt es kein (haben nicht) Bier.
| 8 | – | Und haben [wir] Geld?
| 9 | – | Haben [wir]. Und [wir] haben Durst. Und Hunger.
| 10 | – | Also gehen [wir]. In [der] Gaststätte gibt es (haben) auch Tee.
| 11 | – | Es lebe [die] Gaststätte!

(ANMERKUNGEN)

⑥ **(V) kavárně** ist der Lokativ von **kavárna** „Café". Das Wort stammt von **káva** „Kaffee" ab.

⑦ **peníze** „Geld", steht immer im Plural.

Pflegen Sie Ihre Aussprache. Vergessen Sie nicht, dass die Betonung auf der **ersten Silbe** liegt – es sei denn, dem Wort ist eine einsilbige Präposition vorangestellt. In diesem Fall zieht sie die Betonung auf sich und verschmilzt mit dem Wort zu einer Einheit: **na náměstí** [nanaamnjästjii]. Denken Sie außerdem daran, dass im Prinzip jeder Buchstabe so gelesen wird, wie er geschrieben wird.

Řešení prvního cvičení: Rozuměli jste?

❶ Hast [du] Durst? ❷ [Ich] habe keinen (habe nicht) Hunger. ❸ Das ist nicht wahr. ❹ Karel mag (hat gern) Bier.

❹ Marie, wo ist der Marktplatz?
  Marie, ... je náměstí?

Řešení druhého cvičení: Chybějící slova.

❶ má ❷ Má rád ❸ není ❹ kde

LEKTION 3

11 • **jedenáct** [jädänaatßt]

▶ **Čtvrtá (4.) lekce** [tschtwrtaa läktßä]

Na ulici ①

1	– Dobrý den. Promiňte, kde je pošta? ②
2	– Tamhle: je to ta ulice vlevo. ③
3	– A banka, prosím?
4	– Vidíte ten park? Banka je hned vedle, vpravo.
5	– A ještě jedna otázka: kde je metro? ④⑤
6	– Vidíte to kino? Tam je metro. A naproti je autobus a tramvaj.
7	– Děkuji. Jste moc laskavá. ⑥
8	– Za málo. Na shledanou. ⑦

(VÝSLOVNOST)

[na´ulitßi **1** dobrii dän. prominjtä, gdä jä poschta? **2** tamhlä: jä to ta ulitßä wläwo. **3** a banka, proßiim? **4** widjiitä tän park? banka jä hnät wädlä, fprawo. **5** a jäschtjä jädna otaaska: gdä jä mätro? **6** widjiitä to kino? tam jä mätro. a naprotji jä aUtobuß a tramwaj. **7** djäkuji. ßtä motß laßkawaa. **8** sa maalo. naßcHlädanoU.]

Vierte Lektion

Auf [der] Straße

1 – Guten Tag. Entschuldigen [Sie], wo ist [die] Post?
2 – Dort: Es ist (ist es) diese Straße links.
3 – Und [die] Bank, bitte?
4 – Sehen [Sie] den Park? [Die] Bank ist gleich daneben, rechts.
5 – Und noch eine (1) Frage: Wo ist [die] U-Bahn?
6 – Sehen [Sie] das Kino? Dort ist [die] U-Bahn. Und gegenüber sind (ist) [der] Bus und [die] Straßenbahn.
7 – Danke. [Sie] sind sehr freundlich.
8 – Gern geschehen (Für wenig). Auf Wiedersehen.

(ANMERKUNGEN)

① **(Na) ulici** ist der Lokativ von **ulice** „Straße". Achten Sie auf die Aussprache des **c** [*tß*]: [*ulitßä*].

② Anders als im Deutschen wird die Höflichkeitsform mit der 2. Person Plural ausgedrückt. **Promiňte** kann demnach „Entschuldigt" oder „Entschuldigen Sie" heißen.

③ **Tamhle** „dort (drüben)". Die Nachsilbe **-hle** verstärkt das Wort, an das sie angehängt wird. So auch bei **tenhle** „dieser", **tahle** „diese", **tohle** „dieses".

④ Das tschechische **e** ist identisch mit dem deutschen „ä". (Das **é** [*ää*] ist doppelt so lang wie das kurze **e**, das **ě** ist immer weich [*jä*]).

⑤ Das Zahlwort **jeden, jedna, jedno** „ein, eine, ein" kann anstelle eines unbestimmten Artikels dort verwendet werden, wo sein ursprünglicher numerischer Wert beibehalten werden soll.

⑥ **laskavá** „freundlich". Die Endung **-á** zeigt an, dass es sich um eine weibliche Person handelt. Zu einem Mann würde man **laskavý** sagen, und zu einem Kind **laskavé**.

⑦ Achten Sie auf die richtige Aussprache des Diphthongs [*oU*] (ein o, das in ein u übergeht und als ein Laut gesprochen wird) in **na shledanou**.

13 • třináct [trřjinaatßt]

> **První (1.) cvičení: Rozumíte těmto větám?**

❶ Kde je pošta, prosím? ❷ Promiňte, kde je banka? ❸ Haló, to je Eva? ❹ Dobrý den, kdo je to? ❺ Děkuji a na shledanou.

> **Druhé (2.) cvičení: Doplňte chybějící slova!**

❶ Auf dem Marktplatz sehen [Sie] / seht [ihr das] Kino.

Na . . . . vidíte kino.

❷ Diese Straße ist nicht links, [sie] ist rechts.

Ta ulice není vlevo, je . . . .

❸ Sehen [Sie] / seht [ihr] nicht den (diesen) Park?

. . . . ten park?

❹ Entschuldigen [Sie] / Entschuldigt, wo ist [die] Straßenbahn?

. . . . , kde je tramvaj?

▶ **Pátá (5.) lekce** [paataa läktßä]

Rozumím!

1	– Dobrý večer. Je ten stůl volný? ①②
2	– Ano. Máte přání?
3	– Jeden čaj a jedno pivo, prosím.

(VÝSLOVNOST)

[*rosumiim!* **1** *dobrii wätschär, jä tän ßtuul wolnii?* **2** *ano. maatä prřjaanjii?* **3** *jädän tschaj a jädno piwo, proßiim.*]

čtrnáct [tschtrnaatßt] • 14

Řešení prvního cvičení: Rozuměli jste?

❶ Wo ist [die] Post, bitte? ❷ Entschuldigen [Sie] / Entschuldigt, wo ist [die] Bank? ❸ Hallo, ist dort (das ist) Eva? ❹ Guten Tag, wer ist da (das)? ❺ Danke und auf Wiedersehen.

❺ Haben [Sie] / habt [ihr] Durst oder Hunger?

Máte žízeň nebo . . . . ?

Řešení druhého cvičení: Chybějící slova.

❶ náměstí ❷ vpravo ❸ Nevidíte ❹ Promiňte ❺ hlad

*In den ersten vier Lektionen haben Sie bereits gesehen, wie Sie die Verbformen der 1., 2. und 3. Person Singular der Verben „sein" und „haben" bilden. Konzentrieren Sie sich jedoch möglichst gar nicht auf die Grammatik, sondern trainieren Sie in dieser Phase vor allem Ihre Aussprache! Nehmen Sie sich Zeit, um sicher zu sein, dass Sie **opravdu dobře** „wirklich gut" aussprechen!*

Fünfte Lektion

[Ich] verstehe!

1 – Guten Abend. Ist dieser Tisch frei?
2 – Ja. Haben [Sie einen] Wunsch?
3 – Einen (1) Tee und ein (1) Bier, bitte.

ANMERKUNGEN

① Wie im Deutschen hängt die Endung eines Adjektivs, hier **volný**, **volná**, **volné** vom Hauptwort ab, auf das es sich bezieht: **volný stůl** „freier Tisch".

② In der 3. Person Singular wird ein Fragesatz gebildet, indem der Satz umgestellt wird, aber nur, wenn das Subjekt (Satzgegenstand) ein Substantiv (Hauptwort) ist (hier „Tisch"). Diese Umkehrung ist nicht zwingend, aber der Satz klingt höflicher.

LEKTION 5

15 • patnáct [patnaatßt]

| 4 | – Jaké pivo? Plzeň? ③
| 5 | – Ano, plzeň. A jeden čaj. Je tady někde telefon?
| 6 | – Jistě. Vzadu, tam, kde jsou dveře. ④
| 7 | – Promiňte, ale dveře jsou vepředu...
| 8 | – Ne, dveře jsou vzadu vpravo – tam, kde je telefon.
| 9 | – Už rozumím! Telefon je vepředu vlevo. A vy jste teď k telefonu zády. ⑤
| 10 | – Vidím, že mluvíte dobře česky!
| 11 | – Rozumím dost, ale mluvím jenom trochu. ⑥

(VÝSLOVNOST)

[*4 jakää piwo? plsänj? 5 ano, plsänj, a jädän tschaj. jä tady njägdä täläfon? 6 jißtjä. wsadu, tam, gdä ßoU dwärrĵä. 7 prominjtä, alä dwärrĵä ßoU wäprrĵädu... 8 nä, dwärrĵä ßoU wsadu fprawo – tam, gdä jä täläfon. 9 uĵ rosumiim! täläfon jä wäprrĵädu wläwo. a wi ßtä tätj k täläfonu saadi. 10 widjiim, ĵä mluwiitä dobrrĵä tschäßki! 11 rosumiim doßt, alä mluwiim jänom trocHu.*]

(První (1.) cvičení: Rozumíte těmto větám?)

❶ Prosím jedno pivo. ❷ Máte žízeň? ❸ Nevím, kde je telefon. ❹ Promiňte, nerozumím dobře česky. ❺ Dobrý večer, mluvíte česky?

| 4 | – | Welches Bier? [Ein] Pilsen?
| 5 | – | Ja, [ein] Pilsen. Und einen (1) Tee. Gibt es hier (Ist hier irgendwo) [ein] Telefon?
| 6 | – | Sicher. Hinten, dort, wo [die] Tür ist (wo sind Tür).
| 7 | – | Entschuldigen [Sie], aber [die] Tür ist (sind) vorn ...
| 8 | – | Nein, [die] Tür ist (sind) hinten rechts – dort, wo [das] Telefon ist (wo ist Telefon).
| 9 | – | [Ich] verstehe schon (Schon verstehe)! [Das] Telefon ist vorn links. Und Sie stehen jetzt [mit dem] Rücken zum Telefon. (Und Sie sind jetzt zum Telefon mit Rücken).
| 10 | – | [Ich] sehe, dass [Sie] gut Tschechisch sprechen (sprechen gut Tschechisch).
| 11 | – | [Ich] verstehe genug, aber [ich] spreche nur [ein] wenig.

(ANMERKUNGEN)

③ Gewöhnen Sie sich an, Konsonantenfolgen richtig auszusprechen. Erinnern Sie sich daran, dass **l** und **r** silbenbildend sein können. Teilen Sie sich in der Anfangszeit schwer auszusprechende Wörter in Silben ein: **Pl-zeň** „Pilsen", **prv-ní** „erster".

④ Das Wort **dveře** „Tür" gibt es nur im Plural. Deshalb steht auch das zugehörige Verb im Plural: **jsou** „sind".

⑤ **(k) telefonu** ist der Dativ von **telefon**. ■ **zády** ist der Instrumental Plural (7. Fall zur näheren Bestimmung des Mittels - antwortet auf die Frage „womit?") von **záda** „Rücken".

⑥ Beachten Sie die Aussprache des Kehllautes **ch**: [cH] (wie in „machen").

(Řešení prvního cvičení: Rozuměli jste?)

❶ Bitte ein (1) Bier. ❷ Haben [Sie] / Habt [ihr] Durst? ❸ [Ich] weiß nicht, wo ein Telefon ist (wo ist Telefon). ❹ Entschuldigen [Sie] / Entschuldigt, [ich] verstehe nicht gut Tschechisch. ❺ Guten Abend, sprechen [Sie] / sprecht [ihr] Tschechisch?

17 • **sedmnáct** [βädm'naatβſ]

Druhé (2.) cvičení: Doplňte chybějící slova!

① Guten Tag, ich bin Marie.

   Dobrý den, já .... Marie.

② [Ich] spreche bereits [ein] wenig Tschechisch.

   ...... už trochu česky.

③ Ist dieser Tisch frei?

   Je ten stůl ..... ?

④ Jetzt sind [Sie] / seid [ihr] in [einer] Gaststätte.

   Teď .... v hospodě.

▶ **Šestá (6.) lekce** [schäßtaa läktβä]

To hezky začíná!

1	– **Ko**nečně jsme **ta**dy. ①
2	– **Vi**dím vlak!
3	– **Já ta**ky.
4	– **Ne**mám lístek! Kde je **po**kladna? ②
5	– **Na** nádraží. Proč?
6	– **Mu**sím **kou**pit lístek!
7	– A kde jsou **dě**ti? ③

VÝSLOVNOST

[*to häski satschiinaa!* **1** *konätschnjä βmä tadi.* **2** *widjiim wlak!* **3** *jaa taki.* **4** *nämaam liißtäk! gdä jä pokladna?* **5** *nanaadrajii. protsch?* **6** *mußiim koUpit liißtäk!* **7** *a gdä βoU djätji?*]

ANMERKUNGEN

① Denken Sie daran, dass die Konsonanten **d-**, **t-**, **n-** weich gesprochen werden, wenn ihnen die weichen Vokale **-i**, **-í**, **-ě** folgen: **konečně** [*konätschnjä*], **děti** [*djätji*].

osmnáct [oßm'naatßt] • 18

⑤ [Die] Tür ist vorn, [sie] ist nicht hinten.

Dveře jsou vepředu, ... vzadu.

Řešení druhého cvičení: Chybějící slova.

❶ jsem ❷ Mluvím ❸ volný ❹ jste ❺ nejsou

> Können Sie zählen? Natürlich – aber auch auf Tschechisch?
> Versuchen Sie, bis zehn zu zählen. Wenn es Ihnen nicht gelingt,
> dann lesen Sie die entsprechenden Seitenzahlen. So wird das
> Ganze nicht so trocken, und für Sie ist es eine gute Übung.
> Lernen Sie auch die Ordnungszahlen von 1. bis 5.: **1. lekce,
> 2. lekce, 3. lekce, 4. lekce a 5. lekce!** *Na bitte!*

Sechste Lektion

Das fängt ja gut an! (Das schön fängt an!)

1 – Endlich sind [wir] da.
2 – [Ich] sehe [den] Zug!
3 – Ich auch.
4 – [Ich] habe keinen (habe nicht) Fahrschein! Wo ist [der] Fahrkartenschalter (die Kasse)?
5 – Am Bahnhof. Warum?
6 – [Ich] muss [einen] Fahrschein kaufen (Muss kaufen Fahrschein)!
7 – Und wo sind [die] Kinder?

② **pokladna** „Kasse" wird im Sinne von „Schalter" oder jedem anderen Ort verwendet, an dem man Eintritts- oder Fahrkarten kaufen kann.

③ Wie **jsem** und **jsi** werden auch **jsme**, **jste** und **jsou** ohne das „j" ausgesprochen: [ßmä], [ßtä], [ßou]. Diese Vereinfachung findet bei allen Personen Anwendung, bis auf eine Ausnahme: die 1. Person Singular: **je** [jä]. Dagegen wird das „j" in den verneinten Formen dieses Verbs stets ausgesprochen: [näjßäm], [näjßi], usw.

LEKTION 6

| 8 | – Děti? Nevím. Mají lístek? ④
| 9 | – Petr ano, Anna ne.
| 10 | – A kde jsou?
| 11 | – Nevím. Já mám jenom jeden lístek.
| 12 | – A dvě děti.
| 13 | – A prázdniny. ⑤
| 14 | – To hezky začíná!

(VÝSLOVNOST)

[*8 djätji? näwiim. majii liißtäk? 9 pätr ano, ana nä. 10 a gdä ßoU?
11 näwiim. jaa maam jänom jädän liißtäk. 12 a dwjä djätji.
13 a praasdnjini. 14 to häßki zatschiinaa!*]

První (1.) cvičení: Rozumíte těmto větám?

❶ Máme prázdniny. ❷ Jsme na nádraží. ❸ Vidíte ten vlak?
❹ Kde je prosím pokladna? ❺ Děti tady nejsou.

Druhé (2.) cvičení: Doplňte chybějící slova!

❶ Anna sieht [den] Bus nicht.

Anna . . . . . . autobus.

dvacet [dwatßät] • 20

8 – [Die] Kinder? [Ich] weiß nicht. Haben [sie] [eine] Fahrkarte?
9 – Petr ja, Anna nein.
10 – Und wo sind [sie]?
11 – [Ich] weiß nicht. Ich habe nur eine (1) Fahrkarte.
12 – Und zwei Kinder.
13 – Und Ferien.
14 – Das fängt [ja] gut an! (Das schön fängt an!)

(ANMERKUNGEN)

④ **děti** ist die unregelmäßige Pluralform von **dítě** „Kind" (sächlich). Der Plural wird hier durch einen Vokalwechsel gebildet, was relativ selten vorkommt. Normalerweise erhält man den Plural durch das Ändern der Wortendung: **hotel - hotely, banka - banky, auto - auta.**

⑤ Wie im Deutschen gibt es das Wort **prázdniny** „Ferien" nur im Plural.

Řešení prvního cvičení: Rozuměli jste?

❶ [Wir] haben Ferien. ❷ [Wir] sind am Bahnhof. ❸ Sehen [Sie] / Seht [ihr] den (diesen) Zug? ❹ Wo ist bitte [der] Fahrkartenschalter? ❺ [Die] Kinder sind nicht da (hier sind nicht).

❷ [Der] Bahnhof ist gleich nebenan, rechts.

. . . . je hned vedle, vpravo.

❸ Wo ist [der] Schalter, bitte?

Kde je . . . . , prosím?

❹ [Ich] sehe, dass [Sie]/[ihr] keine Fahrkarte haben/habt (dass [Sie] nicht haben / [ihr] nicht habt Fahrkarte).

. . . . . , že nemáte lístek.

❺ Auf Wiedersehen, Kinder!

. . . . , děti!

Řešení druhého cvičení: Chybějící slova.

❶ nevidí ❷ Nádraží ❸ pokladna ❹ Vidím ❺ Na shledanou

LEKTION 6

▶ Sedmá (7.) lekce [ßädmaa läktßä]

OPAKOVÁNÍ A POZNÁMKY
[opakowaanjii a posnaamki]

WIEDERHOLUNG UND ANMERKUNGEN

> Sie sind bei der ersten Wiederholungslektion angelangt. Wie schon erwähnt, fassen wir in jeder 7. Lektion die Grammatik aus den vorangegangenen sechs Lektionen zusammen, erläutern detailliert die Besonderheiten und verdeutlichen diese anhand von Beispielen. Lesen Sie die Anmerkungen aufmerksam durch, und zwar ruhig mehrere Male. Gehen Sie erst dann zu Lektion 8 über, wenn Ihnen die Erklärungen keine größeren Schwierigkeiten bereiten. Sie brauchen sich nicht alles mühsam einzuprägen, denn viele der besprochenen Dinge werden Ihnen noch häufig begegnen und dem Kursverlauf entsprechend erweitert. Wollen wir nun sehen, was Sie alles gelernt haben ...

1. Aussprache

In den ersten Lektionen haben Sie gelernt, kurze tschechische Sätze zu verstehen und richtig auszusprechen – mit der Betonung auf der ersten Silbe des jeweiligen Wortes, mit Berücksichtigung der Länge und der Kürze der Vokale und des „Erweichens" bestimmter Laute. Sie wissen, dass ein Buchstabe im Prinzip einen Laut bildet, und Sie haben sich an alle „schwierigen" Buchstaben des tschechischen Alphabets herangewagt – das ř, die weichen Konsonanten ď, ť, ň, das ch und eine ganze Reihe schwer auszusprechender Konsonantenfolgen.

2. Artikel

Gleich zu Beginn konnten Sie feststellen, dass im Tschechischen weder ein bestimmter noch ein unbestimmter Artikel existiert. Bei der Übersetzung ins Deutsche ist es stets kontextabhängig, für welchen Artikel (bestimmt oder unbestimmt) Sie sich entscheiden.

3. Geschlecht

Ferner haben Sie die drei Geschlechter kennengelernt: männlich, weiblich und sächlich. Die meisten männlichen Substantive

Siebte Lektion

(Hauptwörter) enden auf einen Konsonanten (**muž** „Mann", **telefon** „Telefon", **park** „Park"). Die meisten weiblichen enden auf **-a** oder **-e** (**žena** „Frau", **banka** „Bank", **ulice** „Straße"), und die meisten sächlichen Substantive enden auf **-o** oder **-í** (**auto** „Auto", **kino** „Kino", **nádraží** „Bahnhof").

Etwas später werden wir das männliche Geschlecht noch in belebt und unbelebt unterteilen.

4. Deklination

Im Tschechischen gibt es sieben Fälle, von denen Sie bereits einigen begegnet sind. Hier nun die Gesamtübersicht über alle Fälle mit ihren Hauptfunktionen (in Klammern) und je einem oder zwei Beispielen:

NOMINATIV (antwortet auf die Frage „wer/was?")
  Eva je doma „Eva ist zu Hause".
  To je Eva „Das ist Eva".

GENITIV (antwortet auf die Frage „wessen?")
  To je otec Evy „Das ist Evas Vater" „Vater Eva's".

DATIV (antwortet auf die Frage „wem/was?")
  Dej to Evě „Gib das Eva".

AKKUSATIV (antwortet auf die Frage „wen/was?")
  Vidím Evu „Ich sehe Eva".

VOKATIV (für Anreden)
  Dobrý den, Evo „Guten Tag, Eva".

LOKATIV (Bestimmung des Ortes - steht nur nach Präpositionen); antwortet auf die Fragen „wo/worüber?"
  Jsme v kavárně „Wir sind im Café".
  Mluvíme o Evě. „Wir sprechen über Eva".

INSTRUMENTAL (Bestimmung des Mittels - antwortet auf die Fragen „womit/wodurch/mit wem/was?)"
  Přijede s Evou „Er kommt mit Eva".

Das Tschechische drückt unterschiedliche Funktionen des Substantivs mithilfe der Flexion, der Veränderung der Formen, aus. Die Gesamtheit dieser Formen sind die Deklinationen, und jede von ihnen repräsentiert einen Fall. (Um bessere Klarheit zu erzielen, beschränken sich die Beispiele in unserer Tabelle auf Substantive im Singular. Später werden wir die anderen Deklinationen aufzeigen.)

5. Demonstrativpronomen

Nicht nur für die Substantive, sondern auch für die Demonstrativpronomen gibt es drei Geschlechter. **Ten park** „dieser Park", **ta banka** „diese Bank", **to auto** „dieses Auto". Das gleiche gilt für die Adjektive, auf die wir in den nachfolgenden Lektionen näher eingehen.

6. Konjugation: Verben „sein" und „haben"

Im Verlauf der ersten sechs Lektionen haben Sie das Verb „sein" kennengelernt, dessen Infinitiv (Grundform) **být** lautet und das unregelmäßig konjugiert wird:

jsem „ich bin"
jsi „du bist"
je „er/sie/es ist"
jsme „wir sind"
jste „ihr seid / Sie sind"
jsou „sie sind"

Wie Sie bereits feststellen konnten, werden die Personalpronomen bei der Konjugation weggelassen. Die Höflichkeitsform wird mit der 2. Person Plural ausgedrückt.

Sie haben gleichzeitig „im Vorbeigehen" das Verb „haben" (Infinitiv: **mít**) gelernt:

mám „ich habe"
máš „du hast"
má „er/sie/es hat"
máme „wir haben"
máte „ihr seid / Sie sind"
mají „sie haben".

7. Verneinung

Nichts ist leichter als die Bildung der Verneinung: Sie setzen die Vorsilbe **ne-** vor das Verb: **nejsem**, **nemám**, usw. Aber Vorsicht bei der 3. Person Singular des Verbs „sein": Sie lautet **není** „er/sie/es ist nicht".

8. Fragesätze

Die Frage wird allein durch den Tonfall gebildet (**Mluvíte česky?** „Sprechen Sie Tschechisch?"). In der 3. Person Singular jedoch, wenn das Subjekt ein Substantiv ist, ist die Umkehrung des Satzes üblich, bleibt aber freigestellt: **Je ten stůl volný?** „Ist dieser Tisch frei?", **Má Eva auto?** „Hat Eva [ein] Auto?".

Hier noch eine kleine Verständnisübung, wie Sie sie aus den Lektionen kennen. Zur Kontrolle finden Sie die deutsche Übersetzung der Sätze am Ende der Lektion.

1. Dobrý den. 2. Kde je metro? 3. Děkuji. 4. Na shledanou.

Nun, so schwer war es doch gar nicht, oder? Im Wesentlichen geht es zunächst nur darum, den charakteristischen Grundzügen der tschechischen Sprache zu folgen. Man muss die Aussprache beachten – eine Ihrer ersten Hürden – und die Bedeutung der Endungen: Sie zeigen bei Substantiven das Geschlecht, die Zahl und den Fall an, in dem das Hauptwort steht, und bilden bei den Verben die Konjugation. Hören Sie weiterhin regelmäßig die Tonaufnahmen an, und lesen Sie die Lektionstexte mit lauter Stimme. Das ist der sicherste und angenehmste Weg zu lernen, ohne zu ermüden!

Von Lektion 8 an finden Sie immer seltener eckige Klammern im deutschen Lektionstext vor, mit denen z. B. die Auslassung des Artikels und des Personalpronomens angezeigt wird. Das wird Ihre Lektüre einfacher und angenehmer machen.

Lösung der Verständnisübung:
1. Guten Tag. **2.** Wo ist [die] U-Bahn? **3.** Danke. **4.** Auf Wiedersehen.

▶ Osmá (8.) lekce [oßmaa läktßä]

Geniální rodina ①

1	Přecházíme ulici. ②
2	– Vidíš ten nový dům?
3	– Myslíš ten u náměstí?
4	– Ne. Počkej, vidíš to bílé auto? A banku a poštu? ③④
5	– Ano. Teď vidím taky ten dům.
6	– Bydlí tam můj kamarád David Černý. Můžeme Davida navštívit. ⑤

PŘECHÁZÍME ULICI

(VÝSLOVNOST)

[gänijaalnjii rodjina 1 prrjäcHaasiimä ulitßi 2 widjiisch tän nowii duum? 3 mißliisch tän u´naamnjäßtjii? 4 nä. potschkäj, widjiisch to biilää aUto? a banku a poschtu? 5 ano, tätj widjiim taki tän duum. 6 bidlii tam muuj kamaraat dawit tschärnii. muujämä dawida nafschtjiiwit.]

Achte Lektion

[Eine] geniale Familie

1 — Wir überqueren die Straße.
2 — Siehst du dieses neue Haus?
3 — Meinst du das am Marktplatz?
4 — Nein. Warte, siehst du dieses weiße Auto? Und die Bank und die Post?
5 — Ja, jetzt sehe ich auch das Haus.
6 — Dort wohnt (wohnt dort) mein Freund David Černý. Wir können David besuchen.

ANMERKUNGEN

① **Geniální** „genialer/-e/-es" ist ein sog. 'weiches' Adjektiv (es hat im Nominativ in allen drei Geschlechtern die gleiche Endung **-í**; vgl. Wiederholungslektion).

② **ulici** ist der Akkusativ von **ulice** „Straße". Weibliche Hauptwörter, die im Nominativ auf **-e** enden, enden im Akkusativ Singular auf **-i**: **Vidím ulici/Marii** „Ich sehe die Straße/Marie".

③ **to bílé auto** (n.) „dieses weiße Auto". Wie im Deutschen werden Pronomen und Adjektive dem Bezugswort vorangestellt. ■ Ihnen wird auffallen, dass männliche unbelebte Hauptwörter (= Gegenstände) und sächliche Hauptwörter im Akkusativ ihre Endung nicht verändern: **Vidíš hotel a auto** „Du siehst das Hotel und das Auto".

④ **banku, poštu** sind der Akkusativ von **banka** „Bank" und **pošta** „Post". Weibliche Hauptwörter mit der Endung **-a** haben im Akkusativ Singular die Endung **-u**: **Jan vidí banku/Evu** „Jan sieht die Bank/Eva".

⑤ **Černý** „schwarz" ist die männliche Form eines sog. 'harten' Adjektivs. Die weibliche Form lautet **černá**; **Zuzana Černá**. ■ Männliche belebte Hauptwörter (= männliche Lebewesen), die auf einen **harten Konsonanten** (= g, h, ch, k, r, d, t, n) enden, haben im Akkusativ Singular die Endung **-a**. (Mehr zu den Konsonanten in der nächsten Wiederholungslektion.) ■ Die Wortfolge ist relativ frei. Die grammatikalisch wichtige Rolle spielen die Endungen der deklinierten Wörter. Generell steht das Verb am Beginn, die neue oder wesentliche Information am Ende des Satzes.

| 7 | – Nemá náhodou sestru?
| 8 | – Ano, jmenuje se Zuzana.
| 9 | – Zuzanu znám dobře, je to kamarádka Marie. Ale nevěděl jsem, že má bratra. ⑥⑦
| 10 | – David má ještě bratra Tomáše. Studuje biologii. Otec říká: „Tak chytrého studenta vidíte málokdy." ⑧⑨
| 11 | – Vím, že tvá matka je profesorka. Tvůj otec je taky profesor?
| 12 | – Ano, tatínek učí Tomáše Černého biologii. A maminka učí Davida a Zuzanu angličtinu. ⑩
| 13 | – Proto je Zuzana tak dobrá studentka!

VÝSLOVNOST

[*7 nämaa naahodoU ßäßtru? 8 ano, jmänujä ßä susana. 9 susanu snaam dobrrjä, jä to kamaraatka marijä. alä näwjädjäl ßäm, jä maa bratra. 10 dawit maa jäschtjä bratra tomaaschä. ßtudujä bijologiji. otätß rrjiikaa: „tak cHiträäho ßtudänta widjiitä maalogdi." 11 wiim jä twaa matka jä profäßorka. twuuj otätß jä taki profäßor? 12 ano tatjiinäk utschii tomaaschä tschärnääho bijologiji. a maminka utschii dawida a susanu anglitschtjinu. 13 proto jä susana tak dobraa ßtudäntka!*]

První (1.) cvičení: Rozumíte těmto větám?

❶ Vidíte ten dům a to bílé auto? ❷ Já jsem Karel, můj bratr se jmenuje Tomáš. ❸ Mám taky sestru Evu. ❹ Tvůj otec učí Davida a Petra biologii. ❺ Marii znám dobře, bydlí u nádraží.

7	–	Hat er nicht zufällig eine Schwester?
8	–	Ja, sie heißt (nennt sich) Zuzana.
9	–	Zuzana kenne ich gut, es ist Maries Freundin. Aber ich wusste nicht, dass sie einen Bruder hat (dass sie hat Bruder).
10	–	David hat noch einen Bruder, Tomáš. Er studiert Biologie. Vater sagt: „So [einen] klugen Studenten sieht man (sehen Sie) selten."
11	–	Ich weiß, dass deine Mutter Professorin ist. Ist dein Vater auch Professor?
12	–	Ja, Vati unterrichtet Tomáš Černý [in] Biologie. Und Mutti unterrichtet David und Zuzana [in] Englisch.
13	–	Deshalb ist Zuzana so eine gute Studentin!

(ANMERKUNGEN)

⑥ **kamarádka** „Freundin". Mit der Nachsilbe **-ka** werden zahlreiche weibliche Hauptwörter gebildet, die von männlichen Hauptwörtern abgeleitet sind: **kamarád → kamarádka, profesor → profesorka, prezident → prezidentka**...

⑦ **nevěděl jsem** „ich wusste nicht" ist eine Vergangenheitsform.

⑧ **Tomáše** ist der Akkusativ Singular von **Tomáš**. Männliche belebte Hauptwörter mit weichem Endkonsonanten (= c, j, ž, š, č, ř, ď, ť, ň) haben im Akkusativ Singular die Endung **-e**.

⑨ **chytrého** ist der Akkusativ Singular des harten Adjektivs **chytrý** „klug". Familiennamen, die Adjektive darstellen, werden wie solche dekliniert: **Vidíte Tomáše Černého** „Ihr seht / Sie sehen Tomáš Černý ".

⑩ Die Formen **Davida, Tomáše, Zuzanu** sowie **angličtinu** und **biologii** sind alle Akkusativformen.

Řešení prvního cvičení: Rozuměli jste?

❶ Seht ihr / Sehen Sie das (dieses) Haus und das (dieses) weiße Auto? ❷ Ich bin Karel, mein Bruder heißt Tomáš. ❸ Ich habe auch eine Schwester, Eva. ❹ Dein Vater unterrichtet David und Petr [in] Biologie. ❺ Marie kenne ich gut, sie wohnt beim Bahnhof.

Druhé (2.) cvičení: Doplňte chybějící slova!

❶ Warte, siehst du diesen Park? Und die Bank?

Počkej, vidíš ... park? A ..... ?

❷ Ihr könnt / Sie können Filip besuchen, er ist zu Hause.

Můžete .... Filipa, je doma.

❸ Mein Freund sagt, dass Karel Biologie studiert.

Můj kamarád říká, že Karel studuje ....

❹ Selten sieht man [einen] so guten Studenten.

Málokdy vidíte tak dobrého ....

▶ **Devátá (9.) lekce** [däwaata läktßä]

Jdeme hrát tenis ①

1	– **A**hoj, Ce**c**ílie. Jak se máš? ②
2	– D**ě**kuji, do**b**ře.
3	– Rád bych ti př**e**dstavil **M**artinu a **I**vana. ③

(VÝSLOVNOST)

[jdämä hraat täniß **1** ahoj, tßätßiilijä. jak ßä maasch? **2** djäkuji, dobrrjä. **3** raat bicH tji prrjätßtawil martjinu a iwana.]

třicet [trřjitßät] • 30

⑤ Vati ja, aber Mutti ist keine (nicht) Professorin.

   Tatínek . . . , ale maminka není . . . .

> **Řešení druhého cvičení: Chybějící slova.**
> ❶ ten - banku ❷ navštívit ❸ biologii ❹ studenta ❺ ano - profesorka

Eine Anmerkung zu den Zahlwörtern „sieben" und „acht": Zögern Sie nicht, vor dem „m" am Ende ein [u] einzufügen: [ßädum], [oßum]. Die Tschechen machen das so – warum nicht auch Sie?

Neunte Lektion

Wir gehen Tennis spielen (Wir gehen spielen Tennis)

1	–	Hallo, Cecílie. Wie geht es dir? (Wie hast du dich?)
2	–	Danke, gut.
3	–	Ich würde dir gern (Gern würde ich dir) Martina und Ivan vorstellen.

(ANMERKUNGEN)

① In Fremdwörtern werden harte Konsonanten, denen ein weicher Vokal folgt, nicht weich gesprochen: [*diplom*], [*politika*], [*täniß*]. ■ **hrát tenis** „Tennis spielen". Das Verb „spielen" steht hier mit dem Akkusativ.

② **Ahoj!** ist eine freundschaftliche Art der Begrüßung oder auch des Abschieds.

③ **Rád bych představil** „ich würde gern vorstellen", steht im Konjunktiv. Wie im Deutschen wird er verwendet, wenn man sich höflich ausdrücken oder einen Wunsch äußern möchte. ■ **Ti** „dir" ist der Dativ von **ty** „du". **Jan ti kupuje lístek** „Jan kauft dir eine Karte."

LEKTION 9

4 – Těší mě. Vidím, že máte raketu. Jdete hrát tenis? ④

5 – Ano. Můj přítel Ivan je tenisový šampión. A jeho přítelkyně Martina hraje taky výborně. ⑤

6 – Hrajete zápas?

7 – Ne, chceme dnes jenom trénovat.

8 – Nepotřebujete čtvrtého hráče? Nebo spíš hráčku? ⑥

9 – To je skvělé! Představuji vám slavnou tenistku Cecílii. Dnes se hraje čtyřhra muži – ženy. ⑦⑧

10 – Doufám, že ženy zvítězí! ⑨

11 – Myslím, že ano; já nehraji moc dobře. A Ivan je opravdu galantní!

12 – Rozumím: je šampión, ale někdy prostě prohraje.

(VÝSLOVNOST)

[**4** tjäschii mnjä. widjiim jä maatä rakätu. jdätä hraat täniß? **5** ano. muuj prřítäl iwan jä täniBowii schampijoon. a jäho prřítälkinjä martjina hrajä taki wiibornjä. **6** hrajätä saapaß? **7** nä, cHtßämä dnäß jänom träänowat. **8** näpotrrjäbujätä tschtwrtäähο hraatschä? näbo ßpiisch hraatschku? **9** to jä ßkwjälää! prřjätßtawuji waam ßlawnoU tänißtku tßätßiiliji. dnäß ßä hrajä tschtirrjhra mujî - jäni. **10** doUfaam, jä jäni swiitjäsii! **11** mißliim, jä ano. jaa nähraji motß dobrřjä. a iwan jä oprawdu galantnjii! **12** rosumiim: jä schampijoon, alä njägdy proßtjä prohrajä.]

Die sächlichen und männlichen unbelebten Formen der Substantive sind ein Glücksfall, denn sie bleiben im Akkusativ Singular unverändert! Und wegen der anderen Formen müssen Sie nicht beunruhigt sein. Sie werden sich nach und nach an die Deklination gewöhnen.

třicet dva • **32**

|4| – Freut mich. Ich sehe, dass ihr einen Tennisschläger habt. Geht ihr Tennis spielen?
|5| – Ja. Mein Freund Ivan ist ein Tennis-Champion. Und seine Freundin Martina spielt auch hervorragend.
|6| – Spielt ihr ein Match?
|7| – Nein, heute möchten wir nur trainieren (möchten heute nur trainieren).
|8| – Braucht ihr (nicht) einen vierten Spieler? Oder vielmehr eine Spielerin?
|9| – Bestens! (Das ist glänzend!) Ich stelle euch die berühmte Tennisspielerin Cecílie vor. Heute (spielt sich) wird ein Doppel Herren - Damen gespielt.
|10| – Ich hoffe, (dass) die Damen gewinnen!
|11| – Ich denke (dass) ja; ich spiele nicht sehr gut. Und Ivan ist wirklich galant!
|12| – Ich verstehe: Er ist ein Champion, aber manchmal verliert er einfach (manchmal einfach verliert).

(ANMERKUNGEN)

④ **Těší mě** „sehr erfreut" oder wörtlich "freut mich" ist eine höfliche Redensart.

⑤ **přítelkyně** „Freundin". **-(k)yně** ist ebenfalls eine Nachsilbe, mit der die weibliche Form von Substantiven gebildet wird (allerdings seltener als die Nachsilbe **-ka**): **sportovec → sportovkyně** „Sportler-Sportlerin".

⑥ Auf **potřebujete** „braucht ihr / brauchen Sie" folgt der Akkusativ: **Potřebujete čtvrtého hráče?** „Braucht ihr / brauchen Sie einen vierten Spieler?".

⑦ **vám** „euch/Ihnen" ist der Dativ von **vy** „ihr/Sie". **Děkuji vám** „ich danke euch". ■ **slavnou tenistku Cecílii** ist der Akkusativ Singular von **slavná tenistka Cecílie** „die berühmte Tennisspielerin Cecílie". ■ **čtyřhra** "Viererspiel" (= Doppelspiel).

⑧ **muži** und **ženy** sind die Pluralformen der Nominative **muž** „Mann" und **žena** „Frau".

⑨ **zvítězí** ist ein hier auf die Zukunft bezogenes sog. 'perfektives' (vollendetes) Verb (drückt eine einmalige und abgeschlossene Handlung aus), ebenso wie **prohraje** weiter unten.

LEKTION 9

První (1.) cvičení: Rozumíte těmto větám?

① Ivan hraje tenis. ② Představuji ti Evu. ③ Nehrajeme moc dobře. ④ Potřebujete čtvrtého hráče? ⑤ Vidím řeku, Vltavu.

Druhé (2.) cvičení: Doplňte chybějící slova!

① Ivan braucht den Tennisschläger und den Fotoapparat; sie sind im Auto.

Ivan .... raketu a fotoaparát; .... v autě.

② Ich würde euch/Ihnen gern David vorstellen.

Rád bych vám představil ....

③ Und heute spielen Martina und Ivan Tennis.

A .... Martina a Ivan hrají ....

▶ Desátá (10.) lekce [däßaataa läktßä]

Zdraví je důležité

| 1 | Jsem v parku. Sedím na lavičce. ① |
| 2 | Vedle sedí starý pán a mladá žena. ② |

(VÝSLOVNOST)

[sdrawii jä duuläjitää **1** ßäm fparku.ßädjiim nalawitschtßä. **2** wädlä ßädjii ßtarii paan a mladaa jäna. **3** ßlätschna tschtä tschaßopiß „modärnjii ßwjät".]

Řešení prvního cvičení: Rozuměli jste?

❶ Ivan spielt Tennis. ❷ Ich stelle dir Eva vor. ❸ Wir spielen nicht sehr gut. ❹ Braucht ihr / brauchen Sie einen vierten Spieler? ❺ Ich sehe einen Fluss, die Moldau.

❹ Freut mich, ich heiße Cecílie.

. . . . , já se jmenuji Cecílie.

❺ Es geht mir gut, ich hoffe, dir auch.

Mám se dobře, ... , že ty . . . . .

Řešení druhého cvičení: Chybějící slova.

❶ potřebuje - jsou ❷ Davida ❸ dnes - tenis ❹ Těší mě ❺ doufám - taky

Zehnte Lektion

Die Gesundheit ist wichtig

| 1 | Ich bin im Park. Ich sitze auf einer Bank.
| 2 | Neben [mir] sitzen ein alter Herr und eine junge Frau.

ANMERKUNGEN

① **(v) parku, (na) lavičce** ist der Lokativ Singular von **park** und **lavička**. Beachten Sie die Erweichung des Konsonanten **k** zu **c** vor der Endung **-e**: **na lavičce** „auf der Bank / auf dem Bänkchen".

② Harte Adjektive haben drei Endungen: **-ý** ist männlich (**dobrý hotel** „gutes Hotel"), **-á** ist weiblich (**dobrá kamarádka** „gute Freundin"), **-é** ist sächlich (**dobré auto** „gutes Auto").

LEKTION 10

| 3 | Slečna čte časopis „Moderní svět". ③
| 4 | – Prosím vás... nemáte zápalky? říká pán. ④
| 5 | Hledám zapalovač.
| 6 | – Kouřím už dlouho, ale není to zdravé.
| 7 | Musím přestat. Dnes je tak krásně...
| 8 | Možná přestanu kouřit zítra. ⑤
| 9 | Slečna se směje a říká, že je lepší přestat hned. ⑥
| 10 | – Máte pravdu, odpovídá pán.
| 11 | Tohle je má poslední cigareta. Zdraví je důležité! ⑦
| 12 | Koupím si dýmku! ⑧

MÁ SESTRA ČTE ČASOPIS

(VÝSLOVNOST)

[*4 proßiim waaß ... nämaate saapalki? rrjiikaa paan. 5 hlädaam sapalowatsch. 6 koUrrjiim uŷ dloUho, alä nänjii to sdrawää. 7 mußiim prrjäßtat. dnäß jä tak kraaßnjä... 8 mojnaa prrjäßtanu koUrrjit siitra. 9 ßlätschna ßä ßmnjäjä a rrjiikaa, jä jä läpschii prrjäßtat hnät. 10 maatä prawdu, otpowiidaa paan. 11 tohlä jä maa poßlädnjii tßigarätä. sdrawii jä duuläjiitää. 12 koUpiim ßi diimku!*]

3	Das Fräulein liest die Zeitschrift "Moderne Welt".
4	– Entschuldigung (Ich bitte Sie) ... haben Sie (nicht) Streichhölzer? sagt der Herr.
5	Ich suche [mein] Feuerzeug.
6	– Ich rauche schon lange, aber es ist nicht gesund (ist nicht das gesund).
7	Ich muss aufhören. Heute ist es so schön ...
8	Vielleicht höre ich morgen auf zu rauchen.
9	Das Fräulein lacht und sagt, dass es besser ist, sofort aufzuhören.
10	– Sie haben Recht, antwortet der Herr.
11	Dies ist meine letzte Zigarette. Die Gesundheit ist wichtig.
12	Ich kaufe mir eine Pfeife!

(ANMERKUNGEN)

(3) Weiche Adjektive haben nur eine Endung, das **-í** in allen drei Geschlechtern: **moderní hotel/kamarádka/divadlo** „moderne(s) Hotel/-Freundin/Theater".

(4) **zápalky** ist der Akkusativ Plural von **zápalka** „Streichholz". ■ **nemáte**... „haben Sie nicht". Spricht man einen Wunsch oder eine Bitte aus, so ist das Verb im Allgemeinen verneint, wodurch die Bitte höflicher wird.

(5) **přestanu** „ich höre auf" ist ein vollendetes Verb in der Futurform (Zukunft).

(6) **směje se** „er/sie/es lacht" ist ein reflexives (rückbezügliches) Verb.

(7) **má poslední cigareta** „meine letzte Zigarette". Vorsicht, **má** ist hier das Possessivpronomen „meine". Verwechseln Sie es nicht mit dem Verb „haben", auf das stets ein Akkusativ folgt: **Eva má cigaretu** „Eva hat eine Zigarette".

(8) **Koupím (si)** „ich kaufe (mir)", ist ein vollendetes Verb in der Futurform.

První (1.) cvičení: Rozumíte těmto větám?

❶ Na lavičce sedí starý pán a mladá žena. ❷ Vidíš, to bílé auto je lepší! ❸ Říká, že zdraví je důležité. ❹ Musím přestat kouřit dýmku. ❺ Má sestra čte časopis.

Druhé (2.) cvičení: Doplňte chybějící slova!

❶ Wir sitzen auf einer Bank und lachen.

. . . . . . na lavičce a smějeme se.

❷ Du hast recht, heute ist es schön!

Máš . . . . . . , dnes . . krásně!

❸ Tomáš und seine neue Freundin spielen Tennis.

Tomáš a jeho . . . . přítelkyně . . . . . tenis.

❹ Entschuldigen Sie, wie heißt das moderne Theater am Bahnhof?

Promiňte, jak se jmenuje to . . . . divadlo u . . . . ?

▶ Jedenáctá (11.) lekce [jädänaatßtaa läktßä]

V obchodě ①

1 – Potřebuji nový svetr a košili. A jedno bílé tričko. ②

(VÝSLOVNOST)

[ϝopcHodjä **1** potrrjäbuji nowii ßwätr a koschili. a jädno biilää tritschko.]

Řešení prvního cvičení: Rozuměli jste?

❶ Auf einer Bank sitzen ein alter Herr und eine junge Frau. ❷ Siehst du, das weiße Auto ist besser! ❸ Er/sie sagt, dass die Gesundheit wichtig ist. ❹ Ich muss aufhören, Pfeife zu rauchen. ❺ Meine Schwester liest eine Zeitschrift.

❺ Fräulein Martina sucht das neue Feuerzeug, sie hat keine Streichhölzer.

Slečna Martina hledá ten .... zapalovač, ... zápalky.

Řešení druhého cvičení: Chybějící slova.

❶ Sedíme ❷ pravdu - je ❸ nová - hrají ❹ moderní - nádraží ❺ nový - nemá

Elfte Lektion

Im Geschäft

1 — Ich brauche einen neuen Pullover und ein Hemd. Und ein (1) weißes T-Shirt.

(ANMERKUNGEN)

① **(V) obchodě** ist der Lokativ Singular von **obchod** „Geschäft, Laden". Beachten Sie die Aussprache: Ein Konsonant vor einem vokalischen Anlaut des nachfolgenden Wortes wird stimmlos gesprochen **v obchodě** [*f'opcHodjä*].

② Zur Erinnerung: Das Zahlwort **jeden/jedna/jedno** „ein, eine, ein" kann den unbestimmten Artikel dort ersetzen, wo eindeutig ein numerischer Wert angegeben werden soll.

| 2 | – Já chci červenou letní sukni. ③
| 3 | Tady je hezký modrý svetr. Jakou máš velikost? ④
| 4 | – Nevím. Ale myslím, že tahle je dobrá.
| 5 | – Vidíš tu červenou blůzu? Je opravdu krásná! ⑤
| 6 | – A nechceš sukni?
| 7 | – Samozřejmě. Můžeme koupit blůzu i sukni.
| 8 | – Musíme taky koupit pyžamo.
| 9 | – A já potřebuji večerní šaty. A boty! ⑥
| 10 | – Prosím tě, nemáme peníze... ⑦

V OBCHODĚ

(VÝSLOVNOST)

[**2** jaa cHtßi tschärwänoU lätnjii ßuknji. **3** tady jä häßkii modrii ßwätr. jakoU maasch wälikoßt? **4** näwiim. alä mißliim, jä tahlä jä dobraa. **5** widjiisch tu tschärwänou bluusu? jä oprawdu kraaßnaa! **6** a näcHtßäsch ßuknji? **7** ßamosrrjäjmnjä. muujämä koUpit bluusu i ßuknji. **8** mußiimä taky koUpit piřamo. **9** a jaa potrrjäbuji wätschärnjii schati. a boti! **10** proßiim tjä, nämaamä pänjiisä...]

čtyřicet [tschtirrjitßät] • 40

2 – Ich will einen roten Sommerrock.
3 – Hier ist ein schöner blauer Pullover. Welche Größe hast du?
4 – Ich weiß nicht. Aber ich denke, dass diese gut ist.
5 – Siehst du die rote Bluse? Die ist wirklich schön!
6 – Und du willst keinen Rock?
7 – Selbstverständlich. Wir können eine Bluse und einen Rock kaufen.
8 – Wir müssen auch einen Pyjama kaufen.
9 – Und ich brauche ein Abendkleid. Und Schuhe!
10 – Ich bitte dich, wir haben kein Geld ...

(ANMERKUNGEN)

(3) **červenou sukni**: Weibliche harte Adjektive enden im Akkusativ Singular auf **-ou**: **Mám červenou sukni**. „Ich habe einen roten Rock." ■ **letní** „sommerlich". Weiche Adjektive bleiben im Akkusativ unverändert, außer in der männlichen belebten Form. Diese hat die Endung **-ího**: **vidíte prvního studenta** „Sie sehen den ersten Studenten". ■ Harte Adjektive der männlichen belebten Form enden im Akkusativ Singular auf **-ého**: **vidíte mladého studenta** „Sie sehen einen jungen Studenten". Die männlichen unbelebten und sächlichen Formen bleiben unverändert: **Máš modrý svetr a bílé tričko** „Du hast einen blauen Pullover und ein weißes T-Shirt."

(4) Einige weibliche Hauptwörter enden auf einen Konsonanten: **velikost** „Größe", **žízeň** „Durst" (Lektion 3). Sie bleiben im Akkusativ unverändert.

(5) **tu** ist der Akkusativ des Demonstrativpronomens **ta** „diese, die".

(6) **šaty**, das „(Damen-)Kleid", steht stets im Plural und ist männlich. Das gleiche Wort wird auch für „Kleidung" verwendet. ■ **boty** ist der Akkusativ Plural von **bota** „Schuh".

(7) **tě** ist der Akkusativ des Personalpronomens **ty** „du". **Prosím tě** „Ich bitte dich".

LEKTION 11

11 – Mám šekovou knížku. A úvěrovou kartu. Jsem bohatá. ⑧
12 – Obchodní dům, to je katastrofa! ⑨

(VÝSLOVNOST)

[**11** maam schäkowoU knjiijku. a **uu**wjärowoU kartu. ßäm bohataa.
12 opchodnjii duum, to jä kataßtrofa.]

První (1.) cvičení: Rozumíte těmto větám?

❶ Potřebuji nové pyžamo a modrý svetr. ❷ Chceš koupit letní sukni? ❸ Vidíte tu krásnou červenou blůzu? ❹ Jsem v obchodě, hledám Julii. ❺ Julie, máš šekovou knížku? ❻ Musíme taky koupit večerní šaty.

Druhé (2.) cvičení: Doplňte chybějící slova!

❶ Selbstverständlich brauchst du ein weißes T-Shirt, einen Tennisschläger und Schuhe.

Samozřejmě potřebuješ bílé . . . . . . ,
tenisovou . . . . . . a boty.

❷ Morgen wollen wir einen schwarzen Pullover und ein schwarzes Hemd kaufen.

Zítra chceme koupit černý . . . . .
a . . . . . . košili.

❸ Wisst ihr / wissen Sie, wo das Kaufhaus Prior ist?

Víte, kde je . . . . Prior?

[11] – Ich habe ein Scheckheft (Scheckbuch). Und eine Kreditkarte. Ich bin reich.
[12] – Ein Kaufhaus, (das) ist eine Katastrophe!

ANMERKUNGEN

(8) **úvěrová/kreditní/banková karta** „Kredit-/Bankkarte". Deutsche Komposita (zusammengesetzte Hauptwörter) werden mit einem Adjektiv und einem Hauptwort wiedergegeben: **šek** „Scheck" → **šeková knížka** „Scheckheft", **úvěr** „Kredit" → **úvěrová karta** „Kreditkarte", **léto** „Sommer" → **letní sukně** „Sommerrock", **večer** „Abend" → **večerní šaty** „Abendkleid".

(9) **Obchodní dům** (m.) „Kaufhaus".

Řešení prvního cvičení: Rozuměli jste?

❶ Ich brauche einen neuen Pyjama und einen blauen Pullover. ❷ Willst du einen Sommerrock kaufen? ❸ Seht ihr / sehen Sie die schöne rote Bluse? ❹ Ich bin im Geschäft, ich suche Julie. ❺ Julie, hast du ein Scheckbuch? ❻ Wir müssen auch ein Abendkleid kaufen.

❹ Welche Größe haben Sie bitte?

Jakou máte . . . . , prosím?

❺ Ich habe weder Geld noch eine Kreditkarte.

. . . . . ani peníze, ani úvěrovou . . . . . .

Řešení druhého cvičení: Chybějící slova.

❶ tričko - raketu ❷ svetr - černou ❸ obchodní dům ❹ velikost ❺ Nemám - kartu

▶ Dvanáctá (12.) lekce [dwanaatßtaa läktßä]

Nový byt

1	Paní Dvořáková nám ukazuje nový byt. ①
2	Je tady velký obývací pokoj a jídelna.
3	Naproti má pan Dvořák pracovnu. Je advokát. ②
4	Vpravo vidíme pokoj jejich dcery Libuše. ③
5	Syn Václav má malý pokoj vlevo.
6	Vzadu je ložnice, koupelna a záchod.
7	Okno ložnice vede do zahrady. ④
8	Předsíň je vlastně dlouhá chodba. ⑤

BYT JE OPRAVDU VELKÝ...

(VÝSLOVNOST)

[nowii bit **1** panjii dworrjaakowaa naam ukasujä nowii bit. **2** jä tady wälkii obiiwatßii pokoj a jídälna. **3** naprotji maa pan dworrjaak pratßownu. jä adwokaat. **4** fprawo widjiimä pokoj jäjicH tßäri libuschä. **5** ßin waatßlaf maa malii pokoj wläwo. **6** wzadu jä lojnjitßä, koUpälna a saacHot. **7** okno lojnjitßä wädä dosahradi. **8** prrjätßiinj jä wlaßtnjä dloUhaa cHodba.]

Zwölfte Lektion

Die neue Wohnung

1. Frau Dvořáková zeigt uns die [ihre] neue Wohnung.
2. Da sind (ist) ein großes Wohnzimmer und ein Esszimmer.
3. Gegenüber hat Herr Dvořák das [sein] Arbeitszimmer. Er ist Rechtsanwalt.
4. Rechts sehen wir das Zimmer ihrer Tochter Libuše.
5. Sohn Václav hat ein kleines Zimmer links.
6. Hinten sind das Schlafzimmer, das Bad und die Toilette.
7. Das Schlafzimmerfenster (Fenster des Schlafzimmers) geht zum (führt in den) Garten hinaus.
8. Der Flur ist eigentlich ein langer Gang.

(ANMERKUNGEN)

① Die Anrede **Paní** „Frau" ist unveränderbar. Die weibliche Form des Nachnamens **paní Dvořáková** ist von der männlichen Form **pan Dvořák** abgeleitet. Familiennamen gibt es nur paarweise: **David - Davidová, Novák - Nováková, Černý - Černá**. ■ Possessivpronomen werden seltener verwendet als im Deutschen und können deshalb, wenn der Kontext es zulässt, durchaus in der Übersetzung eingefügt werden. ■ **nám** „uns" ist der Dativ des Pronomens **my** „wir". **Václav nám dává klíče** „Václav gibt uns die Schlüssel."

② Bei der Anrede wird das lange **-á-** in **pán** „Herr" zu einem kurzen **-a-**: **pan Dvořák**.

③ **jejich** „ihr,-e" ist unveränderlich. **To je jejich dcera** „Das ist ihre Tochter." **Znám jejich dceru/jejich děti.** „Ich kenne ihre Tochter / ihre Kinder." ■ **dcery** ist der Genitiv Sing. des weiblichen Hauptworts **dcera** „Tochter".

④ **ložnice, (do) zahrady** sind die Genitivformen der weiblichen Hauptwörter **ložnice** „Schlafzimmer" und **zahrada** „Garten".

⑤ **Předsíň** „Flur" ist ein Femininum.

9	Vidíme kuchyň a pak ještě jednu hezkou místnost. ⑥
10	Paní Dvořáková říká, že to je pokoj pro hosty.
11	– Pro vás! Příště musíte bydlet u nás. ⑦
12	Byt je opravdu velký…
13	Zveme vás srdečně, můj manžel i já! ⑧

(VÝSLOVNOST)

[9 widjiimä kucHinj a pak jäschtjä jädnu häßkoU miißtnoßt. 10 panjii dworrjaakowaa rrjiikaa, jä to jä pokoj prohoßti. 11 prowaaß! prrjiischtjä mußiitä bidlät unaaß. 12 bit jä oprawdu wälkii… 13 swämä waaß ßrdätschnjä, muuj manjäl i jaa!]

První (1.) cvičení: Rozumíte těmto větám?

❶ Máte už byt? ❷ Eva nám ukazuje koupelnu. ❸ Pak vidíme malou ložnici. ❹ To velké okno vede do zahrady. ❺ Musíte koupit tu hezkou moderní kuchyň! ❻ Obývací pokoj a jídelna jsou vlastně vpravo. ❼ Prosím tě, kde je záchod?

Druhé (2.) cvičení: Doplňte chybějící slova!

❶ Wir laden euch/Sie herzlich ein, meine Frau und auch ich.

Srdečně . . . zveme, má manželka i . . .

❷ Ich stelle euch/Ihnen Herrn David Dvořák vor.

Představuji vám . . . .

❸ Václav und Libuše zeigen uns noch einen großen Raum.

Václav a Libuše . . . ukazují ještě jednu . . . . . . místnost.

❹ Ich habe einen Sohn und eine Tochter, sie heißen Tomáš und Zuzana.

Mám syna a . . . . . , jmenují se Tomáš a Zuzana.

|9| Wir sehen die Küche und dann noch einen schönen Raum.
|10| Frau Dvořáková sagt, dass dies das Gästezimmer (Zimmer für Gäste) ist.
|11| – Für euch! Das nächste Mal müsst ihr bei uns wohnen.
|12| Die Wohnung ist wirklich groß ...
|13| Wir laden euch herzlich ein, mein Mann und auch ich!

ANMERKUNGEN

(6) **kuchyň** „Küche" und **místnost** „Raum, Zimmer" sind beide weiblich. ■ **jednu** „eine" ist der Akkusativ von **jedna** (Fem.): **Mají jednu dceru a tři syny**. „Sie haben eine Tochter und drei Söhne."

(7) **vás, nás** ist Akkusativ und gleichzeitig Genitiv der Personalpronomen **vy** „ihr/Sie" und **my** „wir": **pro nás** „für uns", **pro vás** „für euch/Sie". Lassen Sie sich nicht verwirren: **u nás** steht im Tschechischen im Genitiv, in der deutschen Übersetzung freilich im Dativ: „bei uns".

(8) **i** ist ein Synonym von **a** „und, jedoch" mit einer ergänzenden Nuance: „und auch ..., und ebenfalls ...".

Řešení prvního cvičení: Rozuměli jste?

❶ Habt ihr / Haben Sie schon eine Wohnung? ❷ Eva zeigt uns das Bad. ❸ Dann sehen wir das kleine Schlafzimmer. ❹ Das große Fenster geht zum Garten [hinaus]. ❺ Ihr müsst / Sie müssen die schöne moderne Küche kaufen! ❻ Das Wohnzimmer und das Esszimmer sind eigentlich rechts. ❼ Bitte (Ich bitte dich) wo ist die Toilette?

❺ Das nächste Mal müsst ihr / müssen Sie bei uns wohnen.

. . . . . musíte bydlet u . . . .

6 Cecilie sieht im Park einen alten Herrn; er sitzt auf einer Bank und raucht eine Pfeife.

Cecílie vidí v ..... jednoho starého pána; sedí na lavičce a ..... dýmku.

▶ **Třináctá (13.) lekce** [trřjinaatßtaa läktßä]

Marie má narozeniny

1	Jdeme navštívit slečnu Novou: má dnes narozeniny.
2	Neseme jí velkou kytici a dárek. ①
3	Cestou přecházíme Karlův most. ②
4	Vlevo vidíme Národní divadlo a vpravo vzadu Karlovu univerzitu.

MARIE MÁ NAROZENINY
45
36

(VÝSLOVNOST)

[marijä maa narosänjini **1** jdämä nafschtjiiwit ßlätschnu nowoU: maa dnäß narosänjini. **2** näßämä jii wälkou kitjitßi a daaräk. **3** tßäßtoU prřäcHaasiimä karluuf moßt. **4** wläwo widjiimä naarodnjii djiwadlo a fprawo wsaadu karlowu uniwärsitu.]

Řešení druhého cvičení: Chybějící slova.

① vás - já ② pana Davida Dvořáka ③ nám - velkou ④ dceru
⑤ Příště - nás ⑥ parku - kouří

Dreizehnte Lektion

Marie hat Geburtstag

1. Wir gehen Fräulein Nová besuchen: Sie hat heute Geburtstag.
2. Wir bringen ihr einen großen Blumenstrauß und ein Geschenk.
3. Unterwegs gehen wir über (überqueren wir) die Karlsbrücke.
4. Links sehen wir das Nationaltheater und rechts hinten die Karls-Universität.

ANMERKUNGEN

① **jí** „ihr" ist der Dativ des Pronomens **ona** „sie". **Josef jí píše dopis** „Josef schreibt ihr einen Brief."

② **Cestou** „unterwegs" ist der Instrumental von **cesta** (Fem.) „Weg" und heißt im übertragenen Sinne auch „Reise". ■ **Karlův most** „Karlsbrücke". Karl IV, deutscher und tschechischer König und römischer Kaiser machte aus Prag eine wahrhafte Hauptstadt, deren Ruhm weit über die Grenzen des Königreichs reichte. Durch seinen Städtebau bekam Prag seine schönsten Bauwerke. ■ **Karlův** ist ein 'Possessivadjektiv', d. h. es ordnet einer Person einen Besitz zu. Im Deutschen verwendet man hierfür den Genitiv. Die Formen sind: a) männlich: **Karlův přítel/most** „Karls Freund / Karlsbrücke"; b) weiblich: **Karlova sestra/univerzita** „Karls Schwester / Karls-Universität"; c) sächlich: **Karlovo auto/náměstí** „Karls Auto / Karlsplatz".

5 Vpředu je Pražský hrad. Praha je **o**pravdu n**á**dhern**á**!

6 Jsme n**a** místě. Zvoníme a pan N**o**vý **o**tvírá dveře. ③

7 – D**o**brý den! P**o**jďte d**á**l, Marie vás čeká. B**u**de moc r**á**da, že vás vidí. ④⑤

8 V předsíni je pes, nedůvěřivě nás p**o**zoruje. ⑥

9 Pan N**o**vý nám ho představuje: ⑦

10 – T**o**hle je náš Rek. Ticho, Reku! To jsou přátelé Marie... A tady máme Marii! ⑧

11 – Všechno nejlepší k narozeninám, Marie! ⑨

12 – Děkuji. To jsou kr**á**sné růže!

(VÝSLOVNOST)

[*5 wäprrjädu jä prajßkii hrat. praha jä **o**prawdu naadhärnaa! 6 ßmä namiißtjä. swonjiimä a pan nowii **o**twiiraa dwärrjä. 7 dobrii dän! pojtj'tä daal, marijä waaß tschäkaa. budä motß raada, jä waaß widjii. 8 fprrjätßiinji jä päß, näduuwjärrjiwjä naaß **po**zorujä. 9 pan nowii naam ho prrjätßtawujä: 10 tohlä jä naasch räk. tjicHo, räku! to ßou prrjäätälää marijä... a tady maamä mariji! 11 fschäcHno näjläpschii knarosänjinaam, marijä! 12 djäkuji. to ßou kraaßnää ruujä!*]

(ANMERKUNGEN)

③ **(na) místě** ist der Lokativ Singular von **místo** (n.) „Ort, Platz". **Být na místě** „da sein" im Sinne von „angekommen sein" ist eine Redensart.

④ **Pojďte dál** ist die höfliche Art, seine Gäste hereinzubitten. Bei Behörden wird die Form **Dále!** oder **Vstupte!** „Herein!" verwendet.

padesát [padäßaat] • 50

5   Vorn ist die Prager Burg. Prag ist wirklich wunderschön!
6   Wir sind da (am Platz). Wir klingeln, und Herr Nový öffnet die Tür.
7 – Guten Tag! Kommt herein (kommt/kommen Sie weiter), Marie erwartet euch. Sie wird sich sehr freuen, euch zu sehen (Sie wird sehr froh sein, dass sie euch sieht).
8   Im Flur ist ein Hund, misstrauisch beobachtet er uns.
9   Herr Nový stellt ihn uns vor:
10 – Das ist unser Rek. Ruhe, Rek! Das sind Maries Freunde ... und hier ist (haben wir) Marie!
11 – Alles Gute (Beste) zum Geburtstag, Marie!
12 – Danke. Das sind [ja] schöne Rosen!

⑤ **Bude** ist die Zukunftsform von „sein": „er/sie/es wird sein". ■ **rád** (m.)/**ráda** (f.)/**rádo** (n.) ist ein Qualitätsadjektiv, eine sogenannte Kurzform. Diese Kurzformen sind sehr selten und kommen in der Umgangssprache, außer in Höflichkeitsfloskeln oder Redensarten, so gut wie nie vor. Zwei dieser Formen kennen Sie bereits: **být rád/-a/-o** „froh sein" und **mít rád/-a/-o** „gern haben, mögen".

⑥ **(V) předsíni** ist der Lokativ Singular des weiblichen Hauptworts **předsíň** „Flur".

⑦ **ho** ist der Akkusativ des Personalpronomens **on** „er" und **ono** „es". **Vidím ho** „Ich sehe ihn".

⑧ **Reku** ist der Vokativ Singular (der 5. Fall für Anreden) von **Rek**. ■ **přátelé** ist der unregelmäßige Plural von **přítel** „Freund". Dieser Vokalwechsel í → á ist aber selten.

⑨ **narozeninám** ist der Dativ von **narozeniny** (weiblich, Plural) „Geburtstag".

LEKTION 13

První (1.) cvičení: Rozumíte těmto větám?

① Chceš navštívit slečnu Marii? ② Eva a Petr mají dnes narozeniny. ③ Pro Evu máme krásný dárek a velkou kytici. ④ Vidíte Karlův most a Karlovu univerzitu? ⑤ Náš pes se jmenuje Rek. ⑥ Zvoníme, Karlův bratr otvírá dveře.

Druhé (2.) cvičení: Doplňte chybějící slova!

① Alles Gute zum Geburtstag, liebe Marie!

. . . . k narozeninám, milá Marie!

② David und Ivan sehen die Prager Burg, die Moldau und das Nationaltheater.

David a Ivan vidí Pražský . . . . , Vltavu a Národní divadlo.

③ Kommt herein, Mutter erwartet euch.

. . . . , maminka vás čeká!

④ Mein Bruder wird morgen hier sein, aber die Freundin meines Bruders, Eva, nicht.

Můj bratr tady . . . . zítra, ale bratrova přítelkyně Eva ne.

⑤ Die Rose ist für Sie, Julie - ich habe Sie sehr gern.

Ta růže je pro vás, Julie - . . . vás moc . . . !

⑥ Ich suche den Karlsplatz, dort wohnt Anna.

Hledám . . . . náměstí, bydlí tam Anna.

Řešení prvního cvičení: Rozuměli jste?

① Willst du Fräulein Marie besuchen? ② Eva und Petr haben heute Geburtstag. ③ Für Eva haben wir ein wunderschönes Geschenk und einen großen Blumenstrauß. ④ Seht ihr / Sehen Sie die Karlsbrücke und die Karls-Universität? ⑤ Unser Hund heißt Rek. ⑥ Wir klingeln, Karls Bruder öffnet die Tür.

Řešení druhého cvičení: Chybějící slova.

① Všechno nejlepší ② hrad ③ Pojďte dál ④ bude ⑤ mám - rád ⑥ Karlovo

---

Na bitte! Sie haben Ihr erstes Dutzend Lektionen bewältigt – die erste Wiederholungslektion nicht mit eingerechnet. Eine zweite Wiederholungslektion erwartet Sie im Anschluss an diese Seite.

Ab der 15. Lektion werden wir keine Klammern mehr in der deutschen Übersetzung verwenden. Wir werden Ihnen aber weiterhin dort eine Wort-zu-Wort-Übersetzung anbieten, wo der Satzbau stark vom deutschen Satzbau abweicht, oder bei besonderen Redewendungen. Fehlende Artikel und Personalpronomen zeigen wir, wie Sie schon wissen, in der deutschen Version auch nicht mehr an. Und dass Adjektive immer vor ihrem Bezugswort stehen, wissen Sie ja schon länger.

Und da Ihnen die Aussprache mittlerweile vertrauter ist, werden wir von nun an nur noch neue und ungewohnte bzw. schwierig auszusprechende Wörter in Lautschrift angeben.

Auch werden wir in Zukunft bei der Übersetzung der 2. Person Plural nicht mehr darauf hinweisen, dass es sich auch um die Höflichkeitsform handeln kann, sondern beliebig eine der beiden Formen für die Übersetzung wählen oder kontextabhängig in die jeweils richtige Form übersetzen.

Bewahren Sie sich Ihren Enthusiasmus! Wiederholen Sie die Sätze langsam und laut, vor allem, wenn Ihnen bestimmte Ausdrücke Probleme machen ... was vollkommen normal ist. Lernen Sie nur weiter regelmäßig und möglichst täglich.

So, und nun wollen wir das Wesentliche Ihrer zweiten Studienwoche zusammenfassen ...

▶ Čtrnáctá (14.) lekce [tschtrnaatßtaa läktßä]

OPAKOVÁNÍ A POZNÁMKY
WIEDERHOLUNG UND ANMERKUNGEN

1. Alphabet

Fangen wir ganz von vorn an: Wenn Sie ein tschechisches Wort im Wörterbuch suchen, dann finden Sie es entsprechend dem folgenden Alphabet (in Klammern stehen die möglichen Schreibweisen, die der jeweilige Buchstabe annehmen kann):

a (á)	[a]	**j**	[jää]	**s**	[äß]
b	[bää]	**k**	[kaa]	**š**	[äsch]
c	[tßää]	**l**	[äl]	**t (ť)**	[tää]
č	[tschää]	**m**	[äm]	**u (ú, ů)**	[u]
d (ď)	[dää]	**n**	[än]	**v**	[wää]
e (é, ě)	[ä]	**o (ó)**	[o]	**dvojité w**	[dwojitää wää]
f	[äf]	**p**	[pää]	**x**	[ikß]
g	[gää]	**q**	[kwää]	**y (ý)**	[ipßilon]
h	[haa]	**r**	[är]	**z**	[sät]
ch	[cHaa]	**ř**	[ärrj]	**ž**	[jät]
i (í)	[i]				

Zur besseren Unterscheidung bezeichnet man im Tschechischen das **i** als **měkké i** „weiches i" und das **y** als **tvrdé y** „hartes y" und baut auf diesen Bezeichnungen einige Eselsbrücken auf, die auch Ihnen sicher helfen werden ...

Mittlerweile wissen Sie, dass der letzte Buchstabe eines Wortes sehr wichtig ist: Er bestimmt häufig das Geschlecht und die Einteilung für die Deklination. Um diese Einteilung zu erleichtern und für andere grammatikalische Regeln (z. B. die der Rechtschreibung) werden Konsonanten wie folgt untergliedert:

a) harte Konsonanten: **d, g, h, ch, k, n, r, t**
b) weiche Konsonanten: **c, č, ď, j, ň, ř, š, ť, ž**

Wir hatten im Vorwort bereits erwähnt, dass nach den harten Konsonanten stets das „harte y" folgt und nach den weichen Konsonanten das „weiche i". Beachten Sie aber die folgende Schreibweise:

Vierzehnte Lektion

ď + e/i → dě/di [*djä/dji*]; ň + e/i → ně/ni [*njä/nji*]; ť + e/i → tě/ti [*tjä/tji*].
Die übrigen Konsonanten, die in keiner der beiden Kategorien vorkommen, nennt man mittlere Konsonanten. Sie verhalten sich ohne Regel, einmal wie harte, ein anderes Mal wie weiche Konsonanten.

2. Deklination

Die Deklinationen sind ein weites Gebiet in der tschechischen Sprache. Zunächst lernten Sie den Akkusativ kennen. Er beschreibt das Objekt und antwortet auf die Frage wen oder was?. Männliche belebte Hauptwörter (= männliche Lebewesen) und weibliche Hauptwörter, die auf einen Vokal enden, ändern im Akkusativ Singular ihre Endung. Alle anderen Hauptwörter - also männlich unbelebt, weiblich mit Konsonantenendung und sächlich - bleiben im Akkusativ Singular unverändert. Hier einige Beispiele, die Ihnen in Zweifelsfällen helfen sollen:

Nominativ	**Akkusativ**
Männlich belebt mit harter (und mittlerer) Konsonantenendung:	
pán „Herr"	**pána**
Männlich belebt mit weicher Konsonantenendung:	
muž „Mann"	**muže**
Männlich unbelebt mit harter (und mittlerer) Konsonantenendung:	
hrad „Burg, Schloss"	**hrad**
Männlich unbelebt mit weicher Konsonantenendung:	
čaj „Tee"	**čaj**
Weiblich mit Endung **-a**:	
žena „Frau"	**ženu**
Weiblich mit Endung **-e**:	
růže „Rose"	**růži**

Nominativ	Akkusativ
Weiblich mit harter Konsonantenendung:	
velikost „Größe"	**velikost**
Weiblich mit weicher Konsonantenendung:	
žízeň „Durst"	**žízeň**
Sächlich mit Endung **-o**:	
město „Stadt"	**město**
Sächlich mit Endung **-í**:	
nádraží „Bahnhof"	**nádraží**

Die Deklinationsmuster **pán** und **hrad** finden auch bei den meisten männlichen Hauptwörtern, die auf mittlere Konsonanten enden, Anwendung.

3. Demonstrativpronomen: Der Akkusativ Singular

ten (männlich belebt): **Hledám toho studenta.** „Ich suche den/diesen Studenten."
ta (weiblich): **Hledáš tu studentku.** „Du suchst die/diese Studentin."
ten (männlich unbelebt) und **to** (sächlich) bleiben unverändert:
Jan hledá ten svetr a to pyžamo. „Jan sucht den/diesen Pullover und den/diesen Pyjama."

Die gleichen Regeln für die Endungen gelten für die Zahlwörter **jeden/jedna/jedno** „ein/eine/ein" im Akkusativ Singular:
  Hledáme jednoho studenta a jednu studentku.
  „Wir suchen einen Studenten und eine Studentin."
  Hledáte jeden svetr a jedno pyžamo.
  „Ihr sucht einen Pullover und einen Pyjama."

4. Personalpronomen: Der Akkusativ Singular (1. und 2. Person)

- **já** „ich" → **mě**: **Josef mě představuje.** „Josef stellt mich vor."
- **ty** „du" → **tě**: **Prosím tě.** „Ich bitte dich."
- **my** „wir" → **nás**: **Petr nás zve.** „Petr lädt uns ein."
- **vy** „ihr/Sie" → **vás/Vás**: **Zveme vás.** „Wir laden euch/Sie ein."

5. Adjektive: Harte und weiche Adjektive

Es gibt vier Arten von Adjektiven, aber zunächst sind für uns nur die zwei gängigsten von Interesse:

a) Die harten Adjektive
Sie enden in der männlichen Grundform auf einem „harten langen y" und haben im Nominativ in jedem Geschlecht eine andere Endung: **mladý/mladá/mladé** „jung".

b) Die weichen Adjektive
Sie enden in der männlichen Grundform auf einem „weichen langen i" und haben im Nominativ in allen Geschlechtern die gleiche Endung: **moderní** „modern".

In den anderen Fällen stimmen harte und weiche Adjektive in Geschlecht, Zahl und Fall mit dem Bezugswort überein.

6. Adjektive: Der Akkusativ Singular

Harte Adjektive ändern ihre Endung lediglich in den Formen männlich belebt und weiblich, weiche Adjektive ändern ihre Endung nur in der männlich belebten Form. Alle anderen haben im Akkusativ Singular die gleichen Endungen wie im Nominativ Singular. Hier ein paar Beispiele:

Männlich unbelebt und sächlich:
   Děti vidí moderní bílý dům a moderní bílé auto „Die Kinder sehen ein modernes weißes Haus und ein modernes weißes Auto".

Männlich belebt:
   Vidíme moderního mladého muže „Wir sehen einen modernen jungen Mann".

Weiblich:
   Vidíte moderní mladou ženu „Sie sehen eine moderne junge Frau".

7. Konjugation: Neue Verben

Hier noch eine Übersicht über die Konjugation der beiden neuen Verben:

vidět „sehen":
(já) vidím „ich sehe"
(ty) vidíš „du siehst"
(on/ona/ono) vidí „er/sie/es sieht"
(my) vidíme „wir sehen"
(vy) vidíte „ihr seht / Sie sehen"
(oni/ony/ona) vidí „sie sehen".

hrát „spielen":
hraji „ich spiele"
hraješ „du spielst"
hraje „er/sie/es spielt"
hrajeme „wir spielen"
hrajete „ihr spielt / Sie spielen"
hrají „sie spielen".

▶ **Patnáctá (15.) lekce** [patnaatβtaa läktβä]

V hotelu Hvězda

1 – Máte je**d**nolůžkový **p**okoj s k**ou**pelnou? ①
2 – **B**ohužel, vš**e**chny j**e**dnolůžkové jsou **o**bsazené.
3   Mám v**o**lný j**e**nom dv**ou**lůžkový **p**okoj se sprchou. ②

(VÝSLOVNOST)

[w´hotälu hwjäsda **1** ... jädnoluujˆkowii ... βkoUpälnoU? **2** bohujäl, fschäcHni jädnoluujˆkowää ... opβasänää. **3** ... dwoUluujˆkowii ... βäβprcHoU.]

Zum Schluss noch eine kleine Verständnisübung, wie Sie sie bereits aus den Lektionen kennen:

1. Hrajeme tenis. 2. Promiňte, kde je Národní divadlo? 3. Představuji vám Václava Černého. 4. Vidíte tu novou banku?

Übersetzung:
1. Wir spielen Tennis. **2.** Entschuldigen Sie, wo ist das Nationaltheater? **3.** Ich stelle euch/Ihnen Václav Černý vor. **4.** Sehen Sie diese neue Bank?

Alles, was hier wiederholt wurde, werden Sie in den nächsten Lektionen noch viele Male wiederfinden. Es liegt in der Natur dieser Methode, dass Sie beim täglichen Lernen automatisch alles, was Sie bereits kennengelernt haben, wiederholen und sich Ihre Kenntnisse auf diese Weise unmerklich festigen.

So, und nun erwartet Sie Lektion 15!

Fünfzehnte Lektion

Im Hotel Stern

1	–	Haben Sie ein Einbettzimmer mit Bad?
2	–	Leider (Gottes), alle Einbettzimmer sind belegt.
3		Ich habe nur ein Zweibettzimmer mit Dusche frei.

(ANMERKUNGEN)

① **jednolůžkový/dvoulůžkový pokoj** „Ein-/Zweibettzimmer" und ebenso: **třílůžkový/čtyřlůžkový pokoj** „Drei-/Vierbettzimmer".

② **sprchou** ist der Instrumental Singular von **sprcha** „Dusche". Zur leichteren Aussprache wird der Präposition **s** „mit" ein **-e** angefügt, wenn das Folgewort ebenfalls mit einem „s", einem „z" oder einer Konsonantenfolge beginnt: **se Zuzanou, se sprchou**. Dies gilt auch für andere Präpositionen: **k/ke, v/ve, z/ze** ...

| 4 | – Je poblíž nějaký jiný hotel? ③
| 5 | – Na náměstí je buď hotel Slunce anebo Bílý lev.
| 6 | Není to daleko: rovně přes park, a za minutu tam jste. Je to docela blízko.
| 7 | – Mohu tam zatelefonovat? ④
| 8 | – Jistě. Tady máte číslo.
| 9 | Nebo počkejte, zavolám tam sama. ⑤
| 10 | Haló, to je recepce – Evička? Tady Hvězda. ⑥
| 11 | Potřebuji rezervovat pokoj s koupelnou, pro jednoho našeho zákazníka. – Děkuji, Evičko! ⑦

(VÝSLOVNOST)

[4 ... pobliiý njäjakii jinii hotäl? 5 nanaamnjäßtjii ... butj ... ßluntßä anäbo ... lef. 6 ... daläko: rownjä prrjäß park ... saminutu tam ßtä ... dotßäla bliißko. 7 mohu ... satäläfonowat? 8 ... tschiißlo. 9 ... potschkäjtä, sawolaam ... ßama. 10 ... rätßäptßä ... äwitschka? Tady Hvězda. 11 ... räsärwowat ... projädnoho naschäho saakasnjiika ... djäkuji, äwitschko! 12 ßlätschno ... andjäl!]

| 4 | – | Ist in der Nähe irgendein anderes Hotel?
| 5 | – | Am Marktplatz sind (ist) entweder das Hotel Sonne oder der Weiße Löwe.
| 6 | | Es ist nicht weit: Geradeaus durch den Park und in (nach) einer Minute sind Sie dort. Es ist ganz nah.
| 7 | – | Kann ich dort anrufen?
| 8 | – | Sicher. Hier haben Sie die Nummer.
| 9 | | Oder warten Sie, ich rufe dort selbst an (ich werde anrufen dort selbst).
| 10 | | Hallo, ist das die Rezeption – Evička? Hier der Stern.
| 11 | | Ich möchte gern (ich brauche reservieren) ein Zimmer mit Bad für einen unserer (für 1 unseren) Kunden reservieren. – Danke, Evička!

(ANMERKUNGEN)

③ **nějaký** ist ein unbestimmtes Pronomen. Die Vorsilbe **ně-** entspricht dem deutschen „irgend-" und wird einem Fragewort vorangestellt: **nějaký** „irgendein", **někdo** „irgendwer", **něco** „irgendwas", **někde** „irgendwo", **někdy** „irgendwann", **někam** „irgendwohin".

④ **Mohu** „ich kann". Sie kennen bereits **můžeme** „wir können". Außer in der 1. Person Sing. und der 3. Person Pl. wird das **-h-** des Wortstamms in der Konjugation weich: **-ž-**. (Der Vokalwechsel **o → ů** ist die Folge der Erweichung.) Ein Tipp aus der Praxis: In der Umgangssprache werden alle Formen des Verbs weich gesprochen; das macht die Sache wesentlich einfacher (mehr dazu in Lektion 21).

⑤ Das unbestimmte Pronomen **sama** (männlich: **sám**, sächlich: **samo**) hat zwei Bedeutungen. a) Es zeigt die „Identität" an (hier: „ich selbst"), b) es zeigt das „isolierte Subjekt" („allein") an. Vergleichen Sie: **Sám nevím proč** „Ich weiß selbst nicht, warum." - **Jsem sám**. „Ich bin allein".

⑥ **Evička** ist die Verkleinerungsform von **Eva**. Diese Formen, die auch eine gewisse Zuneigung zum Ausdruck bringen, kommen in der Alltagssprache sehr häufig vor. Wir sind bereits **maminka** „Mutti" und **tatínek** „Vati" begegnet.

⑦ **našeho zákazníka** ist die männliche belebte Akkusativ-Form von **náš zákazník** „unser Kunde". Achten Sie auf den Wechsel in der Länge des Vokals **á → a** (**náš → našeho**).

12 – Slečno, vy jste **o**pravdu **a**nděl!

(VÝSLOVNOST)

[*12 Βlätschno ... andjäl!*]

První (1.) cvičení: Rozumíte těmto větám?

❶ Chci rezervovat pokoj se sprchou. ❷ Je hotel Slunce poblíž? ❸ Koupelna je teď obsazená. ❹ Počkejte, tady máte číslo... ❺ Jdeme přes most; vpravo vidíme divadlo. ❻ Slečno, kde je kino Hvězda?

Druhé (2.) cvičení: Doplňte chybějící slova!

❶ Es ist nicht weit: Über den Platz, dann geradeaus, und links ist das Hotel Die Welt.

Není to . . . . . . : přes náměstí, pak . . . . . , a vlevo je hotel Svět.

❷ Ich muss die Rezeption anrufen (brauche telefonieren in die Rezeption), aber die Leitung ist besetzt.

. . . . zatelefonovat do recepce, ale linka je obsazená.

❸ Evička, ich habe hier unseren Kunden, Herrn Dvořák.

Evičko, mám tady našeho . . . . , ...

❹ Leider haben wir nur ein Dreibett- und ein Vierbettzimmer.

. . . . máme . . . . . jeden třílůžkový a jeden čtyřlůžkový pokoj.

12 – Fräulein, Sie sind wirklich ein Engel!

Řešení prvního cvičení: Rozuměli jste?

❶ Ich will ein Zimmer mit Dusche reservieren. ❷ Ist das Hotel Sonne in der Nähe? ❸ Das Bad ist jetzt besetzt. ❹ Warten Sie, hier haben Sie die Nummer ... ❺ Wir gehen über die Brücke; rechts sehen wir das Theater. ❻ Fräulein, wo ist das Kino Stern?

❺ In der Stadt sind entweder das Hotel Weißer Löwe oder das Motel Moldau.

Ve městě je buď . . . . nebo motel Vltava.

Řešení druhého cvičení: Chybějící slova.

❶ daleko - rovně ❷ Potřebuji ❸ zákazníka, pana Dvořáka. ❹ Bohužel - jenom ❺ hotel Bílý lev

---

Und nun noch ein kleiner Test, bevor Sie mit der 16. Lektion beginnen: Zählen Sie auf Tschechisch bis 5 ... Das geht leicht, nicht wahr? — Jetzt lesen Sie laut: 6, 7, 8, 9, 10 ... **A ještě** („und weiter") **11, 12, 13, 14 a 15**! – Bravo!
Wenn Sie die Lektionsnummern lesen, fällt Ihnen vielleicht auf, dass zwei der 15 Ordnungszahlen sich von den anderen unterscheiden – Welche? Und warum? (Lösung siehe unten.) Lesen Sie vorher:
1., 2., 3., 4. a 5. lekce... Pak („dann") **6., 7., 8., 9. a 10. lekce**. Etwas schwieriger: 11., 12. ... **Mám tady taky 11. lekci, 12. lekci, 13. lekci, 14. lekci, a 15. lekci.** Super!
(Lösung: Alle Ordnungszahlen, die sich auf ein weibliches Hauptwort beziehen, werden wie harte Adjektive dekliniert – bis auf **první** und **třetí**, die wie weiche Adjektive dekliniert werden.)

▶ **Šestnáctá (16.) lekce** [schäßtnaatßtaa läktßä]

Čtu, čteš – oni čtou

| 1 | Jdu na poštu a nesu dopis. ①
| 2 | Můj pes Blesk nese noviny. ②
| 3 | Potkáváme malou Elišku a jejího psa Reka. ③
| 4 | – Ahoj, Eliško, kam jdeš? ④
| 5 | – Jdu na procházku. Váš pes čte noviny? ⑤
| 6 | – Ne, noviny čtu já; Blesk mi je nese. ⑥

(VÝSLOVNOST)

[tschtu, tschtäsch - onji tschtoU **1** jdu naposchtu a näßu dopiß **2** ... bläßk näßä nowini **3** potkaawaamä ... älischku ... jäjiiho pßa **4** ... älischko, kam jdäsch? **5** ... naprocHaaßku ... tschtä ...]

Sechzehnte Lektion

Ich lese, du liest – sie lesen

1 Ich gehe zur Post und trage einen Brief.
2 Mein Hund Blesk trägt eine Zeitung.
3 Wir treffen die kleine Eliška und ihren Hund Rek.
4 – Hallo, Eliška, wohin gehst du?
5 – Ich gehe spazieren (auf einen Spaziergang). Ihr Hund liest Zeitung?
6 – Nein, die Zeitung lese ich; Blesk trägt sie für mich (mir).

(ANMERKUNGEN)

① **Jdu na poštu** „Ich gehe zur Post": Man unterscheidet zwischen Sätzen, die eine Handlung/Bewegung wiedergeben (dynamisch) und solchen, die einen Zustand wiedergeben (statisch). **Jdu** ist ein Verb der Bewegung, die Präposition **na** gibt die Richtung an und antwortet hier auf die Frage „wohin?". Daher steht das Wort „Post" im Akkusativ. (Auf die Frage „wo?" müsste man sagen: **na poště** (Lokativ) „auf der Post".)

② **noviny** „Zeitung" steht im Nominativ Plural. Im Singular bedeutet **novina** „Neuigkeit".

③ **jejího**, Akkusativ von **její** „ihr/e", ist ein Possessivpronomen, das wie ein weiches Adjektiv dekliniert wird, hier in Übereinstimmung mit dem männlichen belebten Hauptwort „Hund". ■ Im Akkusativ von **pes** entfällt der Vokal **-e-**. Dieses sog. bewegliche **-e-** kommt speziell bei der Deklination der Hauptwörter, vor allem der männlichen, vor. Dieses „Kommen und Gehen" der Buchstaben hat historische Gründe. Assimilieren Sie sie ganz intuitiv wie ein Kind, wenn Sie die neuen Ausdrücke jeden Tag wiederholen.

④ **kam jdeš?** „Wohin gehst du?" fragt nach einem anstehenden Orts- oder Richtungswechsel (Handlung - dynamisch). Dagegen ist **Kde jsi?** „Wo bist du?" die Frage nach einer Position (statisch).

⑤ **Jít na procházku** „spazieren gehen".

⑥ Achtung: **je** ist hier das Personalpronomen „sie" im Akkusativ Plural, das sich auf das Wort **noviny** bezieht. Verwechseln Sie es nicht mit dem Verb „sein" - **on/ona/ono je** „er/sie/es ist".

|7| – Já ještě neumím číst noviny.
|8| Ale náš Marek a naše Žofie čtou hodně! ⑦
|9| – Co čtou?
|10| – Můj bratr čte rád časopis „Dobrodružství". ⑧
|11| Žofie má ráda knihy.
|12| Někdy čte knížku nahlas, pro mě a pro našeho Reka. ⑨
|13| A já se dívám na obrázky. Žofie čte moc dobře! ⑩
|14| – Neznám vaši Žofii, ale určitě čte aspoň tak dobře jako já! ⑪

(VÝSLOVNOST)

[7 ... nä'umiim... tschiißt ... 8 ... maräk ... ĵofijä ... hodnjä! 9 tßo tschtoU 10 ... tschaßopiß dobrodruĵ'ßtwii. 11 ... knjihi. 12 ... knjiĵku nahlaß ... promnjä a pronaschäho räka 13 a jaa ßä djiiwaam na'obraaßki ... 14 ... waschii ĵofiji ... urtschitjä ... tak ... jako]

První (1.) cvičení: Rozumíte těmto větám?

❶ Nejdu na procházku, jdu na poštu. ❷ Děti nesou tašku a dopis. ❸ V parku potkáváme Žofii. ❹ Vidíte jejího bratra Marka? ❺ Marek čte tak dobře jako Žofie. ❻ Neznáme vaše město. ❼ Ten pán se dívá na našeho psa.

Druhé (2.) cvičení: Doplňte chybějící slova!

❶ Karel liest gern, seine Frau schaut gern fern.

Karel . . . . . . , jeho manželka se ráda dívá . . televizi.

❷ Ich lese bereits die Zeitungen auf Tschechisch; jetzt will ich einen tschechischen Roman lesen.

. . . už česky . . . . . . ; teď chci číst český román.

| 7 | – | Ich kann noch nicht Zeitung lesen.
| 8 | | Aber unser Marek und unsere Žofie lesen viel!
| 9 | – | Was lesen sie?
| 10 | – | Mein Bruder liest gerne die Zeitschrift "Das Abenteuer".
| 11 | | Žofie mag (hat gern) Bücher.
| 12 | | Manchmal liest sie ein Buch laut, für mich und unseren Rek.
| 13 | | Und ich schaue mir die Bilder an (schaue auf die Bilder). Žofie liest sehr gut!
| 14 | – | Ich kenne eure Žofie nicht, aber bestimmt liest sie mindestens so gut wie ich!

(ANMERKUNGEN)

⑦ **náš Marek**, **naše Marie**, **naše auto**: In der weiblichen und der sächlichen Form wird an **náš** „unser" ein **-e** angefügt, und das **-á-** wird kurz. Dies gilt auch bei **váš** „euer": **váš muž**, **vaše žena**, **vaše město**. (Bei Familienmitgliedern verwendet man gern zur Unterstreichung des Familienverhältnisses ein Possessivpronomen im Plural: **náš Marek**, **vaše Eva**.)

⑧ **rád/a/o** allein heißt „gern": **rád čte/cestuje/hraje tenis** „er liest gern, reist gern, spielt gern Tennis". Sie kennen bereits die Redewendungen **je rád** „er ist froh" und **má rád** „er mag, er hat gern".

⑨ **knížku** (im Nominativ **knížka**) ist eine sehr gängige Verkleinerungsform von **kniha** „Buch".

⑩ **dívám se** „ich schaue" beinhaltet hier ein Reflexivpronomen, dem in der Regel die Präposition **na** (richtungsweisend - „wohin?") folgt. ■ **obrázky** (im Nominativ Singular **obrázek**) ist eine Verkleinerungsform für **obraz** „Bild".

⑪ **vaši Žofii** ist die weibliche Akkusativform von **vaše Žofie**.

(Řešení prvního cvičení: Rozuměli jste?)

❶ Ich gehe nicht spazieren, ich gehe zur Post. ❷ Die Kinder tragen eine Tasche und einen Brief. ❸ Im Park treffen wir Žofie. ❹ Sehen Sie ihren Bruder Marek? ❺ Marek liest so gut wie Žofie. ❻ Wir kennen eure Stadt nicht. ❼ Der Herr schaut unseren Hund an.

67 • šedesát sedm

③ Sie kennt weder eure Mutter noch euren Vater.

Nezná ani . . . . matku, ani . . . . . . otce.

④ Warte - Wohin gehst du? Ihr Auto ist dort, gleich gegenüber!

Počkej - . . . . ? Jejich auto je tamhle, hned . . . . !

▶ **Sedmnáctá (17.) lekce** [ßädumnaatßtaa läktßä]

Na poště

1 Jsem na poště; můj pes Blesk čeká venku. ①
2 Venku vidím Karla a Evu.
3 Stojím frontu u okýnka, chci poslat doporučený dopis. ②

ANGLIČANKA CHCE TELEFONOVAT!

(VÝSLOVNOST)

[naposchtjä 1 ... wänku. 3 ßtojiim frontu u'okiinka, cHtßi poßlat doporutschänii ...]

⑤ Die Poesie, das ist nichts für mich; ich mag Fußball, Boxen - und Abenteuer!

Poezie, to není . . . . . ; já mám rád fotbal, box - a . . . . !

> **Řešení druhého cvičení: Chybějící slova.**

❶ rád čte - na ❷ Čtu - noviny ❸ vaši - vašeho ❹ Kam jdeš? - naproti ❺ pro mě - dobrodružství

Siebzehnte Lektion

Auf der Post

1	Ich bin auf der Post; mein Hund Blesk wartet draußen.
2	Draußen sehe ich Karel und Eva.
3	Ich stehe Schlange am Schalter, ich will einen Einschreibebrief verschicken.

(ANMERKUNGEN)

① Die tschechischen Postämter verfügen selten über Kopiergeräte und Briefmarken-Automaten. Am Schalter muss man meistens Schlange stehen. Kaufen Sie daher Ihre Briefmarken am Kiosk oder im Tabakladen! Die Briefkästen auf der Straße sind übrigens orange. ■ **jsem na poště** „Ich bin auf der Post": Das Verb „sein" zeigt einen Zustand an, die Präposition **na** gibt den Ort an, an dem man sich befindet. Weil **na poště** hier auf die Frage „wo?" antwortet, steht „Post" im Lokativ.

② **okýnka**, Genitiv von **okýnko**, ist die Verkleinerungsform von **okno** „Fenster". Dieser sogenannte Diminutiv ist ein Synonym von **přepážka** „Schalter".

LEKCE 17

4	Beru podací lístek a vyplňuji ho – napřed jméno, pak adresu. ③
5	Vedle mě stojí jeden Francouz a jedna Francouzka.
6	Vepředu je jedna Angličanka a nějaký Čech a Češka. ④
7	Angličanka chce poslat telegram.
8	Francouz a Francouzka chtějí telefonovat. ⑤
9	Úřednice jim nerozumí; mluví jenom německy. ⑥
10	Přichází Karel: umí anglicky a trochu francouzsky.
11	Jde dopředu a překládá. ⑦

(VÝSLOVNOST)

[*4 bäru podatBii liißtäk ... wiplnjuji ho - naprřjäd jmääno, pak adräßu. 5 ... ßtojii ... frantßoUß ... frantßoUßka. 6 ... anglitschanka ... tschäcH a tschäschka ... 7 ... tälägram. 8 ... cHtjäjii täläfonowat. 9 urřjädnjitßä jim ... njämätßki. 10 prřjicHaasii ... umii anglitßki ... trocHu frantßoUßki. 11 ... doprřjädu ... prřjäklaadaa.*]

(ANMERKUNGEN)

③ **podací lístek** „Einlieferungsschein".

④ **Čech, Češka**: Vor der Endsilbe **-ka** wird die Endung **-ch** weich: **-š-**.

⑤ **chtějí**: Das Verb **chtít** „wollen" ist unregelmäßig: **chci, chceš, chce, chceme, chcete, chtějí** „ich will, du willst, er/sie/es will, ... sie wollen". ■ **telefonovat** ist ein unvollendetes Verb, das mit dem vollendeten Verb **zatelefonovat** (Lektion 15) ein „Aspektpaar" bildet. Der Infinitiv beider Wörter hat in beiden Fällen die Bedeutung „telefonieren". Konjugiert man die Verben, so hat das vollendete Verb immer Zukunftsbedeutung: **telefonuji** „ich rufe an" - **zatelefonuji** „ich werde anrufen".

| 4 | Ich nehme einen Einlieferungsschein und fülle ihn aus – zuerst den Namen, dann die Adresse.
| 5 | Neben mir stehen ein (1) Franzose und eine (1) Französin.
| 6 | Vorn sind eine (1) Engländerin und ein (irgendein) Tscheche und eine Tschechin.
| 7 | Die Engländerin will ein Telegramm verschicken.
| 8 | Der Franzose und die Französin wollen telefonieren.
| 9 | Die Beamtin versteht sie nicht; sie spricht nur Deutsch.
| 10 | Karel kommt an: Er kann Englisch und ein wenig Französisch.
| 11 | Er geht nach vorn und übersetzt.

⑥ **Úřednice**. Hier wieder eine Endung, mit der weibliche Hauptwörter von männlichen abgeleitet werden: **úředník** - **úřednice** „Beamter/Beamtin", **zákazník** - **zákaznice** „Kunde/Kundin". ■ **jim** ist der Dativ der Personalpronomen **oni/ony/ona** „sie". Also folgt dem Verb „verstehen" der Dativ (im Deutschen der Akkusativ: **vůbec jim nerozumím** „ich verstehe sie überhaupt nicht", wörtlich: „ich verstehe ihnen überhaupt nicht"). ■ **německy** „Deutsch". **Mluvím/rozumím německy, anglicky, česky** „Ich spreche/verstehe Deutsch, Englisch, Tschechisch".

⑦ **Vpředu - dopředu** bilden ein Adverbpaar, bei dem das eine Adverb einen Zustand anzeigt: **Kde jsi, vepředu?** „Wo bist du, vorn?" und das andere eine Handlung: **Kam jdeš, dopředu?** „Wohin gehst du, nach vorn?". Das gleiche gilt für das Aspektpaar **venku** „draußen" - **ven** „hinaus": **Kde jsi, venku?** „Wo bist du, draußen?", **Kam jdeš, ven?** „Wohin gehst du, hinaus?".

12 Za chvíli jsem u okýnka. Podávám dopis a pak můžeme jít ven.

13 Eva i Blesk jsou moc rádi: Eva křičí „hurá!" a Blesk štěká jako blázen. ⑧

(VÝSLOVNOST)

[**12** sachwiili ... podaawaam ... wän. **13** ... raadji ... krřítschii „huraa!" ... schtjäkaa ... blaasän.]

První (1.) cvičení: Rozumíte těmto větám?

❶ Znám jednoho Čecha a jednu Češku. ❷ Francouz chce poslat telegram, Angličanka chce telefonovat. ❸ Eva sedí, Karel stojí. ❹ Neumím německy, ale mluvím francouzsky. ❺ Jdu ven; venku čeká můj přítel. ❻ Robert překládá českou knihu.

Druhé (2.) cvičení: Doplňte chybějící slova!

❶ Wir sind auf der Post, wir verschicken einen Einschreibebrief.

Jsme na . . . . . , posíláme . . . . dopis.

❷ Ihr Name und [Ihre] Adresse, bitte?

Vaše . . . . . a . . . . . . , prosím?

❸ Und Ihre Telefonnummer? fragt die Beamtin.

A . . . telefonní číslo? ptá se . . . .

❹ Ich nehme das Formular und den Brief, ich gehe zur Post; am Schalter gibt es (ist) eine Schlange.

. . . . formulář a dopis, jdu na . . . . . ; u okýnka je . . . .

|12| Nach einer Weile bin ich am Schalter. Ich gebe den Brief auf, und dann können wir hinausgehen.
|13| Eva und Blesk sind sehr froh: Eva ruft "Hurra!", und Blesk bellt wie ein Verrückter.

ANMERKUNGEN

(8) **rádi** „(sind) froh" ist die Pluralform von **rád/-a/-o**.

Řešení prvního cvičení: Rozuměli jste?

① Ich kenne einen Tschechen und eine Tschechin. ② Der Franzose will ein Telegramm verschicken, die Engländerin will telefonieren. ③ Eva sitzt, Karel steht. ④ Ich kann kein (nicht) Deutsch, aber ich spreche Französisch. ⑤ Ich gehe hinaus; draußen wartet mein Freund. ⑥ Robert übersetzt ein tschechisches Buch.

⑤ Warten Sie auf mich im Café, ich werde gleich (nach einer Weile) dort sein!

Počkejte na mě v . . . . , budu tam . . . . !

Řešení druhého cvičení: Chybějící slova.

① poště - doporučený ② jméno - adresa ③ vaše - úřednice ④ Beru - poštu - fronta ⑤ kavárně - za chvíli

LEKCE 17

▶ Osmnáctá (18.) lekce [osumnaatβtaa läktβä]

V Tabáku

1 – Přejete si? ①
2 – Holandský tabák, jeden pohled a známku.
3 Potom jednu velkou obálku, dopisní papír a pero.
4 – To bude všechno?
5 – Ne, ještě potřebuji plán Prahy nebo mapu. ②
6 A ukažte mi, prosím, tu hnědou dýmku...
7 – Kterou? Tu vpravo? ③

(VÝSLOVNOST)

[ftabaaku **1** prrȷ̈äjätä ßi? **2** holantßkii ... pohlät ... snaamku. **3** potom ... obaalku, dopißnjii papiir a päro. **4** ... fschäcHno **5** ... plaan prahi ... mapu. **6** a ukaȷ̈tä ... hnjädoU ... **7** ktäroU? ...]

Achtzehnte Lektion

Im Tabakladen

1 – Sie wünschen (sich)?
2 – Holländischen Tabak, eine (1) Ansichtskarte und eine Briefmarke.
3 – Dann einen großen Briefumschlag, Briefpapier und einen Füller.
4 – Ist das alles? (Das wird alles sein?)
5 – Nein, ich brauche noch einen Stadtplan von Prag oder eine Karte.
6 – Und zeigen Sie mir bitte die braune Pfeife ...
7 – Welche? Die rechts?

ANMERKUNGEN

(1) **Přejete si** „Sie wünschen" ist ein reflexives Verb, wörtlich „Sie wünschen sich". Das Reflexivpronomen (**se** oder **si**) bleibt in allen Personen gleich: **jmenuji se/kupuji si** „ich heiße / ich kaufe mir", **jmenuješ se/kupuješ si** „du heißt / du kaufst dir", **jmenuje se/kupuje si** „er heißt / er kauft sich". ■ Die Reflexivpronomen stehen entweder im Akkusativ (**jmenuje se Tomáš**), im Infinitiv (**jmenovat se**) oder - seltener - im Dativ (**kupuje si dýmku**, Infinitiv: **kupovat si**). ■ Im Satz steht das Reflexivpronomen stets direkt hinter dem ersten betonten Ausdruck (in der Regel an 2. oder 3. Stelle, niemals an erster Stelle!): **Já se jmenuji Karel; můj bratr se jmenuje Tomáš;** „Ich heiße Karel; mein Bruder heißt Tomáš".

(2) **Prahy** ist der Genitiv Singular von **Praha**.

(3) **Kterou** (Akkusativ): „Welche?" bezieht sich auf eine Auswahl aus mehreren Möglichkeiten, eine Quantität also. Dagegen bezieht sich **Jaká dýmka, ta bílá?** „Welche Pfeife, die weiße?" auf die Beschaffenheit, die Qualität (oder wie hier auf die Farbe).

LEKTION 18

| 8 | – Ne – tuhle dole. ④
| 9 | – **A**ha, už ji vidím. To je dárek?
| 10 | – **A**no, pro sestru.
| 11 | – Pro vaši sestru? **A**le kouření není zdravé!⑤
| 12 | – V Tabáku tohle člověk neslyší často…
  Máte pravdu.
| 13 | Jenže sestra kouří jako lokomotiva!
| 14 | Ten holandský tabák je taky pro ni. ⑥

(VÝSLOVNOST)

[*9* … ji … *11* … ko**U**rřjänjii … *12* … tschlowjäk nä**ß**lischii tscha**ß**to …
13 jänjä … jako lokomotiwa! *14* … pronjii.]

První (1.) cvičení: Rozumíte těmto větám?

❶ Prosím mapu nebo plán Prahy. ❷ Ukažte mi to hnědé pero. ❸ Jeden pohled a známku, to bude všechno. ❹ Marie má narozeniny, ten dárek je pro ni. ❺ Slyším vlak, vidím už lokomotivu!

Druhé (2.) cvičení: Doplňte chybějící slova!

❶ Sie sind im Tabakladen: Sie brauchen Briefpapier, Zigaretten und Streichhölzer.

  Jsou . . . . : potřebují . . . .
  . . . . . , cigarety a zápalky.

❷ Welche Straße führt zum Marktplatz - die erste links?

  . . . . . ulice vede na náměstí - ta první
  . . . . . ?

|8| – Nein – diese unten.
|9| – Aha, ich sehe sie schon. Ist das ein Geschenk?
|10| – Ja, für meine Schwester.
|11| – Für Ihre Schwester? Aber Rauchen ist nicht gesund!
|12| – Im Tabakladen hört man (der Mensch) dies nicht oft ... Sie haben recht.
|13| Doch meine Schwester raucht wie eine Dampflok (Lokomotive)!
|14| Der holländische Tabak ist auch für sie.

(ANMERKUNGEN)

④ **tuhle**, Akkusativ des betonten Demonstrativpronomens **tahle** „diese, die". Die Demonstrativpronomen **ten, ta, to** werden meistens mit dem bestimmten Artikel „der, die, das" übersetzt. Dagegen werden die betonten Demonstrativpronomen **tenhle, tahle, tohle** in der Regel mit „dieser, diese, dieses" übersetzt.

⑤ **kouření** „das Rauchen". Wie das Deutsche leitet auch das Tschechische Hauptwörter von Verben ab (sog. „Verbalsubstantive"). Sie enden auf -í und sind deshalb meistens sächlich (**koupání** „das Baden", **mytí** „das Waschen", **parkování** „das Parken").

⑥ **pro ni** „für sie": Nach Präpositionen beginnt das Personalpronomen **ji** mit einem **n-**: **pro ni**. (Auflistung der deklinierten Pronomen mit/ohne Präposition im Grammatikanhang.)

Řešení prvního cvičení: Rozuměli jste?

❶ Bitte eine Karte oder einen Stadtplan von Prag. ❷ Zeigen Sie mir den braunen Füller. ❸ Eine (1) Ansichtskarte und eine Briefmarke, das ist alles. ❹ Marie hat Geburtstag, dieses Geschenk ist für sie. ❺ Ich höre den Zug, ich sehe schon die Lokomotive!

❸ Welches T-Shirt willst du, das rote, das rosafarbene oder das orangefarbene?

. . . . chceš tričko, červené, růžové nebo oranžové?

77 • sedmdesát sedm

④ Tomáš und Zuzana wollen zum Konzert gehen.

   Tomáš a Zuzana . . . . . . jít na koncert.

⑤ Ich heiße Robert Novák, [meine] Schwester heißt Dvořáková.

   . . . .   Robert Novák, sestra
   . .   . .   Dvořáková.

▶ **Devatenáctá (19.) lekce** [däwatänaatßtaa läktßä]

Zkouška je zkouška

1	– Co děláš dnes večer? Nechceš jít na pivo? ①
2	– Musím se učit němčinu. ②
3	V pátek v jednu hodinu dělám zkoušku. ③

VÝSLOVNOST

[ßkoUschka ... **1** ... djälaasch ... näcHtßäsch **2** mußiim ßä utschit njämtschinu. **3** fpaaták ... hodjinu djälaam ...]

⑥ Siehst du den Weißen Löwen? An der Rezeption können wir einen Film und irgendeinen weißen Briefumschlag kaufen.

Vidíš ...... Iva? V recepci můžeme koupit film a nějakou ....

Řešení druhého cvičení: Chybějící slova.

❶ v Tabáku - dopisní papír ❷ Která - vlevo ❸ Jaké ❹ chtějí
❺ Jmenuji se - se jmenuje ❻ Bílého - bílou obálku

Neunzehnte Lektion

Prüfung ist Prüfung

1 – Was machst du heute Abend? Willst du nicht ein Bier trinken gehen (auf ein Bier gehen)?
2 – Ich muss Deutsch lernen.
3 – Am Freitag um ein Uhr mache ich eine Prüfung.

ANMERKUNGEN

① **jít na pivo** wörtlich „auf ein Bier gehen", bedeutet „ein Bier trinken gehen". Diese Konstruktion, Verb der Bewegung + **na** (Richtung - wohin?), gefolgt von einem Nomen im Akkusativ, das eine „Aktivität" ausdrückt, ist sehr häufig: **jít na koncert** „zum Konzert gehen", **jít na fotbal** „zum Fußballspiel gehen", **jít na prochazku** „spazieren gehen". Ebenso: **jet na služební cestu** „auf eine Geschäftsreise fahren", **jet na hory** „ins Gebirge fahren".

② **učit se** „lernen", ist ein reflexives Verb, gefolgt von einem Akkusativ. **Učím se němčinu** „Ich lerne Deutsch". (Sie kennen bereits das nicht reflexive **učit** „lehren, unterrichten", dem ebenfalls der Akkusativ folgt).

③ Nach der Frage **Kdy? Který den?** „Wann? An welchem Tag?" verwenden die Tschechen die Präposition **v(e)**, gefolgt von einem Hauptwort im Akkusativ: **V pátek/ve středu v jednu hodinu** „Am Freitag/Mittwoch um ein Uhr". ■ **V pátek dělám zkoušku** „Am Freitag mache ich eine Prüfung". Die Gegenwartsform kann wie im Deutschen ein Ereignis ausdrücken, das in der Zukunft liegt.

4	– **A**le dnes je p**o**ndělí, máš čas! ④
5	– **Ne**mám, pr**o**tože zítra jdu **na** recepci.
6	A ve středu brzo ráno jedu na služební cestu. ⑤
7	– Kam jedeš?
8	– **Na** Slovensko, máme tam důležité jednání. ⑥
9	Nevím, kdy se vrátím – asi ve čtvrtek pozdě večer. ⑦
10	A v pátek je ta zk**ou**ška... hrůza!
11	– **A**le německy mluvíš dobře.
12	– Už teď jsem nervózní... zk**ou**ška je zk**ou**ška.
13	Tak dobře... pojďme na to pivo.

(VÝSLOVNOST)

[*4 ... po**n**djälii ... tschaß! 5 ... protojä siitra ... narätßäptßi 6 a wäßtrṛ̂jädu brso raano jädu naßlujâbnjii tßäßtu. 7 ... jädäsch? 8 naßlowänßko ... jädnaanjii. 9 ... gdi ßä wraatjiim – aßi wätschtwrtäk posdjä ... 10 ... hruusa! 11 ... njämätßki ... 12 ... närwosnjii ... 13 ... poj'tj'mä ...*]

První (1.) cvičení: Rozumíte těmto větám?

❶ Co děláš zítra ráno? ❷ V pondělí jdeme na koncert. ❸ Učíte se řídit? ❹ Ve čtvrtek se vrátím pozdě. ❺ Jan a Karel jedou na Slovensko. ❻ Máme čas – pojďme na jedno pivo.

osmdesát [oßmdäßaat] • 80

4 – Aber heute ist Montag, du hast [noch] Zeit!
5 – Habe ich nicht, weil ich morgen zu einem Empfang gehe.
6   Und am Mittwoch, früh morgens, gehe ich (fahre ich) auf eine Dienstreise.
7 – Wohin fährst du?
8 – In die Slowakei, wir haben dort eine wichtige Besprechung.
9   Ich weiß nicht, wann ich zurückkomme – wahrscheinlich am Donnerstag, spät abends.
10 Und am Freitag ist die Prüfung ... Schreck!
11 – Aber du sprichst gut Deutsch.
12 – Ich bin jetzt schon nervös ... Prüfung ist Prüfung.
13 Also gut ... gehen wir das Bier trinken (gehen wir auf das Bier).

(ANMERKUNGEN)

(4) **je pondělí** „es ist Montag" ist eine unpersönliche Konstruktion; das Verb „sein" steht in der 3. Person Singular.

(5) **jedu** „ich fahre". Beachten Sie den Unterschied: **jít** (**jdu** „ich gehe") und **jet** (**jedu** „ich fahre").

(6) **Slovensko**: Bei Kriegsende 1918 vereinigte sich die Slowakei mit den Ländern der „böhmischen Krone", Böhmen und Mähren, um mit ihnen die neue Tschechoslowakische Republik zu bilden. Dieser Bund währte bis 1939 und wurde 1945 wieder aufgenommen. Seit 1992 ist die Slowakei unabhängig. Die slowakische Sprache ist der tschechischen ähnlich - wenn Sie also Tschechisch lernen, sprechen Sie eine neue Sprache und verstehen zwei! ■ **Na Slovensko** kann nicht wörtlich übersetzt werden: „in die Slowakei".

(7) **vrátím se** „ich werde zurückkommen" ist ein vollendetes (und reflexives) Verb.

(**Řešení prvního cvičení: Rozuměli jste?**)

❶ Was machst du morgen früh? ❷ Am Montag gehen wir in ein Konzert. ❸ Lernen Sie Auto fahren? ❹ Am Donnerstag komme ich spät zurück. ❺ Jan und Karel fahren in die Slowakei. ❻ Wir haben Zeit – gehen wir ein Bier trinken!

LEKTION 19

Druhé (2.) cvičení: Doplňte chybějící slova!

① Er hat leider keine Zeit, er geht (fährt) auf eine Dienstreise.

.... bohužel ... , jede na ....

. . . . . .

② Ich fahre in die Slowakei, ich habe dort eine wichtige Besprechung.

.... na Slovensko, mám tam důležité

. . . .

③ Ich lerne Englisch und Deutsch. Und Tschechisch!

.... .. angličtinu a ....
A češtinu!

④ Am Mittwoch fahren wir in die Ferien nach Mähren; die Kinder kennen es noch nicht.

Ve .... na prázdniny na Moravu; .... ji ještě neznají.

⑤ Wann hat Václav die Prüfung? – Am Freitag.

... má Václav tu .... ? – . ...

▶ **Dvacátá (20.) lekce** [dwatßaataa läktßä]

Připravuji se na cestu

1	Pracuji v **o**bchodní f**i**rmě **E**xport. ①
2	Vyvážíme české výrobky: sklo, textil, stroje a tak dále. ②
3	Dnes večer letím do Francie.

(VÝSLOVNOST)

[prŗjipravuji ßä natßäßtu **1** pratßuji f'opcHodnjii firmnjä äkßport. **2** wiwaajiimä tschäßkää wiiropky: ßklo, täkßtil, strojä a tak daalä. **3** ... lätjiim dofrantßijä.]

⑥ Es ist noch früh, wir gehen um sieben Uhr zum Empfang, aber Anna ist schon nervös.

Je ještě .... , jdeme na ....
. ... hodin, ale Anna je už ....

Řešení druhého cvičení: Chybějící slova.

❶ Nemá - čas - služební cestu ❷ Jedu - jednání ❸ Učím se - němčinu ❹ středu jedeme - děti ❺ Kdy - zkoušku - V pátek ❻ brzo - recepci v sedm - nervózní

Und zum Schluss hier alle Wochentage:
pondělí *(n.)* „Montag"
úterý *(n.)* „Dienstag"
středa *(f.)* „Mittwoch"
čtvrtek *(m.)* „Donnerstag"
pátek *(m.)* „Freitag"
sobota *(f.)* „Samstag"
neděle *(f.)* „Sonntag".

Zwanzigste Lektion

Ich bereite mich auf eine Reise vor

1 Ich arbeite in der Handelsfirma Export.
2 Wir führen tschechische Erzeugnisse aus: Glas, Textilien, Maschinen und so weiter.
3 Heute Abend fliege ich nach Frankreich.

(ANMERKUNGEN)

① **firmě** ist der Lokativ Singular von **firma** (f.) „Firma".
② **výrobky, stroje** sind die Formen des Akkusativ Singular von **výrobek** (m.) „Erzeugnis, Produkt" und **stroj** (m.) „Maschine".

LEKTION 20

4	Jedu z práce domů, připravuji se na cestu. ③
5	Pokládám kufr na židli.
6	Beru košili, kalhoty a sako, připravuji dokumentaci. ④
7	Nemohu najít pas.
8	Hledám ho všude: dívám se na stůl, za televizi…
9	Pak se dívám nahoru na knihovnu, dokonce i dolů pod postel. ⑤
10	Prohlížím ještě jednou svou cestovní tašku… a uvnitř je můj pas! ⑥

(VÝSLOVNOST)

[*4* … spraatßä domuu … *5* poklaadaam … najidli. *6* … kalhoti a ßako … dokumäntatßi. *7* … najiit … *8* hlädaam ho fschudä … naßtuul, satäläwisi … *9* … nahoru naknjihownu, dokontßä i dolu potpoßtäl. *10* prohliijiim … jädnoU ßwoU tßäßtownjii … uwnjitrří …]

První (1.) cvičení: Rozumíte těmto větám?

① Pan Černý se připravuje na cestu. ② V úterý letíme do Francie. ③ Beru sako a pokládám ho na postel. ④ Z práce jedou domů, připravují dokumentaci. ⑤ Nemůžeš najít tu knihu.

osmdesát čtyři • **84**

4	Ich fahre vom Büro (von der Arbeit) nach Hause, bereite mich auf die Reise vor.
5	Ich lege den Koffer auf einen Stuhl.
6	Ich nehme ein Hemd, eine Hose und ein Jackett, ich bereite die Unterlagen (Dokumentation) vor.
7	Ich kann meinen Reisepass nicht finden.
8	Ich suche ihn überall: Ich schaue auf den Tisch, hinter den Fernseher ...
9	Dann schaue ich oben auf das Bücherregal, sogar unter (sogar auch nach unten unter) das Bett.
10	Ich sehe noch einmal meine Reisetasche durch ... und darin ist mein Pass!

(**ANMERKUNGEN**)

③ **(Jedu) domů** „(Ich fahre) nach Hause" zeigt eine Handlung an (dynamisch, ausgedrückt durch **jedu**) und antwortet auf die Frage **Kam?** „Wohin?". Der „statische" Adverbpartner **doma** zeigt einen Zustand an und antwortet auf die Frage **Kde?**. **Jsem doma** „Ich bin zu Hause".

④ **kalhoty** „Hose" gibt es nur im Plural; es ist weiblich.

⑤ Die Adverbien **nahoru** und **dolů** zeigen eine Bewegung an (dynamisch) und antworten auf die Frage **Kam?** „Wohin?". Die entsprechenden „statischen" Adverbpartner sind **nahoře** und **dole**. Sie antworten auf die Frage **Kde?** „Wo?". ■ **postel** „Bett" ist weiblich. Achten Sie darauf, dass Sie nicht wie im Deutschen das **-e-** „verschlucken": [*poßtäl*].

⑥ **svou**, Akkusativ von **svá**. Bezieht sich ein Possessivpronomen auf das Satzsubjekt, verwendet man **svůj/svá/své**. Dieses „reflexive Possessivpronomen" bleibt in allen Personen gleich. Vergleichen Sie: a) **Hledám svůj pas, hledáte svou tašku, hledá své auto**: „Ich suche meinen (eigenen) Pass, ihr sucht eure (eigene) Tasche, er sucht sein (eigenes) Auto"; b) **Vidím jeho auto**: „Ich sehe sein Auto". Oder auch: **Robert hledá svůj pas, Jan hledá jeho tašku** „Robert sucht seinen (eigenen) Pass, Jan sucht seine (= Roberts) Tasche".

(**Řešení prvního cvičení: Rozuměli jste?**)

❶ Herr Černý bereitet sich auf die Reise vor. ❷ Am Dienstag fliegen wir nach Frankreich. ❸ Ich nehme das Jackett und lege es auf das Bett. ❹ Vom Büro (von der Arbeit) fahren sie nach Hause, sie bereiten die Unterlagen (Dokumentation) vor. ❺ Du kannst das/dieses Buch nicht finden.

LEKTION 20

Druhé (2.) cvičení: Doplňte chybějící slova!

① Ich weiß weder (nicht), wo er arbeitet, noch wohin er in die Ferien fährt; ich kenne ihn eigentlich nicht.

Nevím . . . pracuje ani . . . jede na prázdniny; vlastně . . neznám.

② Wir führen dorthin Maschinen, Textilien, Glas usw. aus.

Vyvážíme tam . . . . . . , textil, ... atd.

③ Er legt den Koffer auf den Stuhl, das Hemd, das Jackett und die Hose sind auf dem Stuhl.

. . . . kufr na . . . . . ; košile, sako a . . . . jsou na židli.

④ Sie suchen die Kamera, schauen (nach) oben auf das Bücherregal und nach unten unter den Fernseher.

Hledají kameru, dívají se . . . . knihovnu a . . . . televizi.

▶ Dvacátá první (21.) lekce [dwatßaataa prwnjii läktßä]

OPAKOVÁNÍ A POZNÁMKY

1. Veränderungen der Buchstaben

a) Vokale
Zunächst haben Sie den Wechsel in den Vokallängen gesehen (**náš** „unser" → **našeho** im Akkusativ). Dann haben Sie die Vokalveränderung kennengelernt (**přítel** „Freund" → **přátelé** im Plural; **mohu** „ich kann" → **můžeš** „du kannst").

b) Das bewegliche e
Es entfällt bei bestimmten männlichen Formen, zum Beispiel im Akkusativ (**otec** „Vater" → **otce**; **pes a lev** „Hund und Löwe" → **psa a lva**; **Karel a Marek** → **Karla a Marka**). An manche Präpositionen wiederum wird das „bewegliche e" zur Erleichterung der Aussprache angefügt (**s koupelnou** „mit Bad", aber **se sprchou** „mit Dusche").

⑤ Ich schaue meinen Koffer durch, Eva schaut ihre schwarze Reisetasche durch.

Prohlížím .... kufr, Eva prohlíží ....
.... tašku.

Řešení druhého cvičení: Chybějící slova.

❶ kde - kam - ho ❷ stroje - sklo ❸ Pokládá - židli - kalhoty ❹ nahoru na - dolů pod ❺ svůj - svou černou cestovní

> *Die Lektionen dieses dritten Blocks kamen Ihnen ein wenig zu schwierig vor? Mit Recht ... denn außer der Deklination haben Sie einige Besonderheiten der tschechischen Sprache kennengelernt: den Unterschied zwischen Zustand und Handlung, das „Kommen und Gehen" von Buchstaben, die Verbalsubstantive, außerdem Redewendungen und Redensarten ... ganz zu schweigen von der Konjugation im Präsens.*
>
> *Seien Sie nicht beunruhigt, wenn Ihnen noch nicht alles völlig klar ist. Fahren Sie fort, bleiben Sie in Ihrem Rhythmus und kehren Sie von Zeit zu Zeit zu den Grammatikpunkten zurück, die Ihnen schwierig erschienen: Sie werden feststellen, dass Sie nach und nach Antworten auf Ihre Fragen finden werden.*

Einundzwanzigste Lektion

c) Die Palatalisierung

Die Erweichung bestimmter Konsonanten kann entweder bei der Wortbildung (das männliche **Čech** → das weibliche **Češka**) oder bei der Deklination (**lavička** „das Bänkchen" → **na lavičce** „auf dem Bänkchen") oder - wenn auch nur selten - bei der Konjugation (**mohu** „ich kann" → **můžeš** „du kannst") vorkommen. Diese Veränderungen haben historische Gründe und sind charakteristisch für slawische Sprachen.

Das Verb „können" (**moct** oder **moci**) wird in der Gegenwart wie folgt konjugiert:

mohu (umgangssprachlich: **můžu**) „ich kann"
můžeš „du kannst"
může „er/sie/es kann"

můžeme „wir können"
můžete „ihr könnt / Sie können"
mohou (umgangssprachlich: **můžou**) „sie können"

2. Possessivpronomen: Der Akkusativ Singular

Sie haben die Deklination der Possessivpronomen im Nominativ und Akkusativ Singular kennengelernt. Nachfolgend sehen Sie als Gedächtnisstütze eine Auflistung mit Beispielen. Beachten Sie, dass die männlichen unbelebten und sächlichen Formen im Akkusativ unverändert bleiben und deshalb nicht noch einmal gesondert aufgeführt werden.

Nominativ Singular

můj bratr/kufr	**má banka**	**mé auto**
„mein Bruder/Koffer"	„meine Bank"	„mein Auto"
tvůj „dein"	**tvá** „deine"	**tvé** „dein"
jeho „sein"/**její** „ihr"	**jeho** „seine"/**její** „ihre"	**jeho** „sein"/**její** „ihr"
náš „unser"	**naše** „unsere"	**naše** „unser"
váš „euer/Ihr"	**vaše** „eure/Ihre"	**vaše** „euer/Ihr"
jejich „ihr"	**jejich** „ihre"	**jejich** „ihr"

Akkusativ Singular

mého bratra	**mou banku**
„meinen Bruder"	„meine Bank"
tvého	**tvou**
jeho	**jeho**
jejího	**její**
našeho	**naši**
vašeho	**vaši**
jejich	**jejich**

Die reflexiven Possessivpronomen **můj, tvůj** und **svůj**, die wir in Lektion 20 besprochen hatten, werden wie harte Adjektive (Musterwort **mladý/á/é**) dekliniert, **náš** und **váš** haben ihre eigene Pronominaldeklination, und **její** wird wie ein weiches Adjektiv (Musterwort **moderní**) dekliniert. **Jeho** und **jejich** sind nicht deklinierbar.

Beachten Sie, dass die Possessivpronomen **má/mé, tvá/tvé, svá/své** jeweils eine Langform haben: **moje, tvoje, svoje**, die der

Betonung dient und die wie ein Attribut verwendet wird: **Ta kamera je moje**, **to pero je tvoje** „Diese Kamera ist meine, dieser Füller ist deiner". Die Langformen werden wie **naše** und **vaše** dekliniert. Auch die anderen Possessivpronomen können wie Attribute verwendet werden: **Naše auto. To auto je naše.** „Unser Auto. Dieses Auto ist unseres".

3. Personalpronomen: Akkusativ Singular (3. Person)

Aus	wird im Akk. Pl.	Beispiel
on „er"/**ono** „es"	ho	**připravuji ho** „ich bereite ihn vor"
ona „sie"	ji	**připravuješ ji** „du bereitest sie vor"
oni, **ony**, **ona** (m., f. und n. Pl.)	je	**připravujeme je** „wir bereiten sie vor".

Sie wissen, dass nach Präpositionen statt **ho**, **ji**, **je** die Formen **něho**, **ni**, **ně** stehen: **Zdravím ho/ji/je** „Ich grüße ihn/sie/sie (Pl.)". **Ten dárek je pro něho/ni/ně** „Dieses Geschenk ist für ihn/sie/sie (Pl.)".

4. Verben: Verben der Bewegung

Von diesen haben Sie ebenfalls im Verlauf der letzten Lektionen einige kennengelernt: Wir haben den Unterschied zwischen **jdu** „ich gehe" und **jedu** „ich fahre" hervorgehoben. Nach und nach haben Sie sich mit dem Unterschied zwischen **Zustand** (statisch; ohne Bewegung) und **Handlung** (dynamisch; Richtungsänderung) vertraut gemacht.

5. Adverbien: Adverbpaare

Sie kennen jetzt außerdem einige Adverbpaare, von denen jeweils eines einen Zustand und das andere eine Handlung anzeigt. Nachfolgend finden Sie eine vollständige Liste. Um Verwirrung zu vermeiden, sind auch diejenigen Adverbien aufgelistet, die sich weder bei Zustand noch bei Handlung ändern.

Zustand	**Handlung**
antwortet auf die Frage	antwortet auf die Frage
kde? „Wo?"	**kam?** „Wohin?"

blízko „nahe"	**blízko** „nahe"
daleko „weit, fern"	**daleko** „weit, fern"
dole „unten"	**dolů** „nach unten"
doma „zu Hause"	**domů** „nach Hause"
jinde „woanders"	**jinam** „woandershin"
nahoře „oben"	**nahoru** „nach oben"
naproti „gegenüber"	**naproti** „nach gegenüber"
někde „irgendwo"	**někam** „irgendwohin"
nikde „nirgendwo"	**nikam** „nirgendwohin"
tam „dort"	**tam** „dorthin"
uprostřed „in der Mitte"	**doprostřed** „in die Mitte"
uvnitř „innen"	**dovnitř** „hinein"
vedle „neben"	**vedle** „neben"
venku „draußen"	**ven** „heraus, hinaus"
vepředu „vorn"	**dopředu** „nach vorn"
vlevo, nalevo „links"	**doleva** „nach links"
vpravo, napravo „rechts"	**doprava** „nach rechts"
všude „überall"	**všude** „überall(hin)"
vzadu „hinten"	**dozadu** „nach hinten, nach rückwärts"

6. Verben: Reflexive Verben

Sie haben zwei Besonderheiten:

a) Das zum Verb gehörende Reflexivpronomen kann entweder im Akkusativ (**jmenovat se** „heißen (sich nennen)") oder im Dativ (**kupovat si** „sich kaufen") stehen. Im letzteren Fall folgt dem Verb für gewöhnlich der Akkusativ: **kupovat si noviny** „sich eine Zeitung kaufen".

b) Das Reflexivpronomen ist im Infinitiv und in allen Personen gleich. Im Satz steht das Reflexivpronomen direkt hinter dem ersten betonten Ausdruck: **Já se jmenuji Karel, můj mladší bratr se jmenuje Tomáš** „Ich heiße Karel, mein jüngerer Bruder heißt Tomáš".

7. Konjugation: Neue Verben

Nachdem Sie nun schon verschiedene Verben im Präsens konjugiert haben, hier noch einige weitere mit ihrer vollen Konjugation:

nést „tragen":
 nesu, neseš, nese;
 neseme, nesete, nesou.

jmenovat se „heißen":
 jmenuji se, jmenuješ se, jmenuje se;
 jmenujeme se, jmenujete se, jmenují se.

prosit „bitten":
 prosím, prosíš, prosí;
 prosíme, prosíte, prosí.

rozumět „verstehen":
 rozumím, rozumíš, rozumí;
 rozumíme, rozumíte, rozumějí.

dělat „machen":
 dělám, děláš, dělá;
 děláme, děláte, dělají.

> Wir haben bereits darüber gesprochen, dass die Wortfolge im Tschechischen relativ frei ist. Deshalb werden wir ab der nächsten Lektion schrittweise damit beginnen, die wörtliche Übersetzung wegzulassen.

Verstehen Sie?

Přijdu v pondělí - v úterý - ve středu - v sobotu - v neděli - ve čtvrtek - v pátek.

Übersetzung:
Ich komme (werde kommen) am Montag - am Dienstag - am Mittwoch - am Samstag - am Sonntag - am Donnerstag - am Freitag.

▶ Dvacátá druhá (22.) lekce

Snídaně – oběd – večeře

1 – Můžete mi říct, co znamená slovo „večeře"?
2 – Jistě, rád. To je jídlo, které jíte večer.
3 U nás večeříme brzo, kolem sedmé hodiny. ①
4 – A kdy Češi obědvají? V poledne, že? ②
5 – Ano. Ale já osobně chodím na oběd ve dvě. ③

(VÝSLOVNOST)

[ßnjiidanjä - objät - wätschärrjä **1** ... rrjiitßt ... snamänaa ... **3** unaaß ... **4** ... objädwajii ... **5** ... cHodjiim ...]

Zweiundzwanzigste Lektion

Frühstück - Mittagessen - Abendessen

1 — Können Sie mir sagen, was das Wort "večeře" bedeutet?
2 — Sicher, gern. Das ist das Essen, das man am Abend isst (welches Sie essen abends).
3 — Bei uns isst man (essen wir) früh zu Abend, gegen sieben Uhr (um die siebte Stunde).
4 — Und wann essen die Tschechen zu Mittag? Am Mittag, nicht wahr?
5 — Ja. Aber ich persönlich gehe [erst] um zwei zum Mittagessen.

(ANMERKUNGEN)

① **U nás večeříme** kann hier mit dem deutschen „man" übersetzt werden. ■ **nás**, Genitiv (Akkusativ und Lokativ) von **my** „wir". Hier verlangt die Präposition **u** den Genitiv: **u nás/Evy** „bei uns/Eva". Jeder Präposition folgt ein bestimmter Fall. ■ **kolem sedmé (hodiny)** „gegen 7 (Uhr)". Die Präposition **kolem** „um; um ... herum; gegen" + Genitiv dient einer ungefähren Angabe. Beachten Sie die Ordnungszahl im Genitiv nach **kolem**. Die Verwendung von **hodiny** bei Zeitangaben ist eher unüblich: **ve tři** „um drei Uhr", **v osm večer** „um acht Uhr abends", etc. ■ **hodiny**, hier Genitiv Singular von **hodina** (f.) „Stunde". Weibliche Hauptwörter auf **-a** haben im Genitiv Singular die Endung **-y**.

② **(V) poledne**, Akkusativ Singular von **poledne** (n.) „Mittag". Sächliche Hauptwörter auf **-e/ě** sind viel seltener als solche auf **-o** oder **-í**.

③ **chodím** „ich gehe" und **jdu** sind unvollendete Verben. Trotz gleicher Bedeutung sind sie jedoch nicht austauschbar. Es sind Verben der Bewegung, die in zwei Kategorien eingeteilt werden: a) bestimmt (= einmalige Bewegung in eine bestimmte Richtung) und b) unbestimmt (= mehrmalige, gewohnheitsmäßige Bewegung und/oder eine unbestimmte Handlung innerhalb eines allgemeinen Rahmens). **Jít** ist ein bestimmtes Verb, **chodit** ein unbestimmtes: **Chodím často do kina/chodím rád do divadla** „Ich gehe oft ins Kino / ich gehe gern ins Theater" (= gewohnheitsmäßige, wiederholte Handlung). **Dnes večer jdu do kina** „Heute Abend gehe ich ins Kino" (= einmalige Handlung). **Chodím po městě** „Ich gehe in der Stadt umher" (= unbestimmte Richtung). **Jdu do města** „Ich gehe in die Stadt" (= bestimmte Richtung).

6	V poledne není v restauracích místo, aspoň ve středu města. ④
7	– Lidé jedí často v restauraci? ⑤
8	– Po pravdě řečeno, je spíš málo restaurací. ⑥
9	– To je dobře, že mám restauraci v hotelu.
10	Snídám hrozně brzo... snídaně je od osmi do devíti hodin. ⑦
11	– To je u nás normální. Lidé vstávají dřív – proto taky chodí dřív spát... ⑧
12	– Ale já jsem turistka! Chci se bavit... a dnes je sobota!
13	– Výborně. Zvu vás na večeři do vinárny Morava. ⑨
14	Tam můžeme jíst a pít, poslouchat moravskou lidovou hudbu. Nebo tancovat!

(VÝSLOVNOST)

[6 ... räßtaUratßiicH ... aßponj ... ßtrrjädu ... 8 poprawdjä rrjätschäno ... 10 oťoßmi dodäwiitji ... 11 ... wßtaajii drrjiw ... 14 ... poßloUcHat ... tantßowat!]

Da Sie ab dieser Lektion wieder ein Stück mehr Selbstständigkeit erlangt haben, werden wir in unserer Lautschrift nur noch einige sehr „heikle" Ausdrücke angeben. Aber nicht vergessen: Es ist ein unerlässlich, den gesamten tschechischen Text laut zu lesen und zu wiederholen.

(ANMERKUNGEN)

④ **ve středu města** „im Zentrum der Stadt" ist hier der Lokativ von **střed** (m.). **ve středu** kann jedoch zwei Bedeutungen haben: a) „im Zentrum"; b) „am Mittwoch" (=Akkusativ von **středa** (f.)) - ein Überraschungseffekt, der beim Spiel mit den Endungen auftreten kann! ■ **(v) restauracích**, Lokativ Plural von **restaurace** (f.) „Restaurant".

⑤ **jedí** „sie essen" ist die 3. Person Plural des unregelmäßigen Verbs **jíst**.

|6| Mittags ist in den Restaurants kein Platz, zumindest in der Stadtmitte.
|7| – Essen die Leute (Die Leute essen) oft im Restaurant?
|8| – Um die Wahrheit zu sagen, es gibt eher [zu] wenig Restaurants.
|9| – Gut (das ist gut), dass ich ein Restaurant im Hotel habe.
|10| Ich frühstücke sehr (schrecklich) früh ... Frühstück gibt es (ist) von 8 bis 9 Uhr.
|11| – Das ist bei uns normal. Die Leute stehen früher auf – deswegen gehen sie auch früher schlafen ...
|12| – Aber ich bin Touristin! Ich will mich amüsieren ... und heute ist Samstag!
|13| – Ausgezeichnet. Ich lade Sie zum Abendessen in die Weinstube Morava ein.
|14| Dort können wir essen und trinken, mährische Volksmusik hören. Oder tanzen!

⑥ **Po pravdě řečeno** „um die Wahrheit zu sagen" ist eine Redensart.
■ **je málo restaurací** „es gibt wenig Restaurants". Bei unbestimmten Mengenangaben folgt in der Regel der Genitiv. **je** wird hier frei mit „es gibt" übersetzt.

⑦ **od osmi do devíti (hodin)** „von 8 bis 9 Uhr". Die Präpositionen **od** und **do** stehen mit dem Genitiv (8 und 9 werden wie weibliche Hauptwörter mit Konsonantenendung dekliniert). Beachten Sie den Vokalwechsel ě → í: **devět → devíti**.

⑧ **Lidé** oder **lidi** „Menschen, Leute" ist eine unregelmäßige Pluralform von **člověk** „Mensch".

⑨ **vinárna** „Weinstube". Essen können Sie in Restaurants, Gaststätten: **pivnice** (f.), **hospoda** (f.), **hostinec** (m.), oder in einer **vinárna** (f.), die abends in der Regel relativ lange geöffnet ist. Dort trinkt man Wein (**víno**); die Gerichte bestehen meistens aus gegrilltem Fleisch mit Pommes frites oder Gemüse. Zum Hauptgericht gehört normalerweise ein Salat.

První (1.) cvičení: Rozumíte těmto větám?

❶ V sobotu vstávám v deset. ❷ Můžeš mi říct, co znamená slovo "Morava"? ❸ Helena a Petr jedí v restauraci. ❹ Bavíte se dobře? ❺ Češi večeří kolem sedmé. ❻ Posloucháme moravskou lidovou hudbu.

Druhé (2.) cvičení: Doplňte chybějící slova!

❶ Sie laden euch zum Abendessen ins Hotel Zum (Beim) Weißen Löwen ein.

. . . . vás na . . . . . . do hotelu U bílého lva.

❷ In der Stadtmitte sind viele Restaurants, aber es gibt dort keinen Platz (es ist nicht dort Platz).

Ve středu . . . . . je hodně restaurací, ale není tam . . . .

❸ Normalerweise gehe ich um elf [Uhr] in die Leihbücherei, aber heute gehe ich vorher zur Post.

Normálně . . . . . . do . . . . v jedenáct, ale dnes . . . napřed na poštu.

▶ Dvacátá třetí (23.) lekce

Jan má rád čokoládu

1 – Co děláte **o**dpoledne? ptá se Karel **E**vy a Marie. ①

(VÝSLOVNOST)

[*jan ... tschokolaadu*]

Řešení prvního cvičení: Rozuměli jste?

① Am Samstag stehe ich um zehn [Uhr] auf. ② Kannst du mir sagen, was das Wort "Morava" bedeutet? ③ Helena und Petr essen in einem Restaurant. ④ Amüsiert ihr euch gut? ⑤ Die Tschechen essen gegen sieben [Uhr] zu Abend. ⑥ Wir hören mährische Volksmusik.

④ Wir wollen tanzen gehen, aber sie wollen ein Bier trinken gehen!

. . . . . . jít . . . . , ale oni . . . . . . jít na pivo!

⑤ Am Freitag geht es nicht - weil ich von fünf bis sechs einen Tschechischkurs habe.

V pátek to nejde - protože . . pěti . . . . mám kurs češtiny.

Řešení druhého cvičení: Chybějící slova.

① Zvou - večeři ② města - místo ③ chodím - knihovny - jdu ④ Chceme - tancovat - chtějí ⑤ od - do šesti

Dreiundzwanzigste Lektion

Jan mag (gerne) Schokolade

1 – Was macht ihr am Nachmittag? fragt Karel Eva und Marie.

(ANMERKUNGEN)

① **ptát se** „fragen" steht mit dem Genitiv. ■ Weibliche Hauptwörter auf **-e** bleiben im Genitiv unverändert: **Karel se ptá Marie** „Karel fragt Marie". ■ **odpoledne** ist Hauptwort (n., „Nachmittag") und Adverb („nachmittags, am Nachmittag").

| 2 | Nechcete **na** výlet? ②
| 3 | – To je **do**brý **ná**pad! **U**děláme si **pi**knik. ③
| 4 | **Ko**upíme kus salámu, **tro**chu **šu**nky a **ku**ře. A **o**voce. ④
| 5 | – Já **ko**upím sýr a víno. **Be**z vína to není **o**no. ⑤
| 6 | – **Mo**hli bychom jet **na** Karlštejn. ⑥
| 7 | Nebo **je**stli **ne**máme dost **ča**su, **mů**žeme **do** Průhonic. ⑦
| 8 | – To je **pra**vda. Jsme tam hned a **na** piknik to je **i**deální místo.
| 9 | – **Vý**borně. **Se**jdeme se **u** tebe, **ne**bo **při**jedeš sem? ⑧

(VÝSLOVNOST)

[**2** näcHtßätä ... **3** ... piknik **4** ... owotßä **6** mohli bicHom ... nakarlschtäjn. **7** ... dopruuhonjitß. **8** ... ideaalnjii ...]

(ANMERKUNGEN)

② **Nechcete (jet) na výlet?** Nach konjugierten Verben (besonders nach Modalverben) wird das Verb der Bewegung oft unterdrückt: **Nemůžeme tam** „Wir können dort nicht [hingehen]". ■ Eine Frage, die einen Wunsch oder einen Vorschlag ausdrückt, wird oft durch ein verneintes Verb eingeleitet. Dadurch wirkt sie weniger direkt und somit höflicher: **Nechcete ještě sýr?** „Möchten Sie nicht noch einen Käse"?

③ **Udělat** „machen" ist ein vollendetes Verb, das mit dem unvollendeten **dělat** „machen" ein Aspektpaar bildet. Unvollendete Verben drücken eine wiederholte oder gerade ablaufende Handlung aus (die Handlung wird „gefilmt"): **Děláme piknik** „Wir machen (gerade) ein Picknick". Vollendete Verben beschreiben einmalige, in ihrer Gesamtheit abgeschlossene Handlungen (diese werden „fotografiert"): **Dnes uděláme piknik** „Heute werden wir ein Picknick machen / machen wir ein Picknick".

|2| Wollt ihr nicht einen Ausflug machen (auf einen Ausflug)?
|3| – Das ist eine gute Idee! Wir machen ein Picknick.
|4| Wir kaufen ein Stück Wurst, etwas Schinken und ein Hähnchen. Und Obst.
|5| – Ich kaufe Käse und Wein. Ohne Wein ist es nicht das [Wahre].
|6| – Wir könnten zum Karlstein fahren.
|7| Oder, wenn wir nicht genug Zeit haben, können wir nach Průhonice [fahren].
|8| – Stimmt (das ist wahr). Wir sind schnell (gleich) dort, und für ein Picknick ist das ein idealer Platz.
|9| – Bestens (ausgezeichnet). Treffen wir uns bei dir, oder kommst (fährst) du hierher?

(4) **Koupíme** „wir werden kaufen", vollendetes Verb. ■ **Salámu**, Genitiv Singular von **salám** (m.) „Wurst". Männliche unbelebte Hauptwörter mit harter oder mittlerer Konsonantenendung nehmen im Genitiv Singular die Endung **-u** an. ■ **kuře**, Akkusativ Singular des sächlichen **kuře** „Hühnchen, Küken". ■ **ovoce** (n.) „Obst" gibt es, wie im Deutschen, nur im Singular.

(5) **sýr** und **víno** stehen hier im Akkusativ. Nach Mengenangaben folgt jedoch der Genitiv: **trochu sýra** „ein wenig Käse".

(6) **Mohli bychom** „wir könnten" ist der Konditional. Die Partikel **bychom** bleibt unbetont. Sie darf nie am Satzanfang stehen. ■ **Karlštejn**. In einem Wald, etwa 30 Kilometer von Prag entfernt, liegt diese schöne gothische Burg, ein Ort, an den die Prager sonntags gerne einen Ausflug machen.

(7) **Průhonice** (Hauptwort im Plural). Das Schloss Průhonice liegt 16 km von Prag entfernt und ist von einem ausgedehnten englischen Park umgeben.

(8) **Sejdeme se** „wir werden uns treffen", **přijedeš** „du wirst ankommen", beides sind vollendete Verben. ■ **tebe**, Genitiv (und Akkusativ) von **ty** „du". Es handelt sich hier um die betonte Form, die nach Präpositionen steht: **u tebe** „bei dir", **pro tebe** „für dich". Sonst verwendet man die Kurzform **tě**.

10 – Přijedu pro vás. ⑨
11 Cestou se zastavím u Jana; v sobotu zůstává často doma. ⑩
12 – V tom případě vezmeme ještě kilo čokolády! ⑪

(VÝSLOVNOST)

[*12* ... prřípadjä ...]

> BEZ AUTA TO NENÍ ONO!

První (1.) cvičení: Rozumíte těmto větám?

❶ Odpoledne chtějí na hrad Karlštejn. ❷ Musíme koupit kilo salámu. ❸ Nechcete taky trochu šunky? ❹ Cestou koupím čokoládu a víno. ❺ Jestli nemáš čas teď, sejdeme se večer. ❻ Bez auta to není ono.

Druhé (2.) cvičení: Doplňte chybějící slova!

❶ Eva fragt Jan, ob dort noch ein freier Platz ist.

Eva se ptá ...., ... je tam ještě volné místo.

❷ Ich werde dich am Bahnhof abholen, ich habe Zeit und werde es gerne tun.

.... pro tebe na nádraží, mám ... a ...... to rád.

sto [βto] • 100

10 – Ich werde euch abholen (ich werde kommen für euch).
11 Unterwegs halte ich bei Jan; samstags bleibt er häufig zu Hause.
12 – In diesem Fall nehmen wir noch ein Kilo Schokolade [mit]!

(ANMERKUNGEN)

⑨ **Přijedu pro vás**. Die Konstruktion Verb der Bewegung + **pro** „für" + Akkusativ bedeutet „jemanden oder etwas abholen". ■ **Přijet** „ankommen" stammt vom Verb **jet** „fahren" ab.

⑩ **u Jana** „bei Jan". Männliche belebte Hauptwörter mit harter oder mittlerer Konsonantenendung haben im Genitiv Singular die Endung **-a**. ■ **zastavím se** „ich werde (an)halten", **vezmeme** „wir werden nehmen" sind beides vollendete Verben.

⑪ Die Redensart **v tom případě** „in diesem Fall" steht im Lokativ. ■ **kilo** (n.) ist die gebräuchliche Abkürzung des männlichen **kilogram**.

Řešení prvního cvičení: Rozuměli jste?

❶ Am Nachmittag wollen sie zur Burg Karlstein [gehen/fahren]. ❷ Wir müssen ein Kilo Wurst kaufen. ❸ Möchtet ihr / Möchten Sie (nicht) auch etwas Schinken? ❹ Unterwegs kaufe ich Schokolade und Wein. ❺ Wenn du jetzt keine Zeit hast, [dann] treffen wir uns am Abend. ❻ Ohne Auto ist es nicht das [Wahre].

❸ Fräulein Zuzana, am Samstag oder Sonntag müssen wir uns treffen!
Slečno Zuzano, ... nebo v neděli se
. . . . . . sejít.

❹ Ich gehe zur Bank; dann halte ich bei Tomáš, wir wollen ins Kino gehen.
Jdu do . . . . . ; pak . . . .
u Tomáše, chceme jít do . . . . .

LEKTION 23

⑤ Das ist eine gute Idee, wir könnten nach Prag fahren.

To je dobrý . . . . . , mohli bychom jet do . . . . . .

▶ Dvacátá čtvrtá (24.) lekce

Dopoledne

1	**A**nežka vstává ráno v sedm hodin.
2	**Ne**jdřív se myje, čistí si zuby a češe se. ①
3	**O**bléká se v pokoji. Dává do černé tašky brýle, pero a tužku. Pokud ovšem něco nezapomene. ②
4	**Po**tom jde do kuchyně a připravuje si snídani. ③
5	**O**byčejně pije šálek čaje. ④

(VÝSLOVNOST)

[2 näjdrřjiif ... tschäschä ßä. 3 ... tuĵku. 4 ... ßniidani 5 obitschäj'njä ...]

Řešení druhého cvičení: Chybějící slova.

① Jana, jestli ② Přijedu - čas - udělám ③ v sobotu - musíme
④ banky - se zastavím - kina ⑤ nápad - Prahy

Vierundzwanzigste Lektion

Der Vormittag

| 1 | Anežka steht morgens um sieben Uhr auf.
| 2 | Zuerst wäscht sie sich, putzt sich die Zähne und kämmt sich.
| 3 | Sie zieht sich in [ihrem] Zimmer an. Sie steckt (gibt) in [ihre] schwarze Tasche Brille, Füller und Bleistift. Sofern sie freilich nichts vergisst.
| 4 | Dann geht sie in die Küche und bereitet sich das Frühstück zu.
| 5 | Gewöhnlich trinkt sie eine Tasse Tee.

(ANMERKUNGEN)

① Reflexivpronomen stehen entweder im Akkusativ: **jmenovat se** „sich (wen?) nennen" oder im Dativ: **čistit si zuby** „sich (wem?) die Zähne putzen". Im diesem Fall folgt dem Verb ein Akkusativ oder ein ergänzender Nebensatz. Vergleichen Sie: **Anežka se myje** „Anežka wäscht sich" – **Anežka si myje ruce** „Anežka wäscht sich die Hände". ■ **zuby**, Akkusativ Plural von **zub** (m.) „Zahn".

② **(do) černé**, Genitiv Singular des harten weiblichen Adjektivs **černá** „schwarz". ■ **brýle** (f./pl.) „Brille". ■ **nezapomene** „sie wird nicht vergessen" ist ein vollendetes Verb.

③ **(do) kuchyně**, Genitiv Singular von **kuchyň** „Küche". ■ **připravovat** „vorbereiten; (Speisen) zubereiten".

④ **čaje** ist der Genitiv Singular von **čaj** (m.) „Tee".

6	Někdy si vezme kávu nebo sklenici teplého mléka. ⑤
7	Jí krajíc žitného chleba, rohlík nebo housku. ⑥
8	Na talíři má máslo a trochu marmelády. ⑦
9	Anežka chodí do školy Jana Amose Komenského. ⑧
10	Ne jako žákyně: Anežka je učitelka. Už skoro tři měsíce. ⑨
11	Škola je blízko, hned na rohu ulice, kde Anežka Šťastná bydlí. ⑩
12	Nepřijde nikdy pozdě a její žáci to dobře vědí; jsou ve škole včas. Zatím… ⑪
13	Dopoledne Anežka učí matematiku, v poledne se vrací na oběd domů. ⑫

(VÝSLOVNOST)

[6 … ßklänitßi … 7 … cHläba, rohliik … hOußku. 9 … komänßkääho. 10 … mnjäßiitßä. 11 … narohu … schtjaßtnaa … 12 … satjiim …]

(ANMERKUNGEN)

⑤ Das vollendete **vezme** „sie wird nehmen" und das unvollendete **bere** „sie nimmt" bilden ein Aspektpaar. Die unterschiedliche Erscheinungsform der beiden Verben ist sehr selten, denn in der Regel sind sich die Verben eines Aspektpaares ähnlich. ■ **vezme si** ist hinsichtlich der Verwendung des Reflexivpronomens im Dativ vergleichbar mit **uděláme si piknik** „wir machen (uns) ein Picknick". ■ **kávu, sklenici** ist jeweils der Akkusativ Singular von **káva** (f.) „Kaffee" und **sklenice** (f.) „Glas". ■ **teplého**, Genitiv Singular des harten sächlichen Adjektivs **teplé**.

⑥ **žitného**, Genitiv Singular des harten männlichen Adjektivs **žitný** „aus Roggen, Roggen-". ■ **chleba** ist eines von etwa zehn männlichen unbelebten Hauptwörtern, die im Genitiv Singular nicht auf **-u**, sondern auf **-a** enden. Ebenso **oběd** „Mittagessen", **svět** „Welt", **sýr** „Käse", **večer** „Abend". In der Umgangssprache verwendet man auch im Nominativ die Form **chleba** anstelle von **chléb**. (Der Vokalwechsel é → e resultiert aus der Deklination.)

6	Manchmal nimmt sie (sich) einen Kaffee oder ein Glas warme Milch.
7	Sie isst eine Scheibe Roggenbrot, ein Hörnchen oder ein Brötchen.
8	Auf dem Teller hat sie Butter und etwas Marmelade.
9	Anežka geht zur Jan Amos Komenský Schule.
10	Nicht als Schülerin: Anežka ist Lehrerin. Schon fast drei Monate.
11	Die Schule ist in der Nähe, gleich an der Ecke der Straße, in der (wo) Anežka Šťastná wohnt.
12	Sie kommt nie zu spät, und ihre Schüler wissen das gut; sie sind rechtzeitig in der Schule. Bis jetzt ...
13	Vormittags unterrichtet Anežka Mathematik, mittags kehrt sie zum Mittagessen nach Hause zurück.

⑦ **(Na) talíři**, Lokativ Singular von **talíř** (m.) „Teller".

⑧ **Jan Amos Komenský** (1592-1670) oder **Comenius**: Schriftsteller, Philosoph und Linguist, Gründer der modernen Pädagogik. ■ Personennamen in Bezeichnungen öffentlicher Institutionen oder in Straßennamen stehen im Genitiv: **škola J. A. Komenského**.

⑨ **Už tři měsíce** „schon drei Monate". **měsíce**, Akkusativ Plural von **měsíc** (m.) „Monat".

⑩ Die Grundbedeutung von **šťastný/á/é** ist „glücklich".

⑪ **Nepřijde** „Sie wird nicht kommen" ist ein vollendetes Verb. (**Přijít** „ankommen, kommen" stammt von **jít** „gehen".) ■ **žáci**, Nominativ Plural von **žák** „Schüler". (**žakyně** „Schülerin".) Achten Sie auf die Erweichung **k → c** vor der Endung **-i: žáci.** ■ **vědí** „sie wissen", 3. Person Plural des unregelmäßigen Verbs **vědět**. (Jetzt kennen Sie alle vier unregelmäßigen Verben: **být, chtít, jíst, vědět**.)

⑫ **Dopoledne** (n.) ist ein Hauptwort „Vormittag" und ein Adverb „vormittags, am Vormittag".

První (1.) cvičení: Rozumíte těmto větám?

❶ Ráno vstávají v šest hodin a oblékají se. ❷ Dáváš chleba do nové bílé tašky. ❸ Jdu do kuchyně a připravuji snídani. ❹ Na rohu ulice vidíte školu Jana Amose Komenského. ❺ Potom jdu do parku; chodím tam rád. ❻ Nejdřív se myjí, čistí si zuby a češou se. ❼ Někdy Anežka zapomene brýle doma.

Druhé (2.) cvičení: Doplňte chybějící slova!

❶ Die Kinder wissen sehr gut, dass die Eltern vormittags nicht zu Hause sind.

Děti moc dobře . . . . , že . . . . rodiče nejsou . . . . .

❷ Ich nehme eine Scheibe Roggenbrot und eine Tasse Kaffee mit Milch (weißen Kaffee).

Vezmu si krajíc . . . . chleba a šálek . . . .

❸ Ich weiß, dass Jan und Václav in der Schule essen.

. . . , že Jan a Václav . . . . ve škole.

▶ Dvacátá pátá (25.) lekce

Parkování zakázáno ①

1 – Tady nesmíte parkovat. Nevidíte zákaz? ②

(VÝSLOVNOST)
[parkovaanjii sakaasaano 1 ... saakaß ...]

Řešení prvního cvičení: Rozuměli jste?

❶ Morgens stehen sie um sechs Uhr auf und ziehen sich an. ❷ Du steckst das Brot in die neue weiße Tasche. ❸ Ich gehe in die Küche und bereite das Frühstück zu. ❹ An der Straßenecke seht ihr / sehen Sie die Jan Amos Komenský Schule. ❺ Danach gehe ich in den Park; ich gehe gerne dort hin. ❻ Zuerst waschen sie sich, putzen sich die Zähne und kämmen sich. ❼ Manchmal vergisst Anežka die Brille zu Hause.

❹ Mein Mann kommt gewöhnlich um sieben Uhr zurück, aber heute kommt er zum Mittagessen nach Hause.

Manžel .. obyčejně ..... v sedm hodin, ale dnes příjde .. .. domů.

❺ In diesem Fall brauchen wir noch ein Kilo Wurst und ein Stück Käse.

V tomto případě potřebujeme ještě kilo ...... a kus ..... .

Řešení druhého cvičení: Chybějící slova.

❶ vědí - dopoledne - doma ❷ žitného - bílé kávy ❸ Vím - jedí ❹ se - vrací - na oběd ❺ salámu - sýra

---

Fünfundzwanzigste Lektion

Parken verboten

1 – Hier dürfen Sie nicht parken. Sehen Sie das Verbot[sschild] nicht?

(ANMERKUNGEN)

① **zakázáno** „verboten" ist das Partizip Passiv von **zakázat**, hier in sächlicher Form, weil es sich nach **parkování** (n.) „das Parken" richtet.

② **nesmíte** drückt ein Verbot aus. In einem bejahten Satz drückt das Modalverb **smět** „dürfen" eine Erlaubnis aus. In der Umgangssprache wird **smět** häufig durch **moct** „können" ersetzt, weil dies weniger autoritär klingt, sowohl in Fragen als auch in verneinten Aussagen.

2	– **A**le já j**e**nom čekám n**a** manželku, je **u** řezníka n**a**proti… ③
3	– To mě n**e**zajímá.
4	**O**d devíti d**o** devatenácti h**o**din t**a**dy nesmíte parkovat, ani na pět minut. ④
5	Zaplatíte p**o**kutu. ⑤
6	– **A**le já n**e**parkuji, to **au**to…
7	– Nic mi n**e**vysvětlujte! ⑥
8	Na náměstí R**e**publiky je v**e**lké p**a**rkoviště. ⑦
9	– Já vím, **a**le říkám vám, že to **au**to…
10	– Mám t**o**ho dost! Z**a** koho mě m**á**te?! Váš řidičský pr**ů**kaz, pr**o**sím. ⑧
11	– Áá, tamhle už jde manželka…!
12	– Vyřídíme to i bez ní. P**o**kutu d**o**stanete p**o**štou. ⑨

PARKOVÁNÍ ZAKÁZÁNO

(VÝSLOVNOST)

[*4 ot'däwiitji dodäwatänaatßtji hodjin … 7 … näwißwjätlujtä! 10 … rrjidjitschßkii pruukaß .. 12 … poschtoU.*]

2	–	Aber ich warte nur auf [meine] (Ehe-)Frau, sie ist beim Metzger gegenüber ...
3	–	Das interessiert mich nicht.
4		Von neun bis neunzehn Uhr dürfen Sie hier nicht parken, nicht einmal für fünf Minuten.
5		Sie werden eine Geldstrafe bezahlen.
6	–	Aber ich parke nicht, das Auto ...
7	–	Erklären Sie mir nichts!
8		Auf dem Platz der Republik ist ein großer Parkplatz.
9	–	Ich weiß, aber ich sage Ihnen, dass das Auto ...
10	–	Ich habe genug davon! Für wen halten Sie mich?! Ihren Führerschein, bitte.
11	–	Ah, da kommt schon meine Frau ... !
12	–	Wir erledigen das auch ohne sie. Die Geldstrafe erhalten Sie per Post.

(ANMERKUNGEN)

(3) **čekám na manželku** „ich warte auf [meine] Frau". Das Objekt steht wegen der vorangestellten Präposition **na** im Akkusativ.

(4) **minut** ist der Genitiv Plural von **minuta** „Minute".

(5) **Zaplatíte** „Sie werden bezahlen" ist ein vollendetes Verb.

(6) **nevysvětlujte** ist die verneinte Befehlsform von „erklären". ■ **Nic** ist ein Negativpronomen, gebildet aus der Partikel **ni-** und dem Fragepronomen **co**. Ebenso: **nikdo** „niemand", **nikam** „nirgendwohin", **nikde** „nirgends", **nikdy** „nie(mals)". Negativpronomen werden wie Fragepronomen dekliniert: **nikoho** „niemanden". ■ Der Satz **Nevysvětlujte mi nic** „Erklären Sie mir nichts" enthält eine doppelte Verneinung (nicht wörtlich übersetzt), weil nicht das Negativpronomen einen Satz verneint, sondern immer die an das Verb angehängte Partikel **ne-**.

(7) **parkoviště** „Parkplatz": Hauptwörter mit dem Suffix **-iště** sind in der Regel sächlich. (Ebenso Hauptwörter auf **-o** oder **-í**.)

(8) **toho, koho** ist jeweils der Genitiv bzw. Akkusativ des Demonstrativpronomens **to** „das, dieses" und des Frage- oder Relativpronomens **kdo** „wer".

(9) **Vyřídíme** „wir werden erledigen", **dostanete** „Sie werden bekommen, erhalten" sind vollendete Verben. ■ **(bez) ní**, Genitiv von **ona** „sie". Diese betonte Form mit einem **n-** steht in der Regel nach einer Präposition. Aber: **Ptám se jí** „Ich frage sie". ■ **poštou** „per Post", Instrumental Singular von **pošta** (f.) „Post".

LEKTION 25

13 – **A**le to je **o**myl. T**o**tiž to **au**to není **v**ůbec m**o**je.

14 Já **u** něho **je**nom st**o**jím, **č**ekám n**a** manželku… ⑩

(VÝSLOVNOST)

[**13** ... **wuu**bätß ... **14** ... **u**njäho ...]

První (1.) cvičení: Rozumíte těmto větám?

❶ Tady nesmíte kouřit. ❷ Stojíme u autobusu, čekáme na Helenu. ❸ Chci parkovat, hledám parkoviště. ❹ Promiňte, to je omyl. ❺ Tomáš pracuje, vyřídíme to bez něho. ❻ Nevíš, kde mám řidičský průkaz?

Druhé (2.) cvičení: Doplňte chybějící slova!

❶ Wir parken gleich gegenüber; dort ist Parkverbot, aber in fünf Minuten ist es schon sieben Uhr (wird es schon sieben Uhr sein).

. . . . hned naproti; je tam . . . . . , ale za pět . . . . . už bude sedm.

❷ Sie fahren weder zu schnell noch zu langsam: sie wollen keine Geldstrafe bekommen.

. . . . ani příliš rychle, ani příliš pomalu: . . . . dostat . . . .

❸ Erkläre mir nichts, es interessiert mich nicht.

. . . mi nevysvětluj, ... to.

sto deset • 110

13 — Aber das ist ein Irrtum. Das Auto ist nämlich überhaupt nicht meins.
14 Ich stehe nur neben (bei) ihm [und] warte auf meine Frau ...

(ANMERKUNGEN)

(10) **(u) něho**, Genitiv von **on** „er" und **ono** „es". Es handelt sich hier wegen der Präposition wieder um die betonte Form. (Vergleichen Sie: **ptáš se ho** „du fragst ihn" - **u něho** „bei ihm".) ■ **stojím** „ich stehe". **Auto stojí u banky** „Das Auto steht bei der Bank". Später werden Sie sehen, dass dieses Verb auch für eine Preisangabe verwendet werden kann: **Kolik stojí lístek?** „Wie viel kostet die Karte"?

Řešení prvního cvičení: Rozuměli jste?

❶ Hier dürfen Sie nicht rauchen. ❷ Wir stehen beim Bus, wir warten auf Helena. ❸ Ich will parken, ich suche einen Parkplatz. ❹ Entschuldigen Sie, das ist ein Irrtum. ❺ Tomáš arbeitet, wir erledigen das ohne ihn. ❻ Weißt du (nicht), wo ich [meinen] Führerschein habe?

❹ Die Kamera ist nicht meine, sie gehört meinem Vater (sie ist meines Vaters). Ohne sie darf ich nicht nach Hause zurückkehren.

Ta kamera není . . . . , je mého otce.
. . . . . se . . . . . . vrátit domů.

❺ Wen siehst du dort? Im Garten ist niemand! Wenigstens sehe ich niemanden ... Hilfe! Polizei!!

. . . . tam vidíš? V zahradě nikdo není!
Aspoň já . . . . . . nevidím... Pomoc!
Policie!!

Řešení druhého cvičení: Chybějící slova.

❶ Parkujeme - zákaz - minut ❷ Nejedou - nechtějí - pokutu ❸ Nic - nezajímá mě ❹ moje - Bez ní - nesmím ❺ Koho - nikoho

LEKTION 25

▶ Dvacátá šestá (26.) lekce

Kupujeme lístky do divadla

1 – V pátek se chystám do Národního divadla. ①
2 – Co hrají?
3 – „Bílou nemoc" od Karla Čapka: je to premiéra. ②
4 Doufám, že budou lístky, zatím je v pokladně neprodávají. ③
5 – Vedle obchodního domu AZ je předprodej, ④
6 bratr tam často kupuje lístky na balet nebo na operu.

(VÝSLOVNOST)

[... dodjiwadla **1** ... cHißtaam ... **3** „biiloU nämotß" otkarla tschapka ... **4** doUfaam ... budoU ... **5** ... a sät ... prrjätprodäj ... **6** ... nabalät]

Sechsundzwanzigste Lektion

Wir kaufen Theaterkarten

1 – Am Freitag beabsichtige ich (bereite ich mich vor), ins Nationaltheater zu gehen.
2 – Was spielen sie?
3 – "Die weiße Krankheit" von Karel Čapek: Es ist eine Premiere.
4 Ich hoffe, dass es [noch] Eintrittskarten geben wird (dass Eintrittskarten sein werden), vorläufig werden sie noch nicht an der Kasse verkauft.
5 – Neben dem Kaufhaus AZ ist der Vorverkauf,
6 [mein] Bruder kauft dort häufig Karten fürs Ballett oder für die Oper.

ANMERKUNGEN

(1) **chystám se do divadla** „ich beabsichtige ins Theater zu gehen". (Ebenso: **chystat se do kina/na koncert/na fotbal** „beabsichtigen, ins Kino / zum Konzert / zum Fußballspiel zu gehen". ■ **Národního** ist der Genitiv Singular des weichen sächlichen Adjektivs **národní** „national".

(2) **Karel Čapek** (1890-1938), tschechischer Dramaturg und Romanschriftsteller. In seinem berühmten visionären Stück **RUR (Rossum's Universal Robots)** erfand er 1920 das Wort „Roboter". Beachten Sie das bewegliche **-e-** bei der Deklination: **Čapek, Čapka, Čapkovi**.

(3) **(v) pokladně**, Lokativ Singular von **pokladna** „Kasse". Den Fall bestimmt die Präposition. Vergleichen Sie: a) **Telefonuješ do pokladny. Jdeme do divadla** „Du rufst bei der Kasse an. Wir gehen ins Theater" (**divadla, pokladny** = Genitiv). - b) **Máš lístek v pokladně. Jsme v divadle** „Du hast eine Karte an der Kasse. Wir sind im Theater" (**divadle, pokladně** = Lokativ).

(4) **(Vedle) obchodního**, Genitiv Singular des weichen männlichen Adjektivs **obchodní** „kaufmännisch, Handels-". ■ **domu**, Genitiv Singular von **dům** „Haus": Der Vokalwechsel **ů → o** resultiert aus der Deklination.

LEKTION 26

| 7 | – **K**olik st**o**jí lístek n**a** operu? ⑤
| 8 | – **C**eny jsou r**ů**zné, p**o**dle místa a pr**o**gramu; pr**ů**měrně k**o**lem sto p**a**desáti k**o**run. ⑥
| 9 | – To je dost drahé.
| 10 | – Když si k**o**upíte lístek n**a** balkón, je to levnější. ⑦
| 11 | **K**oneckonců, člověk tam v**i**dí a sl**y**ší d**o**bře… ⑧
| 12 | i když **o**sobně d**á**vám př**e**dnost l**ó**ži n**e**bo přízemí. ⑨
| 13 | – Kterého českého dr**a**matika m**á**te rád? Co si m**y**slíte o Čapkovi? ⑩
| 14 | – V**i**díte, to je n**á**pad – m**o**hli bychom jít n**a** tu premiéru sp**o**lu!

(VÝSLOVNOST)

[*8* … *pruumnjärnjä* … *10* … *läwnjäjschi* **11** *konätß'kontßuu* … *12* … *prrjädnoßt* …]

(ANMERKUNGEN)

⑤ **Kolik stojí…?** „Wie viel kostet …?" Im bildlichen Sinne drückt das Verb **stát** den Preis aus: „kosten". ■ **Lístek na operu** „Karte für die Oper": Die Präposition **na** verlangt hier den Akkusativ. (Synonym in der Amtssprache **vstupenka** „Eintrittskarte".)

⑥ **Ceny**, Nominativ Plural von **cena** (f.) „Preis". ■ **koruna** (f.) „Krone" (die tschechische Währungseinheit) steht hier im Genitiv Plural: **korun**. 1 Krone besteht aus 100 Heller (**halíř** oder seltener **halér**). Bei Mengenangaben folgt nach der Zahl 1 der Nominativ Singular, nach den Zahlen 2 bis 4 der Nominativ Plural und ab der Zahl 5 der Genitiv Plural.

První (1.) cvičení: Rozumíte těmto větám?

❶ Kolik stojí lístek na balet? ❷ Jan doufá, že budou doma. ❸ Chystáme se navštívit Tomáše Čapka. ❹ Vedle Národního divadla je předprodej. ❺ Co si myslíš o Karlovi? ❻ Ve středu a ve čtvrtek hrají "Bílou nemoc".

|7| — Wie viel kostet eine Eintrittskarte für die Oper?
|8| — Die Preise sind unterschiedlich, je nach Platz und Programm; durchschnittlich um die hundertfünfzig Kronen.
|9| — Das ist ziemlich teuer.
|10| — Wenn Sie sich eine Karte für den Balkon kaufen, ist es billiger.
|11| Letzten Endes sieht und hört man dort [auch] gut ...
|12| auch wenn ich persönlich die Loge oder das Parkett bevorzuge.
|13| — Welchen tschechischen Dramatiker mögen Sie? Was denken Sie (sich) über Čapek?
|14| — Sehen Sie, das ist eine Idee – wir könnten zu dieser Premiere gemeinsam gehen!

⑦ **Když** „wenn" drückt eine Hypothese aus. Sie haben bereits das Synonym **jestli** „wenn, falls" kennengelernt. **Když si koupíte** „Wenn Sie sich kaufen". Das Verb eines mit **když** eingeleiteten Bedingungssatzes steht in der Zukunftsform. ■ **levnější** ist der Komparativ (1. Steigerungsstufe) von **levný/á/é** „billig, günstig". Wegen der neuen Endung **-í** wird das Adjektiv in der 1. Steigerungsstufe weich. (Demnach hat **levnější** in allen Geschlechtern die Endung **-í** und unterliegt der Deklination weicher Adjektive.)

⑧ Die Wendung **koneckonců** „letzten Endes, schließlich und endlich" bedeutet wörtlich: „Ende der Enden".

⑨ **i když** „auch wenn" drückt ein Zugeständnis aus. ■ **lóži**, **přízemí** ist der Dativ Singular von **lóže** (f.) „Loge" und **přízemí** (n.) „Parkett" (oder „Erdgeschoss").

⑩ **(o) Čapkovi** ist der Lokativ Singular von **Čapek**.

Řešení prvního cvičení: Rozuměli jste?

❶ Was kostet eine Karte fürs Ballett? ❷ Jan hofft, dass sie zu Hause sein werden. ❸ Wir beabsichtigen, Tomáš Čapek zu besuchen. ❹ Neben dem Nationaltheater ist der Vorverkauf. ❺ Was denkst du (dir) über Karel ? ❻ Am Mittwoch und am Donnerstag spielen sie die „Weiße Krankheit".

Druhé (2.) cvičení: Doplňte chybějící slova!

① Wir kaufen Karten; an der Kasse ist eine Schlange.

. . . . lístky; u . . . . je fronta.

② Erste Reihe ist zu teuer - haben Sie (nicht) irgendeine billigere Karte?

První řada je příliš . . . . . - nemáte nějaký . . . . lístek?

③ Sie gehen oft zusammen ins Theater oder zum Konzert.

Chodí . . . . často do . . . . . . nebo na koncert.

④ Ich höre gut, aber ich sehe ziemlich schlecht, das nächste Mal nehme ich eine Karte im Parkett oder in der Loge.

. . . . . . dobře, ale vidím dost špatně, příště si vezmu lístek do . . . . nebo do . . . . .

▶ Dvacátá sedmá (27.) lekce

Bolí mě zuby ①

| 1 | – Jsem **u**navená. Už tři dny š**pa**tně spím: b**o**lí mě zub m**ou**drosti. ② |
| 2 | – Jste **o**bjednaná **u** zubaře? ③ |

(VÝSLOVNOST)

[...*subi* 1 ... sup m**oU**droβtji ... 2 ... **o**bjädnanaa ...]

⑤ Sie treffen sich beim Kaufhaus AZ bei der U-Bahn.

Sejdou se u .... AZ, u ..... .

⑥ Wir verkaufen Eintrittskarten von vierzehn bis achtzehn Uhr.

.... vstupenky .. čtrnácti .. osmnácti ..... .

Řešení druhého cvičení: Chybějící slova.

❶ Kupujeme - pokladny ❷ drahá - levnější ❸ spolu - divadla
❹ Slyším - přízemí - lóže ❺ obchodního domu - metra
❻ Prodáváme - od - do - hodin

Siebenundzwanzigste Lektion

Ich habe Zahnschmerzen

1 – Ich bin müde. Schon [seit] drei Tagen schlafe ich schlecht: Mir tut der Weisheitszahn weh.
2 – Haben Sie einen Zahnarzttermin (Sind Sie bestellt beim Zahnarzt)?

ANMERKUNGEN

① Mit **Bolí mě** ... „mir tut weh" bringt man gemeinhin zum Ausdruck, dass man Schmerzen hat. **Co vás bolí?** „Was tut Ihnen weh"? **Bolí mě hlava** „Mir tut der Kopf weh / Ich habe Kopfschmerzen".

② **moudrosti**, Genitiv Singular von **moudrost** (f.) „Weisheit".

③ **objednaný/á/é** stammt von dem vollendeten Verb **objednat** „etw. oder jdn. bestellen" ab. In der Umgangssprache verwendet man die Wendung **objednat se u lékaře** oder **k lékaři**, um zu sagen, dass „man sich einen Termin beim Arzt besorgt" (Achtung: Unterschiedliche Fälle nach den Präpositionen: **u** + Genitiv; **k** + Dativ).

3 – Zatím beru prášky, i když to moc nepomáhá. Ta bolest! ④
4 – Rozhodně musíte jít k lékaři. ⑤
5 – Můj zubař je pryč. Vrátí se až ve čtvrtek.
6 – Počkejte, znám jednoho výborného doktora, pracuje na zubní klinice. ⑥
7 Zeptám se ho… Možná vás vezme hned. ⑦
8 – Jste moc hodný. Ale nechci vás obtěžovat.
9 – To mě vůbec neobtěžuje.
10 – Ne, opravdu? Ostatně mám telefonní číslo na pohotovost. ⑧
11 – Jak myslíte.
12 – Počkám do večera… už je to trochu lepší… snad to přestane. ⑨
13 – Poslyšte, vy máte ze zubaře strach. ⑩
14 – Strach? Chcete říct hrůzu!

BOLÍ MĚ ZUBY

VÝSLOVNOST

[*3 ... näpomaahaa ... 4 roshodnjä ... 6 .. nasubnjii klinitßä. 7 säptaam ßä ho ... 8 ... hodnii ... optjäjowat. 10 ... napohotowoßt. 13 ... ßtracH ...*]

sto osmnáct • **118**

3 – Vorläufig nehme ich Tabletten [ein], auch wenn das nicht viel hilft. Dieser Schmerz!

4 – Auf jeden Fall (Entschieden) müssen Sie zum Arzt gehen.

5 – Mein Zahnarzt ist weg. Er kommt erst am Donnerstag zurück.

6 – Warten Sie, ich kenne einen ausgezeichneten Arzt, er arbeitet in einer Zahnklinik.

7 Ich frage ihn ... Vielleicht nimmt er Sie gleich [dran].

8 – Sie sind sehr freundlich. Aber ich will Sie nicht belästigen.

9 – Das belästigt mich überhaupt nicht.

10 – Nein, wirklich? Im Übrigen habe ich die Rufnummer vom Notdienst.

11 – Wie Sie denken.

12 – Ich warte bis [heute] Abend ... es ist schon etwas besser ... vielleicht hört es (das) auf.

13 – Sagen Sie mal, (hören Sie,) Sie haben [ja] Angst vor (von) dem Zahnarzt.

14 – Angst? Sie meinen eine Heidenangst (Sie wollen sagen einen Greuel)!

(ANMERKUNGEN)

(4) **prášky**, Akkusativ Plural von **prášek** (m.) „Tablette, Pille".

(5) **(k) lékaři**, Dativ Singular von **lékař** (m.) „Arzt". Man sagt **Jít k lékaři** „zum Arzt gehen".

(6) **(na) klinice**, Lokativ Singular von **klinika** „Klinik". Die Erweichung des **-k-** vor dem **-e** überrascht Sie sicher nicht mehr. Die Präposition **na** steht hier mit dem Lokativ, weil der Satz auf die Frage „wo?" antwortet. Bei „wohin?" müsste **na** mit dem Akkusativ stehen: **na kliniku**.

(7) **Zeptám se** „Ich werde fragen", vollendetes Verb. ■ **ho**, Genitiv von **on** „er" (unbetonte Form). Dem Verb „fragen" folgt stets der Genitiv.

(8) **pohotovost** (f.) wird gewöhnlich für „Notdienst" verwendet.

(9) **Počkám, přestane** sind die konjugierten Formen der vollendeten Verben **počkat** „warten" und **přestat** „aufhören".

(10) **Poslyšte** ist eine Redensart im Sinne von „Sagen Sie mal". ■ **Mít strach z(e)** + Genitiv „vor etwas Angst haben".

LEKTION 27

První (1.) cvičení: Rozumíte těmto větám?

❶ Spíte špatně, protože vás bolí zub. ❷ Musím se objednat k lékaři. ❸ Promiňte, že vás obtěžuji. ❹ Jaké je číslo na pohotovost? ❺ Děkuji, už je to lepší. ❻ Počkají na tebe u kliniky.

Druhé (2.) cvičení: Doplňte chybějící slova!

❶ Ich brauche einen Zahnarzttermin, mir tut der Weisheitszahn weh.

Potřebuji se objednat k zubaři, ... mě
. . . .

❷ Ich gehe in die Apotheke Tabletten holen; in der Apotheke treffe ich Herrn Doktor Černý aus der Zahnklinik.

Jdu do lékárny pro prášky; v lékárně potkávám pana . . . .
ze . . . .

❸ Hier haben Sie die Arzneimittel: Wenn der Schmerz bis zum Abend nicht aufhört, rufen Sie mich bestimmt (entschieden) in der Klinik oder zu Hause an.

Tady máte léky: když . . . . . . do večera
. . . . , rozhodně mi zatelefonujte na kliniku nebo . . . . .

▶ **Dvacátá osmá (28.) lekce**

OPAKOVÁNÍ A POZNÁMKY

1. Deklinationen: Genitiv

In den letzten sechs Lektionen haben wir den Genitiv durchgenommen. Man wendet ihn entweder direkt an (**střed města** „Zentrum der Stadt", **kilo salámu** „ein Kilo Wurst") oder mit einer Präposition (**bez auta**

Řešení prvního cvičení: Rozuměli jste?

① Sie schlafen schlecht, weil Ihnen der Zahn weh tut. ② Ich muss mir einen Arzttermin besorgen. ③ Entschuldigen Sie, dass ich Sie belästige. ④ Welche Nummer hat der (Welches ist die Nummer vom) Notdienst? ⑤ Danke, es ist schon besser. ⑥ Sie werden an der Klinik auf dich warten.

④ Eva hat Angst, dass wir spät kommen (gehen), aber ich bin müde, und so gehe ich langsam.

Eva . . . . , že jdeme . . . . . ,
ale já jsem . . . . , a tak jdu pomalu.

⑤ Sind Sie bestellt? Frau Doktor Nová ist am Montag nicht hier, und Doktor Černý ist heute weg. Aber warten Sie, vielleicht kommt Herr Doktor Novák in einer Weile.

Jste . . . . ? Paní doktorka Nová tady
v pondělí není a doktor Černý je dnes . . . . .
Ale počkejte, ... pan doktor Novák za
chvíli přijde.

Řešení druhého cvičení: Chybějící slova.

① bolí - zub moudrosti ② doktora Černého - zubní kliniky ③ bolest - nepřestane - domů ④ má strach - pozdě - unavený ⑤ objednaný - pryč - snad

---

Achtundzwanzigste Lektion

„ohne Auto", **od osmi do devíti hodin** „von acht bis neun Uhr").
Die Endungen des Genitiv Singular und des Akkusativ Singular sind bei männlichen belebten Hauptwörtern identisch. Männliche unbelebte Hauptwörter, weibliche Hauptwörter auf **-a** und mit Konsonantenendung sowie sächliche Hauptwörter, die im Nominativ Singular auf **-o** enden, nehmen im Genitiv Singular andere Endungen an.

Dagegen bleiben weibliche und sächliche Hauptwörter mit der Endung **-e/ě** und sächliche Hauptwörter mit der Endung **-í** im Genitiv unverändert. Da Sie sich dies alles schlecht merken können, hier einige konkrete Beispiele, an denen Sie sich orientieren und die Sie immer als Muster heranziehen können:

Genitiv Singular

Männlich ...
  belebt mit harter (oder mittlerer) Konsonantenendung
  otec Jana „Jans Vater"
  unbelebt mit harter (oder mittlerer) Konsonantenendung
  u hradu „bei der Burg"
  belebt mit weicher Konsonantenendung
  matka Tomáše „Tomášs Mutter"
  unbelebt mit weicher Konsonantenendung
  šálek čaje „eine Tasse Tee"

Weiblich ...
  mit Endung **-a**
  sestra Evy „Evas Schwester"
  mit Endung **-e/ě**
  bratr Marie „Maries Bruder"
  mit Konsonantenendung
  vedle místnosti „neben dem Raum"
  dveře kuchyně „Küchentür (die Tür der Küche)"

Sächlich ...
  mit Endung **-o**
  trochu vína „ein wenig Wein"
  mit Endung **-e/ě***
  kolem poledne „gegen Mittag"
  mit Endung **-í**
  od nádraží „vom Bahnhof"

*Bei den sächlichen Hauptwörtern gibt es die Gruppe junger Lebewesen **kuře, dítě, kotě...** „Küken, Kind, Kätzchen ...", die bei der Deklination eine erweiterte Endung bekommen: **bez kuřete/ dítěte/ kotěte**...

2. Adjektive: Genitiv Singular

Ferner haben Sie den Genitiv Singular der harten und weichen Adjektive kennengelernt:

Männlich und sächlich:
Ptám se prvního českého studenta, kdo je J. A. Komenský. „Ich frage den ersten tschechischen Studenten, wer J. A. Komenský ist".
Bez nového a moderního domu a nového a moderního auta ten mladý muž Julii nezajímá. „Ohne ein neues und modernes Haus und ohne ein neues und modernes Auto interessiert dieser junge Mann Julie nicht".
Weiblich:
Zeptáme se první americké studentky, kde je Bunker Hill „Wir fragen die erste amerikanische Studentin, wo Bunker Hill liegt".
(Erinnern Sie sich? **Ptát se** steht mit dem Genitiv.)

3. Pronomen: Genitiv Singular

Die meisten Personalpronomen haben im Genitiv die gleichen Formen wie im Akkusativ. (Vergessen Sie nicht, bei den betonten Formen nach einer Präposition das **n-** zu verwenden.) Nur der Genitiv der 3. Person Plural der drei Geschlechter **jich, (bez) nich** und der 3. Person Singular weiblich **jí, (bez) ní** weicht von den Akkusativformen ab.

Der Genitiv der Demonstrativpronomen **ten/ta/to** ist **toho/té/toho**.
Das Zahlwort **jeden/jedna/jedno** hat die gleichen Endungen: **jednoho/jedné/jednoho**.
Und die Fragepronomen **kdo, co** „wer, was" lauten im Genitiv **koho, čeho**.

4. Verben

Des Weiteren haben wir uns mit Verben beschäftigt. Mit den Aspekten haben Sie eine sehr wichtige Etappe genommen ... Bevor wir mit der Ausarbeitung Ihrer neuen Kenntnisse fortfahren, fassen wir kurz die Endungen der Verben zusammen. Haben Sie bemerkt, dass die Endungen der Gegenwartsform unvollendeter Verben den Endungen der Zukunftsform vollendeter Verben entsprechen? Das nennt man „zwei Fliegen mit einer Klappe schlagen".

Es gibt vier Verbklassen, die folgende Endungen haben:

I. Klasse: **-u, -eš, -e; -eme, -ete, -ou** (z.B. **jít, jet, brát, číst, nést**, ...)

II. Klasse: **-ím, -íš, -í; -íme, -íte, -í** oder **-ejí/ějí** (z.B. **prosit, vidět, smět,** ...)
III. Klasse: **-ám, -áš, -á; -áme, -áte, -ají** (z.B. **mít, dělat, dávat,** ...)
IV. Klasse: **-i, -eš, -e; -eme, -ete, -í** (alle Verben mit Endung **-ovat**) *

* In der Umgangssprache hat die 1. Person Singular die Endung **-u** und die 3. Person Plural die Endung **-ou** (**jmenuju se, kupujou si**).

Die Verbklassen sollen Ihnen helfen, Verben zu konjugieren. Wo die Verbklasse neuer Verben nicht aus dem Kontext erkennbar ist, zeigen wir sie in den Anmerkungen mit einer römischen Zahl hinter dem Verb an.

5. Verben: Aspekte und Aspektpaare

Nun kehren wir wieder zu den Aspekten slawischer Verben zurück. Neben Zeit und Modus gibt es bei den tschechischen Verben die Kategorie der Aspekte (die in nicht-slawischen Sprachen unbekannt sind). Einem deutschen Verb entsprechen zwei tschechische Verben, eins mit einem unvollendeten Aspekt und eins mit einem vollendeten Aspekt. Gewöhnlich sind sich die beiden Verben eines Aspektpaares ähnlich. Im Infinitiv werden beide Verben gleich übersetzt: **dělat, udělat** „machen". Das Aspektpaar dient vor allem dazu, zwei verschiedene Sichtweisen darzustellen. Konjugiert drückt das unvollendete (imperfektive) Verb eine anhaltende und/oder wiederholte Handlung aus (im Hinblick auf seinen Ablauf, unabhängig von dessen Vollendung): Es „filmt" die Handlung. **Děláme piknik** „Wir machen ein Picknick" = Übersetzung in der Gegenwartsform. Das vollendete (perfektive) Verb dagegen drückt eine einmalige abgeschlossene Handlung aus: Es „fotografiert" die Handlung. Da es eine andauernde Handlung nicht ausdrücken kann, hat es, obwohl in Gegenwartsform konjugiert, immer Zukunftsbedeutung: **Uděláme piknik** „Wir werden ein Picknick machen". Das vollendete Verb muss jedoch nicht zwangsläufig in der Zukunftsform übersetzt werden, wenn der Zukunftsaspekt z.B. bereits durch eine Zeitbestimmung ausgedrückt wird: **Zítra uděláme piknik** „Morgen machen wir ein Picknick".

Das System der Aspekte erweitert auf diese Weise das zur Verfügung stehende System der Zeiten (im Tschechischen gibt es nur eine Vergangenheits- und eine Zukunftsform) und eventuell auch der Modi und dient zur Abstufung der Art und Weise, wie eine

Handlung durch den Betrachter wahrgenommen wird. Die Wahl zwischen den beiden Verben wird zu einem gewissen Maß von psychologischen Faktoren beeinflusst: Wille, Zweifel oder Wunsch. Die beste Art, sich mit den Aspekten der Verben vertraut zu machen, besteht darin, zunächst die beiden Formen im alltäglichen, klaren Kontext passiv zu assimilieren.

Bei der Bildung der Aspektpaare werden Sie feststellen, dass sie überwiegend abgeleitet sind: Dem Wortstamm des Verbs wird eine Vor- oder Nachsilbe angefügt: **vidět** (unvoll.) - **uvidět** (voll.) „sehen"; **ptát se** (unvoll.) - **zeptat se** (voll.) „fragen"; **prodávat** (unvoll.) - **prodat** (voll.) „verkaufen", usw. Sie finden eine Liste mit einigen Aspektpaaren in der nächsten Wiederholungslektion.

6. Konjugation: Unregelmäßige Verben

Zum Schluss hier eine Zusammenfassung der Konjugation der drei unregelmäßigen Verben **chtít, jíst, vědět** in der Gegenwart ...

chtít „wollen":
chci „ich will"
chceš „du willst"
chce „er/sie/es will"
chceme „wir wollen"
chcete „ihr wollt / Sie wollen"
chtějí „sie wollen".

jíst „essen":
jím „ich esse"
jíš „du isst"
jí „er/sie/es isst"
jíme „wir essen"
jíte „ihr esst / Sie essen"
jedí „sie essen".

vědět „wissen":
vím „ich weiß"
víš „du weißt"
ví „er/sie/es weiß"
víme „wir wissen"
víte „ihr wisst / Sie wissen"
vědí „sie wissen".

... und die Zukunftsform des vierten unregelmäßigen Verbs **být**:

být „sein":
budu „ich werde sein"
budeš „du wirst sein"
bude „er/sie/es wird sein"
budeme „wir werden sein"
budete „ihr werdet / Sie werden sein"
budou „sie werden sein"

Verständnisübung

1. Telefonuje často Marii. Zítra zatelefonuje Evě. 2. Adam často kupuje noviny. Dnes koupí kilo salámu. 3. Myje se. Umyje se.

▶ **Dvacátá devátá (29.) lekce**

V metru

1 Laura a já máme schůzku na náměstí Míru, u vchodu do metra. ①
2 Laura je v Praze potřetí a zná ji už dost dobře. ②

(VÝSLOVNOST)
[*1 laUra ... scHuußku ... ufcHodu ...*]

> Haben Sie sich angewöhnt, immer die erste Silbe eines Wortes zu betonen? Das ist sehr gut, denn ab der nächsten Lektion werden wir die Betonung nicht mehr in Fettdruck angeben.

Lösung:

1. Er ruft Marie häufig an. Morgen ruft er Eva an. (Morgen wird er Eva anrufen.) **2.** Adam kauft häufig eine Zeitung. Heute kauft er ein Kilo Wurst. (Heute wird er ein Kilo Wurst kaufen.) **3.** Sie wäscht sich. Sie wird sich waschen.

Neunundzwanzigste Lektion

In der U-Bahn

[1] Laura und ich haben eine Verabredung am Platz des Friedens, beim Eingang zum U-Bahnhof (zur U-Bahn).

[2] Laura ist das dritte Mal in Prag und kennt es schon ziemlich gut.

ANMERKUNGEN

① **schůzka** (f.) „Rendezvous, Verabredung". ■ **Míru**, Genitiv Singular von **mír** (m.) „Frieden". ■ **do metra** „in die U-Bahn"/**v metru** „in der U-Bahn". **do** steht mit dem Genitiv (Frage **kam?** „wohin?") und impliziert eine Handlung (dynamisch): **Jdu do metra/pokoje** „Ich gehe in die U-Bahn / in das Zimmer". **v/ve** steht mit dem Lokativ (Frage **kde?** „wo?") und drückt einen Zustand (statisch) aus: **Jsem v metru/v pokoji** „Ich bin in der U-Bahn / im Zimmer".

② **(v) Praze**, Lokativ von **Praha** „Prag": Bei der Deklination weiblicher Hauptwörter erweichen vor der Endung **-e** bestimmte Konsonanten im Lokativ und im Dativ: **ch → š; g,h → z; k → c; r → ř**.

| 3 | Dnes jedeme na Malou Stranu, chceme navštívit mého přítele Matěje. ③
| 4 | Laura ho moc nezná, ale ví, že je malíř a že umí hrát na saxofon. ④
| 5 | Prohlédne si jeho obrazy, a pak budeme poslouchat jazz. ⑤
| 6 | Nastupujeme do vagónu.
| 7 | – Ukončete výstup a nástup, dveře se zavírají, říká Laura. ⑥
| 8 | Hlas z amplionu to okamžitě opakuje a dodává:
| 9 | – Příští stanice – Muzeum, přestup na trasu C. ⑦
| 10 | Smějeme se.

(VÝSLOVNOST)

[*5* ... dјäß *8* hlaß ß'amplijoonu ... *9* ... ßtanjitßä - musäum ... tßää.]

(ANMERKUNGEN)

③ **Malá Strana**, „die Kleinseite", ist das historische Herz Prags, unterhalb der Prager Burg.

④ Die Verben **zná, ví, umí** dienen zur näheren Bestimmung von: a) **znát** - Kenntnis einer Person / eines Ortes: **Znám Matěje/Známe Prahu** „Ich kenne Matěj / Wir kennen Prag". b) **vědět** - Kenntnis einer Tatsache: **Ví, že Laura je v Praze/Vědí, že dvě a dvě jsou čtyři** „Er weiß, dass Laura in Prag ist / Sie wissen, dass zwei und zwei vier sind". c) **umět** - Fähigkeit: **Jan umí hrát tenis, ty umíš hrát na piano** „Jan kann Tennis spielen, du kannst Klavier spielen". Und: **Umíte česky?** „Sprechen Sie (können Sie) Tschechisch?"

| 3 | Heute fahren wir zur Kleinseite, wir wollen meinen Freund Matěj besuchen.
| 4 | Laura kennt ihn nicht sehr [gut], aber sie weiß, dass er Maler ist, und dass er (auf einem) Saxofon spielen kann.
| 5 | Sie wird sich seine Bilder ansehen, und dann werden wir Jazz hören.
| 6 | Wir steigen in den [U-Bahn-]Wagen ein.
| 7 | – Bitte zurücktreten, Türen schließen selbsttätig (Beenden Sie das Aus- und Einsteigen, die Türen schließen), sagt Laura.
| 8 | Eine Stimme aus dem Lautsprecher wiederholt es sofort und ergänzt:
| 9 | – Nächste Haltestelle – Museum, Anschluss an Linie C (Umstieg auf Trasse C).
| 10 | Wir lachen.

⑤ **Prohlédne si** (I) (umgangsspr. **prohlídne si**) „Sie wird sich ansehen, durchsehen", auch „besichtigen": **Prohlédne si Brno/hrad Špilberk** „Sie wird Brünn / die Burg Špilberk besichtigen". ■ **budeme poslouchat** „wir werden hören", Futurform unvollendeter Verben, gebildet aus der konjugierten Futurform von **být** („sein") + Infinitiv des unvollendeten Verbs: **budu dělat** „ich werde machen", **nebudeš číst** „du wirst nicht lesen". ■ **jazz** gibt es auch in der „neutschechischen" Form **džez**.

⑥ **Ukončete** (II) „beenden Sie" (Befehlsform), gehört stilistisch zur Amtssprache, wie alle Phrasen, die Sie in Durchsagen der Prager U-Bahn hören - anschauliche Beispiele für eine richtig gekünstelte Sprache!

⑦ **stanice** „Haltestelle" öffentlicher Verkehrsmittel (ein seltener verwendetes Synonym ist **zastávka**). ■ **muzeum** ist trotz der Endung **-m** sächlich, wie einige Hauptwörter (lateinischen Ursprungs) im Nominativ und Akkusativ: **centrum, datum, planetárium**... In den übrigen Deklinationsformen haben diese die gleichen Endungen wie **město**: **Jdeme do planetária/do města** „Wir gehen ins Planetarium / in die Stadt". ■ **přestup** „Umsteigen, Umstieg", hier: „Anschluss an...", ist von **přestupovat** „umsteigen" abgeleitet (vgl. **nástup, nastupovat** „Einstieg, einsteigen"; **výstup, vystupovat** „Ausstieg, aussteigen" bei Verkehrsmitteln). ■ **trasa** „Trasse" wird nur bei U-Bahnlinien verwendet; bei Bussen und Straßenbahnen verwendet man **linka** „Linie".

| 11 | Laura je cizinka, ale umí česky dokonale. ⑧
| 12 | Mluvíme o Matějovi, bude mít svou první výstavu.
| 13 | Vystupujeme na stanici Malostranská.
| 14 | – Škoda, že letím do Brna zítra ráno, říká Laura u východu z metra. Tu výstavu neuvidím... ⑨

(VÝSLOVNOST)

[*11* ... tβisinka ...*14* ... uwiicHodu ... nä'uw̯idjiim]

První (1.) cvičení: Rozumíte těmto větám?

❶ Mají schůzku u vchodu do Nového divadla. ❷ Nastupuješ na (stanici) náměstí Republiky. ❸ Vím, že Jan je v Praze. ❹ Vlevo uvidíte východ, vpravo je přestup na trasu B. ❺ Znáte jistě Ivana, umí hrát výborně tenis. ❻ Vystupuji u Národního muzea.

Druhé (2.) cvičení: Doplňte chybějící slova!

❶ Sie wollen die Nationalgalerie besuchen. Die Ausstellung der modernen tschechischen Kunst beginnt nächste Woche und endet in einem Monat.

. . . . . . navštívit Národní galerii. . . . . moderního českého umění začíná . . . . . . týden a končí za měsíc.

❷ Bill ist Ausländer, er spricht ein wenig Tschechisch. Laura ist auch Ausländerin, aber sie kann ausgezeichnet Tschechisch.

Bill je cizinec, mluví trochu česky. Laura je taky . . . . , ale . . . česky . . . .

sto třicet • **130**

11 Laura ist Ausländerin, aber sie kann ausgezeichnet Tschechisch.
12 Wir sprechen über Matěj, er wird seine erste Ausstellung haben.
13 Wir steigen an der Haltestelle Malostranská aus.
14 – Schade, dass ich morgen früh nach Brünn fliege, sagt Laura am Ausgang (aus) der U-Bahn. Die Ausstellung werde ich nicht sehen ...

(ANMERKUNGEN)

⑧ **cizinka** „Ausländerin" (männlich **cizinec**) ist von **cizí** „fremd" abgeleitet.

⑨ **Brno**, Hauptstadt von Mähren, zweitgrößte Stadt des Landes, gemessen an der Einwohnerzahl. In der Burg befindet sich das berühmte und zu Zeiten Österreich-Ungarns meistgefürchtete Gefängnis **Špilberk**.
■ **z metra** „aus der U-Bahn". **z/ze** steht mit dem Genitiv (Frage **odkud?** „woher?") und drückt hier das Verlassen eines abgeschlossenen Raumes aus: **Vycházím z metra/z pokoje** „Ich gehe aus der U-Bahn / aus dem Zimmer".

Řešení prvního cvičení: Rozuměli jste?

❶ Sie haben eine Verabredung am Eingang zum Neuen Theater. ❷ Du steigst an der Haltestelle Platz der Republik ein. ❸ Ich weiß, dass Jan in Prag ist. ❹ Links werden Sie den Ausgang sehen, rechts ist der Anschluss [Bahnsteig] an die Linie (Trasse) B. ❺ Sie kennen sicher Ivan, er kann ausgezeichnet Tennis spielen. ❻ Ich steige beim Nationalmuseum aus.

❸ Du wiederholst das Wort [für] Matěj. Zuerst versteht er nicht, dann lacht er und sagt: Aha, du willst ein Eis!

. . . . to slovo Matějovi. Napřed
. . . . , pak . . . . a říká:
Aha, ... zmrzlinu!

❹ Sie steigen an der Haltestelle Museum um, fahren zum Platz des Friedens und steigen dort aus.

Přestupují na . . . . Muzeum, jedou na
náměstí . . . . a tam . . . .

LEKTION 29

⑤ Vom Kino gehen wir zum U-Bahnhof. (Aus dem Kino gehen wir in die U-Bahn.) Im U-Bahnhof (in der U-Bahn) begegnen wir Fräulein Anežka Šťastná, sie sucht den Ausgang.

Z .... jdeme do ...... V .....
potkáváme slečnu Anežku Šťastnou, hledá
....

▶ **Třicátá (30.) lekce**

V parku

1	– Jak se vám daří po operaci? ①
2	– Už je mi mnohem líp, děkuji. ②
3	Jakmile nemusím být v posteli a můžu ven... ③

(VÝSLOVNOST)

[*1* ... po'opäratßi? *2* ... mn**o**häm liip ...]

Řešení druhého cvičení: Chybějící slova.

① Chtějí - Výstava - příští ② cizinka - umí - dokonale ③ Opakuješ - nerozumí - se směje - chceš ④ stanici - Míru - vystupují ⑤ kina - metra - metru - východ

Dreißigste Lektion

Im Park

1	–	Wie geht es Ihnen nach der Operation?
2	–	Es geht mir schon (schon es ist mir) viel besser, danke.
3		Sobald ich nicht im Bett sein muss und hinaus kann ...

ANMERKUNGEN

① **Jak se vám daří?** wörtlich „Wie gelingt/gedeiht es Ihnen?" ist ein unpersönlicher Ausdruck mit Dativ: „Wie geht es Ihnen?". Die Antwort kann sein **Daří se mi dobře** „Es geht mir gut". Ebenso kann man sagen: **Jak se vám vede? Vede se mi dobře.** ■ **(po) operaci**, Lokativ (und Dativ) Singular von **operace** (f.) „Operation".

② **Už je mi mnohem líp** „Es geht mir / es ist mir schon viel besser" ist ebenfalls eine unpersönliche Konstruktion mit Dativ. ■ **mnohem** (von **mnoho** „viel") steht mit der ersten Steigerungsform a) eines Adverbs (siehe Text) oder b) eines Adjektivs: **Je to mnohem lepší** „Es ist bei Weitem besser". ■ **líp** (schriftsprachlich **lépe**), unregelmäßige erste Steigerungsform von **dobře** „gut". ■ Man sagt auch: **Je mi dobře/špatně** „Mir ist es / geht es gut/schlecht".

③ **(v) posteli**, Lokativ (und Dativ) Singular von **postel** (f.) „Bett". ■ **můžu**, umgangssprachlich für **mohu** „ich kann".

| 4 | A jak se máte vy? ④
| 5 | – Jde to, jde to... To víte, nejsem už žádný mladík. ⑤
| 6 | – Nepovídejte – kolik je vám let? Padesát? ⑥
| 7 | – Padesát? Je mi skoro šedesát... ⑦
| 8 | – Ale to nic není! A každopádně vypadáte mladší!
| 9 | Víte, kolik je mně? V pondělí mi bude šedesát devět. ⑧
| 10 | Musíte přijít k Zelenému stromu, budu tam oslavovat narozeniny. ⑨
| 11 | – To je ta restaurace naproti kinu Slunce? ⑩

(VÝSLOVNOST)

[*5* .. ĵaadnii mladjiik *8* ... kaĵdopaadnjä ... mlatschii! *9* ... mnjä? ...]

(ANMERKUNGEN)

④ **Jak se máte?** „Wie geht es Ihnen?" (wörtlich „Wie haben Sie sich?"). Beachten Sie den Gebrauch von „haben" und dem vorangestellten Reflexivpronomen **se**. Die Antwort ist **Děkuji, dobře** „Danke, gut", **Mám se dobře** „Es geht mir gut" oder **Jde to** „Es geht".

⑤ **žadný/á/é** „kein" ist ein negatives Adjektiv. ■ **už** in Verbindung mit einem verneinten Verb bedeutet: „nicht mehr": **už nejsem** „ich bin nicht mehr", wörtlich „schon bin ich nicht". **Už nechci/nemám** „Ich will / ich habe nicht mehr".

|4| Und wie geht es Ihnen?
|5| – Es geht, es geht ... Sie wissen [ja] (das wissen Sie), ich bin kein Jüngling mehr.
|6| – Ach, was sagen Sie da (Erzählen Sie nicht) – wie alt sind Sie (wie viel ist Ihnen Jahre)? Fünfzig?
|7| – Fünfzig? Ich bin (mir ist) fast sechzig ...
|8| – Aber das ist [doch] nichts! Und überhaupt (jedenfalls) sehen Sie jünger aus!
|9| Wissen Sie, wie alt ich [selbst] bin (wie viel ist mir)? Am Montag werde ich (mir wird) neunundsechzig.
|10| Sie müssen zum Grünen Baum kommen, ich werde dort Geburtstag feiern.
|11| – Das ist das Restaurant gegenüber vom Kino Sonne?

⑥ **kolik je vám (let)?** „wie alt sind Sie"? (wörtlich: „wie viele Jahre ist Ihnen?"). Mit unpersönlichen Konstruktionen (+ Dativ) werden körperliche und seelische Empfindungen oder das Alter ausgedrückt. ■ **let**, Genitiv Plural von **léto** (n.) „Sommer; Jahr". Mit den Zahlen 1 bis 4 verwendet man das Synonym **rok** (m.) „Jahr": „1 Jahr" = **jeden rok** (Nom. Sing.), „2, 3, 4 Jahre" = **dva, tři, čtyři roky** (Nom. Pl.), „5, 6, ... Jahre" = **pět, šest, ... let** (Gen. Pl.). In der Alltagssprache wird **let** oder **roků** meistens weggelassen.

⑦ **Je mi skoro šedesát...** Mit 2, 3 und 4 steht das Verb „sein" immer in der 3. Pers. Pl., mit allen anderen Zahlen in der 3. Pers. Sing.: **Evě je jeden rok, Elišce jsou tři roky, sestře je deset let.**

⑧ **mně** ist die betonte Langform von **já** im Dativ. Betonte Langformen stehen nach Präpositionen oder zur Betonung des Personalpronomens. Vergleichen Sie: **Je mi dvacet (let)/bude ti třicet (let)** „Ich bin 20 / du wirst 30" - **Mně je dvacet, ale tobě už bude třicet** „Ich selbst bin 20, aber du wirst schon 30".

⑨ **(k) Zelenému**, Dativ Singular des harten Adjektivs **zelený/é** „grün" (m./n.). ■ **stromu**, Dativ Singular von **strom** (m.) „Baum": Männliche unbelebte Hauptwörter mit harter oder mittlerer Konsonantenendung haben im Dativ die Endung **-u**.

⑩ **(naproti) kinu**, Dativ Singular von **kino** (n.) „Kino". Sächliche Hauptwörter mit Endung **-o** haben im Dativ Singular die Endung **-u**.

|12| – Ano. Navečeříme se, trochu se napijeme – a pak, kdo ví, budeme možná tancovat! ⑪
|13| Konec koncům, člověk je tak starý, jak se cítí, nemám pravdu? ⑫

(VÝSLOVNOST)

[*13* ... tßiitjii ...]

První (1.) cvičení: Rozumíte těmto větám?

❶ Je mi dobře, je mi špatně. ❷ Kolik je vám let? ❸ Jak se máš - a jak se daří Karlovi? ❹ Jak se cítíte po operaci? ❺ Jmenuji se Věra a je mi dvacet let.

Druhé (2.) cvičení: Doplňte chybějící slova!

❶ Wir gehen zum Abendessen zu Marie und David, wir werden dort ihre Geburtstage feiern.

Jdeme na večeři k . . . . . a . . . . ,
. . . . . . tam . . . . jejich narozeniny.

❷ Seine jüngere Schwester heißt Eva, und sie ist vierzehn Jahre alt; sein älterer Bruder Martin ist Ingenieur, er ist dreißig.

Jeho . . . . . . sestra se jmenuje Eva a je jí čtrnáct . . . ; jeho starší bratr Martin je inženýr, je mu . . . .

❸ Sie beabsichtigen (Sie bereiten sich vor), ins Krankenhaus [zu gehen]. Sie wollen unseren Freund Pavel besuchen; nach der Operation muss er im Bett liegen, aber er fühlt sich schon gut.

Chystají se do nemocnice. Chtějí navštívit našeho přítele Pavla; . . operaci musí ležet . . . . , ale už . . . . . . dobře.

| 12 | – Ja. Wir werden zu Abend essen, ein wenig trinken – und dann, wer weiß, werden wir vielleicht tanzen!
| 13 | Schließlich ist der Mensch so alt (Letzten Endes, der Mensch ist so alt), wie er sich fühlt, habe ich nicht recht?

ANMERKUNGEN

⑪ **Navečeříme se, napijeme se** „Wir werden zu Abend essen, wir werden trinken": Die vollendeten Verben haben hier Vorsilben und sind reflexiv, was eher selten ist. (Bei anhaltenden oder wiederholten Handlungen verwendet man das Futur unvollendeter Verben: **Budou tam často večeřet** „Sie werden dort häufig zu Abend essen".)

⑫ **mít pravdu** „recht haben" ist eine Redensart.

Řešení prvního cvičení: Rozuměli jste?

❶ Es geht mir (mir ist) gut, es geht mir (mir ist) schlecht. ❷ Wie alt sind Sie? ❸ Wie geht es dir – und wie geht es Karel? ❹ Wie fühlen Sie sich nach der Operation? ❺ Ich heiße Věra und bin zwanzig Jahre alt.

❹ Schade, dass Julie nicht kommen kann - sie ist krank.

. . . . Julie nemůže . . . . - je nemocná.

❺ Wir wünschen Herrn Zelený alles Gute (Beste) zum Geburtstag.

Přejeme panu . . . . všechno . . . . k narozeninám.

Řešení druhého cvičení: Chybějící slova.

❶ Marii - Davidovi, budeme - oslavovat ❷ mladší - let - třicet ❸ po - v posteli - se cítí ❹ Škoda, že - přijít ❺ Zelenému - nejlepší

▶ **Třicátá první (31.) lekce**

Kde je autobusové nádraží?

1 – Promiňte… Můžete mi říct, jak se dostanu na autobusové nádraží? ①

2 – Musíte se vrátit k tomu baroknímu kostelu, k Hlavní třídě. ②

3   Půjdete po Hlavní třídě směrem k zámku, a na druhé křižovatce se dáte doleva. ③

(VÝSLOVNOST)

[**3** *puu*jdätä … ßmnjäräm … krřîjowatßä …]

(ANMERKUNGEN)

① Mit **jak se dostanu …?** wird nach dem Weg oder der Richtung gefragt: a) **na nádraží** „zum Bahnhof" (**na** + Akkusativ). b) **k nádraží/k Národnímu divadlu** „zum (in Richtung) Bahnhof / zum (in Richtung) Nationaltheater" (**k** + Dativ). c) **do domu** „in das Haus" (**do** + Genitiv). ■ **dostat se**, hier: „hinkommen", ist vollendet und reflexiv. Das nichtreflexive **dostat** bedeutet „bekommen, erhalten".

Einunddreißigste Lektion

Wo ist der Busbahnhof?

1 – Entschuldigen Sie ... Können Sie mir sagen, wie ich zum Busbahnhof komme?
2 – Sie müssen zu dieser Barockkirche zurückgehen, auf der (zur) Hauptstraße.
3 – Sie gehen (werden gehen) auf der Hauptstraße in Richtung (zum) Schloss und an (auf) der zweiten Kreuzung begeben Sie sich nach links.

(2) **vrátit se - kam?** gibt eine Bewegung „zurück" oder „zum Ausgangspunkt zurück" an. **Vrátím se ke kostelu** „Ich werde zur Kirche zurückkommen". **Vrátíš se zítra** „Du wirst morgen zurückkehren". (Das vollendete nichtreflexive **vrátit**: „jdm. etwas zurückgeben": **Vrátíme vám pas za chvíli** „Wir geben Ihnen Ihren Pass in einer Weile zurück".) ■ **(k) tomu**, Dativ Singular des Demonstrativpronomens **ten/to** (m./n.). ■ **baroknímu**, Dativ Singular des weichen Adjektivs **barokní** (m./n.) „barock". ■ **(k) Hlavní třídě**, Dativ Singular von **Hlavní třída** „Hauptstraße". Weibliche Hauptwörter auf **-a** haben im Dativ und Lokativ Singular die Endung **-e/-ě**. Die weibliche Form des weichen Adjektivs ändert die Endung in diesen beiden Fällen nicht.

(3) **Půjdete/pojedu** (I) „Sie werden gehen / ich werde fahren" sind vollendete Verben ohne Infinitiv. ■ **po Hlavní třídě**: **po** + Lokativ kann örtlich (a) und zeitlich (b) verwendet werden: a) **Jdu/chodím/procházím se po Praze/po náměstí/po ulici** „Ich gehe/spaziere durch Prag / auf dem Platz / die Straße entlang". b) **po operaci** „nach der Operation", **po nás** „nach uns". ■ **směrem**, Instrumental Singular von **směr** (m.) „Richtung". ■ **(k) zámku**, Dativ Singular von **zámek** (m.) „Schloss". ■ **(na) druhé**, Lokativ (und Dativ) Singular von **druhá** (f.) „zweite". Ordnungszahlen werden wie Adjektive dekliniert: **První** und **třetí** wie weiche, alle übrigen wie harte. ■ **křižovatce**, Lokativ und Dativ von **křižovatka** (f.) „Kreuzung". Beachten Sie die Erweichung **k → c**.

| 4 | Pak pořád rovně až k nádraží. ④
|---|
| 5 | – Je to daleko?
| 6 | – Pěšky to je dobrá čtvrthodina… možná půlhodina. ⑤
| 7 | Ale můžete jet autobusem, zastávka je u obchodního domu Centrum. ⑥
| 8 | – A obchodní dům je kde?
| 9 | Neznám to tady dobře, vím jenom, kde je radnice.
| 10 | – Jděte k radnici, obchodní dům je ve vedlejší ulici; vlevo uvidíte městské muzeum. ⑦
| 11 | Je tam taky stanoviště taxíků. ⑧
| 12 | – Hm, muzeum… Nevíte, jestli je otevřeno? ⑨
| 13 | – Dnes je zavřeno, je pondělí…
| 14 | – Vidím, že nemám štěstí. Vezmu si taxi a pojedu přímo na nádraží.

(VÝSLOVNOST)

[**6** … tschtwrthodjina … **7** … tßäntrum. **9** … radnjitßä. **10** … mnjäßt´ßkää … **11** … takßikuu. **14** … schtjäß´tjii …]

První (1.) cvičení: Rozumíte těmto větám?

❶ Jak se dostanu k Národní galerii? ❷ Jděte rovně a na příští křižovatce doleva. ❸ Pěšky tam jste za čtvrt hodiny. ❹ Haló, taxi - potřebuji (jet) k Národnímu divadlu. ❺ Vrátíme se k zámku.

| 4 | Dann immer geradeaus, bis zum Bahnhof.
| 5 | – Ist es weit?
| 6 | – Zu Fuß ist es eine gute Viertelstunde ... vielleicht eine halbe Stunde.
| 7 | Aber Sie können (mit dem) Bus fahren, die Haltestelle ist beim Kaufhaus Centrum.
| 8 | – Und das Kaufhaus ist wo?
| 9 | Ich kenne die Gegend (es hier) nicht [sehr] gut, ich weiß nur, wo das Rathaus ist.
| 10 | – Gehen Sie zum Rathaus, das Kaufhaus ist in einer Nebenstraße; links werden Sie das Städtische Museum sehen.
| 11 | Es ist auch ein Taxistand dort.
| 12 | – Hm, Museum ... wissen Sie (nicht), ob es geöffnet ist?
| 13 | – Heute ist es geschlossen, es ist Montag ...
| 14 | – Ich sehe, dass ich kein Glück habe. Ich werde mir ein Taxi nehmen und werde direkt zum Bahnhof fahren.

(ANMERKUNGEN)

(4) **(k) nádraží**: Sächliche Hauptwörter mit Nominativendung **-í** bleiben im Dativ und Lokativ Singular unverändert.

(5) Statt **čtvrthodina** „Viertelstunde", **půlhodina** „halbe Stunde" kann man auch **čtvrt hodiny** und **půl hodiny** sagen.

(6) **autobusem** „(mit dem) Bus", Instrumental Singular von **autobus** (m.).

(7) **Jděte** „gehen Sie" ist die Befehlsform von **jít** „gehen".

(8) **stanoviště taxíků** „Taxistand": **stanoviště** ist sächlich. Wenn Sie „Taxi" sagen wollen, haben Sie die Wahl zwischen **taxík** (m.) und dem unveränderlichen **taxi** (n.).

(9) **otevřeno** „geöffnet" ist die sächliche Form des Partizip Passiv (vgl. weiter unten **zavřeno** „geschlossen"). ■ Museen haben meistens von 10 bis 17 Uhr geöffnet und sind gewöhnlich montags geschlossen.

Řešení prvního cvičení: Rozuměli jste?

❶ Wie komme ich zur Nationalgalerie? ❷ Gehen Sie geradeaus und an (auf) der nächsten Kreuzung nach links. ❸ Zu Fuß sind Sie in einer Viertelstunde dort. ❹ Hallo Taxi - ich muss (brauche) zum Nationaltheater (fahren). ❺ Wir kehren zum Schloss zurück.

Druhé (2.) cvičení: Doplňte chybějící slova!

① Das Städtische Museum ist heute bis sechs Uhr geöffnet, aber morgen wird es geschlossen sein.

Městské muzeum je dnes . . . . do šesti hodin, ale zítra bude . . . .

② Wie kommen wir zu der Barockkirche?

Jak . . . . k tomu . . . . ?

③ Wir werden zu Fuß zum Alten Rathaus gehen, wir haben dort eine Verabredung mit Věra. Dann werden wir mit dem Taxi zum Busbahnhof fahren.

. . . . . . pěšky ke . . . ., máme tam schůzku s Věrou. Pak . . . . taxíkem k . . . .

④ Die Schlossbesichtigung endet in (nach) einer halben Stunde; wir werden zu Eva zurückkehren, und dort werden wir auf Matěj warten. Er wird gegen sieben Uhr zurückkommen.

Prohlídka zámku končí za . . . hodiny; . . . . k Evě a počkáme tam na Matěje. . . . . kolem sedmé.

⑤ Viel Glück – und eine gute (glückliche) Reise! Ich hoffe, dass wir uns bald entweder in Prag oder in Brünn [wieder]sehen.

Hodně štěstí - a šťastnou cestu! Doufám, že se brzo . . . . buď . . . . . . , nebo v Brně.

⑥ Ich muss (brauche) zum Flughafen fahren – wo ist ein Taxistand?

Potřebuji . . . na letiště - kde je . . . . taxíků?

> **Řešení druhého cvičení: Chybějící slova.**

❶ otevřeno - zavřeno ❷ se dostaneme - baroknímu kostelu
❸ Půjdeme - Staré radnici - pojedeme - autobusovému nádraží ❹ půl
- vrátíme se - Vrátí se ❺ uvidíme - v Praze ❻ jet - stanoviště

Persönliche Notizen:

▶ Třicátá druhá (32.) lekce

Jak se vám líbí v Praze?

1 V sobotu jdu k Janu Novákovi. ①
2 V aktovce mám plán nového projektu; chci mu ho ukázat. ②
3 Pracujeme spolu často i o víkendu. Nikdo nás nevyrušuje: Jan je starý mládenec. ③

(VÝSLOVNOST)

[**2** ... f'aktoftßä ... projäktu ... **3** ... mlaadänätß]

(ANMERKUNGEN)

① **(k) Janu Novákovi** ist die Dativ- und Lokativform im Singular von Jan Novák. Männliche belebte Hauptwörter mit harter oder mittlerer Konsonantenendung haben im Dativ und Lokativ Singular die Endung **-u/-ovi**. Steht ein Substantiv allein, verwendet man in der Regel die Endung **-ovi**: **Jdeš k Janovi** „Du gehst zu Jan". Wenn mehrere Substantive einander folgen, verwendet man, außer beim letzten Substantiv der Reihe, die Endung **-u**: **Mluvíš o panu Janu Novákovi** „Du sprichst über Herrn Jan Novák". (Novák ist in Böhmen ein sehr gängiger Familienname: **pan Novák** ist eine Art tschechischer „Herr Müller".) ■ Genauso: **Jdete k Lukášovi/mluvíte o zubaři Lukáši Dvořákovi** „Ihr geht zu Lukáš/Ihr sprecht über den Zahnarzt Lukáš Dvořák" – männliche unbelebte Hauptwörter mit weicher Konsonantenendung haben im Dativ und Lokativ Singular die Endung **-i/-ovi**.

② **(V) aktovce**, Lokativ (und Dativ) Singular von **aktovka** (f.) „Aktentasche". ■ **chci mu ho ukázat** „Ich will ihn ihm zeigen". Beachten Sie die Wortfolge der unbetonten Pronomen **mu** (**on, ono** im Dativ) und **ho** (**on, ono** im Akkusativ). Diese einsilbigen, unbetonten Pronomen (Enklitika) haben einen festen Platz im Satz: a) Sie können nie nach einer Präposition stehen; b) Das Pronomen im Dativ steht immer vor dem Pronomen im Akkusativ: **Ukáže mi ho** „er wird ihn mir zeigen".

Zweiunddreißigste Lektion

Wie gefällt es Ihnen in Prag?

1 Am Samstag gehe ich zu Jan Novák.
2 In der Aktentasche habe ich den Plan eines neuen Projekts; ich will ihn ihm zeigen.
3 Wir arbeiten oft zusammen, auch am Wochenende. Niemand stört uns: Jan ist ein eingefleischter (alter) Junggeselle.

(3) Die Präposition **o** + Lokativ, kann auch für einen zeitlichen Aspekt verwendet werden: **O víkendu/o prázdninách** „am Wochenende (= während des Wochenendes)/zur Ferienzeit". ■ **starý mládenec** ist der adäquate Ausdruck für „eingefleischter Junggeselle". An sich ist **mládenec** „junger Mensch" heute etwas archaisch und wurde durch das Wort **mladík** ersetzt. Für „ledig" verwendet man das Wort **svobodný/á** „frei".

| 4 | Zazvoním, dveře mi otevře neznámá dívka. ④
| 5 | – Dobrý den. Jsem kolega inženýra Nováka, jmenuji se Ondřej Šťastný, říkám a podávám jí ruku. ⑤
| 6 | – Těší mě, Kateřina Nováková. Pojďte dál, prosím, a odložte si: hned strýce zavolám.
| 7 | Je v garáži, pomáhá mému bratru Lukášovi opravit motorku. ⑥
| 8 | Přichází Jan a omlouvá se.
| 9 | – To nic, říkám, to je v pořádku. Promiň, nevěděl jsem, že… ⑦
| 10 | – To je překvapení i pro mě: má neteř a můj synovec přijeli na návštěvu z Mostu.
| 11 | Večer chtějí jít na koncert skupiny Černá radost. ⑧

(VÝSLOVNOST)

[*5* … **o**ndrřjäj … *6* … ßtriitßä …*11* … n**a**kontßärt …]

(ANMERKUNGEN)

④ **Zazvoním, otevře**: Vollendete Verben werden manchmal verwendet, um einer andauernden, gegenwärtigen Handlung mehr „Dynamik" oder „Dramatik" zu verleihen. ■ Die Wörter „bewegen" sich innerhalb des Satzes, je nach Wichtigkeit der Aussage. Man setzt die wesentliche Information ans Ende des Satzes. Die Endungen geben den grammatikalischen Stellenwert der Wörter an und erlauben Ihnen zum Beispiel, das Objekt vor das Subjekt zu stellen: **Kateřina otvírá dveře/dveře otvírá Kateřina** „Kateřina öffnet die Tür / die Tür öffnet Kateřina".

| 4 | Ich klingele, ein unbekanntes Mädchen öffnet mir die Tür.
| 5 | – Guten Tag. Ich bin ein Kollege von Ingenieur Novák, ich heiße Ondřej Šťastný, sage ich und reiche ihr die Hand.
| 6 | – Freut mich, Kateřina Nováková. Kommen Sie bitte herein, und legen Sie ab: Ich rufe gleich [meinen] Onkel.
| 7 | Er ist in der Garage, er hilft meinem Bruder Lukáš, das Motorrad [zu] reparieren.
| 8 | Jan kommt und entschuldigt sich.
| 9 | – Das [macht] nichts, sage ich, das ist in Ordnung. Entschuldige, ich wusste nicht, dass ...
| 10 | – Das ist eine Überraschung auch für mich: Meine Nichte und mein Neffe kamen zu Besuch aus Most.
| 11 | Am Abend wollen sie zum Konzert der Gruppe Schwarze Freude gehen.

⑤ **kolega** (m.) „Kollege". Männliche Hauptwörter mit Endung **-a** sind selten. Meistens handelt es sich um Familiennamen oder um Fremd- und Lehnwörter: **tenista, turista, pianista** ... (Die weiblichen Entsprechungen: **kolegyně, tenistka, turistka, pianistka**.) Männliche Hauptwörter auf **-a** haben ein eigenes Deklinationsmuster. ■ **(jmenuji) se**: Das Reflexivpronomen ist einsilbig enklitisch. Wenn mehrere enklitische Pronomen nacheinander folgen, muss das reflexive als erstes stehen: **Omlouvám se jí** „Ich entschuldige mich (bei) ihr". **Kdo se ho zeptá?** „Wer wird ihn fragen?". ■ **podávám jí ruku** „Ich reiche ihr die Hand". **jí** ist die Dativform des Personalpronomens **ona** „sie".

⑥ **(v) garáži** ist der Lokativ (und Dativ) Singular von **garáž** (f.) „Garage". ■ **motorka** (f.) „Motorrad", **motocykl** (m.) ist weniger gängig.

⑦ **(v) pořádku** „in Ordnung" ist der Lokativ (und Dativ) Singular von **pořádek** (m.) „Ordnung".

⑧ **skupiny** ist der Genitiv Singular von **skupina** (f.) „Gruppe".

12 – Ptám se Kateřiny: Jak se vám líbí v Praze? Jezdíte sem často? ⑨

13 – Ano – a moc se mi tady líbí. V létě budu v Praze pracovat, v cestovní kanceláři VIA. ⑩

14 – To bude jistě zajímavé. Přeji vám hodně úspěchů v práci! ⑪

(VÝSLOVNOST)

[*13* ... f'tßäßtownjii kantßälaarřji wija. *14* ... uußpjäcHuu ...]

První (1.) cvičení: Rozumíte těmto větám?

❶ Jak se vám líbí v Anglii? ❷ Jezdíš často do Prahy?
❸ Pojďte prosím dál a odložte si. ❹ Koncert se mi nelíbí.
❺ Telefonuji panu Novákovi do kanceláře.

Druhé (2.) cvičení: Doplňte chybějící slova!

❶ Ich würde Ihnen gern unsere Kollegin, Fräulein Martina Nováková, vorstellen.

Rád bych ... představil naši kolegyni slečnu ....

❷ Es freut mich, ich bin Ondřej Šťastný. Legen Sie ab und kommen Sie ins Büro; ich stelle Sie [Herrn] Ingenieur Karel Dvořák vor.

.... .. , já jsem Ondřej Šťastný. Odložte si a pojďte do kanceláře; představím ... inženýru ....

❸ Wir gehen auf einen Besuch zu Robert; wir wollen ihm Fotos aus Prag zeigen.

Jdeme na .... k .... ; chceme .. ukázat fotografie z Prahy.

12 – Ich frage Kateřina: Wie gefällt es Ihnen in Prag? Fahren Sie oft hierher?

13 – Ja – und es gefällt mir hier sehr. Im Sommer werde ich in Prag arbeiten, im Reisebüro VIA.

14 – Das wird sicher interessant sein. Ich wünsche Ihnen viel Erfolg bei Ihrer (in der) Arbeit!

(ANMERKUNGEN)

⑨ **Jak se vám líbí ...?** „Wie gefällt Ihnen ...?" unpersönliche Konstruktion mit Dativ, die eine Ansicht ausdrückt: **Jak se vám líbí koncert?** „Wie gefällt euch/Ihnen das Konzert"? Die Antwort auf diese Frage lautet: **Koncert se mi líbí.** ■ **Jezdíte** „ihr fahrt / Sie fahren", bildet mit **jedete** ein Verbpaar. Beide Verben (**jezdit/jet**) sind unvollendete Verben und haben die gleiche Bedeutung. Das erste 'unbestimmte' Verb drückt eine mehrmalige, gewohnheitsmäßige Bewegung aus: **Jezdím často do Prahy** „Ich fahre oft nach Prag". Das zweite 'bestimmte' Verb drückt eine einmalige Bewegung zu einem bestimmten Zeitpunkt aus: **Dnes jedu do Brna** „Heute fahre ich nach Brünn".

⑩ **(v) kanceláři** ist der Lokativ (und Dativ) Singular von **kancelář** (f.) „Büro".

⑪ **úspěchů** ist der Genitiv Plural von **úspěch** (m.) „Erfolg".

Řešení prvního cvičení: Rozuměli jste?

❶ Wie gefällt es Ihnen in England? ❷ Fährst du oft nach Prag? ❸ Kommen Sie bitte herein und legen Sie ab. ❹ Das Konzert gefällt mir nicht. ❺ Ich rufe Herrn Novák im Büro an.

❹ Wir sind zu Besuch bei Doktor Janáček. Wir sprechen über seine Nichte Julia und den Neffen Ondřej.

Jsme na .... u .... Janáčka.
Mluvíme o jeho ...... Julii a .... Ondřejovi.

⑤ Gefällt dir mein Geschenk für Kateřina? Ich will es ihr zum Geburtstag geben.

Líbí se .. můj dárek pro Kateřinu?
Chci .. ho dát . narozeninám.

▶ Třicátá třetí (33.) lekce

Držím dietu

1 – Posaďte se, prosím. Co vám mohu nabídnout k pití: kávu, čaj, džus…? ①
2 – Děkuji, vezmu si sklenici vody. A kávu. ②
3 – Nechcete radši minerálku? Nebo sodovku? ③

(VÝSLOVNOST)

[... *dijätu* **1** *poßatj´tä ßä* ... *djuß* ... ? **3** ... *ratschi* ...]

> **Řešení druhého cvičení: Chybějící slova.**

① vám - Martinu Novákovou ② Těší mě - vás - Karlu Dvořákovi
③ návštěvu - Robertovi - mu ④ návštěvě - doktora - neteři - synovci
⑤ ti - jí - k

Dreiunddreißigste Lektion

Ich halte Diät

1 – Setzen Sie sich, (ich) bitte. Was kann ich Ihnen zu trinken anbieten: Kaffee, Tee, Fruchtsaft ... ?
2 – (Ich) danke, ich nehme (mir) ein Glas Wasser. Und Kaffee.
3 – Möchten Sie nicht lieber ein Mineralwasser? Oder ein Sodawasser?

(ANMERKUNGEN)

① **nabídnout** (I, **nabídnu**) „anbieten" ist ein vollendetes Verb. Um eine einmalige Handlung zu unterstreichen, benutzt man nach einem konjugierten Verb den Infinitiv eines vollendeten Verbs: **Co pro vás mohu udělat?** „Was kann ich für Sie tun?" Für andauernde oder wiederholte Handlungen benutzt man den Infinitiv eines unvollendeten Verbs: **Může dělat co chce** „Er kann machen, was er will". ■ **pití** (n.) „Trinken" ist ein Verbalsubstantiv.

② **vezmu si sklenici vody** „Ich nehme mir ein Glas Wasser". Die Verwendung von **si** im Dativ mit einem nichtreflexiven Verb kennen Sie bereits.

③ **radši** oder **raději** „lieber" (Adverb im Komparativ) stammt von **rád/a/o**. Man verwendet es oft in Redewendungen mit „sein" (**Jsem radši** „ich bin lieber") und „haben" (**mám radši** „ich habe lieber"). ■ **minerálku, sodovku** ist jeweils der Akkusativ Singular von **minerálka** (f.), **sodovka** (f.).

LEKTION 33

4 – Tak dobře, trochu sodovky. Už čtrnáct dní držím dietu; nesladím ani kávu, ani čaj. ④

5 – Koupila jsem v cukrárně zákusky… ⑤

6 – Opravdu lituji… Bohužel, stačí gram cukru – a je po dietě.

7 – To je škoda… Ale počkejte, mám domácí ovocný koláč, je velice lehký – ovoce a skoro žádné těsto. ⑥

8 Jsou tady taky tvarohové a makové buchty, ale ty jsou těžší… ⑦

9 – Vezmu si možná kousek koláče.

10 – Vidíte! A nechcete ochutnat jednu tvarohovou buchtu?

11 – Dobře – ale nějakou malou.

12 – Jak vám chutná? Nevezmete si ještě? ⑧

(VÝSLOVNOST)

[**5** … ftßukraarnjä … **6** … tßukru … **7** … wälitßä läcHkii … **8** … bucHti … tjäsch'schii … **9** … koUßäk … **10** … ocHutnat …]

(ANMERKUNGEN)

④ **čtrnáct dní** oder **dnů** „vierzehn Tage" (oder **dva týdny** „zwei Wochen").
■ **nesladím** „ich süße nicht, ich nehme keinen Zucker". Im Gegensatz zur deutschen Übersetzung verneint **ani… ani** „weder … noch" nicht den Satz; dies muss immer mit der Verneinung des Verbs erfolgen (doppelte Verneinung)!

4	–	Also gut, ein wenig Sodawasser. Ich halte schon vierzehn Tage [lang] eine Diät; ich süße weder Kaffee noch Tee.
5	–	Ich habe in der Konditorei Gebäck gekauft ...
6	–	Ich bedaure wirklich ... Leider, es genügt ein Gramm Zucker – und es ist vorbei mit der Diät (und es ist nach der Diät).
7	–	Das ist schade ... Aber warten Sie, ich habe hausgemachten Obstkuchen, der ist sehr leicht – Obst und fast kein Teig.
8		Hier sind auch Quark- und Mohnbuchteln – aber die sind schwerer ...
9	–	Ich nehme (mir) vielleicht ein Stückchen Kuchen.
10	–	Sehen Sie! Und möchten Sie nicht eine Quarkbuchtel kosten?
11	–	Gut – aber irgendeine kleine.
12	–	Wie schmeckt sie Ihnen? Möchten Sie nicht noch mehr (werden Sie sich nicht noch nehmen)?

(5) **Koupila jsem** „Ich habe gekauft" ist die weibliche Vergangenheitsform. ■ **(v) cukrárně**, Lokativ (und Dativ) Singular von **cukrárna** (f.) „Konditorei".

(6) **ovocný koláč** (m.) „Obstkuchen". ■ **koláč** ist ein Kuchen oder rundes Hefegebäck aus Früchten, Quark, Mohn oder Nüssen. ■ **buchta** „Buchtel" ist eine Art kleine Dampfnudel, im Backofen gebacken und mit Mohn, Quark oder Pflaumenmus gefüllt. ■ **velice** oder **velmi** „sehr" ist ein schriftsprachliches Synonym für das umgangssprachliche **moc**. ■ **lehký/á/é** „leicht" kann, wie im Deutschen, auch „einfach" heißen.

(7) **těžší** ist der Komparativ von **těžký/á/é** „schwer, schwierig".

(8) **Jak vám chutná ...?** „Wie schmeckt Ihnen ...?" ist eine unpersönliche Konstruktion mit Dativ. Die Antwort könnte lauten: **velice/velmi/moc** - oder **nechutná/moc ne**. Oder: **Je to velice/velmi/moc dobré/výborné/vynikající** „Es ist sehr gut/ausgezeichnet/hervorragend ..."

LEKTION 33

13 – Je vynikající; a zdá se mi, že tam není vlastně ani moc cukru! ⑨

> *Zdá se vám třicátá třetí lekce lehčí?* „Kommt Ihnen die 33. Lektion leichter vor?" Wenn ja: Bravo! Sie haben sich an den Dativ und den Lokativ gewöhnt, an die unpersönliche Konstruktion ... Durch Wiederholen der Sätze werden Sie Wortfolge und Aspekte assimilieren! Zurück zur Praxis: Noch eine Lektion, und wir fassen schon wieder Ihre neuen Kenntnisse zusammen.

První (1.) cvičení: Rozumíte těmto větám?

① Posaďte se; nechcete něco k pití? ② Děkuji, to mi stačí. ③ Ochutnám makovou buchtu. ④ Ten ovocný koláč je vynikající! ⑤ Jak ti chutná víno?

Druhé (2.) cvičení: Doplňte chybějící slova!

① Was können wir Ihnen zu trinken anbieten?

Co ... můžeme .... k .... ?

② Ich nehme einen Orangensaft. Und ein Sodawasser, bitte.

.... pomerančový džus. A .... , prosím.

③ Mögen Sie lieber Buchteln oder Obstkuchen? – Ich nehme ein Stückchen [von dem] Kuchen.

Máte ..... buchty nebo ovocný koláč?
– Já si dám ....

④ Es tut mir leid, Frau Dvořáková ist krank. Sie können aber ihren Kollegen, [Herrn] Ingenieur Šťastný, anrufen.

......, paní Dvořáková je nemocná. Ale můžete zatelefonovat jejímu kolegovi, ...

[13] – Es ist hervorragend; und es scheint mir, dass da eigentlich nicht einmal viel Zucker [drin] ist!

> **ANMERKUNGEN**
>
> ⑨ **zdát se** „scheinen", ein reflexives Verb. Hier eine unpersönliche Konstruktion mit Dativ: **Zdá se mi** „Es scheint mir". Beachten Sie die Stellung der einsilbigen, enklitischen Pronomen.

Řešení prvního cvičení: Rozuměli jste?

❶ Setzen Sie sich; möchten Sie nicht etwas zu trinken? ❷ Danke, das reicht mir. ❸ Ich koste eine Mohnbuchtel. ❹ Dieser Obstkuchen ist hervorragend! ❺ Wie schmeckt dir der Wein?

❺ Er entschuldigt sich, dass er mich bei (aus) der Arbeit stört. Das [macht] nichts - das ist in Ordnung, sage ich.

. . . ., že mě vyrušuje z práce.
. . . . . - to je . . . ., říkám.

Řešení druhého cvičení: Chybějící slova.

❶ vám - nabídnout - pití ❷ Vezmu si - sodovku ❸ radši - kousek koláče ❹ Lituji - inženýru Šťastnému ❺ Omlouvá se - To nic - v pořádku

▶ Třicátá čtvrtá (34.) lekce

Máte rád sport?

1 – Můžu si půjčit noviny? Podívám se, co píšou o včerejším fotbalu. ①
2 – Dynamo vyhrálo 3:0 (tři nula). ②
3 – Já vím – zajímá mě komentář: fotbal, to je moje vášeň! A co vy? Jste taky fanoušek? ③
4 – Abych řekl pravdu, zajímám se spíš o atletiku a plavání. A o lyžování. ④

(VÝSLOVNOST)

[... ßport? **1** ... oftschäräjschiim fodbalu. **2** dinamo ... **4** abicH ... o'atlätiku ...]

sto padesát šest • 156

Vierunddreißigste Lektion

Mögen Sie Sport?

1 – Kann ich mir Ihre (die) Zeitung ausleihen? Ich werde [nach]schauen, was sie über den gestrigen Fußball schreiben.
2 – Dynamo hat 3:0 (drei null) gewonnen.
3 – Ich weiß - mich interessiert der Kommentar: Fußball, das ist meine Leidenschaft! Und (was) Sie? Sind Sie auch ein Fan?
4 – Um die Wahrheit zu sagen, ich interessiere mich eher für (Leicht-)Athletik und Schwimmen. Und für Skisport.

ANMERKUNGEN

① **půjčit si** (II, **půjčím**) „sich ausleihen" ist vollendet und reflexiv. (Das nicht-reflexive **půjčit** bedeutet „borgen, leihen".) ■ **Podívám se** „Ich werde schauen", Aspektpartner des unvollendeten **dívám se** „ich schaue". ■ **(o) včerejším**, Lokativ Singular des männlichen und sächlichen weichen Adjektivs **včerejší** „gestrig". ■ **(o) fotbalu**: Vor einem Hauptwort im Lokativ steht immer eine Präposition. ■ Die tschechische Version von **fotbal** (m.) ist **kopaná** (f.), dekliniert wie ein hartes Adjektiv.

② **vyhrálo** „hat gewonnen": Vergangenheitsform (sächlich, weil sich das Verb auf **Dynamo** (n.) bezieht). **vyhrát** ist von **hrát** (IV, **hraji**) „spielen" abgeleitet.

③ **moje**, betonte Form des weiblichen und sächlichen Possessivpronomens, ersetzt in der Umgangssprache oft die unbetonte Kurzform **má/mé** „meine/mein". Obwohl falsch, ist dies mehr und mehr verbreitet. ■ **vášeň** (f.) „Leidenschaft". ■ **fanoušek** (m.) bezeichnet den begeisterten Anhänger oder „Fan".

④ **Abych řekl pravdu** „Um die Wahrheit zu sagen". **Abych řekl** ist ein Konditional. ■ **zajímám se o** + Akkusativ bedeutet „ich interessiere mich für". ■ **atletiku**, Akkusativ Singular von **atletika** (f.) „Athletik". ■ **plavání, lyžování** (n.) sind Verbalsubstantive, abgeleitet von **plavat** „schwimmen" und **lyžovat** „Ski fahren".

LEKTION 34

| 5 | – Opravdu? Já mám nejradši fotbal. ⑤
| 6 | Taky mám rád basketbal a box; a samozřejmě hokej. ⑥
| 7 | Pokaždé, když čtu noviny, přečtu si nejdřív sportovní rubriku. Sport, to je celý můj život! ⑦
| 8 | – Rád sportujete? Hrajete kopanou?
| 9 | – Já osobně ne – nemám na to čas.
| 10 | Ale jakmile naše mužstvo hraje zápas, jsem na stadiónu. Nebo se dívám aspoň na televizi.
| 11 | Ostatně vy taky vypadáte jako sportovec.
| 12 | – No – rád běhám a plavu; v zimě jezdím lyžovat. ⑧
| 13 | Letos pojedu poprvé do Alp. Mám se tam zúčastnit amatérské soutěže ve slalomu. ⑨

(VÝSLOVNOST)

[*6 ba*ßk*ä*dbal ... h*okäj. **10** ... m*usch´ßtwo ... na*ßtadijoonu ...
***12** ... w*simnjä ... **13** l*ätoß ... d*o'alp ... s*uu*tschaßtnjit ... ß*oUt*jäjä ...]

(ANMERKUNGEN)

⑤ **nejradši** oder **nejraději** ist ein Adverb im Superlativ (höchste Steigerungsstufe).

⑥ Das tschechische Synonym für **basketbal** (m.) ist **košíková** (f.). An dem End-**á** erkennen Sie: Es wird wie ein hartes Adjektiv dekliniert. ■ **hokej** „Eishockey" und Fußball sind die Lieblingssportarten der Tschechen; alle wichtigen Spiele werden live übertragen.

|5| — Wirklich? Ich mag am liebsten Fußball.
|6| Ich mag auch Basketball und Boxen; und selbstverständlich Hockey.
|7| Jedes Mal, wenn ich die Zeitung lese, lese ich mir zuerst die Sportrubrik durch. Sport, das ist mein ganzes Leben!
|8| — Treiben Sie gerne Sport? Spielen Sie Fußball?
|9| — Ich persönlich nicht – ich habe dafür keine Zeit.
|10| Aber sobald unsere Mannschaft ein Spiel spielt, bin ich im Stadion. Oder ich schaue wenigstens fern.
|11| Übrigens, Sie sehen auch wie ein Sportler aus.
|12| — Naja – ich laufe und schwimme gern; im Winter gehe ich (fahre ich) Ski fahren.
|13| Dieses Jahr werde ich das erste Mal in die Alpen fahren. Ich soll dort an einem Amateurwettkampf im Slalom teilnehmen.

⑦ **když** „wenn, als" ist hier eine zeitliche Konjunktion. (Vgl. zu **když** in Konditionalsätzen Lektion 26). ■ Das vollendete Verb **přečtu** „ich werde lesen" bildet ein Aspektpaar mit **čtu** „ich lese". Hier muss man **přečtu** frei in die deutsche Gegenwartsform übersetzen. ■ **celý/á/é** „ganz, völlig".

⑧ **běhám** „ich laufe" drückt eine wiederholte, gewohnheitsmäßige Bewegung in eine unbestimmte Richtung, im Sinne von „joggen", aus: **rád běhám/chce běhat** „ich laufe gerne / er will laufen". Für eine einmalige Bewegung zu einem bestimmten Zeitpunkt in eine bestimmte Richtung verwendet man **běžet**: **Běžím domů/musí běžet na nádraží** „Ich laufe nach Hause / Sie muss zum Bahnhof laufen". ■ **(v) zimě,** Lokativ Singular von **zima** (f.) „Winter", „Kälte".

⑨ **(do) Alp**, Genitiv Plural von **Alpy** (f., Pl.) „die Alpen". ■ **Mám se zúčastnit** „Ich soll teilnehmen". **mít** „haben" + Infinitiv drückt eine unverbindliche Verpflichtung aus. Vergleiche: a) **Máš napsat Karlovi** „Du sollst Karl schreiben (du hast zu schreiben)". b) **Musíš napsat Karlovi** „Du musst Karl schreiben". ■ **zúčastnit se** (II, **zúčastním**) + Genitiv „an etwas teilnehmen", ist ein vollendetes Verb. ■ **amatérské**, Genitiv Singular des weiblichen harten Adjektivs **amatérská** „Amateur ...". ■ **soutěže**, Genitiv Singular von **soutěž** (f.) „Wettbewerb, Wettkampf".

První (1.) cvičení: Rozumíte těmto větám?

① Mohu si půjčit pero? ② Přečtu ti komentář o včerejším hokeji. ③ Co píše Mirek o soutěži v plavání? ④ Podíváte se na zápas v televizi. ⑤ V zimě rád lyžuje; v létě plave a hraje fotbal a basketbal. ⑥ Který sport máš nejradši?

Druhé (2.) cvičení: Doplňte chybějící slova!

① Wir können Jan 30 Kronen ausleihen; er gibt sie uns entweder abends im Stadion oder morgen in der Schule zurück.

Můžeme Janovi ...... třicet korun; vrátí ... je buď večer na .... nebo zítra ve ....

② Jedes Mal, wenn sie Petr schreiben, schreiben sie auch seiner Schwester Helena.

.... když ...., napíšou taky jeho sestře ....

③ Ich interessiere mich für Literatur und für klassische Musik.

.... literaturu a o klasickou ..... .

▶ Třicátá pátá (35.) lekce

OPAKOVÁNÍ A POZNÁMKY

1. Deklinationen: Dativ und Lokativ

Im Verlauf der letzten Lektionen haben wir Hauptwörter im Dativ und Lokativ dekliniert: Wie Sie feststellen konnten, sind die Endungen der beiden Fälle fast immer gleich.

Der Dativ beschreibt die Zugehörigkeit und antwortet deshalb auf die Frage „wem?". Man verwendet ihn entweder direkt: **Píšu Evě** „Ich

sto šedesát • 160

Řešení prvního cvičení: Rozuměli jste?

① Kann ich mir den Füller ausleihen? ② Ich lese dir den Kommentar zum (über das) gestrigen Hockey vor. ③ Was schreibt Mirek über den Wettkampf im Schwimmen? ④ Ihr werdet euch den Wettkampf im Fernsehen anschauen. ⑤ Im Winter läuft er gern Ski; im Sommer schwimmt er und spielt Fußball und Basketball. ⑥ Welchen Sport magst du am liebsten?

④ Fräulein, mögen Sie Sport? Interessiert Sie Boxen?

Slečno, ... sport? .... box?

⑤ Dieses Jahr im Winter werden wir zum ersten Mal in die Alpen fahren; wir werden dort Ski fahren.

..... v zimě .... do Alp; budeme tam lyžovat.

⑥ Es soll dort ein Slalomrennen geben, aber wir werden nicht teilnehmen.

Má tam být závod ve ...., ale my se ho ....

Řešení druhého cvičení: Chybějící slova.

① půjčit - nám - stadiónu - škole ② Pokaždé - píšou Petrovi - Heleně ③ Zajímám se o - hudbu ④ máte ráda - Zajímá vás ⑤ Letos - pojedeme poprvé ⑥ slalomu - nezúčastníme

Fünfunddreißigste Lektion

schreibe (wem?) Eva", oder nach Präpositionen: **Jdu k hradu/k panu Novákovi** „Ich gehe (zu wem?) zur Burg/zu Herrn Novák".
Dem Lokativ ist immer eine Präposition vorangestellt. Er dient unter anderem zur Bestimmung des Ortes und antwortet auf die Frage „wo?": **Jsme v pokoji/v metru/na letišti** „Wir sind im Zimmer / in der U-Bahn/auf dem Flughafen", und auf die Frage „worüber?": **Mluvíme o Janovi** „Wir sprechen über Jan".

LEKTION 35

Männliche belebte Hauptwörter mit harter oder mittlerer Konsonantenendung haben im Dativ Singular die Endung **-u/-ovi**, männliche belebte Hauptwörter mit weicher Konsonantenendung haben die Endung **-i/-ovi**. In der Regel verwendet man die Endung **-ovi**, wenn ein Hauptwort allein steht. Folgen mehrere Hauptwörter aufeinander, verwendet man, außer beim letzten Hauptwort dieser Reihe, die Endung **-u** oder **-i**:

Píšu panu Karlu Dvořákovi „Ich schreibe Herrn Karel Dvořák".

Männliche unbelebte Hauptwörter mit harter oder mittlerer Konsonantenendung und sächliche Hauptwörter mit Endung **-o** haben im Dativ Singular die Endung **-u**.

Männliche unbelebte Hauptwörter mit weicher Konsonantenendung, weibliche und sächliche Hauptwörter mit Endung **-e/-ě** und weibliche Hauptwörter mit Konsonantenendung haben im Dativ Singular alle die Endung **-i**. Weibliche Hauptwörter mit Nominativendung **-a** nehmen im Dativ Singular die Endung **-e/-ě** an.

Sächliche Hauptwörter mit Nominativendung **-í** bleiben im Dativ Singular unverändert.

Bei der Deklination weiblicher Hauptwörter erweichen die Konsonanten **ch → š; g,h → z; k → c; r → ř** vor der Endung **-e**:
Jsme v Praze, telefonujeme Olze a Věře. „Wir sind in Prag, wir telefonieren mit Olga und Věra".

Hier wieder einige Beispiele:

Dativ Singular

Männlich belebt mit harter (oder mittlerer) Konsonantenendung:
Janu Novákovi
Männlich unbelebt mit harter (oder mittlerer) Konsonantenendung:
hradu
Männlich belebt mit weicher Konsonantenendung:
zubaři Tomášovi
Männlich unbelebt mit weicher Konsonantenendung:
pokoji

Weiblich mit Endung **-a**:
Evě, Praze
Weiblich mit Endung **-e/-ě**:
Marii

Weiblich mit Konsonantenendung:
místnosti
kuchyni

Sächlich mit Endung **-o**:
metru
Sächlich mit Endung **-e/-ě**:
letišti
Sächlich mit Endung **-í**:
nádraží

Lokativ Singular

Der Lokativ Singular (dem immer eine Präposition vorangestellt ist) hat die gleichen Endungen wie der Dativ Singular. Beachten Sie aber, dass männliche unbelebte Hauptwörter mit harter oder mittlerer Konsonantenendung und sächliche Hauptwörter mit Nominativendung **-o** manchmal die Endung **-e/-ě** anstelle des gewohnten **-u** annehmen können:

Jsme v obchodě/ve městě/v letadle „Wir sind im Geschäft / in der Stadt / im Flugzeug". Für diese Endungen gibt es keine Regel; Sie müssen sie einfach so assimilieren! (Oft können auch beide Endungen verwendet werden: **v obchodě, v obchodu; o městě, o městu** ...). Hauptwörter, die nur die Endung **-e** annehmen dürfen, bilden eine Ausnahme, die wir Ihnen stets entsprechend anzeigen werden.

2. Adjektive: Dativ und Lokativ Singular

Des Weiteren haben Sie den Dativ harter und weicher Adjektive kennengelernt:

Männlich + sächlich:

Vrátíme se k tomu velkému baroknímu kostelu. „Wir werden zu dieser großen Barockkirche zurückkehren".

Weiblich:

Půjdete rovně až k Hlavní třídě, k té nové bance. „Sie gehen geradeaus bis zur Hauptstraße, zu dieser neuen Bank".

Vergleichen Sie nun den Dativ mit dem Lokativ:

Männlich + sächlich:

Jsou v tom velkém barokním kostele. „Sie sind in dieser großen Barockkirche".

Weiblich:

> **Jsou v té nové bance na Hlavní třídě** „Sie sind in dieser neuen Bank an der Hauptstraße".

3. Personalpronomen: Dativ Singular

Wir haben außerdem die Deklination der Personalpronomen besprochen. Sie kennen die Formen im Dativ: **mi, ti, mu, jí, mu; nám, vám, jim** und das Reflexivpronomen **si**, die Sie im Übrigen in etlichen gängigen Redensarten, die oft auf unpersönlichen Konstruktionen basieren, verwendet haben: **Jak se vám daří?** „Wie geht es Ihnen?" **Kolik je vám let?** „Wie alt sind Sie?" **Jak se vám to líbí?** „Wie gefällt es Ihnen?" **Jak vám to chutná?** „Wie schmeckt es Ihnen?"...

4. Wortfolge

Obgleich die Wortfolge relativ frei ist (die Wörter „bewegen" sich entsprechend ihrer Wichtigkeit; die wesentliche Information wird an das Satzende gestellt), gilt diese Freiheit nicht für einsilbige, unbetonte (enklitische) Pronomen. Diese werden immer hinter den betonten Ausdruck des Satzes gestellt: **Zavolám ti** „Ich rufe dich (dir) an". **Večer ti zavolám** „Ich rufe dich (dir) abends an". **Slečna Eva Nováková ti zavolá sama** „Fräulein Eva Nováková ruft dich (dir) selbst an".

Folgen mehrere enklitische Pronomen aufeinander, steht das Reflexivpronomen, ob im Dativ oder Akkusativ, stets als erstes. **Omlouvám se jí** „Ich entschuldige mich bei ihr". Bei mehreren aufeinanderfolgenden Personalpronomen steht das Dativpronomen vor dem Akkusativpronomen: **Ukáže mi ho** „Er zeigt ihn mir".

5. Konjugation: Zukunftsform unvollendeter Verben

Bei der Konjugation haben Sie in den vorangehenden Lektionen mit der Zukunftsform unvollendeter Verben Bekanntschaft gemacht. Die Bildung dieser zusammengesetzten Form ist einfach: Konjugierte Zukunftsform des Hilfsverbs „sein" (**být**) + Infinitiv des unvollendeten Verbs. (Bei vollendeten Verben findet die zusammengesetzte Gegenwartsform keine Anwendung, weil diese Verben, obwohl in der Gegenwartsform konjugiert, bereits Zukunftsbedeutung haben.)

Zusammengesetzte Zukunftsform unvollendeter Verben:

(ne)budu mít, psát, dělat, ...	„ich werde (nicht) haben, schreiben, machen, ..."
(ne)budeš mít, psát, dělat, ...	„du wirst (nicht) haben, schreiben, machen, ..."
(ne)bude mít, psát, dělat, ...	„er, sie, es wird (nicht) haben, schreiben, machen, ..."
(ne)budeme mít, psát, dělat, ...	„wir werden (nicht) haben, schreiben, machen, ..."
(ne)budete mít, psát, dělat, ...	„ihr werdet/Sie werden (nicht) haben, schreiben, machen, ..."
(ne)budou mít, psát, dělat, ...	„sie werden (nicht) haben, schreiben, machen, ..."

Diese Form drückt eine anhaltende und/oder wiederholte in der Zukunft liegende Handlung aus:

Celý den bude psát dopisy „Sie wird den ganzen Tag Briefe schreiben".

Budou vám často psát „Sie werden euch häufig schreiben".

Wenn Sie dagegen eine einmalige, abgeschlossene, in der Zukunft liegende Handlung ausdrücken wollen, verwenden Sie ein vollendetes Verb:

Napíše ti dopis „Er wird dir einen Brief schreiben".

Udělá to zítra „Er macht das morgen / Er wird das morgen machen".

Wie Sie sehen, wird die Verneinungspartikel **ne-** immer dem Hilfsverb „sein" vorangestellt.

6. Aspekte

Bevor wir nun diese Wiederholungslektion beenden, wenden wir uns noch einmal den Aspekten zu. Hier ein paar Beispiele, wie Aspektpaare gebildet werden (bitte beachten Sie, dass Sie die Bildung der Aspekte nicht auswendig lernen können oder sollen; auch hier gilt: assimilieren):

Aspektpaare: Die Grundtypen

a Vollendete Verben werden von unvollendeten Verben (ohne Vorsilbe) mithilfe einer Vorsilbe abgeleitet, die die Bedeutung des Wortes nicht verändert.

Unvollendet	1. Pers. Sing.	Vollendet
psát „schreiben"	(na)píšu	napsat
děkovat „danken"	(po)děkuji	poděkovat
číst „lesen"	(pře)čtu	přečíst
končit „enden"	(s)končím	skončit
dělat „machen"	(u)dělám	udělat
ptát se „fragen"	(ze)ptám se	zeptat se

(Beide Aspektpartner gehören zur gleichen Verbklasse und haben deshalb konjugiert die gleichen Endungen.)

b Unvollendete Verben - mit oder ohne Präfix - werden von vollendeten Verben mithilfe eines Suffixes abgeleitet, was meistens zu einer Änderung des Wortstamms führt.

Vollendet	1. Pers. Sing.	Unvollendet	1. Pers. Sing.
říct „sagen"	řeknu	říkat	říkám
odpovědět „antworten"	odpovím	odpovídat	odpovídám
zapomenout „vergessen"	zapomenu	zapomínat	zapomínám
začít „beginnen"	začnu	začínat	začínám
koupit „kaufen"	koupím	kupovat	kupuji
navštívit „besuchen"	navštívím	navštěvovat	navštěvuji
dát „geben"	dám	dávat	dávám
prodat „verkaufen"	prodám	prodávat	prodávám

(Die Aspektpartner gehören nicht zu den gleichen Verbklassen und werden entsprechend der Verbklasse, in die sie gehören, unterschiedlich konjugiert.)

Aspektpaare: Die Sondertypen

a Vollendete Verben werden von unvollendeten Verben mithilfe eines Präfixes abgeleitet und werden reflexiv. Diese Aspektpaare sind selten.

Unvollendet	1. Pers. Singular	Vollendet
snídat „frühstücken"	(na)snídám (se)	nasnídat se
obědvat „zu Mittag essen"	(na)obědvám (se)	naobědvat se
večeřet „zu Abend essen"	(na)večeřím (se)	navečeřet se
jíst „essen"	(na)jím (se)	najíst se
pít „trinken"	(na)piji (se)	napít se
spát „schlafen"	(vy)spím (se)	vyspat se

b Manchmal, wenn auch nur selten, wird ein Aspektpaar aus zwei Verben mit unterschiedlichem Wortstamm gebildet.

Unvollendet	1. Pers. Sing.	Vollendet	1. Pers. Sing.
brát „nehmen"	**beru**	**vzít**	**vezmu**
pokládat „(hin)legen"	**pokládám**	**položit**	**položím**

Bestimmte Verben, die eine grundsätzlich anhaltende Handlung angeben, haben keine vollendete Form. Dies sind insbesondere die Modalverben - **chtít** „wollen", **moct** oder **moci** „können", **muset** „müssen", **mít** + Infinitiv „sollen" und **smět** „dürfen". Das Hilfsverb **být** „sein" wird nicht in den Bereich der Aspekte einbezogen.

Bilden Sie von den folgenden Sätzen die Gegenwartsform:

1. Josef vám napíše dopis. 2. Udělají to dobře. 3. Budeš mít čas? 4. Navečeříme se v restauraci „Praha".

Lösung:

1. Josef vám píše dopis. **2.** Dělají to dobře. **3.** Máš čas? **4.** Večeříme v restauraci „Praha".

▶ Třicátá šestá (36.) lekce

Jaké je dnes počasí?

1 Máme jít nakupovat. ①
2 Je konec listopadu: venku je zima, fouká studený vítr a prší. Zkrátka je psí počasí. ②
3 Beru si napřed kabát, pak bundu; ③
4 nenosím rád kabát. Ostatně v obchodním domě bude teplo, ne-li horko. ④
5 Jana si obléká kožich. Hledá deštník; když ho konečně najde, nemůže pro změnu najít klíče. ⑤

VÝSLOVNOST

[5 ... prosmnjänu]

ANMERKUNGEN

① Zur Erinnerung: **mít** + Infinitiv bedeutet „sollen".

② **listopad** „November": Außer „September" (**září** (n.)) sind alle Monatsnamen männlich. ■ **fouká vítr** oder **je vítr** „es bläst ein Wind, es ist windig". ■ **studený/á/é** „kalt". ■ **prší** „es regnet", ist eine unpersönliche Konstruktion. Ebenso **sněží** „es schneit". ■ **počasí** „das Wetter" ist sächlich.

③ **Beru** „ich nehme" (= ablaufende Handlung) ist unvollendet. Den Aspektpartner, das vollendete **vezmu** „ich nehme", würde man für eine einmalige, in der Zukunft liegende und abgeschlossene Handlung verwenden.

Sechsunddreißigste Lektion

Wie ist das Wetter heute?

1 Wir sollen einkaufen gehen.
2 Es ist Ende November: Draußen ist es kalt, es bläst ein kalter Wind, und es regnet. Kurz, es ist ein Hundewetter.
3 Erst nehme ich (mir) einen Mantel, dann eine Jacke;
4 ich ziehe ungern einen Mantel an (ich trage nicht gern einen Mantel). Im Übrigen wird es im Kaufhaus warm, wenn nicht heiß sein.
5 Jana zieht (sich) einen Pelzmantel an. Sie sucht den Regenschirm; wenn sie ihn endlich gefunden hat (findet), kann sie zur Abwechslung die Schlüssel nicht finden.

---

(4) **nosit** „tragen", unvollendetes, unbestimmtes Verb der Bewegung (Aspektpartner: **nést** (bestimmt)): **V zimě nosím kabát/nenosí ráda tašku** „Im Winter trage ich einen Mantel / Sie trägt nicht gern eine Tasche" (wiederholte und/oder gewohnheitsmäßige Handlung). **Nesu ti tašku** „Ich trage dir die Tasche" (einmalige Handlung). **nést** kann auch „bringen" bedeuten: **Nese ten kabát Evě/nesu ti dárek** „Er bringt Eva den Mantel/Ich bringe dir ein Geschenk". ■ **ne-li** „wenn nicht". ■ Einige gängige Wörter im Zusammenhang mit warmem Wetter: **teplo** „Wärme; warm", **horko** „Hitze; heiß", **vedro** „Hitze, Schwüle; heiß", **parno** „(drückende) Hitze; schwül". Aus der kalten Jahreszeit: **chladno** „Kühle; kühl", **zima** „Kälte; kalt". Alle Wörter werden in Redensarten mit „sein" in der 3. Pers. Sing. verwendet: **je teplo/bude zima** „Es ist warm / Es wird kalt sein".

(5) **obléká se - obléká si (kožich)** „sich anziehen": entweder mit Reflexivpronomen im Akkusativ (**oblékám se** „ich ziehe mich an") oder mit Reflexivpronomen im Dativ (**oblékám si kabát** „ich ziehe mir den Mantel an"). ■ Die Konjunktion **když** „wenn, als" drückt aus: a) die Gleichzeitigkeit: **Když snídá, poslouchá rádio** „Wenn er frühstückt, hört er Radio"; b) die zeitliche Abfolge: **Když koncert skončí, jdeme do kavárny** „Wenn das Konzert zu Ende ist (endet), gehen wir in ein Café". ■ **(pro) změnu**, Akkusativ Singular von **změna** (f.) „Veränderung". ■ **klíče**, Akkusativ Plural von **klíč** (m.) „Schlüssel".

6 – Klíče jsou v předsíni, říkám. A v kožichu ti bude moc teplo. ⑥

7 – Nebude, má sněžit. Přečti si předpověď počasí… ⑦

8 Ostatně, podívej se ven – už sněží! Tobě bude zima… Nechceš si vzít ten kabát? ⑧

9 – Ne. Tak jdeme?

10 – Počkej. Než půjdeme, zavolám do Centra – nevím přesně, kdy zavírají… ⑨

11 – Mám nápad. Myslím, že uděláme líp, když zůstaneme doma.

12 Uvařím grog a můžeme hrát karty: naučím tě bridž. ⑩

13 Nakoupíme zítra. Dnes je počasí, že by člověk psa nevyhnal! ⑪

(VÝSLOVNOST)

[*7* … ßnj**ä**jit … prrj**ä**tpowj**ä**tj … *12* … na'utschiim …]

(ANMERKUNGEN)

⑥ **bude ti teplo** „dir wird warm sein". ■ Das Adverb **moc** kann „viel, sehr" (Synonyme **hodně, mnoho, velice/velmi**) oder „ziemlich, sehr" (Synonym **příliš**) heißen.

⑦ **Přečti (to)** „Lies es". Die positive Befehlsform wird mit dem vollendeten **přečíst** gebildet (unterstreicht die vollendete Handlung). Die negative Befehlsform verwendet das unvollendete Verb (Handlung dauert noch an und wird voraussichtlich von Dauer sein): **Nečti to** „Lies es nicht". Das gleiche gilt für **podívat se, dívat se**: **Podívej se!** „Schau!" – **Nedívej se!** „Schau nicht!" ■ **předpověď** (f.) „Vorschau, Vorhersage".

⑧ **Tobě** ist die betonte Langform des Personalpronomens **ty** „du" im Dativ.

První (1.) cvičení: Rozumíte těmto větám?

❶ Prší a fouká vítr. ❷ Není vám zima? – Ne, je mi teplo. ❸ Tady máte klíče. ❹ Můžeš mi půjčit deštník? ❺ Když je venku zima, nosím kožich. ❻ Udělá to, než přijedou do Prahy.

|6| – Die Schlüssel sind im Flur, sage ich. Und im Pelzmantel wird es dir zu warm werden (sein).

|7| – Wird es nicht, es soll schneien. Lies dir die Wettervorhersage durch ...

|8| Im Übrigen, schau hinaus – es schneit schon! Dir wird kalt sein ... Willst du (dir) nicht deinen (den) Mantel anziehen (nehmen)?

|9| – Nein. Also, gehen wir?

|10| – Warte. Bevor wir gehen, rufe ich im Center an – ich weiß nicht genau, wann sie schließen ...

|11| – Ich habe eine Idee. Ich glaube, wir sollten am besten zu Hause bleiben (dass wir besser tun, wenn wir zu Hause bleiben).

|12| Ich koche einen Grog, und wir können Karten spielen: Ich bringe dir Bridge bei.

|13| Wir kaufen morgen ein. Heute ist ein Wetter, an dem man (dass der Mensch) einen Hund nicht hinausjagen würde!

⁽⁹⁾ **Než** - oder **dřív(e) než** „bevor, ehe, als" ist eine Konjunktion, die die zeitliche Abfolge ausdrückt: **Než jdu do kina, volám Martinovi** „Bevor ich ins Kino gehe, rufe ich Martin an". ■ **kdy** ist ein Fragewort: **Kdy zavírají? V šest** „Wann schließen sie? Um sechs Uhr". Sie können ebenso sagen: **V kolik zavírají?** „Um wie viel [Uhr] schließen sie"?

⁽¹⁰⁾ Das vollendete **uvařit** „kochen" bildet mit **vařit** „kochen, sieden" ein Aspektpaar. ■ Das vollendete **naučit** bildet ein Aspektpaar mit **učit** „jdn. lehren, unterrichten". Diesem Verb folgen stets zwei Akkusative: **Naučím Evu bridž** „Ich bringe Eva Bridge bei". ■ **karty**, Akkusativ Plural von **karta** (f.) „(Spiel-)Karte".

⁽¹¹⁾ **Nakoupíme** „Wir werden einkaufen" bildet ein Aspektpaar mit dem unvollendeten **nakupujeme** „Wir kaufen ein" (abgeleitet von **koupit** und **kupovat** „einkaufen".)

Řešení prvního cvičení: Rozuměli jste?

❶ Es regnet und der Wind bläst. ❷ Ist Ihnen nicht kalt? – Nein, mir ist warm. ❸ Hier haben Sie die Schlüssel. ❹ Kannst du mir einen Regenschirm ausleihen? ❺ Wenn es draußen kalt ist, trage ich einen Pelzmantel. ❻ Er macht das, bevor sie nach Prag kommen.

Druhé (2.) cvičení: Doplňte chybějící slova!

① Es ist Herbst, Ende November; morgens regnet es, abends schneit es schon.

Je podzim, ... listopadu; ráno . . . . ,
večer už . . . . . .

② Im Sommer, wenn es schön ist, gehe ich oft spazieren. Im Winter gehe ich (fahre ich zum) Ski fahren.

V létě, ... hezky, chodím často na
procházku. . . . . . jezdím lyžovat.

③ Bevor du in die Stadt gehst (gehen wirst), rufe Jana an.

. . . . . do . . . . . , zatelefonuj . . . . .

④ Wir haben Zeit. Im Kaufhaus schließen sie um sieben Uhr; wir können auf dem Weg noch bei Jan vorbeigehen.

Máme čas. V . . . .
v sedm; můžeme se cestou ještě zastavit u
. . . . .

▶ **Třicátá sedmá (37.) lekce**

Kolik je hodin? ①

| 1 | Jsou čtyři hodiny. Jsem v kuchyni, peču vepřové. ② |
| 2 | Je čtvrt na pět; v půl páté mají přijít babička a děda. ③ |

ANMERKUNGEN

① **Kolik je hodin?** „Wie viel Uhr ist es?" ist eine unpersönliche Konstruktion mit Genitiv Plural. ■ Bei Zeitangaben verwendet man die 3. Pers. Sing. von „sein" + Genitiv: **Je jedna hodina. Je pět/šest/sedm hodin** „Es ist ein Uhr. Es ist fünf/sechs/sieben Uhr". Ausnahme: Mit „zwei/drei/vier Uhr" steht der Plural: **Jsou dvě/tři/čtyři hodiny**. ■ **hodina** (f.) „Stunde", bei Zeitangaben „Uhr".

⑤ Nimmst du einen Koffer oder eine Tasche? Ich werde die weiße Reisetasche nehmen.

..... si kufr nebo tašku? Já si ..... tu
..... cestovní tašku.

Řešení druhého cvičení: Chybějící slova.

① konec - prší - sněží ② když je - V zimě ③ Než půjdeš - města - Janě ④ obchodním domě zavírají - Jana ⑤ Bereš - vezmu - bílou

Und zum Schluss hier alle Monate des Jahres (alle sind männlich, bis auf den „September", er ist sächlich): **leden - únor - březen - duben - květen - červen - červenec - srpen - září** *(n.)* **- říjen - listopad - prosinec.**

Siebenunddreißigste Lektion

Wie viel Uhr ist es?

[1] Es ist vier Uhr. Ich bin in der Küche, mache einen Schweinebraten (brate Schweinefleisch).
[2] Es ist Viertel nach vier (Viertel fünf); um halb fünf sollen Großmutter und Opa ankommen.

(2) **peču**, 1. Pers. Sing. des unvollendeten **péci** „backen, braten".

(3) **Je čtvrt na pět** „Es ist Viertel nach vier". ■ **v půl páté** „um halb fünf (vier Uhr 30 Minuten)". Die Ordnungszahl steht im Genitiv.

| 3 | Zvoní telefon: babička volá, že se sejdeme přímo na letišti.
| 4 | Čekáme návštěvu. Dnes přiletí teta a strýc z Ameriky. ④
| 5 | Doufám, že letadlo nebude mít zpoždění.
| 6 | K večeři chystám vepřovou pečeni, knedlíky a zelí. ⑤
| 7 | Těším se, jak tetu a strýce překvapím – je to jejich oblíbené jídlo.
| 8 | Je tři čtvrtě na pět. V pět hodin nasedám do auta.
| 9 | V šest hodin a pět minut jsem na letišti.
| 10 | Letadlo přistává; čekáme u celnice a pasové kontroly. ⑥

(VÝSLOVNOST)

[4 ... ßtriitß ß'amäriki. 10 ... utßälnjitßä ... kontroli.]

3	Das Telefon klingelt: Großmutter ruft an, [um zu sagen,] dass wir uns direkt am Flughafen treffen [sollen].
4	Wir erwarten Besuch. Heute kommen (mit dem Flugzeug) [meine] Tante und [mein] Onkel aus Amerika an.
5	Ich hoffe, dass das Flugzeug keine Verspätung haben wird.
6	Zum Abendessen bereite ich einen Schweinebraten, Knödel und Kraut [zu].
7	Ich freue mich, Onkel und Tante zu überraschen (wie ich Tante und Onkel überraschen werde) – es ist ihre Lieblingsspeise.
8	Es ist Viertel vor fünf (drei Viertel fünf). Um fünf Uhr steige ich ins Auto.
9	Um fünf Minuten nach sechs (sechs Uhr und fünf Minuten) bin ich am Flughafen.
10	Das Flugzeug landet; wir warten beim Zollamt und der Passkontrolle.

(ANMERKUNGEN)

(4) Possessivpronomen werden nicht so häufig verwendet wie im Deutschen.

(5) **vepřovou pečeni**, Akkusativ Singular von **vepřová pečeně** (f.) „Schweinebraten"; **knedlíky**, Akkusativ Plural von **knedlík** (m.) „Knödel"; **zelí** (n.) „Kraut". Alle drei zusammen ergeben ein Nationalgericht! ■ Einige Knödelgerichte: **houskové knedlíky** „Semmelknödel mit kleinen Brotwürfeln"; **bramborové knedlíky** aus geriebenen Kartoffeln; **ovocné knedlíky** süße Knödel mit Obstfüllung und **tvarohové knedlíky** aus einem Quarkteig.

(6) **(u) celnice**, Genitiv Singular von **celnice** (f.) „Zollamt". ■ **pasové kontroly**, Genitiv Singular von **pasová kontrola** (f.) „Passkontrolle".

11 Za deset minut přicházejí. Hlučně se líbáme. ⑦
12 – Vítejte v Praze! říkám. Jaká byla cesta? Nejste moc unavení? Co je u vás nového? ⑧
13 Teta a strýc mi sdělují poslední velkou novinku: už dva měsíce jsou vegetariáni. ⑨

(VÝSLOVNOST)

[*11 hlutschnjä ... 13 ... wägätarijaanji.*]

První (1.) cvičení: Rozumíte těmto větám?

❶ Kolik je hodin? - Jsou dvě hodiny. ❷ Čekáme na letišti. ❸ Letadlo přistává. ❹ Vítejte v Praze! ❺ Jak vám chutnají knedlíky? ❻ Přijedou v půl páté, vlak má zpoždění.

Druhé (2.) cvičení: Doplňte chybějící slova!

❶ Wissen Sie bitte (nicht), wie viel Uhr es ist? – Es ist Viertel nach vier (Viertel fünf).

Nevíte, prosím, ... ? – Je . . . . . na pět.

❷ Ihre Tante und Ihr Onkel kommen in zehn Minuten, sie sind am Busbahnhof.

Vaše . . . . a váš . . . . . přijdou . . . ., jsou na autobusovém nádraží.

❸ Willkommen in Brünn. Seid ihr nicht müde? Wollt ihr euch nicht ausruhen?

. . . . v Brně! Nejste . . . . ? . . . . si odpočinout?

❹ Es ist Viertel vor sieben (drei Viertel sieben), ich warte schon eine halbe Stunde im Café. Endlich kommt Zuzana an.

Je . . . . na sedm, čekám v kavárně . . . . . hodiny. Konečně . . . . Zuzana.

|11| Nach zehn Minuten kommen sie. Wir begrüßen (küssen) uns lautstark.
|12| – Willkommen in Prag! sage ich. Wie war die Reise? Seid ihr nicht zu müde? Was gibt es bei euch Neues?
|13| Tante und Onkel teilen mir die letzte große Neuigkeit mit: Schon [seit] zwei Monaten sind sie Vegetarier.

(ANMERKUNGEN)

⑦ **Za deset minut** „Nach/in zehn Minuten". Bei Zeitangaben folgt auf **za** der Akkusativ, in der Zukunft wie in der Vergangenheit: **Zavolám ti za pět minut** „Ich rufe dich in fünf Minuten an". **Za pět minut zavolal Jan** „Fünf Minuten später (nach fünf Minuten) rief Jan an". ■ **přicházejí** „Sie kommen an", Aspektpartner des vollendeten **přijdou** „Sie werden (an)kommen", abgeleitet von **chodit** und **jít** „gehen (zu Fuß)" (+ Präfix **při-**). Vgl. **přiletí** „Sie kommen (mit Flugzeug) an" und **přistává** „es landet".

⑧ **byla** „sie war", weibliche Vergangenheitsform. ■ **unavení**, Nominativ Plural von **unavený** „müde". (Maskulinum, weil es hier um einen Mann und eine Frau geht. Das Femininum benutzt man nur bei einer reinen Frauengruppe.)

⑨ **novinku**, Akkusativ Singular von **novinka** (f.) „Neuigkeit" und eine gängige Verkleinerungsform des gleichbedeutenden **novina**. ■ **vegetariáni**, Nominativ Plural von **vegetarián** (m.).

Řešení prvního cvičení: Rozuměli jste?

❶ Wie viel Uhr ist es? – Es ist zwei Uhr. ❷ Wir warten am Flughafen. ❸ Das Flugzeug landet. ❹ Willkommen in Prag! ❺ Wie schmecken Ihnen die Knödel? ❻ Sie kommen um halb fünf an, der Zug hat Verspätung.

❺ Wie war die Reise? Großmutter und Opa sind zu Hause, sie warten seit dem Morgen auf dich und freuen sich sehr [auf dich].

Jaká .... cesta? .... a děda jsou doma, od rána na tebe čekají a moc se ..... .

6 Ihr trefft euch am Flughafen um halb drei, das Flugzeug kommt um drei [Uhr angeflogen].

. . . . na letišti . . . . ,
letadlo . . . . ve tři.

▶ **Třicátá osmá (38.) lekce**

V restauraci

1 – Dáte si předkrm? Nemáte chuť na polévku? ①
2 – Nemám hlad, vezmu si jen hlavní jídlo. ②
3 – Než si vybereme, můžeme objednat něco k pití…
4 Nechcete ochutnat pravou plzeň? Jako aperitiv? ③
5 – Samozřejmě! A zatímco budeme pít pivo, pomůžete mi s jídelním lístkem. ④

DÁME SI RYBU A BÍLÉ VÍNO

(VÝSLOVNOST)

[**1** … prrjät'krm … cHutj … **4** … apäritif? **5** … satjiimtßo …]

Řešení druhého cvičení: Chybějící slova.

❶ kolik je hodin - čtvrt ❷ teta - strýc - za deset minut ❸ Vítejte - unavení - Nechcete ❹ tři čtvrtě - už půl - přichází ❺ byla - Babička - těší ❻ Sejdete se - v půl třetí - přiletí

Achtunddreißigste Lektion

Im Restaurant

1 — Nehmen Sie eine Vorspeise? Haben Sie (nicht) Appetit auf eine Suppe?
2 — Ich habe keinen Hunger, ich werde nur die Hauptspeise nehmen.
3 — Bevor wir auswählen, können wir etwas zum Trinken bestellen ...
4 — Möchten Sie (nicht) ein echtes Pilsner probieren? Als Aperitif?
5 — Selbstverständlich! Und während wir das Bier trinken (werden), werden Sie mir mit der Speisekarte helfen.

(ANMERKUNGEN)

① **Dáte si...?** heißt wörtlich: „Geben Sie sich ...?": **Dáš si pivo?/Co si dáte?** „Nimmst Du ein Bier?/Was nehmen Sie"? ■ **chuť** (f.) „Geschmack, Appetit, Lust". Vgl. **sladká chuť** „süßer Geschmack" - **Dobrou chuť!** „Guten Appetit" - **Mám chuť to udělat** „Ich habe Lust, es zu machen". ■ **polévku**, Akkusativ Singular von **polévka** (f.) „Suppe".

② **vezmu si jen hlavní jídlo** (oder **hlavní chod**) „Ich werde nur die Hauptspeise / das Hauptgericht nehmen". ■ **jídlo** (n.) „Essen, Speise, Gericht".

③ **pravý/á/é** „echt, wahr" (aber auch „rechte(-r, -s)" oder „rechtsseitig" als Richtungsangabe).

④ Die Konjunktion **zatímco** „während" drückt die Gleichzeitigkeit aus: **Zatímco Eva píše dopis, Jan poslouchá rádio** „Während Eva den Brief schreibt, hört Jan Radio". ■ **(s) jídelním lístkem**, Instrumental Singular von **jídelní lístek** (m.) „Speisekarte".

LEKTION 38

6	Nerozumím všemu – některá slova mi dělají potíže. ⑤
7	– Mluvíte ale velice dobře! Jak dlouho se učíte česky? ⑥
8	– Půl roku. Vlastně pět měsíců, od začátku července. ⑦
9	– Tak se spolu podíváme na jídelní lístek. Tohle jsou masa: hovězí, telecí, vepřové... ⑧
10	Jako přílohu můžete mít knedlíky, brambory, rýži – a ovšem zeleninu. ⑨
11	Pak jsou tady ryby a drůbež. ⑩
12	– Co je to drůbež?

(VÝSLOVNOST)

[*8* ... tsch*ä*rw*ä*ntßä. *12* ... dr*uu*bäǰ.]

(ANMERKUNGEN)

⑤ **všemu**, Dativ Singular des Indefinitpronomens **všechno** „alles" (n.).
■ **rozumět** „verstehen" steht stets mit dem Dativ: **Nerozumím tomu/Rozumíte nám?** „Das (wörtl. dem) verstehe ich nicht / Verstehen Sie uns?" ■ **některý/á/é** „irgendwelcher, -ein, mancher" (Indefinitpronomen). Vgl. **nějaký/á/é** (Lektion 15). Aber: **nějaký** bezeichnet die Qualität: **Znáš nějaká slovenská slova?** „Kennst du irgendwelche slowakischen Wörter"?, **některý** eine Auswahl aus mehreren Möglichkeiten (Quantität): **Některým slovenským větám už rozumím** „Manche slowakische Sätze verstehe ich schon".
■ **potíže**, Akkusativ Plural von **potíž** (f.) „Schwierigkeit".

|6| Ich verstehe nicht alles – manche Wörter bereiten (machen) mir Schwierigkeiten.
|7| – Sie sprechen aber sehr gut! Wie lange lernen Sie [schon] Tschechisch?
|8| – Ein halbes Jahr. Eigentlich fünf Monate, seit Anfang Juli.
|9| – Also, schauen wir uns gemeinsam die Speisekarte an. Das [hier] sind die Fleisch[sorten]: Rind, Kalb, Schwein ...
|10| Als Beilage können Sie Knödel, Kartoffeln, Reis – und natürlich Gemüse haben.
|11| Dann sind hier Fisch (Fische) und Geflügel.
|12| – Was ist das, „Geflügel"?

⑥ **Jak dlouho...?** „wie lange"? Als Antwort käme in Frage: a) **Týden/měsíc/rok** „Eine Woche/ein Monat/ein Jahr"; b) **Od osmi hodin/od pátku/od listopadu** „Seit acht Uhr/seit Freitag/seit November". **Jak dlouho...?** kann auch auf die Zukunft zielen: **Jak dlouho tady zůstanete?** „Wie lange werden Sie hier bleiben"? Antwort: a) **Týden** „Eine Woche"; b) **Do jedenácti večer/do neděle/do konce července** „Bis elf Uhr abends/bis Sonntag/bis Ende Juli".

⑦ **měsíců**, Genitiv Plural von **měsíc** (m.). Bei Mengenangaben verwendet man ab der Zahl 5 den Genitiv Plural: **Pět měsíců/pět minut** „Fünf Monate/fünf Minuten". Dagegen steht nach 2, 3 und 4 der Nominativ Plural: **čtyři měsíce/čtyři minuty**. ■ **(od) začátku července**, Genitiv Singular von **začátek** (m.) „Anfang", und **červenec** (m.) „Juli".

⑧ **masa**, Nominativ Plural von **maso** (m.) „Fleisch", bedeutet hier „Fleischsorten".

⑨ **přílohu**, Akkusativ Singular von **příloha** (f.) „Beilage". ■ **brambory**, Akkusativ Plural von **brambora** „Kartoffel". ■ **(s) rýží**, Instrumental Singular von **rýže** (f.) „Reis". ■ **zelenina** „Gemüse" ist weiblich und existiert nur im Singular.

⑩ **ryby**, Nominativ Plural von **ryba** (f.) „Fisch". ■ **drůbež** „Geflügel" ist weiblich.

|13| – Například kuře, kachna, husa...
|14| – Aha. Myslím, že si dám telecí játra s rýží a hlávkový salát... ⑪
|15| A možná jako moučník čokoládový dort!

(VÝSLOVNOST)

[*13* ... ka*c*Hna, hu*ß*a ... *15* ... m*o*Utschnjiik ...]

První (1.) cvičení: Rozumíte těmto větám?

❶ Jídelní lístek, prosím! ❷ Dáš si nějaký předkrm? ❸ Jak dlouho se Charles učí česky? ❹ Co máš radši: hovězí, telecí nebo drůbež? ❺ Dáme si rybu a bílé víno.

Druhé (2.) cvičení: Doplňte chybějící slova!

❶ Wie lange werden Sie in Tschechien sein? – Vierzehn Tage, bis Ende Juli.

... . v Čechách?
– .... dní, do konce ....

❷ Martin wünscht uns einen guten Appetit.

Martin ... přeje dobrou ..... .

❸ Während Sie die Speisekarte lesen (werden), bestelle ich etwas zum Trinken.

...... budete číst .... ,
objednám .... k pití.

❹ Ich empfehle Ihnen den Kalbsbraten mit Reis. Oder, falls Sie lieber Kartoffeln mögen?

Doporučuji vám ...... pečeni . ...
Nebo jestli máte .... ?

sto osmdesát dva • **182**

|13| – Zum Beispiel Hähnchen, Ente, Gans ...
|14| – Aha. Ich glaube, ich nehme die Kalbsleber mit Reis und Kopfsalat ...
|15| Und vielleicht als Nachtisch (Süßspeise) eine Schokoladentorte!

(ANMERKUNGEN)

(11) **játra** „Leber" ist sächlich und existiert nur im Plural.

Řešení prvního cvičení: Rozuměli jste?

❶ Die Speisekarte, bitte! ❷ Nimmst du irgendeine Vorspeise? ❸ Wie lange lernt Charles [schon] Tschechisch? ❹ Was hast du lieber: Rindfleisch, Kalbfleisch oder Geflügel? ❺ Wir nehmen den Fisch und einen Weißwein.

❺ Hast du Schwierigkeiten? Rufe Martina an, sie hilft dir.

Máš . . . . . . ? Zatelefonuj . . . . ,
. . . . . . ti.

❻ Wir essen den Nachtisch, trinken einen Kaffee. Ich möchte zahlen: Die Rechnung, bitte!

Jíme . . . . , pijeme . . . . .
. . . . platit: Účet, prosím!

Řešení druhého cvičení: Chybějící slova.

❶ Jak dlouho budete - čtrnáct - července ❷ nám - chuť ❸ Zatímco - jídelní lístek - něco ❹ telecí - s rýží - radši brambory ❺ potíže - Martině - pomůže ❻ moučník - kávu - Chci

LEKTION 38

▶ **Třicátá devátá (39.) lekce**

U benzínové pumpy ①

1	Je jaro, pátek 1. (prvního) dubna. Jsou velikonoce. ②
2	Ulice jsou plné aut: všichni odjíždějí na venkov. ③
3	Na Masarykově nábřeží je objížďka. ④
4	Já taky jedu ven. Mám ráda přírodu, zvlášť na jaře… a klid, ticho. ⑤
5	Zůstanu na venkově do 4. (čtvrtého) dubna, pak se musím vrátit.

KDE JE NEJBLIŽŠÍ BENZÍNOVÁ PUMPA?

VÝSLOVNOST

[ubänsiinowää pumpi **2** ... fschicHnji ... **3** namaßarikowjä naabrrȓäjii ... objiijtjka.]

Neununddreißigste Lektion

An der Tankstelle

1	Es ist Frühling, Freitag, 1. April. Es ist (sind) Ostern.
2	Die Straßen sind voller Autos: Alle fahren weg aufs Land.
3	Am Masaryk-Ufer ist eine Umleitung.
4	Ich fahre auch hinaus. Ich mag die Natur, besonders im Frühling ... und die Ruhe, die Stille.
5	Ich werde bis zum 4. April auf dem Land bleiben, dann muss ich zurückkehren.

(ANMERKUNGEN)

① **benzínová pumpa** (f.) „Tankstelle", wörtlich: „Benzinpumpe".

② **dubna**, Genitiv Singular von **duben** „April". Außer beim „November" (**30. listopadu**) enden die Monatsnamen mit harter Konsonantenendung im Genitiv Singular auf **-a**. **září** (n.) bleibt unverändert, **červenec** und **prosinec** lauten im Genitiv Singular **července, prosince**. ■ Das Datum wird aus einer Ordnungszahl im Genitiv + Monatsname (ebenfalls im Genitiv) gebildet: **Je 1. (prvního)/2. (druhého)/4. (čtvrtého) dubna** „Es ist der 1./2./4. April". Die Frage nach dem Datum beginnt mit **kolikátý** (im Genitiv): **Kolikátého je dnes?** „Der wievielte (Des wievielten) ist heute?". ■ **velikonoce** „Ostern" (Pl.) ist weiblich.

③ **plný/á/é** „voll". ■ **aut**, Genitiv Plural von **auto**. ■ **všichni** „alle" oder „alle Welt". ■ Das unvollendete **odjíždějí** „Sie fahren weg / reisen ab / verreisen" ist der Aspektpartner des vollendeten **odjedou** (abgeleitet von **jezdit** und **jet** „fahren"). **od**- drückt eine Wegbewegung von einem Ort aus.

④ **Tomáš G. Masaryk** (1850-1937), Philosoph, Schriftsteller und Politiker, Gründer und erster Staatspräsident der Tschechoslowakischen Republik. ■ **Masarykovo nábřeží** „Masaryk-Ufer" ist ein Possessivadjektiv (es ordnet der bestimmten Person **Masaryk** etwas zu: **nábřeží**) und dient der Benennung öffentlicher Institutionen, Straßen, usw.

⑤ **jedu ven** steht stellvertretend für **Jedu na venkov/na hory** „Ich fahre aufs Land / in die Berge", usw. ■ **zvlášť** „besonders". ■ **na jaře** „im Frühling/Frühjahr". Man sagt **V létě/v zimě** „im Sommer/im Winter", aber **na jaře/na podzim** „im Frühjahr / im Herbst".

LEKTION 39

| 6 | Konečně jsem na hlavní silnici a za okamžik na dálnici. ⑥
| 7 | Celou tu dobu slyším nepříjemný kovový zvuk. ⑦
| 8 | Něco není v pořádku. Výfuk? Nebo motor? Porucha?!?
| 9 | Vidím benzínovou pumpu.
| 10 | Tady mi poradí – nebo mi řeknou, kde je nejbližší autoopravna… ⑧
| 11 | Ptám se pumpaře. Směje se, pak ukáže na výfuk: někdo tam přivázal prázdnou konzervu! ⑨
| 12 | Žert mého mladšího bratra Josefa…
| 13 | A protože jsem u pumpy, beru dvacet litrů benzínu a litr oleje.
| 14 | Zaplatím, a než odjedu, zkontroluji pneumatiky. ⑩

(VÝSLOVNOST)

[*8* … po**ru**c**H**a?!? *10* … n**ä**jblisch'schii **aU**to'oprawna … *11* … ko**n**särwu! *12* … jo**s**äfa … *14* … pn**äU**matiki.]

(ANMERKUNGEN)

⑥ **(na) silnici, (na) dálnici** ist jeweils der Lokativ Singular von **silnice** (f.) „(Land-)Straße" und **dálnice** (f.) „Autobahn".

⑦ **doba** (f.) „Zeit", aber auch „Dauer, Epoche".

⑧ **(auto)opravna** (f.) „(Auto-)Werkstatt".

První (1.) cvičení: Rozumíte těmto větám?

❶ Kde je nejbližší benzínová pumpa? ❷ Bereme benzín a olej. ❸ Ukáže vám, kde je autoopravna. ❹ Na silnici je objížďka. ❺ Celou dobu jedu po dálnici.

6	Endlich bin ich auf der Hauptstraße und im Nu auf der Autobahn.
7	Die ganze Zeit höre ich ein unangenehmes metallenes Geräusch.
8	Irgendetwas ist nicht in Ordnung. Der Auspuff? Oder der Motor? Eine Panne?!?
9	Ich sehe eine Tankstelle.
10	Hier wird man (werden sie) mich beraten – oder mir sagen, wo die nächste Autowerkstatt ist …
11	Ich frage den Tankwart. Er lacht, dann zeigt er auf den Auspuff: Irgendjemand hat da eine leere Konservendose angebunden!
12	Ein Scherz meines jüngeren Bruders Josef …
13	Und weil ich [schon] an der Tankstelle bin, tanke [nehme] ich 20 Liter Benzin und einen Liter Öl.
14	Ich bezahle, und bevor ich wegfahre, kontrolliere ich [noch] die Reifen.

⑨ **ukázat na** + Akkusativ „auf etwas zeigen" (**na** deutet darauf hin, dass z. B. „mit dem Finger" gezeigt wird). Hier steht das vollendete Verb, da die Handlung einmalig und abgeschlossen ist. Eine anhaltende oder wiederholte Handlung benötigt das unvollendete **ukazuje**: **často mi ukazuje fotografie svých dětí** „Er zeigt mir oft Fotos seiner Kinder".

⑩ **pneumatika** (f.) „Reifen". ■ Hier handelt es sich nicht um eine Verlaufsform, sondern um eine einmalige abgeschlossene Handlung, die aus Sicht des Erzählers bald stattfinden wird: Daher vollendete Verben.

Apropos 1. April: Auch in Tschechien kann es Ihnen passieren, dass man Sie in den April schickt, was Sie sehr schnell am Ausruf **„April!"** *merken werden.*

Řešení prvního cvičení: Rozuměli jste?

❶ Wo ist die nächste Tankstelle? ❷ Wir tanken Benzin und Öl. ❸ Er zeigt Ihnen, wo eine Autowerkstatt ist. ❹ Auf der Landstraße ist eine Umleitung. ❺ Die ganze Zeit fahre ich auf der Autobahn.

Druhé (2.) cvičení: Doplňte chybějící slova!

① Am ersten April kommt meine Tante Karla mit dem Flugzeug aus Italien.

.... přiletí .. teta Karla z Itálie.

② Es ist Frühling. Im Frühling und im Herbst, wenn es schön ist, fahre ich oft nach Pruhonice: Dort ist ein großer englischer Park.

Je .... . Na .... a na podzim, ...
je hezky, jezdím často do Průhonic: je tam
..... anglický park.

③ Der wievielte ist heute? Heute ist der 2. November; draußen regnet es.

Kolikátého je dnes? Dnes je ....
.... ; venku .... .

▶ Čtyřicátá (40.) lekce

Dotazník

1 – Vaše jméno a příjmení, datum narození, bydliště... ①

2 – Promiňte – můžete to zopakovat? Nejsem Čech. Můžete mluvit trochu pomaleji?

3 – Jistě. Nebo mi dejte pas. Vyplním dotazník místo vás.

4 – Bohužel nemám pas u sebe. ②

(ANMERKUNGEN)

① **jméno** „Name" (oder **křestní jméno** „Taufname, Vorname"). **Příjmení** „Familienname, Nachname". ■ **datum** und **bydliště** „Wohnsitz" sind sächlich.

④ Ich muss 20 Liter Benzin kaufen und die Reifen kontrollieren.

Musím koupit ....
a zkontrolovat ....

⑤ Wir fahren aufs Land. Auf dem Lande werden wir eine Woche bleiben, dann müssen wir zurückkehren.

Jedeme na .... **. Na** ....
zůstaneme týden, pak se musíme vrátit.

⑥ Um wie viel Uhr fährt der Zug nach Pilsen ab?

. ..... **hodin** .... **vlak do Plzně?**

Řešení druhého cvičení: Chybějící slova.

❶ Prvního dubna - má ❷ jaro - jaře - když - velký ❸ druhého listopadu - prší ❹ dvacet litrů benzinu - pneumatiky ❺ venkov - venkově ❻ V kolik - odjíždí

Vierzigste Lektion

Fragebogen

1 – Ihr Name und Nachname, Geburtsdatum (Datum der Geburt), Wohnsitz ...
2 – Entschuldigen Sie – können Sie das wiederholen? Ich bin kein Tscheche. Können Sie etwas langsamer sprechen?
3 – Sicher. Oder geben Sie mir [Ihren] Pass. Ich fülle den Fragebogen für Sie (anstelle von Ihnen) aus.
4 – Leider habe ich den Pass nicht bei mir.

② **(u) sebe** ist die betonte Langform des Reflexivpronomens **se** im Genitiv.
■ Das Reflexivpronomen bezieht sich auf das Subjekt des Satzes, in dem es verwendet wird. Es ist für alle Personen gleich: **Mám pas u sebe/máte u sebe klíče?** „Ich habe meinen Pass bei mir / Haben Sie Ihren Schlüssel bei sich?"

5 – Dobrá. Tak napřed vaše jméno, pak příjmení. Dále datum narození. 10. (desátého) ledna 1968 (tisíc devět set šedesát osm)? ③

6 – Ano. Co to znamená „bydliště"?

7 – To je adresa… Na jak dlouho jste v Čechách? ④

8 – Na čtyři měsíce.

9 – V tom případě napište jak adresu tady, tak adresu doma, ve vaší zemi. ⑤

Jak se řekne česky „sauna"? ⑥

10 – Vím, kde je plovárna, ale nevím, jak se řekne česky „sauna".

11 – To je jednoduché: sauna. Můžeme tam někdy jít společně. ⑦

(VÝSLOVNOST)

[**5** … tjißiitß … **7** … f'tschäcHaacH? … **10** … „ßa**U**na"]

|5| – Gut. Also zuerst Ihren (Vor-)namen, dann den Familiennamen. Des Weiteren das Geburtsdatum. 10. Januar 1968?

|6| – Ja. Was bedeutet (das) "bydliště"?

|7| – Das ist die Adresse ... Für wie lange sind Sie in Tschechien?

|8| – Für vier Monate.

|9| – In dem Falle schreiben Sie sowohl Ihre Adresse hier, als auch Ihre Adresse zu Hause, in Ihrem Land, auf. **Wie sagt man auf Tschechisch "Sauna"?**

|10| – Ich weiß, wo ein Schwimmbad ist, aber ich weiß nicht, wie man auf Tschechisch "Sauna" sagt.

|11| – Das ist einfach: Sauna. Wir können dort irgendwann gemeinsam (hin)gehen.

(ANMERKUNGEN)

③ Das Adverb **Dál(e)** „weiter, ferner" ist der Komparativ von **daleko** „weit, fern" und kann bei Aufzählungen, für „weiter, ferner" oder als Synonym für **Pokračujte!** „Fahren Sie fort!" oder **Vstupte!** „Treten Sie ein/näher!" verwendet werden. ■ **ledna**, Genitiv Singular von **leden** „Januar". ■ **1968: tisíc devět set šedesát osm** oder **devatenáct set šedesát osm**. (**tisíc** „Tausend" ist männlich, **set** ist der Genitiv Plural von **sto** (n.) „Hundert".)

④ **Na jak dlouho...?** „Für wie lange ...?" bezieht sich auf die gesamte Zeitdauer: a) **Jak dlouho jsi tady? Tři dny** „Wie lange bist du hier? Drei Tage" b) **Jak dlouho tady budeš? Týden**. „Wie lange wirst du hier sein? Eine Woche" c) **Na jak dlouho jsi tady? Na deset dní**. „Für wie lange bist du hier? Für zehn Tage". ■ **(v) Čechách**, Lokativ Plural von **Čechy** (f., Pl.) „Böhmen".

⑤ **(v) zemi**, Lokativ Singular von **země** (f.) „Land; Erde".

⑥ **Jak se řekne...?** „Wie sagt man …?" ist ein Reflexivpassiv.

⑦ **jednoduchý/á/é** „einfach" (im Ggs. zu „kompliziert"). ■ **někdy** „manchmal; irgendwann" kann auch im Sinne von „eines Tages" für eine in der Zukunft liegende Handlung verwendet werden. ■ **společně** „zusammen, gemeinsam" (Synonym von **spolu**, Lektion 26).

12 – S radostí. Chodíte do sauny často? ⑧
13 – Jednou měsíčně. A jak často chodíte vy
– myslím, když jste doma ve Finsku? ⑨
14 – Obyčejně jednou týdně. Někdy i dvakrát
nebo třikrát… Přijde na to… ⑩

(VÝSLOVNOST)

[*13 … wäfinßku?*]

První (1.) cvičení: Rozumíte těmto větám?

❶ Můžeš to zopakovat? ❷ Napište mi jeho jméno, adresu a telefon. ❸ Jak se řekne česky "whisky"? ❹ Chodí do sauny dvakrát měsíčně. ❺ Telefonujeme Anně třikrát týdně.

Druhé (2.) cvičení: Doplňte chybějící slova!

❶ Können Sie mir Ihren Familiennamen und (Vor-)namen sagen? Geburtsdatum und Geburtsort (Datum und Ort der Geburt)? Ihren Wohnsitz?

Můžete mi říct vaše ……… a jméno?
Datum a místo ……… ?
Vaše ……… ?

❷ Wie oft gehst du ins Kino? – Jede Woche; manchmal sogar auch dreimal oder viermal die Woche!

… …… chodíš do kina? – Každý týden; …… dokonce i ……… nebo čtyřikrát za týden!

❸ Das Datum 10/1/1940 kann man [folgendermaßen] lesen: entweder 10. Januar Eintausendneunhundertvierzig oder 10. Januar Neunzehnhundertvierzig.

Datum 10/1/1940 se může číst buď: desátého ledna ……… devět set čtyřicet, nebo desátého ledna ………………… čtyřicet.

12 – Gern (Mit Freude). Gehen Sie oft in die Sauna?
13 – Einmal monatlich. Und wie oft gehen Sie – ich meine, wenn Sie zu Hause in Finnland sind?
14 – Gewöhnlich einmal wöchentlich. Manchmal auch zweimal oder dreimal ... Kommt darauf an ...

(ANMERKUNGEN)

⑧ **(S) radostí**, Instrumental Singular von **radost** (f.) „Freude; Vergnügen".

⑨ Die Antwort auf **Jak často...?** „Wie oft...?" könnte sein: **Jednou/jedenkrát; dvakrát; třikrát týdně** oder **za týden** „einmal; zweimal; dreimal wöchentlich". ■ **(ve) Finsku**, Lokativ Singular von **Finsko** „Finnland" (n.). Merken Sie sich auch **Norsko, Švédsko, Dánsko, Německo, Řecko, Rusko...** .

⑩ **Přijde na to** (wörtlich „Es wird darauf kommen") „Es kommt darauf an".

Řešení prvního cvičení: Rozuměli jste?

❶ Kannst du das wiederholen? ❷ Schreiben Sie mir seinen Namen, seine Adresse und die Telefonnummer auf. ❸ Wie sagt man ''Whisky'' auf Tschechisch? ❹ Er/sie geht / Sie gehen zweimal monatlich in die Sauna. ❺ Wir rufen Anna dreimal wöchentlich an.

❹ Für wie lange willst du nach England fahren? – Für einen Monat.

.. .. chceš jet do Anglie?
– Na ......

❺ Könnten Sie etwas langsamer sprechen? Oder schreiben Sie es mir auf ...

Mohl byste ...... trochu .... ?
Nebo .. .. napište...

Řešení druhého cvičení: Chybějící slova.

❶ příjmení - narození - bydliště ❷ Jak často - někdy - třikrát ❸ tisíc - devatenáct set ❹ Na jak dlouho - měsíc ❺ mluvit - pomaleji - mi to

LEKTION 40

193 • sto devadesát tři

Und hier ein kleines Rätsel:
Martin volá Janě: půjde večer do kina? Karla volá Janovi: ne, večer nemůže jít do kina. Pavel volá Martinovi: má už lístky? Jan volá Janě: do kina nemůže. Pavla volá Martině: půjdeš večer do kina? Martin volá Karlovi: kolik mám koupit lístků? Karla volá Pavlovi: má už Martin lístky? Martina volá Pavle: s radostí! Martin volá Karlovi:

▶ **Čtyřicátá první (41.) lekce**

Dovolená na Tahiti ①

| 1 | – Kam se chystáte letos na dovolenou?
| 2 | – Pojedeme se ženou a vnučkou do Řecka, k moři. ②
| 3 | – Autem, vlakem nebo letadlem? ③

KAM SE CHYSTÁTE NA VELIKONOCE?

(VÝSLOVNOST)

[... natahiti 2 ... wnutschkoU dorrĵätßka ...]

kup, prosím tě, lístky! Jana volá Martinovi: už se těším! Karel volá do kina: vyprodáno!

> Welches neue Wort haben Sie gelernt? Und: Wer ist letztlich an jenem Abend ins Kino gegangen? Die Auflösung finden Sie am Ende der Lektion 41.

Einundvierzigste Lektion

Urlaub auf Tahiti

1 – Wohin beabsichtigen Sie, dieses Jahr in Urlaub [zu fahren].
2 – Wir fahren (werden fahren) mit meiner Frau und der Enkelin nach Griechenland, ans Meer.
3 – Mit dem Auto, dem Zug oder dem Flugzeug?

(ANMERKUNGEN)

① **dovolená** (f.) „Urlaub" ist ein substantiviertes Adjektiv. Für „Schulferien" verwendet man **prázdniny** (Lektion 6). In der Umgangssprache sagt man **mám volno** „Ich habe frei/Urlaub". ■ **Tahiti** ist unveränderlich.

② **Pojedeme** + Instrumental (**metrem, autobusem, vlakem**) „Wir werden fahren/reisen mit ..., wir nehmen ..." ■ Die Zukunftsform der bestimmten Verben der Bewegung wird mit einer bedeutungsleeren Vorsilbe gebildet: **Půjdu/poběžím/pojedu** „Ich werde gehen/laufen/fahren". Unbestimmte Verben der Bewegung haben ein zusammengesetztes Futur: **Budu chodit/budu běhat/budu jezdit**. ■ **(s) vnučkou**, Instrumental Singular von **vnučka** (f.) „Enkelin". (Der Präposition **s** folgt immer der Instrumental.) Weibliche Nomen mit Nominativendung **-a** enden im Instrumental Singular immer auf **-ou**. ■ **Řecko** „Griechenland" und **moře** „Meer" sind sächlich.

③ **Autem, vlakem, letadlem**. Alle männlichen Nomen sowie sächliche mit Nominativendung **-o** und **-e** enden im Instrumental Singular auf **-em**. ■ Der Instrumental dient zur Bestimmung des (Transport-)Mittels: **pojedeme autem** „Wir werden mit dem Auto fahren", der Begleitung: **pojedeme s Evou a Tomášem** „Wir werden mit Eva und Tomáš fahren", oder der Art und Weise: **udělá to s radostí** „Sie wird es mit Freude machen".

| 4 | – Letadlem. Kromě posledních pěti kilometrů: náš hotel je na malém ostrově. Tam se musí lodí. ④
| 5 | A kde strávíte prázdniny vy?
| 6 | – Jako obvykle v jižních Čechách. Máme tam chalupu; je tam velká zahrada, a blízko je rybník a les. ⑤
| 7 | – Takže si krásně odpočinete: procházky, koupání…
| 8 | – Na odpočinek nebudu mít čas. ⑥
| 9 | Jednou je třeba opravit střechu nebo plot.
| 10 | Pak chybí polička v dětském pokoji. Anebo je rozbitý vypínač… ⑦
| 11 | Chalupa, to jsou opravdové galeje!
| 12 | – O prázdninách má člověk odpočívat. ⑧
| 13 | Proč nejedete pro změnu jinam – k moři, na pláž…? ⑨
| 14 | – To přesně říká má žena. Až bude v důchodu, chce letět na Tahiti. ⑩

(VÝSLOVNOST) [*4 … kro**m**njä …*]

(ANMERKUNGEN)

④ (**Kromě**) **posledních kilometrů**, Genitiv Plural von **poslední kilometr** (m.) „der letzte Kilometer". (**kromě** verlangt den Genitiv.) ■ **ostrov** (m.) „Insel". ■ **musí se** „man muss" ist ein Reflexivpassiv (Synonym zu **je třeba** „es ist notwendig"). ■ **lodí**, Instrumental Singular von **loď** (f.) „Schiff". Weibliche Nomen (Hauptwörter) mit Konsonantenendung und Endung **-e/-ě** im Nominativ enden im Instrumental Singular auf **-í**.

⑤ **obvykle** „gewöhnlich, üblich", Synonym zu **obyčejně** (Lektion 24). ■ **(v) jižních Čechách**, Lokativ Plural von **jižní Čechy** „Südböhmen". ■ **chalupa** „Wochenendhaus". Die meisten Tschechen haben auf dem Land eine **chalupa** oder eine bescheidenere **chata**, ein „kleines Holzhaus" oder „einfaches Wochenendhäuschen". ■ **Jedeme na chalupu** „Wir fahren zum Wochenendhaus" oder **Jsme na chalupě** „Wir sind im Wochenendhaus".

4	–	Mit dem Flugzeug. Außer der letzten fünf Kilometer: Unser Hotel ist auf einer kleinen Insel. Da muss man mit einem Schiff hin.
5		Und wo werden Sie die Ferien verbringen?
6	–	Wie gewöhnlich in Südböhmen. Wir haben dort ein Wochenendhaus; dort ist ein großer Garten, und in der Nähe sind (ist) ein See und ein Wald.
7	–	So dass Sie sich [also] wunderbar (schön) ausruhen werden: Spaziergänge, Baden ...
8	–	Zum Ausruhen werde ich keine Zeit haben.
9		Das eine Mal (einmal) ist es notwendig, das Dach oder den Zaun zu reparieren.
10		Dann fehlt ein Regal im Kinderzimmer. Oder ein Schalter ist kaputt ...
11		Ein Wochenendhaus ist eine echte Galeere (das sind echte Galeeren)!
12	–	In den Ferien soll man sich erholen.
13		Warum fahren Sie nicht zur Abwechslung woandershin – ans Meer, an den Badestrand ... ?
14	–	Genau das sagt meine Frau. Wenn sie in Rente ist (sein wird), will sie nach (auf) Tahiti fliegen.

⑥ **čas na odpočinek** „Zeit zum Ausruhen". Auch im Tschechischen ist es üblich, Verben zu substantivieren: **čas na odpočinutí** „Zeit zum Ausruhen".

⑦ **polička** „Bord, kleines Regal", Verkleinerungsform von **police** (f.) „Regal". ■ **rozbitý/á/é** „kaputt, zerbrochen".

⑧ **odpočívat**, unvollendeter Aspektpartner von **odpočinout (si)** „(sich) ausruhen, erholen".

⑨ Das Adverb **jinam** „woandershin" drückt eine Handlung aus und bildet mit **jinde** (Zustand) ein Paar. ■ **pláž** (f.) „(Bade-)Strand".

⑩ **Až** (+ Zukunft) - **když** (+ Gegenwart/Vergangenheit) „wenn". Im Futur wird die Konjunktion „wenn" mit **až** übersetzt. **Až budu mít čas, opravím plot** „Wenn ich Zeit haben werde, werde ich den Zaun reparieren". ■ **důchod** (m.) „Ruhestand, Rente".

První (1.) cvičení: Rozumíte těmto větám?

❶ Pojedeš vlakem nebo autobusem? ❷ Kam se chystáte na velikonoce? ❸ O prázdninách budeme na chalupě. ❹ Až pan Novák spraví střechu, bude opravovat plot. ❺ Když jsem na dovolené, odpočívám.

Druhé (2.) cvičení: Doplňte chybějící slova!

❶ Sie werden dort mit einem Schiff hinfahren – es ist fünf Kilometer [weit].

Pojedou tam . . . . – je to pět . . . .

❷ Was machst du am Sonntag? Möchtest du nicht mit uns zum Wochenendhaus fahren?

Co děláš . . . . ? Nechceš (jet) s námi . . . . ?

❸ In den Ferien wird Frau Veselá mit Enkel Lukáš nach Südböhmen fahren.

O prázdninách . . . . . . paní Veselá . vnukem . . . . do jižních Čech.

❹ Sie haben dort ein Haus mit einem großen Garten; in der Nähe sind ein See und ein Wald.

Mají . . . dům s velkou . . . . ; blízko je . . . . . . a . . . .

▶ Čtyřicátá druhá (42.) lekce

OPAKOVÁNÍ A POZNÁMKY

1. Zeitangaben

Wir befassen uns diesmal mit den Zeitangaben, d.h. wie Sie Uhrzeit und Datum angeben, und über Tage, Monate und Jahreszeiten sprechen.

Řešení prvního cvičení: Rozuměli jste?

❶ Wirst du mit dem Zug oder mit dem Bus fahren? ❷ Wohin wollen Sie an Ostern? (Wohin beabsichtigen Sie an Ostern [zu fahren]?) ❸ In den Ferien werden wir im Wochenendhaus sein. ❹ Wenn Herr Novák das Dach repariert hat, wird er den Zaun reparieren. ❺ Wenn ich im Urlaub bin, ruhe ich mich aus.

❺ Ich beabsichtige, mit Marie und Karel zu einem Konzert zu gehen: Ich werde dich anrufen, wenn ich zurückkomme.

Chystám se (jít) . . . . . . a . . . . . . na koncert: zavolám ti, . . se vrátím.

Řešení druhého cvičení: Chybějící slova.

❶ lodí - kilometrů ❷ v neděli - na chalupu ❸ pojede - s - Lukášem ❹ tam - zahradou - rybník - les ❺ s Marií - Karlem - až

Auflösung des Rätsels aus Lektion 40:

1) **Vyprodáno!** „Ausverkauft!"
2) Eine ganze Menge Kinoliebhaber, mit Ausnahme von: Jan, Jana, Karel, Karla, Martin, Martina, Pavel und Pavla.

Zweiundvierzigste Lektion

A. Die Uhrzeit

Kolik je hodin? „Wie viel Uhr ist es?"
Je jedna hodina „Es ist ein Uhr".
Jsou dvě/tři/čtyři hodiny „Es ist zwei/drei/vier Uhr".
Je pět/šest/sedm/dvanáct hodin „Es ist fünf/sechs/sieben/zwölf Uhr".

In der Umgangssprache wird „Uhr" häufig weggelassen:
V kolik se vratíš? Ve tři. „Um wie viel Uhr kommst du zurück? Um drei Uhr".

Ab der Viertelstunde bezieht man sich auf die kommende Stunde. Für die halbe Stunde verwendet man eine Ordnungszahl im Genitiv:
Je čtvrt na šest „Es ist Viertel nach fünf" oder „Es ist Viertel sechs".
Je půl šesté „Es ist halb sechs".
Je tři čtvrtě na šest „Es ist Viertel vor sechs" oder „Es ist drei Viertel sechs".

Wenn Sie Minuten angeben wollen, sagen Sie:
Je jedna (hodina) a jedna minuta/dvě minuty/deset minut „Es ist ein Uhr und eine Minute / zwei/zehn Minuten".
Je za minutu/dvě minuty/pět minut devět (hodin) „In einer Minute / zwei/fünf Minuten ist es neun Uhr".

Auf die Frage **V kolik hodin?** „Um wie viel Uhr"? antworten Sie:
V jednu/ve dvě/ve tři/ve čtyři/v pět/v šest „Um ein Uhr / zwei Uhr", usw.
Ve čtvrt na šest/v půl šesté/ve tři čtvrtě na šest „Um Viertel nach fünf/um halb sechs/Viertel vor sechs".

(Im Falle, dass Ihnen die Wendungen nicht mehr einfallen, können Sie sich auch mit der Amtssprache behelfen: **V sedmnáct patnáct/třicet/čtyřicet pět** „Um siebzehn Uhr fünfzehn/dreißig/fünfundvierzig".

B. Das Datum

Kolikátého je dnes? „Der wievielte ist heute? (Des wievielten ist heute?)"
Druhého ledna „Der 2. Januar (Des 2. Januars)"
Třetího července „Der 3. Juli".
Es handelt sich hier um Ordinalzahlen im Genitiv. (Eine Auflistung der ausgeschriebenen Ordinalzahlen finden Sie unter Punkt 2.)

Bei den Jahreszahlen haben Sie die gleichen Möglichkeiten wie im Deutschen: **tisíc devět set devadesát čtyři** „eintausendneunhundertvierundneunzig". **devatenáct set devadesát čtyři** „neunzehnhundertvierundneunzig".

Folgt ein Wochentag auf die Präposition **v(e)**, so steht er im Akkusativ (**v** bedeutet „am"): **V pondělí** „am Montag" - **v úterý** „am Dienstag" - **ve středu** „am Mittwoch" - **ve čtvrtek** „am Donnerstag" - **v pátek** „am Freitag" - **v sobotu** „am Samstag" - **v neděli** „am Sonntag".

Dagegen stehen die Monate nach der Präposition **v(e)** im Lokativ (**v** bedeutet „im"):
V lednu „im Januar" - **v únoru** „im Februar" - **v březnu** „im März" - **v dubnu** „im April" - **v květnu** „im Mai" - **v červnu** „im Juni" - **v červenci** „im Juli" - **v srpnu** „im August" - **v září** „im September" - **v říjnu** „im Oktober" - **v listopadu** „im November" - **v prosinci** „im Dezember".

Bei den Jahreszeiten, **jaro** „Frühling" - **léto** „Sommer" - **podzim** „Herbst" - **zima** „Winter" sagt man: **v létě/v zimě** „im Sommer / im Winter"- aber **na jaře/na podzim** „im Frühjahr / im Herbst".

Verständnisübung (Lösung am Ende der Lektion)

1. Dnes je druhého dubna. 2. Je čtvrt na osm. 3. Je půl osmé. 4. Bude osm hodin.

Haben Sie sich immer die Seitenzahlen und die Nummern der Lektionen angeschaut?

2. Kardinal- und Ordinalzahlen

	Kardinalzahl	Ordinalzahl
1	jeden/jedna/jedno	první
2	dva/dvě	druhý/á/é
3	tři	třetí
4	čtyři	čtvrtý/á/é
5	pět	pátý/á/é
6	šest	šestý/á/é
7	sedm	sedmý/á/é
8	osm	osmý/á/é
9	devět	devátý/á/é
10	deset	desátý/á/é
11	jedenáct	jedenáctý/á/é

	Kardinalzahl	**Ordinalzahl**
12	dvanáct	dvanáctý, etc.
13	třináct	třináctý
14	čtrnáct	čtrnáctý
15	patnáct	patnáctý
16	šestnáct	šestnáctý
17	sedmnáct	sedmnáctý
18	osmnáct	osmnáctý
19	devatenáct	devatenáctý
20	dvacet	dvacátý
21	dvacet jeden/jedna/jedno	dvacátý/á/é první
30	třicet	třicátý
40	čtyřicet	čtyřicátý
50	padesát	padesátý
60	šedesát	šedesátý
70	sedmdesát	sedmdesátý
80	osmdesát	osmdesátý
90	devadesát	devadesátý
100	sto (sächliches Nomen)	stý
1.000	tisíc (männliches Nomen)	tisící
10.000	deset tisíc	desetitisící
100.000	sto tisíc	stotisící
1.000.000	millión (männliches Nomen)	milióntý

3. Verben: Verben der Bewegung

Sie mögen keine Zahlen? Und bevorzugen Buchstaben? Bitte sehr, hier sind ein paar Verben der Bewegung: **běhat, běžet** „laufen, rennen", **chodit, jít** „gehen", **jezdit, jet** „fahren", **létat, letět** „fliegen" … Verben der Bewegung sind eine kleine Untergruppe der unvollendeten Verben und werden in 'bestimmte' und 'unbestimmte' Verben unterteilt. Diese Gruppe von Verben hat einige gemeinsame Besonderheiten:

Die Aktionsart: Das Unterscheidungskriterium der Verben der Bewegung ist die Aktionsart. Für eine wiederholte und/oder gewohnheitsmäßige Handlung und/oder nicht zielgerichtete Bewegung verwendet man das 'unbestimmte' Verb der Bewegung: **Dobře běhá/rád běhá** „Er läuft gut / Er läuft gern".

Für eine einmalige und/oder zielgerichtete Handlung verwendet man das 'bestimmte' Verb: **Běží na nádraží** „Er läuft zum Bahnhof".

Die Zukunftsform: 'Unbestimmte' Verben verwenden das zusammengesetzte Futur unvollendeter Verben: **Odpoledne bude běhat** „Nachmittags wird er laufen (joggen)". Bei 'bestimmten' Verben wird das Futur mithilfe der Vorsilben **pů-/po-** gebildet: **Poběží na nádraží** „Er wird zum Bahnhof laufen". (Siehe untenstehende Tabelle.)

Die Befehlsform: Während 'unbestimmte' Verben nur eine Befehlsform haben (**Jezděte vpravo** „Fahren Sie rechts") verfügen 'bestimmte' Verben über zwei Formen: **Jeď pomaleji** „Fahr langsamer"; **Pojeďte s námi** „Fahren Sie mit uns".
Für die verneinte Befehlsform verwendet man in der Regel ein 'unbestimmtes' Verb.

Abgeleitete Verben: Verben, die von Verben der Bewegung abgeleitet sind, übernehmen nicht deren Besonderheiten. Sie bilden ganz normale Aspektpaare: **přibíhat, přibĕhnout** „herbeilaufen": **přibíhá** „er läuft herbei", **přibĕhne** „er wird herbeilaufen".

4. Verben: Futur der Verben der Bewegung

Unbestimmte Verben

Infinitiv	*Gegenwart*	*Zukunft*
běhat „laufen, rennen"	**běhám** „ich laufe"	**budu běhat** „ich werde laufen"
chodit „gehen"	**chodím**	**budu chodit**
jezdit „fahren"	**jezdím**	**budu jezdit**
létat „fliegen"	**létám**	**budu létat**
nosit „tragen"	**nosím**	**budu nosit**
vodit „führen"	**vodím**	**budu vodit**
vozit „jdn./etw. führen, fahren, transportieren"	**vozím**	**budu vozit**

Bestimmte Verben

Infinitiv	*Gegenwart*	*Zukunft*
běžet „laufen, rennen"	**běžím** „ich laufe"	**poběžím** „ich werde laufen"
jít „gehen"	**jdu**	**půjdu**
jet „fahren"	**jedu**	**pojedu**
letět „fliegen"	**letím**	**polétím**

Infinitiv	Gegenwart	Zukunft
nést „tragen"	**nesu**	**ponesu**
vést „führen"	**vedu**	**povedu**
vézt „jdn./etw. führen, fahren, transportieren"	**vezu**	**povezu**

5. Präpositionen

Präpositionen bestimmen, in welchem Fall das nachfolgende Wort stehen muss. Nach manchen Präpositionen können auch verschiedene Fälle stehen. Dies trifft insbesondere auf Präpositionen zur Ortsbestimmung zu. Sie unterscheiden zwischen Zustand (statisch; fixe Position) und Handlung (dynamisch; Bewegung, Richtung). Hier einige Beispiele zu Präpositionen, die Sie bereits kennen. Achten Sie insbesondere auf die Präposition **na**, die sowohl mit dem Akkusativ als auch mit dem Lokativ stehen kann:

A. Handlung - antwortet auf die Fragen „wohin?" oder „in welche Richtung?"

Kam jdou? „Wohin gehen sie?"
Jdou do banky/na stadión/k Robertovi/ke kostelu „Sie gehen in die Bank / zum Stadion / zu Robert / zur Kirche".
Pokládám knihu na stůl/dávám pas do tašky „Ich lege das Buch auf den Tisch / stecke den Pass in die Tasche".
na steht hier mit dem Akkusativ, weil es auf die Frage „wohin?" antwortet. **do** steht immer mit dem Genitiv, **k(ke)** immer mit dem Dativ.

B. Zustand - antwortet auf die Frage „wo?, an welchem Ort?"

Kde jsou? „Wo sind sie?"
Jsou v bance/na stadióně/u Roberta/u kostela „Sie sind in der Bank / im Stadion / bei Robert / bei der Kirche".
Kniha je na stole/pas je v tašce „Das Buch ist auf dem Tisch / der Pass ist in der Tasche".

na steht hier mit dem Lokativ, weil es auf die Frage „wo?" antwortet, **v** steht ebenfalls mit dem Lokativ (kann, wie Sie wissen, bei Zeitangaben auch mit Akkusativ stehen – s. Punkt 1), und **u** steht immer mit dem Genitiv.

C. Handlung - antwortet auf die Frage „woher?, von welchem Ort?"

Odkud se vracejí? „Von woher kommen sie zurück"?
Vracejí se z banky/ze stadiónu/od Roberta/od kostela/z kostela
„Sie kommen von der Bank / vom Stadion / von Robert / von der Kirche / aus der Kirche zurück".
Beru knihu ze stolu/beru pas z tašky „Ich nehme das Buch vom Tisch / den Pass aus der Tasche".

z(e) und **od** stehen immer mit dem Genitiv.

Beachten Sie bei der Verwendung der Präpositionen die im Satz beschriebene Situation. Eine Übersicht der gängigen Präpositionen mit Angabe der Fälle, in denen sie stehen müssen, finden Sie im Anhang dieses Buches.
Zítra je taky den „Morgen ist auch [noch] ein Tag".

Lösung: 1. Heute ist der 2. April. **2.** Es ist Viertel nach sieben (Viertel acht). **3.** Es ist halb acht. **4.** Es wird acht Uhr.

Persönliche Notizen:

▶ Čtyřicátá třetí (43.) lekce

Dovolte, abych vám představil Terezu ①

| 1 | – V půl třetí mám schůzku s režisérem Krátkým před Staroměstskou radnicí. Nechcete taky přijít? ②
| 2 | – Mezi druhou a třetí to nepůjde. Musím jít naproti přítelkyni na nádraží. ③
| 3 | Ale co později, ve čtyři? Přišli bychom oba… Hodí se vám to? ④
| 4 | – Výborně! Tedy ve čtyři.
| 5 | – Velice se zajímá o film a architekturu; studuje dějiny umění. Chci říct Tereza. ⑤

ZA ZAHRADOU JE RYBNÍK A LES

(VÝSLOVNOST)

[*1* … ʀřäjißäärǝm … *5* … arcHitäkturu … djäjini umnjänjii]

Dreiundvierzigste Lektion

Gestatten Sie, dass ich Ihnen Tereza vorstelle

1 — Um halb drei habe ich eine Verabredung mit Regisseur Krátký vor dem Altstädter Rathaus. Möchten Sie nicht auch kommen?
2 — Zwischen zwei und drei Uhr (der zweiten und der dritten) wird es nicht gehen. Ich muss eine Freundin am Bahnhof abholen (einer Freundin am Bahnhof entgegengehen).
3 — Aber wie wäre es mit später (aber was später), um vier? Wir würden beide kommen ... Passt es Ihnen?
4 — Ausgezeichnet! Also um vier.
5 — Sie interessiert sich sehr für Film und Architektur; sie studiert Kunstgeschichte. Ich meine (will sagen) Tereza.

(ANMERKUNGEN)

① **Dovolte, abych vám představil** + Akkusativ: „Gestatten Sie, dass ich Ihnen vorstelle" .... ist eine Höflichkeitsform im Konditional.

② **Krátkým** Instrumental Sing. des harten Adjektivs **krátký/é** (m./n.) „kurz".
■ **Staroměstská radnice,** das Rathaus am Altstädter Ring (**Staroměstské náměstí**) im historischen Viertel **Staré Město**. Der Apostelzug der astronomischen Uhr (**Staroměstský orloj**) setzt sich zu jeder vollen Stunde in Gang; es empfiehlt sich, sich etwas weiter weg vom **Orloj** zu treffen ... ■ **(před) Staroměstskou,** Instrumental Sing. des harten Adjektivs **staroměstská** (f.).

③ Man sagt **ve dvě/ve tři (hodiny)** „um zwei / um drei Uhr", aber **mezi druhou a třetí (hodinou)** „zwischen zwei und drei Uhr (zwischen zweiter und dritter Stunde)". **mezi** verlangt den Instrumental (Endung des weiblichen weichen Adjektivs im Instrumental Sing. = Endung im Nominativ Sing.). ■ **jít naproti** + Dativ „jdm. entgegengehen, jdn. abholen".

④ **Hodí se vám to?** „Passt es Ihnen?" ist eine Redensart und ein Synonym zu **Vyhovuje vám to?**. Achten Sie auf die Anordnung der einsilbigen Wörter.

⑤ **dějiny** (f.) „Geschichte" gibt es nur im Plural. Man kann auch **historie** (f., Sing.) sagen.

LEKTION 43

|6| – Rád se s ní seznámím. Takže ve čtyři pod orlojem? ⑥
|7| – Tam bude moc lidí. Dáme si schůzku raději jinde.
|8| Buď u sochy Jana Husa – nebo možná ve vinárně U zelené žáby? Je to hned za náměstím, směrem k metru. ⑦
|9| – Dobře. Tak ve vinárně ve čtyři.
|10| Pan Krátký mi zatím ukáže dokumentaci – zajímá mě hlavně baroko.
|11| Hledáme ještě nějakou dívku do role průvodkyně... ⑧
|12| – Počkejte, až vám představím Terezu.
|13| Je krásná, sympatická – a navíc zná dokonale české baroko! Ostatně Tereza je...
|14| – Samozřejmě. Tak ve čtyři!

(VÝSLOVNOST)

[6 ... pot'orlojäm? 11 ... pruuwotkinjä 13 ... ßimpatitßkaa ...]

*Haben Sie Schwierigkeiten, Wörter mit mehr als drei Silben, noch dazu mit einer Präposition verknüpft, auszusprechen? Dann zerlegen Sie sich diese Wörter in kleinere Häppchen, indem Sie sie silbenweise sprechen **před-sta-ro-měst-skou**. Besser?*

První (1.) cvičení: Rozumíte těmto větám?

❶ Mezi třetí a čtvrtou hodinou to nepůjde. ❷ Půjdeš Janovi naproti na letiště? ❸ Máme schůzku před Hlavním nádražím. ❹ Hodí se ti to? ❺ Seznámíme se s panem Krátkým. ❻ Za zahradou je rybník a les.

6	–	Ich werde sie gerne kennenlernen. Also um vier am (unter dem) Orloj?
7	–	Dort werden zu viele Leute sein. Treffen wir uns lieber (geben wir uns lieber einen Treff) woanders.
8		Entweder beim Jan Hus Denkmal (Statue) – oder vielleicht in der Weinstube Beim grünen Frosch? Es ist gleich hinter dem Platz, in Richtung (zur) Metro.
9	–	Gut. Also in der Weinstube um vier.
10		Herr Krátký zeigt mir inzwischen die Dokumentation – mich interessiert hauptsächlich Barock.
11		Wir suchen noch ein junges Mädchen für die Rolle der Begleiterin ...
12	–	Warten Sie, bis ich Ihnen Tereza vorstelle.
13		Sie ist wunderschön, sympathisch – und darüber hinaus kennt sie sich im tschechischen Barock bestens aus (kennt sie perfekt den tschechischen Barock)! Übrigens ist Tereza ...
14	–	Selbstverständlich. Also, bis vier Uhr (um vier!)

ANMERKUNGEN

(6) **seznámím se s(e)** + Instrumental „jdn. kennenlernen, mit jdm. Bekanntschaft machen".

(7) Nach dem Tod des Reformators **Jan Hus** (1369-1415) riefen seine Anhänger (die Hussiten (**husité**)) zur harten Offensive auf; sie terrorisierten 20 Jahre lang fast ganz Europa. Während dieser Kriege wurde das Wort **pistole** international. **Jan Hus** reformierte die Schriftsprache und schrieb die moderne Rechtschreibung fest, insbesondere die Einführung der „Akzente", die Sie heute verwenden. ■ **socha** (f.) „Statue"; **žába** (f.) „Frosch".

(8) **role** (f.) „Rolle" und **průvodkyně** (f.) "Begleiterin, Reiseführerin". Spricht man vom männlichen „Begleiter" oder „Reiseführer", verwendet man **průvodce** (m.).

Řešení prvního cvičení: Rozuměli jste?

❶ Zwischen drei und vier Uhr wird es nicht gehen. ❷ Wirst du Jan auf dem Flughafen abholen (entgegengehen)? ❸ Wir haben eine Verabredung vor dem Hauptbahnhof. ❹ Passt dir das? ❺ Wir werden mit Herrn Krátký Bekanntschaft machen. ❻ Hinter dem Garten ist ein Teich und ein Wald.

LEKTION 43

Druhé (2.) cvičení: Doplňte chybějící slova!

① Sie werden unsere Kollegin, Frau Krátká, kennenlernen.

.... naší kolegyní ....

....

② Gestatten Sie, dass ich Ihnen Herrn Novák vorstelle. – Freut mich.

......., ... pana Nováka. – Těší mě.

③ Vor Ihnen ist die Prager Burg; hinter Ihnen ist der Altstädter Ring, das Rathaus und der Orloj.

.... vámi je Pražský hrad; .. vámi je Staroměstské náměstí, ... a ..... .

▶ **Čtyřicátá čtvrtá (44.) lekce**

Povolání ①

1 – Co dělá váš manžel, paní Dvořáková? ②

JOSEF SE CHCE STÁT MECHANIKEM

44

❹ Zwischen der Burg und dem Altstädter Ring ist der Fluss Moldau.

.... Hradem a ....
.... je řeka Vltava.

❺ Und das ist Fräulein Zelená, sie studiert Kunstgeschichte. – Ich freue mich, Sie kennenzulernen. (Ich bin froh, dass ich Sie kennenlerne.)

A to je ...... Zelená, studuje ......
umění. – Jsem ráda, že vás poznávám.

Řešení druhého cvičení: Chybějící slova.

❶ Seznámíte se s - paní Krátkou ❷ Dovolte, abych vám představil
❸ Před - za - radnice - orloj ❹ Mezi - Staroměstským náměstím
❺ slečna - dějiny

Vierundvierzigste Lektion

Berufe

[1] – Was macht Ihr Gatte [beruflich], Frau Dvořáková?

(ANMERKUNGEN)

① **Povolání**, Nominativ Plural von **povolání** (n.) „Beruf". Ebenso kann man das allgemeinere **zaměstnání** (n.) verwenden: „Beschäftigung, Arbeit, Beruf, Anstellung". Für „Handwerk" verwendet man **řemeslo** (n.).

② **paní Dvořáková** „Frau Dvořáková" ist hier Vokativ, ein Fall, der zur Anrede verwendet wird. Adjektive ändern im Vokativ ihre Endung nicht. (**paní** wird wie ein weiches Adjektiv und weibliche Familiennamen werden wie harte Adjektive dekliniert.) ■ Sprechen Sie eine Ihnen namentlich bekannte Person an, stellen Sie dem Namen „Herr/Frau" voran, andernfalls sagen Sie nur „Herr/Frau"; das ist höflich. Der Nachname kann auch durch einen Titel ersetzt werden: **Paní doktorko, pane inženýre**...

LEKTION 44

2 – Pracuje v továrně Škoda; je mechanik. ③
3 – To je náhoda! Můj syn Václav tam taky pracuje, jako dělník.
4 　Ale chce se stát elektrikářem. ④
5 – To je užitečné řemeslo. Když máte rozbitý vypínač, nebo špatnou zásuvku, víte, na koho se obrátit... ⑤
6 – Jenže Václav váhá: chce se stát taky vojákem a závodníkem formule jedna.
7 　Je mu sedmnáct let.
8 – Všechno má své výhody a nevýhody. Závodník, to je moc hezké – ale nebezpečné! ⑥
9 – Kluk je romantik. Představuje si život jako dobrodružný film! ⑦
10 – V jeho věku to je přirozené, pane Novotný. ⑧
11 　Mám dceru, je jí osmnáct. Pracuje v kadeřnictví, ale chce být zpěvačka.

(VÝSLOVNOST)

[2 ... *mä*cHanik 6 ... *fo*rmulä ... 9 ... *ro*mantik. 11 ... fka*dä*rřŋjitß'twii ... ßpj*ä*watschka.]

(ANMERKUNGEN)

③ **(v) továrně**, Lokativ Singular von **továrna** (f.) „Fabrik". ■ Das im 19. Jh. gegründete Unternehmen **Škoda** produziert in **Plzeň, Brno, Mladá Boleslav** usw. Ausrüstung für die Elektro-, Hütten- und Maschinenbauindustrie. Vor allem aber versorgt **Škoda** den nationalen Automobilmarkt. ■ **je mechanik = je mechanikem** „er ist Mechaniker". **Čím chce být?** „Was will er werden?"

| 2 | – | Er arbeitet im Škodawerk (in der Fabrik Škoda); er ist Mechaniker.
| 3 | – | So ein Zufall! (Das ist ein Zufall!) Mein Sohn Václav arbeitet auch dort, als Arbeiter.
| 4 | | Aber er will Elektriker werden.
| 5 | – | Das ist ein nützliches Handwerk. Wenn Sie einen kaputten Schalter oder einen schadhaften (schlechten) Stecker haben, wissen Sie, an wen [Sie] sich wenden [können] ...
| 6 | – | Aber Václav zögert: Er möchte auch Soldat und Formel-Eins-Rennfahrer werden.
| 7 | | Er ist siebzehn Jahre alt (Ihm ist siebzehn Jahre).
| 8 | – | Alles hat seine Vorteile und Nachteile. Rennfahrer [sein], das ist sehr schön – aber gefährlich!
| 9 | – | Der Junge ist ein Schwärmer. Er stellt sich sein Leben wie einen Abenteuerfilm vor!
| 10 | – | In seinem Alter ist das natürlich, Herr Novotný.
| 11 | | Ich habe eine Tochter, sie ist (ihr ist) achtzehn. Sie arbeitet in einem Friseursalon, aber sie will Sängerin werden (sein).

④ **stát se** + Instrumental „(etwas) werden" ist eine Redensart: **Stane se elektrikářem/prezidentem** „Er wird Elektriker/Präsident werden".

⑤ **obrátit se na** + Akkusativ: „sich wenden an".

⑥ **výhoda** „Vorteil" und **nevýhoda** „Nachteil" sind beide weiblich.

⑦ **Kluk** (m.) „Junge, Bub, Kerl", aber auch „Gassenjunge", ist ein umgangssprachliches Synonym für **chlapec** (m.). ■ **Představovat si** (unvoll.), **představit si** (voll.) „sich vorstellen". Das nicht-reflexive Verb **představovat, představit** bedeutet „(jdn.) vorstellen".

⑧ (**Ve**) **věku**, Lokativ Singular von **věk** (m.) „Alter". ■ **pane Novotný**: Männliche Nomen mit harter (oder mittlerer) Konsonantenendung haben im Vokativ die Endung **-e**.

LEKTION 44

12 – Jako má žena, ještě před svatbou. ⑨
13 Dnes je zaměstnaná na ministerstvu financí jako účetní; ⑩
14 dvakrát týdně zpívá ve sboru – a jak je spokojená!

(VÝSLOVNOST)

[**12** ... prrjät'ßwadboU.**13** ... naminißtärßtwu finantßii ... **14** ... wäsboru ...]

První (1.) cvičení: Rozumíte těmto větám?

① Josef se chce stát mechanikem. ② Jeho otec je účetní. ③ Ale to je přirozené, Václave! ④ Pracuji v továrně, jsem dělník. ⑤ Jaké je vaše povolání? ⑥ Jste spokojená, paní Novotná?

Druhé (2.) cvičení: Doplňte chybějící slova!

① Herr David geht zur (in die) Arbeit. Er ist Friseur, er arbeitet in einem Friseursalon gegenüber dem Hotel Paříž.

 . . . . jde do zaměstnání. Je kadeřník, pracuje . . . . naproti . . . . . . Paříž.

② Was will Ihr Sohn werden, Herr David? – Er will Fahrer oder Rennfahrer werden!

Čím chce být váš syn, ... ? – Chce . . . . . . řidičem, nebo automobilovým . . . . !

③ Ich weiß nicht, an wen ich mich wenden soll.

Nevím, ... mám . . . .

|12| – Wie meine Frau, (noch) vor der Hochzeit.
|13| Heute ist sie beim Finanzministerium (am Ministerium der Finanzen) als Buchhalterin beschäftigt;
|14| zweimal wöchentlich singt sie im Chor – und ist zufrieden! (und wie sie ist zufrieden!)

ANMERKUNGEN

⑨ **svatba** (f.) „Heirat, Hochzeit".

⑩ **(na) ministerstvu**, Lokativ Singular von **ministerstvo** (n.) „Ministerium"; **finance** (f.) „Finanzen" wird im Plural verwendet.

Řešení prvního cvičení: Rozuměli jste?

❶ Josef will Mechaniker werden. ❷ Sein Vater ist Buchhalter. ❸ Aber das ist natürlich, Václav! ❹ Ich arbeite in einer Fabrik, ich bin Arbeiter. ❺ Was (wie) ist Ihr Beruf? ❻ Sind Sie zufrieden, Frau Novotná?

❹ Robert ist arbeitslos? – Nein, er arbeitet schon zwei Monate in der neuen Fabrik als Arbeiter.

Robert je nezaměstnaný? – Ne. Už dva měsíce pracuje v té . . . . , jako . . . .

❺ So (Das ist) ein Zufall! Mein Bruder ist auch Elektriker!

. . . . ! Můj bratr je taky . . . . !

Řešení druhého cvičení: Chybějící slova.

❶ Pan David - v kadeřnictví - hotelu ❷ pane Davide - se stát - závodníkem ❸ na koho se - obrátit ❹ nové továrně - dělník ❺ To je náhoda - elektrikář

▶ Čtyřicátá pátá (45.) lekce

Velká černá kočka

1 – Veroniko! Honem, pojď sem – pod naším autem je velká černá kočka! ①
2 Veronika jde na dvůr.
3 Na dvoře klečí její bratr Mikuláš a dívá se pod auto. ②
4 – Vidíš? Je schovaná za levým zadním kolem. ③
5 Chytíme ji, a pak si spolu budeme hrát. ④
6 – Co když je nemocná? Leží na zemi a nehýbe se. ⑤

(VÝSLOVNOST)

[... *kotschka* 1 *wäroniko!*]

(ANMERKUNGEN)

① **Veroniko!**, Vokativ Sing. von **Veronika**. Weibliche Nomen mit Nominativendung **-a** enden im Vokativ Sing. auf **-o**. ■ **Honem** „schnell, geschwind" ist ein umgangssprachliches Wort.

Fünfundvierzigste Lektion

Eine große schwarze Katze

1 – Veronika! Schnell, komm her – unter unserem Auto ist eine große schwarze Katze!
2 Veronika geht auf den Hof.
3 Auf dem Hof kniet ihr Bruder Mikuláš und schaut unter das Auto.
4 – Siehst du? Sie ist hinter dem linken Hinterrad versteckt.
5 Wir fangen sie, und dann werden wir zusammen spielen.
6 – Was, wenn sie krank ist? Sie liegt auf dem Boden und bewegt sich nicht.

---

② Ortsbestimmende Präpositionen können mit verschiedenen Fällen stehen, je nachdem, ob der Satz auf „wo?" oder „wohin?" antwortet: **Na** + Akkusativ: **Veronika jde na dvůr** „Veronika geht (wohin?) auf den Hof". **Na** + Lokativ: **Na dvoře je Mikuláš** „Mikuláš ist (wo?) auf dem Hof". ■ Die ortsbestimmenden Präpositionen **mezi, nad, pod, před, za** stehen entweder mit dem Akkusativ (wohin?) oder mit dem Instrumental (wo?). Vergleichen Sie: a) **pod** + Akkusativ. **Dívá se pod auto** „Er schaut (wohin?) unter das Auto"; b) **pod** + Instrumental. **Pod autem je kočka** „Unter dem Auto (wo?) ist eine Katze". ■ **klečet** „knien".

③ **levé zadní kolo** „das linke Hinterrad" (Nominativ). Ein Rätsel für Übersetzer auf der Suche nach der „großen Herausforderung": Was heißt **pravé přední kolo**?

④ **hrát si s(e)** + Instrumental „mit etwas/jdm. spielen".

⑤ **Ležet** „liegen" drückt eine Handlung ohne Bewegung aus. Auf die Frage **Kde leží Petr/kočka/pes/kniha?** steht in der Antwort je nach Präposition die Ortsbestimmung im Lokativ oder Instrumental: **Petr leží v posteli/kočka leží na židli/pes leží pod autem/pes leží v autě/kniha leží na stole** „Petr liegt im Bett / die Katze liegt auf dem Stuhl / der Hund liegt unter dem Auto / der Hund liegt im Auto / das Buch liegt auf dem Tisch".

7	– Možná má strach. Anebo je mrtvá?!
8	**O pět minut později...**
9	Paní Dlouhá se dívá oknem: venku je podezřelé ticho. ⑥
10	– Veroniko! Mikuláši! Co tam děláte? ⑦
11	Veronika leží na střeše garáže.
12	Mikuláš vylezl na strom a visí na větvi. ⑧
13	O větev výš pohodlně sedí velká černá kočka:
14	pozoruje se zájmem, co se děje dole. ⑨

První (1.) cvičení: Rozumíte těmto větám?

① Mikuláši, pojď sem! ② Co se děje? ③ Děti si hrají s kočkou. ④ Paní Dlouhá a pan Dlouhý se dívají oknem. ⑤ O hodinu později. ⑥ Jejich dcera leží na střeše, jejich syn visí na větvi.

Druhé (2.) cvičení: Doplňte chybějící slova!

① David! Tomáš! Schnell, kommt her – unter dem Auto ist eine weiße Maus!

. . . . . . ! . . . . . . ! . . . . . . , pojďte sem – . . . . je bílá myš!

② Wir beobachten die weiße Maus: Sie ist jetzt vor dem rechten Vorderrad.

. . . . bílou myš: je teď . . . . pravým předním . . . . . .

③ Und was, wenn niemand zu Hause ist?

A . . . . . . nikdo . . . . doma?

7	–	Vielleicht hat sie Angst. Oder ist sie tot?!
8		**(Um) fünf Minuten später ...**
9		Frau Dlouhá schaut aus dem Fenster: Draußen ist es verdächtig still.
10	–	Veronika! Mikuláš! Was macht ihr dort?
11		Veronika liegt auf dem Garagendach.
12		Mikuláš ist auf einen Baum geklettert und hängt an einem Ast.
13		(Um) Einen Ast höher sitzt bequem eine große schwarze Katze:
14		Sie beobachtet mit Interesse, was unten passiert.

(ANMERKUNGEN)

⑥ **Dlouhý/á/é** „lang". ■ **dívá se oknem** (Instrumental Sing.) oder **dívá se z okna** (Genitiv Sing.) „er/sie schaut aus dem Fenster".

⑦ **Mikuláši!**, Vokativ Sing. von **Mikuláš**. Männliche Nomen mit weicher Konsonantenendung enden im Vokativ Sing. auf **-i**.

⑧ **viset** „hängen". **Mikuláš visí na větvi/kabát visí v předsíni** „Mikuláš hängt an einem Ast/der Mantel hängt im Flur". ■ **větev** (f.) „Ast".

⑨ **(se) zájmem**, Instrumental Sing. von **zájem** (m.) „Interesse". ■ **dít se** „geschehen, vor sich gehen". Man sagt: **Co se děje?** „Was ist los? Was passiert?"

Řešení prvního cvičení: Rozuměli jste?

❶ Mikuláš, komm her! ❷ Was ist los? / Was passiert? ❸ Die Kinder spielen mit einer Katze. ❹ Frau Dlouhá und Herr Dlouhý schauen aus dem Fenster. ❺ (Um) eine Stunde später. ❻ Ihre Tochter liegt auf dem Dach, ihr Sohn hängt an einem Ast.

❹ Er/sie/es sitzt / sie sitzen bequem im Sessel; der Sessel ist neu – übrigens das Sofa auch.

. . . . v křesle; křeslo je nové
– ostatně pohovka taky.

LEKTION 45

⑤ Im Schlafzimmer ist ein großer Schrank und ein Spiegel. Marie steht vor dem Spiegel und zögert: Der eine Rock ist zu lang, der zweite zu kurz!

V ložnici je velká skříň a zrcadlo. Marie ..... před .... a váhá: jedna sukně je příliš ......, druhá příliš ...... !

⑥ Ich schaue auf den Tisch. – Eliška, auf dem Tisch fehlen eine Gabel, ein Messer und zwei Löffel!

.... na stůl. – ......, na stole chybí vidlička, nůž a dvě lžíce!

> *Zur Auflockerung können Sie nun noch, wenn Sie möchten, ein kleines Spiel machen. Es besteht darin, einem Tier den entsprechenden Ruf zuzuordnen, denn, falls Sie es noch nicht wissen: Der tschechische Hund bellt anders als sein deutscher Vetter! Die Lösung finden Sie am Ende der Lektion 46.*

▶ **Čtyřicátá šestá (46.) lekce**

Mistrovství světa v hokeji ①

1 – Co říkáte dnešnímu zápasu, pane Horáku? Jste spokojený s výsledkem? ②

(VÝSLOVNOST)

[mißtrof'ßtwii]

Řešení druhého cvičení: Chybějící slova.

❶ Davide! Tomáši! Honem - pod autem ❷ Pozorujeme - před - kolem ❸ co když - není ❹ Sedí pohodlně ❺ stojí - zrcadlem - dlouhá - krátká ❻ Dívám se - Eliško

1	kokodák? kokodák?	a)	Lamm
2	vrrr! haf! haf!	b)	Katze
3	mňau! mňau!	c)	Ziege
4	bééé?!	d)	Hund
5	mééééé!	e)	Schwein
6	búúú!!?	f)	Hahn
7	.....???	g)	Rabe
8	chrocht! chrocht!	h)	Frosch
9	kvák? kvák?	i)	Eule
10	krá! krá! krá!	j)	Fisch
11	kykyrykýýý!	k)	Huhn
12	uhúúú! uhúúú!	l)	Kuh

Sechsundvierzigste Lektion

Weltmeisterschaft in Hockey

1 – Was sagen Sie zu dem heutigen Wettkampf, Herr Horák? Sind Sie mit dem Ergebnis zufrieden?

ANMERKUNGEN

① **světa** heißt im Nominativ **svět** (m.) „Welt". ■ **hokej** (m.) „Hockey" meint immer Eishockey. Neben Fußball ist Eishockey die bekannteste Sportart, der „Nationalsport" schlechthin.

② **Co říkate** + Dativ „Was sagen Sie zu ... ?" ■ **pane Horáku!** Männliche Nomen, die im Nominativ auf einen Kehllaut (-g, -h, -ch, -k) enden, enden im Vokativ auf **-u**. ■ **(s) výsledkem**, Instrumental Sing. von **výsledek** (m.) „Ergebnis".

2 – Spokojený? Můžeme se rozloučit s titulem mistra světa. Vidím to černě… ③

3 – Ale prosím vás… Zatím máme nejlepší skóre. A Rusko teď bude hrát proti Kanadě. ④

4 – Nevím, proč naši tak plýtvají energií. ⑤

5 V obraně mají šetřit silami, a v útoku hrát tvrdě, ale přesně! Já bych věděl, jak na to… ⑥

6 – Hrajete hokej?

7 – Osobně ne, ale mám jistou zkušenost. To víte, fanoušek jako já…

8 Vlastně naši nehrají tak špatně. Dnes to byl výkon!

9 Ale rozhodčí nebyl na naší straně. ⑦

BYL ROZHODČÍ NEUTRÁLNÍ?

(VÝSLOVNOST)

[**2** …. ßtituläm … **3** … rußko … **4** … änärgijii. **9** … roshot'tschii …]

| 2 | – | Zufrieden? Wir können uns vom Weltmeistertitel verabschieden. Ich sehe (es) schwarz ...
| 3 | – | Aber ich bitte Sie ... Bis jetzt haben wir das beste Punkteverhältnis. Und Russland wird jetzt gegen Kanada spielen.
| 4 | – | Ich weiß nicht, warum unsere Spieler (die Unseren) [ihre] Energie so verschwenden.
| 5 | | In der Abwehr sollen sie mit den Kräften sparen, und im Angriff hart, aber genau spielen! Ich wüsste, wie (auf es) ...
| 6 | – | Spielen Sie Hockey?
| 7 | – | Persönlich nicht, aber ich habe gewisse Erfahrung. (Das) wissen Sie, ein Fan wie ich ...
| 8 | | Eigentlich spielen unsere Spieler (die Unseren) nicht so schlecht. Heute war das eine [echte] Leistung!
| 9 | | Aber der Schiedsrichter war nicht auf unserer Seite.

(ANMERKUNGEN)

③ **loučit se** (unvoll.), **rozloučit se** (voll.) **s(e)** + Instrumental: „sich von etw./jdm. verabschieden, Abschied nehmen von etw./jdm." (wörtlich: „sich verabschieden mit etw./jdm.") ■ **mistr** „Meister" im handwerklichen wie im sportlichen Sinne. Das weibliche **mistryně** wird dagegen nur für „Meisterin" im Sport verwendet, die „Handwerkerin" ist die **mistrová**.

④ **skóre** „Ergebnis, Tor- oder Punkteverhältnis" ist sächlich und unveränderlich. ■ **Kanada** ist weiblich. ■ Die Präposition **proti** „gegen" steht mit dem Dativ.

⑤ **plýtvat** + Instrumental: „etwas verschwenden, vergeuden". ■ **energií**, Instrumental Sing. von **energie** (f.).

⑥ **šetřit** + Instrumental „mit etwas sparen, haushalten"; **silami**, Instrumental Pl. von **síla** „Kraft". ■ **(V) obraně; (v) útoku,** Lokativ Pl. von **obrana** (f.) „Abwehr" und **útok** (m.) „Angriff, Sturm, Offensive".

⑦ **rozhodčí**, männlich und weiblich für „Schiedsrichter". Einige Nomen werden wie weiche Adjektive dekliniert; es handelt sich um substantivierte Adjektive, die einen Beruf oder eine Funktion angeben: **průvodčí** „Schaffner/in", **vrchní** „Ober", **vedoucí** „Leiter/in".

LEKTION 46

|10| – Rozhodčí má být neutrální.
|11| – No právě! Přemýšlím o tom cestou ze stadiónu a říkám si: tenhle nebyl. ⑧
|12| Deset minut před koncem vyloučit našeho nejlepšího hráče!
|13| Abychom pak stěží vyhráli 2:1 (dva jedna). Zkrátka já to vidím černě…

(VÝSLOVNOST)

[*10* ... n**ä**utraalnjii.]

První (1.) cvičení: Rozumíte těmto větám?

❶ Co říkáte výsledku, pane Nováku? ❷ Zítra se rozloučíme s Veronikou a Mikulášem. ❸ Cestou myslím na Terezu. ❹ Musíš šetřit silami, Václave! ❺ Byl rozhodčí neutrální?

Druhé (2.) cvičení: Doplňte chybějící slova!

❶ Heute spielt Schweden gegen Deutschland; ich hoffe, dass wir gewinnen (werden)!

Dnes hraje Švédsko . . . . . Německu; doufám že . . . . !

❷ Karl, denkst du, dass Kanada Weltmeister [werden] wird?

Karle, myslíš, že se . . . . . . stane . . . . ?

❸ Ich weiß nicht, wie (auf es), Marek – ich habe damit keine Erfahrung!

Nevím . . . . , Marku – nemám s tím žádnou . . . . !

❹ Sie spielen mit uns wie die Katze mit der Maus: Wir werden verlieren!

Hrají si s námi jako . . . . : prohrajeme!

|10| – Ein Schiedsrichter soll unparteiisch [neutral] sein.
|11| – Ja, eben! Auf dem Weg vom Stadion dachte (denke) ich darüber nach und sagte (sage) mir: Dieser war [es] nicht.
|12| Zehn Minuten vor Schluss unseren besten Spieler vom Platz zu weisen!
|13| Damit wir dann mit knapper Not 2:1 gewinnen. Kurzum, ich sehe schwarz ...

(ANMERKUNGEN)

(8) **No...!**, eine gängige Interjektion, drückt Überraschung, Unschlüssigkeit, Resignation, Uneinigkeit aus. In der Umgangssprache wird es als Synonym für **ano** „ja" verwendet, was Ausländer manchmal stutzen lässt.
■ **Přemýšlet o** + Lokativ „über etwas nachdenken".

(Řešení prvního cvičení: Rozuměli jste?)

❶ Was sagen Sie zum Ergebnis, Herr Novák? ❷ Morgen werden wir uns von Veronika und Mikuláš verabschieden. ❸ Unterwegs denke ich an Tereza. ❹ Du musst mit deinen Kräften sparen, Václav! ❺ War der Schiedsrichter unparteiisch (neutral)?

❺ Wir verabschieden uns von Olga und Vladimír; sie müssen vor dem Wettkampfende (weg)gehen.

Loučíme se s ..... a ....;
musí odejít .... zápasu.

❻ Du wirst mit Gabel und Messer essen, Matěj – wie ein Großer!

Budeš jíst .... a nožem, ...
– jako velký!

(Řešení druhého cvičení: Chybějící slova.)

❶ proti - vyhrajeme ❷ Kanada - mistrem světa ❸ jak na to - zkušenost ❹ kočka s myší ❺ Olgou - Vladimírem - před koncem ❻ vidličkou - Matěji

▶ Čtyřicátá sedmá (47.) lekce

Ve vlaku

| 1 | Lucie, Marek a paní Horáková nastupují do vlaku. Nemají místenky. ①
| 2 | Lucie běží k prvnímu kupé. Obsazeno! ②
| 3 | – Ale vedle je volno, hlásí okamžitě. A za námi je spací vůz, pak jídelní vůz a bufet!
| 4 | Paní Horáková vejde do kupé. Položí tašku na sedadlo, svlékne si kabát a pověsí ho na věšák. ③
| 5 | – Svlékněte si bundy, děti, říká. Pověste je sem. ④

(VÝSLOVNOST)

[1 *lut*ßijä ... 2 ... *op*ßasäno! 3 ... *bufät!*]

Siebenundvierzigste Lektion

Im Zug

1	Lucie, Marek und Frau Horáková steigen in den Zug. Sie haben keine Platzkarten.
2	Lucie rennt zum ersten Abteil. Besetzt!
3	– Aber nebenan ist frei, verkündet sie sofort. Und hinter uns ist ein Schlafwagen, dann der Speise- und der Imbisswagen!
4	Frau Horáková geht in das Abteil hinein. Sie legt ihre Tasche auf den Sitz, zieht ihren Mantel aus und hängt ihn auf den Kleiderhaken.
5	– Zieht eure Jacken aus, Kinder, sagt sie. Hängt sie hierher.

ANMERKUNGEN

① **místenka** (f.) „Platzkarte". ■ Die erste Eisenbahnstrecke Böhmens zwischen **České Budějovice** und Linz wurde 1828 in Betrieb genommen. Die Züge wurden von Pferden gezogen. ■ Öffentliche Verkehrsmittel werden sehr stark in Anspruch genommen. Deshalb ist es ratsam, sich vor allem in den Schnellzügen Platzkarten zu besorgen.

② **kupé** „Abteil" ist sächlich und unveränderlich. ■ **Obsazeno** „besetzt", Gegensatz von **volno** „frei".

③ **Pokládat** (unvoll.) **položit** (voll.) „(hin-)legen". Vergleiche: **Pokládám tašku na sedadlo** „Ich lege die Tasche auf den Sitz" - **Taška leží na sedadle** „Die Tasche liegt auf dem Sitz". ■ **svlékat se** (I, unvoll.), **svléknout se** (voll.): „sich ausziehen"; **svlékat si, svléknout si** + Akkusativ: „etwas ausziehen, ablegen". ■ **věšet** (unvoll.), **pověsit** (voll.) „(auf-)hängen" zeigt die Verlagerung eines Gegenstandes in die Vertikale an. Im Gegensatz zu **viset** (L. 45), das einen hängenden Gegenstand beschreibt. Vergleichen Sie: **Marek věší bundu na věšák.** „Marek hängt die Jacke an den Kleiderhaken" - **Bunda visí na věšáku** „Die Jacke hängt am Kleiderhaken". ■ Mit vollendeten Aspekten wird einer gegenwärtigen Handlung mehr Dynamik verliehen.

④ **Svlékněte...! Pověste...!** Imperativ der 2. Person Pl. (Verbstamm + Endung; Näheres hierzu in der Wiederholungslektion).

6 – Maminko – máme něco k pití? Umírám žízní… ⑤

7 – Ale nepovídej, Lucie… No tak dobře; tady jsou peníze. ⑥

8 Jdi do jídelního vozu a kup dvě limonády. Přines je sem – vypijete je tady. ⑦

9 – Můžu jít s Lucií? ptá se Marek. Mám hlad jako vlk… ⑧

10 – Můžeš, ale jídla máme dost; v tašce jsou sušenky a čokoládové oplatky. Kupte jen limonádu! ⑨

11 – Mám zavřít…? ptá se Marek. Najednou váhá.

12 – Ano, buď tak hodný, zavři dveře. Mlsný jako kočka, říká ještě paní Horáková. ⑩

13 Neměj strach, Marku, nikdo ti oplatky nesní. ⑪

14 – Jako kočka, jako kočka, říká si Marek, ale když já mám hlad jako vlk!

(VÝSLOVNOST) [*12 …mlß'nii…*]

(ANMERKUNGEN)

⑤ Wie wir sagen auch die Tschechen **Umírám žízní** „Ich sterbe vor Durst".

⑥ **nepovídej** „erzähl nicht!, was du nicht sagst!" Der Imperativ der 2. Person Sing. hat keine Endung. (Vgl. unten **kup** „kauf" und **přines** „bringe".)
■ **Lucie!** Wie alle sächlichen Nomen bleiben auch die weiblichen Nomen mit Nominativendung **-e** im Vokativ unverändert.

(První (1.) cvičení: Rozumíte těmto větám?)

❶ Přines tašku, Marku! ❷ Nemám místenku. ❸ Kupte dvě limonády. ❹ Je tady volno, prosím? ❺ Zavři dveře, Lucie, buď tak hodná! ❻ Mají hlad jako vlk.

| 6 | – | Mama – haben wir etwas zu trinken? Ich sterbe vor Durst ...
| 7 | – | Aber, erzähl nicht, Lucie ... Na also gut; hier ist Geld.
| 8 | | Geh in den Speisewagen und kauf zwei Limonaden. Bring sie hierher – ihr trinkt sie hier (aus).
| 9 | – | Kann ich mit Lucie gehen? fragt Marek. Ich habe Hunger wie ein Wolf ...
| 10 | – | Du kannst, aber Essen haben wir genug; in der Tasche sind Kekse und Schokoladenwaffeln. Kauft nur Limonade!
| 11 | – | Soll ich zumachen ... ? fragt Marek. Auf einmal zögert er.
| 12 | – | Ja, sei so lieb, mach die Tür zu. Schleckig wie eine Katze, sagt Frau Horáková noch.
| 13 | | Hab keine Angst, Marek, niemand isst dir die Waffeln weg.
| 14 | – | Wie eine Katze, wie eine Katze, sagt (sich) Marek, aber wenn ich [doch] Hunger habe wie ein Wolf!

⑦ **Jdi** „geh!". Nur Verben, deren Stamm auf eine Konsonantenfolge endet, enden in der 2. Person Sing. auf **-i**, sonst wären sie fast nicht auszusprechen. (Vgl. **zavři** „schließe!, mach zu!" weiter unten.) ■ **vypijete** „ihr werdet austrinken". Bestimmte Vorsilben können den Grad der Vollendung einer Handlung anzeigen: **Napije se vína** „Er trinkt (etwas) Wein" - **Vypije láhev vína** „Er trinkt die Flasche Wein leer". (Vgl. **sníst** weiter unten.)

⑧ **Můžu**, umgangssprachlich für **mohu** „ich kann", ist Ihnen nicht mehr unbekannt.

⑨ **sušenka** (f.) „Keks".

⑩ **buď** „sei", unregelmäßige Imperativform. **Buď tak hodný** „Sei so lieb".

⑪ **Neměj** „hab nicht", ebenfalls eine unregelmäßige Imperativform. **Neměj strach** „Hab keine Angst", Synonym zu **neboj se**.

Řešení prvního cvičení: Rozuměli jste?

❶ Bring die Tasche, Marek! ❷ Ich habe keine Platzkarte. ❸ Kauft zwei Limonaden. ❹ Ist hier frei, bitte? ❺ Schließ die Tür, Lucie, sei so lieb. ❻ Sie haben Hunger wie ein Wolf.

> **Druhé (2.) cvičení: Doplňte chybějící slova!**

❶ Petr, bring den Tee – und ihr, Helena und Julie, bringt die Waffeln, Zucker und Teelöffel!

Petře, ... čaj – a vy, ... a Julie, přineste oplatky, cukr a lžičky!

❷ Er spricht zu schnell. – Sprich langsamer, Václav!

Mluví moc rychle. – .... pomaleji, ... !

❸ Im ersten Abteil ist [alles] besetzt, aber nebenan ist frei. Ich glaube, dass Speise- und Imbisswagen am Ende des Zuges sind.

V prvním .... je ...., ale vedle je ..... . Myslím, že .... a bufet jsou na konci vlaku.

❹ Geh [deinem] Vater ein Bier kaufen, sei so lieb! Also gut, geht beide hin, aber bleibt (seid) nicht zu lange dort ... und kauft euch Bonbons.

... koupit tatínkovi pivo, ... tak hodný! Tak dobře, jděte tam oba, ale nebuďte tam moc dlouho... a ..... si bonbóny.

▶ Čtyřicátá osmá (48.) lekce

Telefonický rozhovor ①

1 – Linku čtyřicet osm, prosím. – Dobrý den, tady Pavel Beneš; chtěl bych mluvit se slečnou Novou. ②

> ANMERKUNGEN

① **rozhovor** (m.) „Gespräch". Das Synonym **hovor** (m.) ist weniger gebräuchlich. ■ In der Amtssprache wird **hovor** im Sinne von „(Telefon) Anruf" oder „Kommunikation" verwendet: **místní/meziměstský/mezistátní** oder **mezinárodní hovor** „Orts-/Auslands-/Internationales (Telefon) Gespräch".

⑤ Sprechen wir nicht mehr davon – sprechen wir lieber über Hockey, Herr Horák!

Nemluvme už o tom – . . . . . . raději o hokeji, ... !

⑥ Hab keine Angst! Habt keine Angst, Kinder – wir haben Platzkarten, und der Schnellzug fährt erst um elf Uhr fünf ab.

. . . . . strach! . . . . strach, děti – máme . . . . a rychlík odjíždí až v jedenáct nula pět.

Řešení druhého cvičení: Chybějící slova.

❶ přines - Heleno ❷ Mluv - Václave ❸ kupé - obsazeno - volno - jídelní vůz ❹ Jdi - buď - kupte ❺ mluvme - pane Horáku ❻ Neměj - Nemějte - místenky

---

Achtundvierzigste Lektion

Ein Telefongespräch

1 – Apparat 48, bitte. – Guten Tag, hier Pavel Beneš; ich möchte [gerne] mit Fräulein Nová sprechen.

② **Linku**, Akkusativ Sing. von **linka** (f.), ist nach Einzug modernster Technik eigentlich schon veraltet, wird aber weiterhin im Sinne von „Leitung", „Apparat" oder „Anschluss" benutzt. ■ **chtěl bych** „ich möchte [gerne]" ist die Konditionalform. ■ **mluvit s(e)** + Instrumental „mit jdm. sprechen". (Präposition **s** steht immer mit dem Instrumental.)

2 – Momentálně tady není, je na schůzi. Chcete nechat nějaký vzkaz?
3 – Ne, děkuji, zavolám později.
4 – Zkuste to za čtvrt hodiny, schůze by měla skončit každou chvíli... ③
5 Ostatně – myslím, že slečna Nová už jde. Hned vám ji předám. ④
6 – Haló? To je Alena? Ahoj, tady Pavel. ⑤
7 Co děláš večer – nechceš jít se mnou na koncert? Mám dva lístky do Domu umělců, od půl osmé. ⑥
8 – Děkuji, půjdu ráda. Kdo hraje?
9 – Česká filharmonie. Počkej, přečtu ti program, mám ho někde v tašce; volám z budky. ⑦

TELEFONICKÝ ROZHOVOR

(VÝSLOVNOST)

[2 ... momäntaalnjä ... fßkaß 4 ... ßkußtä ... 7 ... umnjältßuu ... 9 ... filharmonijä ... sbutki.]

| 2 | – | Sie ist momentan nicht da, sie ist in einer Sitzung. Möchten Sie eine Nachricht hinterlassen?
| 3 | – | Nein, danke, ich rufe später an.
| 4 | – | Versuchen Sie es in einer Viertelstunde, die Sitzung sollte jeden Moment zu Ende sein (enden) ...
| 5 | | Übrigens – ich glaube, dass Fräulein Nová schon kommt. Ich gebe Sie gleich weiter (ich übergebe sie Ihnen gleich).
| 6 | – | Hallo? Ist das Alena? Hallo, hier Pavel.
| 7 | | Was machst du [heute] Abend – möchtest du nicht mit mir zum Konzert gehen? Ich habe zwei Karten für (in) das Haus der Künstler, ab halb acht.
| 8 | – | Danke, ich komme gerne mit (werde gerne gehen). Wer spielt?
| 9 | – | Die Tschechische Philharmonie. Warte, ich lese dir das Programm vor, ich habe es irgendwo in der Tasche; ich rufe aus einer Telefonzelle an.

ANMERKUNGEN

(3) **chvíle** (f.), Verkleinerung: **chvilka**, „ein Moment, eine Weile", bezeichnet relativ vage eine begrenzte kurze Zeitdauer. Die Synonyme **moment** und **okamžik** beziehen sich relativ konkret auf eine kurze Zeitdauer, einen Augenblick". Am Telefon sagt man **Moment/okamžik, prosím** „Einen Augenblick, bitte".

(4) **předávat** (unvoll.), **předat** (voll.) „übergeben, weitergeben".

(5) **Haló** wird nur am Telefon benutzt, oder wenn man eine Person ruft. Es ist kein Grußwort wie im Deutschen. **Ahoj** wird zur Begrüßung und zum Abschied unter Freunden und Bekannten verwendet.

(6) **umělců**, Genitiv Pl. von **umělec** (m.) „Künstler".

(7) **(telefonní) budka** (f.) „Telefonzelle". Es gibt viele Telefonzellen, die nur für Ortsgespräche benutzt werden können. Für Telefonzellen mit Durchwahlmöglichkeit ins Ausland benötigt man viele Münzen, da die Taktzeiten kurz sind, oder Sie telefonieren mit einer Telefonkarte von einem Kartentelefon aus. Sie können auch von einem Postamt oder vom Hotel aus telefonieren.

| 10 | – Nehledej ho, Pavle. Promiň, mám na druhé lince hovor…
| 11 | – Samozřejmě. Končíš v šest, že? Počkám na tebe u fontány, platí? ⑧
| 12 | – Platí. Sedneme si někam na skleničku a povíš mi, jak se máš, co je nového. ⑨
| 13 | Děkuji za zavolání – a za pozvání! Takže ahoj v šest! ⑩

(VÝSLOVNOST)

[*11* … **u**fontaani …]

(ANMERKUNGEN)

⑧ **Končíš v šest, že?** Die Partikel „…**že?**" fragt etwa wie „nicht wahr?" nach einer Bestätigung. ■ **fontána** oder **kašna** "Fontäne, Springbrunnen, Brunnen". ■ **platí?**, wörtlich "gilt es?" ist eine Redensart und bedeutet "einverstanden?, in Ordnung?, OK?".

První (1.) cvičení: Rozumíte těmto větám?

❶ Linku čtyřicet, prosím. – Chtěl bych mluvit s panem Benešem. ❷ Je na schůzi; zavolejte za hodinu. ❸ Promiňte, prosím vás – kde je Dům umělců? ❹ Chceš nechat Pavlovi vzkaz? ❺ Takže na shledanou v osm!

Druhé (2.) cvičení: Doplňte chybějící slova!

❶ Marie möchte [gerne] mit Eva sprechen – aber der Anschluss ist besetzt.

Marie by chtěla . . . . – ale linka je obsazená.

❷ Herr Suk ist jetzt nicht hier; versuchen Sie, später anzurufen.

Pan Suk tady teď . . . . ; . . . . . . zavolat později.

|10| – Such es nicht, Pavel. Entschuldige, ich habe ein Gespräch auf der zweiten Leitung ...

|11| – Selbstverständlich. Du machst Schluss (endest) um sechs, nicht? Ich werde am Springbrunnen auf dich warten, OK? (gilt's?)

|12| – OK. (Es gilt.) Wir setzen uns irgendwo auf ein Gläschen hin, und du erzählst mir, wie es dir geht [und] was es Neues gibt.

|13| Danke für den Anruf – und für die Einladung! Also Tschüss [bis] um sechs!

(9) **Sedat si** (unvoll.), **sednout si** (voll.) „sich setzen", Synonym **posadit se** (voll.). Sitzt man bereits, verwendet man **sedět** „sitzen" (L. 10). Vergleiche: **Sedám si na pohovku** „Ich setze mich auf das Sofa". **Sedím na pohovce** „Ich sitze auf dem Sofa". ■ **sklenička**, Verkleinerung von **sklenice** (f.) „Glas". ■ **Sednout si na skleničku** (Synonym **Jít na skleničku**) „auf ein Glas [irgendwo hin]gehen". ■ **povídat** (I, unvoll.) und **povědět** (II, **povím**, voll.) „sagen, erzählen".

(10) **zavolání, pozvání** (n.) sind Verbalsubstantive, abgeleitet von **zavolat** „anrufen" und **pozvat** „einladen".

Řešení prvního cvičení: Rozuměli jste?

❶ Apparat 40, bitte – Ich möchte [gerne] mit Herrn Beneš sprechen. ❷ Er ist in einer Sitzung; rufen Sie in einer Stunde an. ❸ Entschuldigen Sie, bitte – wo ist das Haus der Künstler? ❹ Willst du Pavel nicht eine Nachricht hinterlassen? ❺ Also auf Wiedersehen bis um acht!

❸ Augenblick, bitte. – Fräulein Malá spricht auf der zweiten Leitung. Wollen Sie warten?

Okamžik, prosím. – Slečna Malá mluví .. druhé .... Chcete počkat?

❹ Ich werde dich von einer Telefonzelle aus auf dem Weg vom Kino anrufen.

.... ti ......, ... z kina.

⑤ Danke für den Anruf. Und grüßen Sie Fräulein Alena von mir.

...... za .... A pozdravujte ode mě slečnu ..... .

⑥ Konzert? Was für ein Konzert? Ich habe zwei Eintrittskarten für das Hockeyspiel am Abend!

Koncert? .... ? ... dva ...... na večerní hokejový zápas!

Auch wenn Sie heute nicht Geburtstag haben: Glückwunsch! Noch eine Wiederholungslektion, und Sie haben eine wichtige Etappe Ihres Tschechisch-Studiums genommen. Denn danach beginnt die „aktive Phase", in der Sie selbstständig Sätze formulieren werden. Für Sie bestimmt kein Problem, denn Sie kennen jetzt bereits die Aspekte, den Imperativ, die Konjugation in der Gegenwart und der Zukunft, die Deklination im Singular und etliches mehr. Sie werden

---

▶ Čtyřicátá devátá (49.) lekce

OPAKOVÁNÍ A POZNÁMKY

1. Deklination: Der Instrumental

Der Instrumental dient der Bestimmung des Mittels und antwortet auf die Fragen „womit?" oder „wodurch?":

Pojedeme tam vlakem. „Wir fahren (womit?) mit dem Zug dorthin".

Marek ještě jí lžicí. „Marek isst noch (womit?) mit dem Löffel".

Er steht immer nach der Präposition **s**:

Obědváme s Alenou. „Wir essen mit Alena zu Mittag".

S radostí. „Mit Freude".

Řešení druhého cvičení: Chybějící slova

① mluvit s Evou ② není - zkuste ③ na - lince ④ Zavolám - z budky - cestou ⑤ Děkuji - zavolání. - Alenu ⑥ Jaký koncert? Mám - lístky

über die Fortschritte erstaunt sein, die Sie in der kurzen Zeit gemacht haben.

Aber zuerst noch ein wichtiges Telegramm:

bald	. . . .
morgen	. . . .
Hallo!	. . . .
Zug	. . . .
Mittagessen	. . . .

Wenn Sie die Anfangsbuchstaben der tschechischen Wörter hintereinander lesen, ergibt sich ein neues Wort ... Die Lösung finden Sie in der Wiederholungslektion.

Neunundvierzigste Lektion

Bei Zeit- und Ortsangaben steht er nach bestimmten Präpositionen (bei den Ortsangaben antwortet er stets auf die Frage „wo?"):

Před polednem „Vor dem Mittag".

Před letištěm „(wo?) Vor dem Flughafen".

Za nádražím „(wo?) Hinter dem Bahnhof".

(Beachten Sie: Als Antwort auf die Frage „wohin?" stehen die Präpositionen **před** und **za** mit dem Akkusativ.)

Der Instrumental steht außerdem nach bestimmten Verben und in Redensarten: **Stane se mechanikem.** „Er wird Mechaniker". **Cestou** „Unterwegs / auf dem Weg".

Instrumental Singular:

Männliche Hauptwörter haben alle die Endung **-em**:
s panem Tomášem „mit Herrn Tomáš"
s cukrem/s čajem „mit Zucker / mit Tee"

Weiblich mit Endung **-a**:
   s Alenou „mit Alena"
Weiblich mit Endung **-e/-ě**:
   s Lucií „mit Lucie"
Weiblich mit Konsonantenendung:
   s radostí „mit Freude"

Sächlich mit Endung **-o**:
   před kinem „vor dem Kino"
Sächlich mit Endung **-e/-ě**:
   před polednem/před letištěm „vor dem Mittag / vor dem Flughafen"
Sächlich mit Endung **-í**:
   za nádražím „hinter dem Bahnhof"

2. Adjektive: Der Instrumental Singular

Männlich + sächlich:
   Máme schůzku před tím velkým barokním palácem. „Wir haben eine Verabredung vor dem großen barockenen Palast".

Weiblich:
   Máte schůzku před tou velkou moderní bankou. „Ihr habt eine Verabredung vor der großen modernen Bank".

3. Deklination: Der Vokativ

Um eine Person anzusprechen oder zu rufen, verwendet man den Vokativ. Männliche Hauptwörter mit harter (oder mittlerer) Konsonantenendung haben im Vokativ Singular die Endung **-e**. Auf einen Kehllaut (g, h, ch, k) endende Nomen nehmen dagegen die Endung **-u** an. Männliche Hauptwörter mit weicher Konsonantenendung und weibliche Hauptwörter mit Konsonantenendung haben im Vokativ Singular die Endung **-i**. Weibliche Hauptwörter mit Endung **-a** haben im Vokativ Singular die Endung **-o**, und weibliche Hauptwörter mit

Endung **-e/ě** und sächliche Hauptwörter bleiben im Vokativ Singular unverändert:

Pane Davide!
Marku!
Tomáši!
Slečno Aleno!
Lucie!

Rufen Sie Ihre tschechischen Freunde:
1. Eva! **2.** Marie! **3.** Václav! **4.** Lukáš!

Die entsprechenden Vokativformen finden Sie am Ende der Lektion.

4. Deklination: Der Imperativ

Skončeme s deklinací! Mluvme o slovesech! „Beenden wir die Deklination! Sprechen wir über Verben!" ... Seit Beginn dieses Buches haben Sie schon etliche Imperative assimiliert. Hier nun die versprochenen näheren Erklärungen zum Imperativ. Den tschechischen Imperativ gibt es:
  a) in der 2. Person Singular: **mluv** „sprich" und Plural: **mluvte** „sprecht/sprechen Sie";
  b) in der 1. Person Plural: **mluvme** „sprechen wir".

Eine weitere, wenn auch seltene Form des Imperativs findet sich in Phrasen mit der Partikel **ať**: **Ať žije svoboda!** „Es lebe die Freiheit!". Zur Bildung des Imperativs nehmen Sie den Verbstamm (=Verb in der 3. Person Plural ohne die jeweilige Endung **-ou/-í**) und fügen die Imperativendung an. Diese Endung hängt von der Endung des Verbstamms ab. Daher ergeben sich zwei Typen für den Vokativ:

1. Verbstamm endet mit einem Konsonanten

2. Person Sing.	*1. Person Plural*	*2. Person Plural*
- (nur Verbstamm)	Endung **-me**	Endung **-te**
mluv „sprich"	**mluvme** „sprechen wir"	**mluvte** „sprecht/sprechen Sie"
piš „schreib"	**pišme** „schreiben wir"	**pište** „schreibt/schreiben Sie"
dělej „mach"	**dělejme** „machen wir"	**dělejte** „macht/machen Sie"

Folgende Konsonanten am Ende des Verbstamms erweichen:
d → ď, h → z, n → ň, t → ť:
Přijď v šest. „Komm um sechs". **Promiň.** „Entschuldige".

Des Weiteren gibt es einen Vokalwechsel **a → e** im Verbstamm aller Verben der Verbklasse III (Lektion 28):
Dělat - Nedělej to. „Mach das nicht".
Počkat - Počkej. „Warte".

2. Verbstamm endet mit Konsonantenfolge

2. Person Singular	*1. Person Plural*	*2. Person Plural*
Endung **-i**	Endung **-ěme/-eme**	Endung **-ěte/-ete**
čti „lies"	**čtěme** „lesen wir"	**čtěte** „lest/lesen Sie"
řekni „sag"	**řekněme** „sagen wir"	**řekněte** „sagt/sagen Sie"
otevři „öffne"	**otevřme** „öffnen wir"	**otevřte** „öffnet/öffnen Sie"

Verbstämme mit der Konsonantenendung **-l, -ř** und **-ž** (manchmal auch **-č**) nehmen die Endungen **-ete, -eme** an:
Vysvětlete mi to. „Erklären Sie mir das".
Zavřme okno. „Schließen wir das Fenster".

Der unregelmäßige Imperativ

Manche Verben bilden einen unregelmäßigen Imperativ. Dies sind: **být (buď, buďme, buďte** „sei, seien wir, seid/seien Sie"*), ***mít (měj, mějme, mějte** „hab, haben wir, habt/haben Sie") und **jíst (jez, jezme, jezte** „iss, essen wir, esst/essen Sie").
In den nächsten Lektionen lernen Sie weitere Imperativformen kennen. Achten Sie dabei auch auf die Rolle der Aspekte ... denn: Beim positiven (bejahten) Imperativ verwendet man im Hinblick auf die Vollendung der Handlung immer vollendete Verben:
Řekni to Janovi. „Sag es Jan".
Udělej to hned. „Mach es gleich".
Beim negativen (verneinten) Imperativ dagegen verwendet man meistens unvollendete Verben, weil sie ein anhaltendes, sozusagen „dauerhaftes" Verbot ausdrücken:
Nikomu to neříkej. „Sage es niemandem".
Nikdy to nedělej. „Mach das nie" (vgl. Lektion 36).

5. Verben: Imperativ bei Verben der Bewegung

Verben der Bewegung bilden eine Untergruppe der unvollendeten Verben. Hier ein wichtiger Hinweis zum Imperativ dieser Verbgruppe: Bei den Verben der Bewegung gibt es zwei Formen für den positiven Imperativ, was einen leichten Unterschied in der Bedeutung mit sich bringt.

Beispiele: **chodit, jít** „gehen" und **jezdit, jet** „fahren":

Jdi do kuchyně. „Geh in die Küche".
Jezděte vpravo. „Fahren Sie rechts".

Der Befehl ist unpersönlich und bestimmend.

Pojď do kuchyně. „Komm in die Küche".
Pojeďte s námi do Prahy. „Fahren Sie mit uns nach Prag".

Hier bindet die Positionsänderung Sprecher und angesprochene Person „persönlich" mit ein; es handelt sich um eine Aufforderung zu einer Bewegung:
a) in Richtung der sprechenden Person;
b) mit der sprechenden Person.

Der negative Imperativ hat nur eine Form, nämlich die der unbestimmten Verben der Bewegung:

Nechoď do kuchyně. „Geh nicht in die Küche".
Nejezděte vlevo/Nejezděte do Prahy v srpnu. „Fahren Sie nicht links / Fahren Sie nicht im August nach Prag".

6. Präpositionen

Sie haben weitere Präpositionen zur Ortsbestimmung kennengelernt: **mezi, nad, pod, před, za**. Diesen Präpositionen kann sowohl der Akkusativ als auch der Instrumental folgen. Welcher grammatische Fall verwendet wird, hängt davon ab, ob die Aussage einen Zustand (statisch; fixe Position) oder eine Handlung (dynamisch; Bewegung, Richtung) beschreibt. Hier einige Beispiele:

A. Handlung: Antwortet auf die Frage „wohin?" und steht deshalb mit dem Akkusativ:

Dávám kufr před stůl/pod postel/mezi pohovku a okno. „Ich stelle den Koffer (wohin?) vor den Tisch / unter das Bett / zwischen Sofa und Fenster".
Kočka si sedá za záclonu. „Die Katze setzt sich (wohin?) hinter den Vorhang".

B. Zustand: Antwortet auf die Frage „wo?" und steht deshalb mit dem Instrumental:

Kufr je před stolem/pod postelí/mezi pohovkou a oknem. „Der Koffer ist (wo?) vor dem Tisch / unter dem Bett / zwischen Sofa und Fenster".

Kočka sedí za záclonou. „Die Katze sitzt (wo?) hinter dem Vorhang".

Die „Zweite Welle", auf Tschechisch: Druhá vlna

Mit der 50. Lektion beginnt für Sie ein neuer Abschnitt beim Lernen: Sie treten in die „aktive" Phase ein, in der Sie versuchen werden, eigene Sätze zu bilden. Bisher haben Sie gelesen, die Tonaufnahmen angehört und die Aussprache trainiert. Sie haben versucht, Tschechisch zu verstehen und haben Ihre neu erworbenen Kenntnisse in kleinen Übungen getestet. Nach und nach haben Sie ein Gefühl für die fremde Sprache entwickelt und sich mit ihren Lauten und ihrer Struktur vertraut gemacht.

Ab Lektion 50 gehen Sie folgendermaßen vor:
Sie arbeiten weiterhin eine Lektion in gewohnter Weise (also passiv) durch. Wenn Sie mit einer Lektion fertig sind, gehen Sie zurück zu der Lektion, die bei „Zweite Welle:" angegeben ist, d. h. nach Lektion 50 gehen Sie zurück zu Lektion 1, nach Lektion 51 zu Lektion 2 usw. Versuchen Sie jeweils, den deutschen Lektionstext und, wenn Sie besonders gründlich sein wollen, auch den deutschen Text der Verständnisübung auf Tschechisch zu formulieren. Sehen Sie dann auf der linken Buchseite nach, ob Sie die Sätze richtig wiedergegeben haben. Wiederholen Sie Wörter und Wendungen, die Ihnen entfallen waren, oder lesen Sie ggf. noch einmal die entsprechenden Anmerkungen. Für diesen „aktiven" Durchgang müssen Sie täglich etwa 5-10 Minuten mehr einplanen. Sie können dies mündlich und schriftlich machen, je nachdem, wie viel Zeit Sie investieren bzw. wie intensiv Sie lernen möchten.
Auf diese Weise vertiefen und festigen Sie Ihre bislang erworbenen Kenntnisse und erweitern gleichzeitig Ihren Wortschatz.

Und dies sind die gesuchten Vokativformen aus Absatz 2:
1. Evo! 2. Marie! 3. Václave! 4. Lukáši!

Konnten Sie das Telegramm in Lektion 48 entziffern? Hier ist die Auflösung:

B R Z O
R Á N O
A H O J
V L A K
O B Ě D

Persönliche Notizen:

▶ Padesátá (50.) lekce

Pražské jaro ①

1 – Pan Drozd? Volal jsem vám už včera, ale nebyl jste doma. ②

2 – Doma? Byl jsem v Domě umělců. Jsem tam teď jako doma, haha. Jakmile začne Pražské jaro, nevynechám jediný koncert; mám předplatné. ③

3 – V Domě u Němců? Co hráli? ④

BOX, TO JE MŮJ KONÍČEK!

ANMERKUNGEN

① **Pražské jaro** („Prager Frühling") ist der Name der Prager Internationalen Musikfestspiele klassischer Musik. Es ist das größte jährlich im Mai stattfindende musikalische Ereignis.

Fünfzigste Lektion

Prager Frühling

1 – Herr Drozd? Ich habe Sie gestern schon angerufen, aber Sie waren nicht zu Hause.
2 – Zu Hause? Ich war im Haus der Künstler. Ich bin dort jetzt wie zu Hause, haha. Sobald der Prager Frühling beginnt, lasse ich [kein] einziges Konzert aus; ich habe ein Abonnement.
3 – Im Haus bei Deutschen? Was spielten sie?

---

(2) **Drozd** (m. bel.) „Drossel". ■ **Volal jsem** „ich rief an" und **nebyl jste** „Sie waren nicht" stehen in der Vergangenheit. Es gibt nur eine einzige Vergangenheitsform, die Sie kontextabhängig und sinngemäß in die jeweilige deutsche Vergangenheit übertragen können. ■ Die Vergangenheit der 1. und 2. Pers. besteht aus dem Partizip Perfekt und der konjugierten Form von „sein". Zur Bildung des Partizip Perfekt ersetzt man die Infinitivendung **-t** des Verbs, je nach Geschlecht, im Singular durch **-l, -la, -lo** und im Plural durch **-li, -ly, -la**. Beispiele: **Volat → volal, volala, volalo, volali...** „er rief an, sie rief an, es rief an, sie riefen an; **Být rád → byl rád, byla ráda, bylo rádo, byli rádi...** „er ..., sie ..., es war froh, sie waren froh" ■ Bei der Verneinung wird die Partikel **ne-** immer dem Partizip Perfekt vorangestellt: **Nevolal jsem** „Ich rief nicht an". (Die Endung **-l** zeigt an, dass der Sprecher männlich ist, wäre er weiblich, lautete die Endung **-la**.) **Nebyli jste rádi** „Ihr wart nicht froh". ■ Vollendete und unvollendete Verben werden in der Vergangenheit dem Sinn und Kontext des jeweiligen Satzes entsprechend verwendet.

(3) **Být (někde) jako doma** „(Irgendwo) wie zu Hause sein, sich (irgendwo) wie zu Hause fühlen". ■ **předplatné** (n.) „Abonnement", ist ein substantiviertes Adjektiv.

(4) **(u) Němců**, Genitiv Pl. von **Němec** „Deutscher". ■ **hráli** „sie spielten". Die 3. Person Sing. und Pl. der Vergangenheit wird ohne „sein" gebildet.

4 – V Domě umělců, ne „U Němců". Hahaha. Osobně se mi nejvíc líbila druhá část, po přestávce: Český filharmonický orchestr hrál „Devátou symfonii" Antonína Dvořáka. ⑤

5 – Já mám rád komorní hudbu. A taky opery... Zkrátka zpěv.

6 – Teď na jaře, to je zpěvu, že? Koncerty, chorály... Ptáci zpívají... Člověk neví, co si vybrat... ⑥

7 – Já mám rád slavíky i kosy, Leoše Janáčka a Dvořáka. Smetana je taky vynikající. ⑦

8 – Já spíš skřivany. Ale kvarteta jsou taky fajn. ⑧

9 – Třeba se jednou potkáme někde v lese, nebo na louce. Přinesu magnetofon, něco mi zazpíváte. Nebo na koncertě. ⑨

10 – Rozhodně. Jak jsem říkal, nevynechám jediný – hudba, to je můj koníček... ⑩

(VÝSLOVNOST)

[*4* ... **u**mnjältßuu - „**u**njämtßuu" ... filharmonitßkii **o**rcHäßtr ... ßimfoniji antonjiina ... *6* ... cH**o**raali ... *7* ... l**ä**oschä ... *9* ... ma**g**nätofon ...]

(ANMERKUNGEN)

⑤ **přestávka** (f.) „Pause". ■ **Antonín Dvořák** (1841-1904), neben Smetana der Begründer der modernen Musik in Böhmen. Zu seiner berühmtesten Sinfonie Nr. 9, „Aus der Neuen Welt", aber auch zu zahlreichen Quartetts, wurde er inspiriert, als er in New York Leiter des Konservatoriums war.

⑥ **Koncerty; chorály**, Nominativ Pl. von **koncert** (m.) „Konzert"; **chorál** (m.) „Choral". Männliche unbelebte Nomen mit harter oder mittlerer Konsonantenendung enden im Nominativ Pl. auf **-y**. ■ **Ptáci**, Nominativ Pl. von **pták** (m. bel.) „Vogel". Männliche belebte Nomen enden im Nominativ Pl. auf **-i** (**k** erweicht zu **c**).

| 4 | – | Im Haus der Künstler, nicht „bei Deutschen". Hahaha. Mir persönlich gefiel der zweite Teil nach der Pause am besten (meisten): Das Tschechische Philharmonieorchester spielte Antonín Dvořáks „Neunte Sinfonie".
| 5 | – | Ich mag Kammermusik. Und auch Opern ... kurzum Gesang.
| 6 | – | Jetzt im Frühling ist es [ja auch] ein Gesang, was? Konzerte, Choräle ... Die Vögel singen ... Man weiß nicht, was man sich aussuchen soll (was sich aussuchen) ...
| 7 | – | Ich mag Nachtigallen und Amseln, Leoš Janáček und Dvořák. Smetana ist auch hervorragend.
| 8 | – | Ich [mag] eher Lerchen. Aber Quartette sind auch fein.
| 9 | – | Vielleicht verabreden (treffen) wir uns mal irgendwo im Wald oder auf einer Wiese. Ich bringe ein Tonbandgerät [mit], Sie singen etwas für mich (singen mir etwas). Oder bei einem Konzert.
| 10 | – | Sicherlich. Wie ich [schon] sagte, ich lasse [kein] einziges aus – Musik ist mein Steckenpferd ...

⑦ **slavík** „Nachtigall" und **kos** „Amsel", männliche belebte Nomen. ■ **Leoš Janáček** (1854-1928) schuf Chorlieder, Kantaten, Sinfonien und Opern mit sehr eigenem Gesangsstil. ■ **Bedřich Smetana** (1824-1884), der „Nationalbarde". Er wurde vor allem durch die sinfonische Dichtung „Mein Vaterland" berühmt. ■ Kleine Wiederholung: Männliche Nomen, die im Nominativ auf **-a** enden (**kolega**, **turista**, **Smetana**), haben eine eigene Deklination. Kleine Eselsbrücke: Außer beim Dativ und Lokativ entsprechen die Endungen im Singular der weiblichen Deklination: **Vidím kolegu Davida a jeho ženu** „Ich sehe den Kollegen David und seine Frau". **Jdu ke kolegovi Davidovi a jeho ženě** „Ich gehe zum Kollegen David und seiner Frau".

⑧ **skřivan** (m.) „Lerche". ■ **kvarteta**, Nominativ Pl. von **kvarteto** (n.) „Quartett". Sächliche Nomen mit Nominativendung **-o** enden im Nominativ Pl. auf **-a**. ■ **fajn** „fein, gut" (umgangssprachliches Adjektiv und Adverb) ist unveränderlich.

⑨ **(na) louce**, Lokativ Sing. von **louka** (f.) „Wiese".

⑩ **koníček** „Steckenpferd, Hobby" ist die Verkleinerung von **kůň** (m.) „Pferd".

11 Sám trochu hraji na housle a na klavír. ⑪
12 – To je náhoda: já taky! Měli bychom si spolu zahrát duo. Ale řekněte, pane Pěnkavo, proč vlastně voláte?

(VÝSLOVNOST)

[*12 ... duo.*]

První (1.) cvičení: Rozumíte těmto větám?

❶ Včera jsem nebyl doma. ❷ Hráli "Osmou symfonii" Antonína Dvořáka. ❸ Box, to je můj koníček! ❹ Jak se vám líbila opera? ❺ Tady jsou dvě piva a limonáda. ❻ Jan byl na fotbale; Marie byla doma. Hrála na housle.

Druhé (2.) cvičení: Doplňte chybějící slova!

❶ Er rief Alena gestern früh an.

. . . . Aleně . . . . . ráno.

❷ Willst du mein neues Motorad sehen? – Ich habe es schon gesehen, vor dem Haus: Es ist tadellos!

Chceš vidět mou novou motorku? – Už . . . . ji . . . . . , před . . . . . : je bezvadná!

❸ Wie jedes Jahr begann das Musikfestival Prager Frühling am 12. Mai.

Jako každý rok, hudební festival . . . . jaro začal . . . . května.

❹ Das Tschechische Philharmonieorchester spielte die sinfonische Dichtung "Mein Vaterland" des Komponisten Bedřich Smetana.

. . . . . filharmonický . . . . symfonickou báseň "Má vlast" skladatele Bedřicha Smetany.

11	Ich selbst spiele ein bisschen Geige und Klavier.
12	– So (das ist) ein Zufall: Ich auch! Wir sollten zusammen ein Duett spielen. Aber sagen Sie, Herr Pěnkava, warum rufen Sie eigentlich an?

ANMERKUNGEN

⑪ **housle** „Geige" (f.) kann nur im Plural verwendet werden. **Hrát na housle** „Geige spielen". ■ **klavír** (m.) ist ein Synonym zu **piano** (n.). **Klavírní koncert** „Klavier-, Pianokonzert".

Řešení prvního cvičení: Rozuměli jste?

❶ Gestern war ich nicht zu Hause. ❷ Sie spielten Antonín Dvořáks "Achte Sinfonie". ❸ Boxen, das ist mein Hobby! ❹ Wie hat Ihnen die Oper gefallen? ❺ Hier sind zwei Bier und die Limonade. ❻ Jan war beim Fußball; Marie war zu Hause. Sie spielte Geige.

❺ Wann soll Leoš ankommen? – Ich glaube, dass er schon gestern mit dem Zug angekommen ist.

... má přijet Leoš? – Myslím, že ...... už včera, ...

Řešení druhého cvičení: Chybějící slova.

❶ Telefonoval - včera ❷ jsem - viděl - domem ❸ Pražské - dvanáctého ❹ Český - orchestr hrál ❺ Kdy - přijel - vlakem

Kam Ihnen diese 50. Lektion zu schwierig vor? Nicht ohne Grund – sie ist schwierig. Für Ihre Mühe hier Ihr allererstes ...

Sprichwort des Tages
zabít dvě mouchy jednou ranou
„zwei Fliegen mit einer Klappe schlagen"
(„mit einem Schlag töten")

Aktivieren Sie heute Lektion 1!

▶ Padesátá první (51.) lekce

Dopis

1. Brno, 18. (osmnáctého) července
   Milá Aleno, ①
2. posílám Ti srdečný pozdrav. ②
3. Jsem tu na prázdninách u tety. Mám se moc hezky. Jezdím hodně na kole. ③
4. Minulou sobotu jsem jela se sestřenicí do Moravského krasu. ④
5. Viděla jsem Macochu a čtyři jeskyně… ⑤
6. Jeskyně, to byla nádhera!
7. Včera přijeli na návštěvu bratranci z Olomouce. ⑥

(VÝSLOVNOST)

[2 … ßrdätschnjii … 4 … ßäßäßtrrjänjitßii … 5 … matßocHu … 7 … ß'olomoUtßä]

(ANMERKUNGEN)

① **Milý/á/é** „lieb" + Nomen im Vokativ ist die Grußformel in Briefen an Freunde und Eltern. In Briefen an unbekannte oder mit „Sie" angeredete Personen verwendet man **Vážený pane/Vážená paní/slečno** „Geehrter, Geschätzter …". Danach kann der Nachname folgen. Das Pendant zu „Sehr geehrte Damen und Herren" ist kurz und bündig: **Vážení**.

Einundfünfzigste Lektion

Brief

|1| Brünn, 18. (achtzehnter) Juli
Liebe Alena,
|2| ich sende Dir einen herzlichen Gruß.
|3| Ich bin hier in den Ferien bei der Tante. Es geht mir sehr gut (schön). Ich fahre viel Fahrrad.
|4| Letzten Samstag fuhr ich mit der Cousine in den Mährischen Karst.
|5| Ich habe die Macocha und vier Höhlen gesehen ...
|6| Die Höhlen waren eine Pracht (das war eine Pracht)!
|7| Gestern kamen auf Besuch [meine] Cousins aus Olomouc.

② Wie Sie sehen, werden auch in tschechischen Briefen Anreden großgeschrieben.

③ **tu** - oder das eher förmliche **zde** - sind synonym zu **tady** „hier". Verwechseln Sie aber das Adverb nicht mit dem Akkusativ Sing. des weiblichen Demonstrativpronomens „diese". ■ **(na) kole**, Lokativ Sing. von **kolo** (n.) „Fahrrad" (oder nur „Rad"). ■ **Jet na kole/jezdit na kole** „Fahrrad fahren".

④ **Minulý/á/é** „vergangen, vorig". ■ **(se) sestřenicí**, Instrumental Sing. von **setřenice** (f.) „Cousine". ■ **Moravský kras**, der „Mährische Karst", ca. 15 km nördlich von Brünn, ist eine unterirdische Welt, vom Wasser in den Kalkfelsen modelliert. In den Grotten kann man beleuchtete Stalaktiten und Stalagmiten bewundern, mit dem Boot auf einem unterirdischen Fluss fahren oder die faszinierenden Tiefen des Macocha-Kessels bewundern.

⑤ **jeskyně**, hier Nominativ Pl. von **jeskyně** (f.) „Höhle, Grotte". Weibliche Nomen auf **-e/-ě** ändern ihre Endung im Nominativ und Akkusativ Pl. nicht.

⑥ **bratranci**, Nominativ Pl. von **bratranec** (m.) „Cousin". ■ **Olomouc** (f.). Diese im 12. Jahrhundert gegründete historische Stadt bietet eine Mischung verschiedener Baukunstrichtungen, insbesondere aber viele wunderschöne barocke Monumente.

8	Dnes jsme byli na přehradě plavat. A najednou začalo pršet. ⑦
9	Páni se schovali, dámy se koupaly. Voda byla bezvadná! ⑧
10	Zítra máme namířeno na kole do Slavkova. Třeba zaskočíme i do Francie! ⑨
11	Pozdravuji Tebe a Tvé rodiče. Těším se na shledanou. Tvá ⑩

Monika

12	P.S. Budu tady do konce měsíce. Má adresa je:
13	Slečna M.B. /u pí Sukové/
14	Janáčkova 5 ⑪
	60200 Brno

(ANMERKUNGEN)

⑦ **přehrada** (f.) „Sperre, Staudamm".

⑧ **Páni** (oder **pánové**) „Herren". Bei männlichen belebten Nomen können im Nominativ Pl. die Endungen **-i** und **-ové** gleichermaßen verwendet werden. Die Endung **-i** erweicht den harten Konsonanten: [*paa<u>n</u>ji profäßo<u>rřj</u>*] „die Herren Professoren". ■ **dámy**, Nominativ Pl. von **dáma**, hier ein scherzhaftes Synonym zu **paní**. Weibliche Nomen mit Endung **-a** enden im Nominativ Pl. auf **-y**. ■ **Pán<u>i</u> se nekoupal<u>i</u>. Dám<u>y</u> se koupal<u>y</u>.** Bei der Konjugation der Vergangenheitsform entspricht die Endung des Partizips der Endung des Subjekts des jeweiligen Satzes. Mehr dazu in Lektion 56.

(První (1.) cvičení: Rozumíte těmto větám?)

❶ Srdečný pozdrav! ❷ Naši bratranci přijeli minulý týden. ❸ Dámy se nekoupaly. ❹ Ráno pršelo; v poledne začalo být hezky. ❺ Umíš plavat?

(Druhé (2.) cvičení: Doplňte chybějící slova!)

❶ Petr und sein Cousin Pavel fuhren mit dem Fahrrad zum Staudamm.

Petr . jeho . . . . Pavel . . . . na
. . . . na přehradu.

| 8 | Heute waren wir am Staudamm schwimmen. Und auf einmal fing es an zu regnen.
| 9 | Die Herren stellten sich unter (versteckten sich), die Damen badeten. Das Wasser war einwandfrei!
| 10 | Morgen wollen wir mit dem Fahrrad nach Slavkov (ist das Ziel auf Slavkov gerichtet). Vielleicht machen wir sogar einen Sprung (springen wir sogar) nach Frankreich!
| 11 | Ich grüße Dich und Deine Eltern. Ich freue mich auf ein Wiedersehen.
Deine Monika
| 12 | PS.: Ich werde bis zum Ende des Monats hier sein. Meine Adresse ist:
| 13 | Fräulein M.B. /bei Fr. Suková/
| 14 | Janáček Str. 5
60200 Brünn

⁽⁹⁾ Die Redewendung **mít namířeno** bedeutet „vorhaben, ein Ziel im Auge haben". ■ In der Nähe von **Slavkov** befindet sich der „Kaiserhügel", von dem aus Napoleon Bonaparte die „Dreikaiserschlacht" dirigierte. Dieser Hügel gilt weiterhin als französisches Territorium.

⁽¹⁰⁾ Hier noch einige weitere Grußformeln: **Zdraví Tě/Vás...; Srdečně zdraví...; S pozdravem/S přátelským pozdravem/Se srdečným pozdravem...; Tvůj/Váš...**

⁽¹¹⁾ **Janáčkova**, weibliches Possessivadjektiv. Diese tauchen in Namen von Straßen, Plätzen und Institutionen auf, die nach Personen benannt wurden: **Janáčkův most/Janáčkova ulice/Janáčkovo nábřeží** „Janáček Brücke/Straße/Ufer".

Řešení prvního cvičení: Rozuměli jste?

❶ Herzlichen Gruß! ❷ Unsere Cousins kamen letzte Woche an (fahrend). ❸ Die Damen badeten nicht. ❹ Morgens regnete es; am Mittag fing es an, schön zu sein. ❺ Kannst du schwimmen?

❷ Gleich als wir in der Stadt ankamen (fahrend), hörte es auf zu regnen, und die Sonne fing an zu scheinen.

Hned jak . . . . do města, přestalo
. . . . . a začalo svítit slunce.

❸ Meine Cousine Lucie fährt nicht gern Fahrrad; sie fährt lieber Motorrad oder Auto.

Má .... Lucie .... ráda ..
.... ; .... radši na motorce nebo ....

❹ Richten Sie ihm meinen Gruß aus!

Vyřiďte mu můj .... !

❺ Hans ist Deutscher; all seine Freunde sind übrigens Deutsche.

Hans je Němec; všichni jeho ....
jsou ostatně ....

▶ **Padesátá druhá (52.) lekce**

Češi mluví čínsky ①

1 – Co vás trápí? Vypadáte smutně – máte starosti?
2 – Starosti, to je to slovo. Blíží se dovolená, chci jet konečně někam do zahraničí, ale nevím přesně kam. ②
3 Navíc nemám s cestováním zkušenosti. Letiště, hotely, cizí jazyky, mám z toho hrůzu! ③

(ANMERKUNGEN)

① **Čech - Češi.** Männliche belebte Nomen mit harter (oder mittlerer) Konsonantenendung enden im Nominativ Pl. auf **-i**, diese bewirkt die folgende Erweichung der Konsonanten: **ch → š; h → z; k → c; r → ř.** ■ **Mluvit jak? Česky.** Das Adverb gibt die „Sprache" an und ist vom Adjektiv, das die „Nationalität" angibt, abgeleitet: **český → česky, anglický → anglicky**...

⑥ Liebe Eva, lieber Adam: Ich gratuliere Euch von ganzem Herzen und wünsche Euch viel Glück!

...., ... Adame: blahopřeji ... z celého srdce a přeji ... hodně štěstí!

Řešení druhého cvičení: Chybějící slova.

❶ a - bratranec - jeli - kole ❷ jsme přijeli - pršet ❸ sestřenice - nejezdí - na kole - jezdí - autem ❹ pozdrav ❺ přátelé - Němci ❻ Milá Evo - milý - Vám - Vám

Sprichwort des Tages
nosit dříví do lesa
„das Holz in den Wald tragen"

Aktivieren Sie heute Lektion 2!

Zweiundfünfzigste Lektion

Tschechen sprechen Chinesisch

1 — Was plagt Sie? Sie sehen traurig aus – haben Sie Sorgen?
2 — Sorgen, das ist das [richtige] Wort. Der Urlaub naht, ich will endlich irgendwohin ins Ausland fahren, aber ich weiß nicht genau, wohin.
3 — Zudem habe ich keine Erfahrung(en) mit Reisen. Flughäfen, Hotels, fremde Sprachen, davor graust es mir (davon habe ich einen Graus)!

② **starosti**, Nominativ und Akkusativ Pl. von **starost** (f.) „Sorge". Weibliche Nomen mit harter Konsonantenendung (Musterwort **radost**) enden im Nominativ und Akkusativ Pl. auf **-i**. ■ **zahraničí** (n.) oder **cizina** (f.) „Ausland".

③ **cestování** (n.) „Reisen", abgeleitet von **cestovat**. ■ **zkušenosti**, Akkusativ (und Nominativ) Pl. von **zkušenost** (f.) „Erfahrung". ■ **Letiště** (n.) „Flughafen". Sächliche Nomen auf **-e/-ě** bleiben im Nominativ (und Akkusativ) Pl. unverändert. ■ **jazyk** (m.) „Sprache" oder „Zunge".

LEKTION 52

| 4 | – A cestovní kanceláře? Vyberete si nějaký zájezd, zaplatíte a hotovo. ④
| 5 | – To není tak jednoduché. Nevím, jestli chci na jih nebo na sever, na západ nebo na východ. ⑤
| 6 | Letiště a hotelové pokoje jsou všude. A zájezdy mě děsí. ⑥
| 7 | – Můžete jet sám, vlakem a lodí: do Itálie, do Švédska nebo do Anglie.
| 8 | Jestli máte rád přírodu, můžete bydlet na venkově v soukromí, nebo v kempingu pod stanem. ⑦
| 9 | – Jistě. Jenže nemluvím italsky, švédsky ani anglicky.
| 10 | – To nevadí. Před pěti lety jsem byl v Číně. Číňané mluví čínsky, to je dobře známo. Já mluvím česky a slovensky – ale čínsky ani slovo. Ale často stačí úsměv nebo gesto. ⑧

CO VÁS TRÁPÍ? VYPADÁTE SMUTNĚ. MÁTE STAROSTI?

(VÝSLOVNOST)

[*8* ... fkämpingu... *10* ... gäßto.]

| 4 | – | Und Reisebüros? Sie suchen sich eine Rundfahrt aus, bezahlen und fertig.
| 5 | – | Das ist nicht so einfach. Ich weiß nicht, ob ich nach Süden oder nach Norden, nach Westen oder nach Osten will.
| 6 | | Flughäfen und Hotelzimmer gibt es (sind) überall. Und Rundfahrten finde ich schrecklich (erschrecken mich).
| 7 | – | Sie können allein fahren, mit dem Zug und mit dem Schiff: nach Italien, nach Schweden oder nach England.
| 8 | | Wenn Sie die Natur mögen, können Sie auf dem Land privat wohnen oder auf dem Campingplatz im Zelt.
| 9 | – | Sicher. Nur spreche ich weder Italienisch noch Schwedisch noch Englisch.
| 10 | – | Das macht nichts. Vor fünf Jahren war ich in China. Chinesen sprechen Chinesisch, das ist wohl bekannt. Ich spreche Tschechisch und Slowakisch – aber nicht ein Wort Chinesisch. Aber häufig reicht ein Lächeln oder eine Geste.

(ANMERKUNGEN)

(4) **kanceláře**, Nominativ Pl. von **kancelář** (f.) „Büro". Weibliche Nomen mit weicher Konsonantenendung im Nominativ (**-ň, -ř, -ž...**, Musterwort **píseň**) enden im Nominativ Pl. auf **-e/-ě**. ■ **zájezd** (m.) „Rundfahrt, Gruppenfahrt". ■ **a hotovo!** „und fertig!" ist sehr gebräuchlich.

(5) **západ** „Westen", **východ** (m.) „Osten" (oder „Ausgang", L. 29); Beide Wörter verwendet man auch für „Sonnenaufgang" und „Sonnenuntergang": **východ a západ slunce**.

(6) **pokoje** (m.) „Zimmer". Männliche unbelebte Nomen mit weicher Konsonantenendung nehmen im Nominativ Pl. die Endung **-e** an.

(7) **kemping** oder **camping** sind beides männliche Nomen. ■ **stan** "Zelt" ist ebenfalls ein Maskulinum.

(8) **Před pěti lety** oder **roky/měsíci/dny** „Vor fünf Jahren/Monaten/Tagen". Die Zahlen 5, 6, 7, usw. werden nach dem weiblichen Musterwort **radost** dekliniert, mit Ausnahme des Instrumentals: **pěti, šesti, sedmi**. ■ **Číňané** oder **Číňani**, Nominativ Pl. von **Číňan** „Chinese". ■ **to je známo** „das ist (wohl) bekannt" ist die sächliche Passivform.

LEKTION 52

11 Bylo to velice zajímavé... A Číňané byli tak zdvořilí, tak milí! ⑨

12 – Česky a slovensky, říkáte? Ale když já neumím pořádně ani česky:

13 včera například jsem si nemohl vzpomenout, jestli se říká „v domě" nebo „v domu". No ale jestli stačí úsměv... Každý začátek je těžký. ⑩

První (1.) cvičení: Rozumíte těmto větám?

❶ Cizí města, letiště, hotely – to se mi líbí! ❷ Prosím dva pokoje s koupelnou. ❸ Jeli jsme na jih, do Itálie. ❹ Telefonoval tvůj anglický přítel; mluvil anglicky a trochu česky. ❺ Jaké jsou vaše zkušenosti?

Druhé (2.) cvičení: Doplňte chybějící slova!

❶ Die Hotels sind besetzt. – Das macht nichts, wir werden privat wohnen.

. . . . . . jsou obsazené. – To . . . . . . , budeme bydlet . . . .

❷ In unserem Hotel wohnten auch zwei Holländer und drei Holländerinnen; sie waren sehr nett.

V našem hotelu . . . . taky dva Holanďani a tři Holanďanky; . . . . velice . . . . .

❸ Es reicht wenig – ein Lächeln oder ein freundliches Wort, eine Geste ...

. . . . . málo – . . . . . nebo přátelské . . . . . , gesto...

❹ Martina wird nach Spanien fahren; sie war schon einmal dort, vor fünf oder sechs Jahren.

Martina . . . . . . do Španělska; už tam jednou . . . . , před . . . . nebo šesti lety.

| 11 | Es war sehr interessant ... Und die Chinesen waren so höflich, so nett!
| 12 | – Tschechisch und Slowakisch, sagen Sie? Aber ich kann nicht einmal richtig Tschechisch (wenn ich doch nicht einmal Tschechisch kann):
| 13 | Gestern, zum Beispiel, konnte ich mich nicht erinnern, ob man „v domě" oder „v domu" sagt. Na, aber wenn ein Lächeln genügt ... Aller Anfang ist schwer.

(ANMERKUNGEN)

⑨ **zdvořilí, milí**, männliche belebte Form im Nominativ Pl. der harten Adjektive **zdvořilý** „höflich" und **milý** „lieb, nett". Ist das Bezugswort männlich unbelebt, hat das harte Adjektiv die Endung **-é**: **hotelové pokoje** „Hotelzimmer".

⑩ **nemohl/a/o jsem** „ich konnte nicht". Die Vergangenheitsform von **moci** („können") ist unregelmäßig. ■ **vzpomínat si** (I, unvoll.) **vzpomenout si** (I, voll.) „sich erinnern".

Řešení prvního cvičení: Rozuměli jste?

❶ Fremde Städte, Flughäfen, Hotels – das gefällt mir! ❷ Bitte zwei Zimmer mit Bad. ❸ Wir fuhren in den Süden, nach Italien. ❹ Dein englischer Freund rief an; er sprach Englisch und ein bisschen Tschechisch. ❺ Was (wie) sind Ihre Erfahrungen?

❺ Wo habt ihr geschlafen? – Auf einem Campingplatz. Wir mögen die Natur.

Kde jste spali? – . . . . Máme rádi

. . . .

Řešení druhého cvičení: Chybějící slova.

❶ Hotely - nevadí - v soukromí ❷ bydleli - byli - milí ❸ Stačí - úsměv - slovo ❹ pojede - byla - pěti ❺ V kempingu - přírodu

Sprichwort des Tages
mít o kolečko víc
„eine Schraube locker haben"
(„um ein Rädchen mehr (= zu viel) haben")

Aktivieren Sie heute Lektion 3!

▶ Padesátá třetí (53.) lekce

Móda

1 – Monika tady dnes odpoledne není?
2 – Ne. Odešla před chvílí. Proč? ①
3 – Telefonoval nějaký doktor Krejčí; mají spolu schůzku v jednu na klinice… ②
4 – Tak to jí moc času nezbývá. Šla do Domu módy. Chtěla si koupit červenou kabelku. ③
5 – Červenou kabelku? To je zvláštní – červená už přece není v módě. ④
6 – To je pravda, nosí se spíš modrá. Ale třeba se móda změní, člověk nikdy neví. ⑤

ANMERKUNGEN

① **Odešel/odešla/odešlo** „er/sie/es ging weg, ging fort". Die Vergangenheit aller von **jít** „gehen" abgeleiteten Verben ist unregelmäßig. Siehe auch **šla** „sie ging" weiter unten.

Dreiundfünfzigste Lektion

Die Mode

1 – Monika ist heute Nachmittag nicht hier?
2 – Nein. Sie ging vor einer Weile weg. Warum?
3 – Ein gewisser (irgendein) Doktor Krejčí rief an. Sie haben eine Verabredung (miteinander) um eins in der Klinik ...
4 – Dann bleibt ihr nicht viel Zeit (übrig). Sie ging ins Haus der Mode. Sie wollte sich eine rote Handtasche kaufen.
5 – Eine rote Handtasche? Das ist seltsam – Rot ist doch nicht mehr modern (in Mode).
6 – Das ist wahr, man trägt eher Blau. Aber vielleicht ändert sich die Mode, man (Mensch) weiß [ja] nie.

② Akademische Titel zusammen mit einem Nachnamen können die Anrede „Herr/Frau" ersetzen. Jedoch ist es höflicher, beides zu nennen, wenn die jeweilige Person anwesend ist: **Pan inženýr Novák vám to vysvětlí** „Herr Ingenieur Novák wird es Ihnen erklären". Sprechen Sie die betreffende Person direkt an, sagen Sie **„Pane doktore!"** (im allgemeinen oder beruflichen Rahmen) oder einfach **„Pane Krejčí!"**. ■ **Krejčí** (m. bel.) „Schneider". Die wenigen männlichen Nomen, die auf **-í** enden, werden wie weiche Adjektive dekliniert. (Sie kennen bereits **rozhodčí** „Schiedsrichter").

③ **Chtěl/a/o** „er/sie/es wollte". Die Vergangenheit von **chtít** („wollen") ist unregelmäßig. (Der Vokalwechsel **í → e/ě** tritt in der Vergangenheit bei zahlreichen Verben auf: **mít** „haben" → **měl/a/o**.)

④ **zvláštní** „seltsam, eigenartig, merkwürdig, kurios; Sonder-". **Zvláštní vydání** „Sonderausgabe". ■ **červená (barva)** „rot, rote Farbe".

⑤ **nosí se modrá** „man trägt Blau, (es wird Blau getragen)". Hier wird das Passiv mithilfe eines Reflexivpronomens gebildet. ■ **spíš(e)** „eher, vielmehr". **nejspíš(e)** „höchstwahrscheinlich" ist ein Superlativ. ■ **třeba** „vielleicht", Synonym zu **možná** (L. 22) und **snad** (L. 27). ■ **člověk nikdy neví** „man weiß nie". In Redewendungen/Redensarten wird unser „man" mit „Mensch" oder „einer" ausgedrückt: **jeden nikdy neví** „man weiß nie".

7 Ostatně Monika mi v pátek říkala, že si koupila červené letní šaty a boty. Monika má vkus. A červená jí velice sluší. ⑥

8 – Hm. Červené šaty a boty; a teď kabelka. V pátek bylo třináctého. Totiž ten doktor Krejčí volal už v pátek odpoledne, nejmíň třikrát. Řekněte – nezdá se vám to divné? ⑦

9 – Co je na tom divného? Monika je mladá, chce se bavit. A mužům se líbí, má u nich úspěch. ⑧

10 – Ale on telefonoval z psychiatrické kliniky!

11 – To je normální, paní Procházková. Moničin přítel tam pracuje. Ale máte pravdu: někdy má takový divný hlas… ⑨

12 – Víte, nechci nic tvrdit, ale… ⑩

(VÝSLOVNOST)

[*10* … ß'pßicHijatritßkää …]

První (1.) cvičení: Rozumíte těmto větám?

❶ Monika si šla koupit nové boty. ❷ Nezdá se vám ten doktor Krejčí trochu zvláštní? ❸ Opera měla velký úspěch. ❹ Odešli před chvílí, chtěli jít do kina. ❺ Zajímá vás móda? ❻ Minulý týden telefonoval osmnáctkrát!

Druhé (2.) cvičení: Doplňte chybějící slova!

❶ Am Samstagvormittag war ich nicht zu Hause: Ich ging Tennis spielen.

. sobotu dopoledne .... doma: ... . hrát tenis.

❷ Habt ihr die Eintrittskarten gekauft? – Ja, vorgestern.

.... ty lístky? – Ano, předevčírem.

❸ Sie wollte nicht arbeiten, sie wollte sich nur amüsieren, ins Kino gehen und über Mode sprechen, Herr Doktor!

.... pracovat, ... se jenom bavit, chodit do .... a mluvit o módě, ... !

| 7 | | Übrigens, Monika sagte mir am Freitag, dass sie sich ein rotes Sommerkleid und [rote] Schuhe gekauft hat. Monika hat Geschmack. Und Rot steht ihr sehr [gut].
| 8 | – | Hm. Rotes Kleid und [rote] Schuhe; und jetzt die Handtasche. Am Freitag war der 13. Dieser Doktor Krejčí rief nämlich schon am Freitagnachmittag an, mindestens dreimal. Sagen Sie [mal] – kommt (erscheint) Ihnen das nicht merkwürdig vor?
| 9 | – | Was ist daran merkwürdig? Monika ist jung, sie will sich amüsieren. Und sie gefällt den Männern, kommt bei ihnen gut an (hat bei ihnen Erfolg).
| 10 | – | Aber er rief aus einer psychiatrischen Klinik an!
| 11 | – | Das ist normal, Frau Procházková. Monikas Freund arbeitet dort. Aber Sie haben Recht: Manchmal hat er so eine merkwürdige Stimme ...
| 12 | – | Wissen Sie, ich will [ja] nichts behaupten, aber ...

ANMERKUNGEN

⑥ **slušet** „jdm. stehen, jdn. kleiden" steht bei unpersönlichen Konstruktionen mit dem Dativ: **To vám moc sluší** „Das steht Ihnen / kleidet Sie sehr gut". **Zelená jí vůbec nesluší** „Grün steht ihr überhaupt nicht".

⑦ **divný/á/é** oder **podivný/á/é** „merkwürdig, seltsam, sonderbar".

⑧ **mužům**, Dativ Pl. von **muž** „Mann". ■ **(u) nich**, Genitiv des Personalpronomens **oni**. Sie wissen: Die Langform mit **n-** wird stets nach Präpositionen verwendet.

⑨ **Moničin** ist ein Possessivadjektiv (hier im Maskulinum, da das Besitztum männlich ist), abgeleitet vom Vornamen Monika. Hier alle drei Formen: **Moničin otec/Moničina matka/Moničino auto** „Monikas Vater/Mutter/Auto". Die Endung des Possessivadjektivs ändert sich je nach Geschlecht des Besitztums. Possessivadjektive, die bisher vorkamen, waren von Männernamen abgeleitet und endeten auf **-ův/-ova/-ovo**: **Karlův most, Karlova univerzita, Janáčkovo náměstí**.

⑩ **tvrdit** „behaupten".

Řešení prvního cvičení: Rozuměli jste?

❶ Monika ging sich neue Schuhe kaufen. ❷ Erscheint Ihnen dieser Doktor Krejčí nicht ein wenig merkwürdig? ❸ Die Oper hatte großen Erfolg. ❹ Sie gingen vor einer Weile weg, sie wollten ins Kino gehen. ❺ Interessiert Sie Mode? ❻ Letzte Woche rief er achtzehn mal an / telefonierte er achtzehn mal!

④ Ich sprach sie auf Tschechisch an, sie sprachen mich auf Chinesisch an.

Já .... na ně ...... česky, oni na mě
.... čínsky.

⑤ Er hatte eine Sitzung, er konnte nicht mit mir kommen.

Měl schůzi, ... přijít se mnou.

⑥ Lucie und Anna gingen zu einer Modenschau. Sie kamen spät zurück: Jemand hat Lucie ihren roten Hut gestohlen.

Lucie a Anna ... na módní přehlídku. Vrátily se pozdě: někdo ukradl ..... její .... klobouk.

▶ Padesátá čtvrtá (54.) lekce

Lázně Karlovy Vary ①

1. Před třemi dny mi napsala jedna známá z Belgie. ②
2. Její belgičtí přátelé, pan a paní Albertovi, se chystají do Čech. ③
3. Nedávno znovu viděli film „Loni v Marienbadu". Rozhodli se strávit pár dní v západních Čechách. ④

(VÝSLOVNOST)

[1 ... bälgijä.]

(ANMERKUNGEN)

① **Lázně** (f., Pl.) "Bad, Kurort, Badeanstalt, -ort". ■ **Karlovy Vary**. Der Kurort Karlsbad hatte seinen Ruhm und Glanz vor allem um 1900. Berühmt sind die Kolonaden, die heißen Quellen sowie die Architektur des 18. und 19. Jahrhunderts.

② **známý/známá** (wörtlich: „bekannt"), substantiviertes Adjektiv: „Bekannter, Bekannte". **Přítel/přítelkyně** verwendet man für Freunde.

Řešení druhého cvičení: Chybějící slova.

① V - jsem nebyl - šel jsem ② Koupili jste ③ Nechtěla - chtěla - kina - pane doktore ④ jsem - mluvil - mluvili ⑤ nemohl ⑥ šly - Lucii - červený

**Sprichwort des Tages
smát se pod vousy**
„sich ins Fäustchen lachen"
(„sich unter den Bart lachen")

Aktivieren Sie heute Lektion 4!

Vierundfünfzigste Lektion

Der Kurort Karlsbad

1	Vor drei Tagen schrieb mir eine Bekannte aus Belgien.
2	Ihre belgischen Freunde, Herr und Frau Albert, beabsichtigen nach Tschechien zu kommen.
3	Neulich haben sie wieder den Kinofilm „Letztes Jahr in Marienbad" gesehen. Sie entschieden sich, ein paar Tage in Westtschechien zu verbringen.

③ **belgičtí**, Nominativ Pl. des harten Adjektivs **belgický** „belgisch". Diese Änderung der Endung erfolgt nur bei männlich belebt und bei den Nominativendungen **-cký** und **-ský**: **-cký** erweicht zu **-čtí**, **-ský** zu **-ští**: **čeští kolegové** „tschechische Kollegen". ■ **přátelé** „Freunde": Im Plural ändert sich der Vokal des Wortstamms. ■ **Albertovi** „die Alberts, Familie Albert".

④ **Mariánské Lázně** „Marienbad", seit Anfang 19. Jh. ein Kurort. ■ **Rozhodli se** + Infinitiv: „sie entschieden sich, sie beschlossen" ist die Vergangenheit des vollendeten **rozhodnout se**. Verben mit Infinitivendung **-nout** haben meist ein zusammengezogenes Partizip Perfekt: **rozhodl/a/o**. ■ **pár dní** oder **dnů** „ein paar Tage". **pár** hat zwei Bedeutungen: „ein Paar" und „ein paar" (=einige), und da Letzteres eine Mengenangabe ist, steht **pár** (Synonym **několik**) mit dem Genitiv: **pár kilometrů/pár jablek** „ein paar Kilometer / ein paar Äpfel". ■ **západní** „West-, westlich". (**východní** „Ost-, östlich"; **severní** „Nord-, nördlich"; **jižní** „Süd-, südlich".)

4 Pan Albert je masér, pracuje v malém lázeňském středisku. Paní Albertová je lékařka.

5 Když něco bolí pana Alberta, paní Albertová ho vyšetří. A když něco bolí paní Albertovou, pan Albert jí namasíruje záda. ⑤

6 Albertovi by chtěli poznat naše lázeňská střediska a seznámit se s českými kolegy. ⑥

7 Čeští kolegové, to jsme my: můj přítel Michal, Anežka a já.

8 Jsem masér, bydlím v Karlových Varech blízko kolonády, pracuji v Lázeňském domě. Jsem tak říkajíc u pramene! ⑦

9 Michal je lékař. Aspoň to říká. Kinezioterapeut.

10 A Anežka Šťastná, to je má snoubenka. Přijela z Prahy na léčení. Kúra skončila, ale Anežka tady zůstala. ⑧

11 Našla si i nové zaměstnání. Je masérka, jako já. A jako pan Albert, samozřejmě.

(VÝSLOVNOST)

[7 ... micHal ... 9 ... kinäsijotärapätik. 10 ... snoUbänka.]

4	Herr Albert ist Masseur, er arbeitet in einer kleinen Badeanstalt (-zentrum). Frau Albert ist Ärztin.
5	Wenn Herrn Albert etwas weh tut, untersucht ihn Frau Albert. Und wenn Frau Albert etwas weh tut, massiert ihr Herr Albert den Rücken.
6	Die Alberts möchten [gern] unsere Badeanstalten kennenlernen und mit tschechischen Kollegen Bekanntschaft machen.
7	Die tschechischen Kollegen, das sind wir: mein Freund Michal, Anežka und ich.
8	Ich bin Masseur, wohne in Karlsbad, in der Nähe der Kolonade, ich arbeite im Badehaus. Ich bin sozusagen an der Quelle!
9	Michal ist Arzt. Zumindest sagt er es. Krankengymnast.
10	Und Anežka Šťastná, das ist meine Verlobte. Sie kam von Prag zur Kur. Die Kur ging zu Ende, aber Anežka blieb hier.
11	Sie fand auch eine neue Arbeit. Sie ist Masseurin, wie ich. Und wie Herr Albert, selbstverständlich.

(ANMERKUNGEN)

⑤ **záda** (n., Pl.) „Rücken". ■ Das unvollendete Verb **bolí** („schmerzt, tut weh") drückt eine andauernde Handlung aus. Dagegen drücken die vollendeten Verben **vyšetří, namasíruje** („untersucht, massiert") eine einmalige, abgeschlossene Handlung aus.

⑥ **lázeňský/á/é** „Bade-, Kur-, Bäder-". **lázeňská střediska** „Badeanstalten, Badeorte", Akkusativ und Nominativ Pl. des harten Adjektivs **lázeňské** (n.) und des Nomens **středisko** (n.) „Zentrum, Stätte, Klinik".

⑦ **tak říkajíc** „sozusagen" ist eine Redewendung.

⑧ **snoubenka** „die Verlobte" ist abgeleitet von **snoubenec** „der Verlobte". ■ **léčení** „Heilen, Kur, ärztliche Behandlung" ist ein Verbalsubstantiv, abgeleitet von **léčit** „heilen, (ärztlich) behandeln" (Synonym **kúra** (f.) „Kur").

LEKTION 54

12 Za deset dní máme svatbu. Až v srpnu přijedou hosté z Belgie, budu ženatý… ⑨

13 Ukážeme jim kliniku, kde pracuje Michal – pořád ještě svobodný –, a dvanáct minerálních pramenů. ⑩

14 A připijeme jim na zdraví elixírem doktora Bechera! ⑪

(VÝSLOVNOST)

[*14* … bäcHära!]

První (1.) cvičení: Rozumíte těmto větám?

❶ Napsali vám už vaši belgičtí přátelé? ❷ Sestra je vdaná, má dvě děti; já jsem svobodný. ❸ Chtějí strávit týden v západních Čechách. ❹ Manželé Novákovi přijeli do lázní v neděli večer. ❺ Až kúra skončí, zůstanu tady ještě pár dní.

Druhé (2.) cvičení: Doplňte chybějící slova!

❶ Vor drei Tagen traf ich den Masseur Josef aus dem Badehaus. Er sah sehr traurig aus – ich denke, dass er Sorgen hat.

 . . . . třemi . . . jsem potkal maséra . . . . . . z Lázeňského domu. Vypadal moc smutně – myslím, . . má . . . .

❷ In Westtschechien sind zwei bekannte Badeorte: Karlsbad und Marienbad.

 . . . . Čechách jsou dvě známá . . . . střediska: Karlovy Vary a Mariánské Lázně.

❸ Und jetzt trinken wir auf das Wohl von Anežka und Michal: Es leben die Jungvermählten!

A teď . . . . Anežky a Michala: Ať žijí novomanželé!

|12| In zehn Tagen haben wir Hochzeit. Wenn (bis) im August die Gäste aus Belgien kommen, werde ich verheiratet sein ...

|13| Wir werden ihnen die Klinik zeigen, in der (wo) Michal arbeitet – immer noch ledig – und die zwölf Mineralquellen.

|14| Und wir werden mit Doktor Bechers Elixier auf ihr Wohl trinken!

(ANMERKUNGEN)

⑨ Beim Mann heißt „verheiratet" **ženatý**, bei der Frau **vdaná**. Analog unterscheidet man beim Verb: Heiratet ein Mann, verwendet man **ženit se, oženit se** „heiraten", heiratet eine Frau, **vdát se** und **provdat se**.

⑩ **svobodný/á** „ledig", wörtlich „frei".

⑪ **připít** + Dativ + **na** „auf jds. Wohl trinken, anstoßen". Ein gängiger Trinkspruch ist: **Na zdraví!** „Zum Wohl!" ■ **Becherovka**. Likör mit zahlreichen Verwendungsmöglichkeiten (vom Aperitif bis zum Verdauungsschnaps), ursprünglich in **Karlovy Vary** von einem gewissen M. Becher hergestellt und von Bistro-Stammgästen gern als „die 13. Quelle" in Anspielung auf die 12 Mineralquellen der Stadt bezeichnet.

Řešení prvního cvičení: Rozuměli jste?

❶ Haben euch eure belgischen Freunde schon geschrieben? ❷ [Meine] Schwester ist verheiratet, sie hat zwei Kinder; ich bin ledig. ❸ Sie wollen eine Woche in Westtschechien verbringen. ❹ Die Eheleute Novák kamen am Sonntagabend im Kurort an. ❺ Wenn die Kur zu Ende ist, bleibe ich noch ein paar Tage hier.

❹ Die Alberts kommen mit ihrer Tochter Ulrika. Fräulein Ulrika ist 17 Jahre alt.

. . . . **přijedou se svou dcerou** . . . .
Slečně . . . . . . **je sedmnáct let.**

❺ Wir konnten nicht parken, überall waren Autos. Auf dem zweiten Parkplatz waren noch dazu Busse!

Nemohli jsme zaparkovat, všude byla . . . . .
Na druhém parkovišti byly navíc . . . . !

6 Ulrika ging zur Post. An der Kolonade traf sie Josef; er sprach weder Deutsch noch Englisch – aber häufig reicht ein Lächeln ...

Ulrika šla na poštu. Na kolonádě ....
Josefa; .... ani německy, ani ....
– ale často ..... úsměv...

▶ Padesátá pátá (55.) lekce

Dobrou noc

| 1 | – Je skoro deset hodin, děti – musíte jít spát.
| 2 | – Mohla bych dočíst kapitolu, maminko? Jsou to sotva čtyři stránky. Pořád nevím, kdo je vlastně zrádce. ①
| 3 | – Napřed se umyj a vyčisti si zuby, Veroniko.
| 4 | – Už jsem si je vyčistila. A umyla jsem se. Já jsem v koupelně byla... ②
| 5 | – Mikuláši? Konec hraní. Do koupelny! ③

(ANMERKUNGEN)

① **dočíst** „fertiglesen, zu Ende lesen" stammt von **číst** „lesen". Die Vorsilbe **do-** drückt die Vollendung oder Beendigung einer Handlung aus. Ebenso können Sie sagen: **dohrát partii** „eine Partie zu Ende spielen", **dojíst koláč** „einen Kuchen fertigessen", **dopít láhev** „eine Flasche leer trinken", usw. ■ **kapitola** (f.) „Kapitel", **stránka** (oder **strana**) (f.) „Seite". ■ **sotva** „kaum", Synonym von **stěží** „kaum, schwerlich". ■ **zrádce** (m. bel.) „Verräter". Männliche Hauptwörter mit Nominativendung **-ce** werden wie das Musterwort **muž** dekliniert, enden aber im Vokativ Sing. ebenfalls auf **-ce**.

> **Řešení druhého cvičení: Chybějící slova.**

① Před - dny - Josefa - že - starosti ② V západních - lázeňská ③ připijeme na zdraví ④ Albertovi - Ulrikou - Ulrice ⑤ auta - autobusy ⑥ potkala - nemluvil - anglicky - stačí

Sprichwort des Tages
tahat za nohu
„auf den Arm nehmen"
(„am Bein ziehen")

Aktivieren Sie heute Lektion 5!

Fünfundfünfzigste Lektion

Gute Nacht

1 — Es ist fast zehn Uhr, Kinder – ihr müsst schlafen gehen.
2 — Könnte ich das Kapitel zu Ende lesen, Mama? Es sind kaum vier Seiten. Ich weiß immer [noch] nicht, wer eigentlich der Verräter ist.
3 — Wasche dich vorher, und putze dir die Zähne, Veronika.
4 — Ich habe sie mir schon geputzt. Und ich habe mich gewaschen. Ich war [schon] im Bad ...
5 — Mikuláš? Schluss [mit] Spielen. [Ab] ins Bad!

---

② Wenn mehrere einsilbige unbetonte (enklitische) Pronomen aufeinanderfolgen (hier: Hilfsverb **jsem** in der Vergangenheit; das Relativpronomen **se/si**; das Personalpronomen im Akkusativ **je**), gelten für die sonst relativ freie Wortfolge vorgegebene Regeln (siehe hierzu Lektion 56).

③ **hraní** (n.) „das Spielen, das Spiel", Verbalsubstantiv.

6 – Já jsem tam taky byl. Stačí se podívat na poslední stránku, Veroniko, zrádce je…

7 – Čistil sis zuby? Myl ses? Máš pusu celou umazanou od čokolády. Ukaž mi ruce. Jsou špinavé. A nohy. ④

8 – Kterou? Obě? Ale já jsem se sprchoval, mami. ⑤

9 – Povídali, že mu hráli! Vlasy máš úplně suché. Kdy ses sprchoval? ⑥

10 – No – odpoledne. Ale zuby jsem si vyčistil před půl hodinou. Pak jsem hrál tu novou hru, Detektiva. Vzal jsem si kousek čokolády. Pro povzbuzení, chápeš? ⑦

(VÝSLOVNOST)

[*10* … dätäktiwa.]

(ANMERKUNGEN)

④ **(Vy)čistil sis zuby? (U)myl ses?** In der 2. Person Sing. verschmelzen das Hilfsverb **jsi** und die Reflexivpronomen **si/se** zu **sis/ses**. ■ Unvollendete Verben drücken eine anhaltende und/oder wiederholte Handlung aus – sie 'filmen' die Handlung (**čistil, myl**). Vollendete Verben drücken eine abgeschlossene einmalige Handlung aus – sie 'fotografieren' die Handlung (**vyčistil, umyl**). Aus diesem Grund stehen hier die unvollendeten Verben **čistil sis zuby?/myl ses?** (=Vollendung der Handlung ist unklar). ■ **ruce, nohy,** Akkusativ Pl. von **ruka** (f.) „Hand", **noha** (f.) „Fuß, Bein".

| 6 | – | Ich war auch [schon] dort. Es genügt, auf die letzte Seite zu schauen, Veronika, der Verräter ist ...
| 7 | – | Hast du dir die Zähne geputzt? Hast du dich gewaschen? Du hast einen ganz mit Schokolade verschmierten Mund. Zeig mir die Hände. Sie sind dreckig. Und die Füße.
| 8 | – | Welchen? Beide? Aber ich habe geduscht, Mama.
| 9 | – | Papperlapapp! Du hast ganz trockene Haare. Wann hast du geduscht?
| 10 | – | Na – am Nachmittag. Aber die Zähne habe ich mir vor einer halben Stunde geputzt. Dann habe ich das neue Spiel gespielt, den Detektiv. Ich habe mir ein Stückchen Schokolade genommen. Zur Anregung, verstehst du?

> *Ihnen wird auffallen, dass die Übersetzungen der tschechischen Texte ins Deutsche etwas freier werden. Zum einen, weil wir Sie nicht mehr als Anfänger behandeln wollen, zum anderen, damit die Formulierungen einem deutschen Leser nicht allzu sehr „in den Ohren wehtun".*

⑤ **mami** „Mama" ist als Anrede unveränderlich. Weitere Varianten sind **maminka** und **máma**.

⑥ **Povídali, že mu hráli** ist eine Redensart ohne jeglichen lexikalischen Gehalt: "Sie sagten, dass sie ihm spielten" und bedeutet so viel wie: „Papperlapapp!".

⑦ **Vzal jsem** „ich nahm". Die Vergangenheit des vollendeten **vzít** „nehmen" ist unregelmäßig, im Ggs. zum unvollendeten **brát**: **bral jsem** „ich nahm".
■ **kousek**, Verkleinerung von **kus** (m.) „Stück". ■ **chápat** „begreifen, verstehen", Synonym von **rozumět**.

11 – Chápu. Tak teď si vezmeš kartáček a pastu a vyčistíš si zuby znovu. A umyješ si ruce i obličej pořádně mýdlem. Ostatně uděláš líp, když se vykoupeš. ⑧

12 – Ve vaně? ⑨

13 – Co myslíš? Detektiv počká. Odhalíš vraha zítra.

14 – Vrah je zahradník!

15 – Buď zticha, Veroniko! Uvidíš, máma teď zhasne… A vezme ti tu baterku, kterou máš pod polštářem! ⑩

(ANMERKUNGEN)

⑧ **kartáček**, Verkleinerung von **kartáč** (m.) „Bürste". ■ **(zubní) pasta** (f.) „Zahnpasta". ■ **pořádně** „ordentlich; tüchtig, gehörig". ■ **mýdlem**, Instrumental Sing. von **mýdlo** (n.) „Seife". Man sagt **mýt se mýdlem** „sich mit Seife waschen". ■ **koupat se** (unvoll.; L. 51), **vykoupat se** (voll.) „baden, ein Bad nehmen".

⑨ **(Ve) vaně**, Lokativ Sing. von **vana** (f.) „(Bade-)wanne".

První (1.) cvičení: Rozumíte těmto větám?

❶ Kde bych si mohla umýt ruce? ❷ Večeřel jste už v té nové restauraci? ❸ Vykoupal jsem se, vyčistil jsem si zuby a šel jsem spát. ❹ Mikuláš chtěl dohrát hru. ❺ V poslední kapitole zahradník odhalil vraha: byl to detektiv!

Druhé (2.) cvičení: Doplňte chybějící slova!

❶ Möchtest du duschen? Hier ist ein Handtuch; Shampoo, Seife und Zahnpasta sind im Bad.

Chceš se osprchovat? Tady je ručník; šampón, ... a zubní . . . . . jsou . . . .

❷ Veronika las das vierte Kapitel. Als sie es zu Ende gelesen hatte, fing sie an, das fünfte zu lesen. Aber ja!

Veronika četla čtvrtou . . . . Když ji . . . . , začala číst pátou. Ale . . . !

11	–	Ich verstehe. So, jetzt nimmst du die Zahnbürste und die Zahnpasta und putzt dir die Zähne erneut. Und wäschst dir die Hände und auch das Gesicht ordentlich mit Seife. Eigentlich ist es besser (im Übrigen machst du besser,) wenn du badest.
12	–	In der Badewanne?
13	–	Was denkst du? Der Detektiv wartet. Den Mörder entlarvst du morgen.
14	–	Der Mörder ist der Gärtner!
15	–	Sei still, Veronika! Du wirst sehen, die Mama wird jetzt das Licht ausschalten ... Und wird dir die Taschenlampe wegnehmen, die du unter dem Kopfkissen hast!

(10) **Buď zticha!**, Redensart und Synonym von **Mlč!** „Sei still!, Schweig!"
■ **zhasnout (světlo)** „(das Licht) löschen". ■ Das Relativpronomen **který/á/é** „welcher/welche/welches" stimmt in Geschlecht und Anzahl mit dem Bezugswort überein. Der Fall des deklinierten Pronomens hängt jedoch vom Verb des Relativsatzes ab. Vergleichen Sie: **Baterka, která je pod polštářem** „Die Taschenlampe, die unter dem Kopfkissen ist". **Baterka, kterou Veronika schovala pod polštář** „Die Taschenlampe, die Veronika unter dem Kopfkissen versteckt hat".

Řešení prvního cvičení: Rozuměli jste?

❶ Wo könnte ich mir die Hände waschen? ❷ Haben Sie schon in dem neuen Restaurant zu Abend gegessen? ❸ Ich badete / ich habe gebadet, putzte mir die Zähne / habe mir die Zähne geputzt und ging schlafen. ❹ Mikuláš wollte das Spiel zu Ende spielen. ❺ Im letzten Kapitel entlarvte der Gärtner den Mörder: Es war der Detektiv!

❸ Zuerst haben wir geduscht. Dann schauten wir fern.

Napřed . . . . . . osprchovali. Pak jsme se
. . . . . . na televizi.

④ Im Schrank findest du eine Taschenlampe.

Ve skříni najdeš ....

⑤ Eliška, jetzt musst du schlafen. Gib mir einen Kuss – und Gute Nacht!

...... teď musíš spát. Dej mi pusu –
a .... !

▶ Padesátá šestá (56.) lekce

OPAKOVÁNÍ A POZNÁMKY

Nun, wie klappt es mit der „Zweiten Welle" – oder „Aktiven Phase"? Sie können nun für sich selbst kleine Sätze bilden, ohne über die unvermeidlichen Fehler, die Sie dabei machen, groß nachzudenken. Diese sind nicht weiter schlimm – wichtig ist, dass Sie weiterhin Ihr Hörverständnis trainieren, alles Weitere kommt von selbst. Sollten Sie sich dennoch nicht mehr sattelfest fühlen, können Sie ja jederzeit die Progression verlangsamen und die Wiederholungen weiter vertiefen.

1. Deklination: Nominativ Plural

Wir beginnen mit der Deklination der Substantive im Nominativ Plural.

Nominativ Singular   **Plural**
Männlich belebt mit harter (oder mittlerer) Konsonantenendung:
pán „Herr"   **páni**[1]/**-ové**/**-é**[2]

---

[1] Bei männlichen belebten Hauptwörtern mit harter Konsonantenendung erweicht die Endung **-i** die Konsonanten: **ch → š; h → z; k → c; r → ř**; auch die Konsonanten **d**, **n** und **t** erweichen.

[2] In seltenen Fällen nehmen bestimmte Wörter die Endung **-é** an: **přátelé** „Freunde", **učitelé** „Lehrer" ...

Řešení druhého cvičení: Chybějící slova.

❶ mýdlo - pasta - v koupelně ❷ kapitolu - dočetla - ano ❸ jsme se - dívali ❹ baterku ❺ Eliško - dobrou noc

Sprichwort des Tages
vodit za nos
„an der Nase herumführen"

Aktivieren Sie heute Lektion 6!

Sechsundfünfzigste Lektion

Nominativ Singular   **Plural**

Männlich unbelebt mit harter (oder mittlerer) Konsonantenendung:
   hrad „Burg"   **hrady**

Männlich belebt mit weicher Konsonantenendung:
   muž „Mann"   **muži/-ové**

Männlich unbelebt mit weicher Konsonantenendung:
   stroj „Maschine"   **stroje**

Weiblich mit Endung **-a**:
   žena „Frau"   **ženy**

Weiblich mit Endung **-e/-ě**:
   růže „Rose"   **růže**

Weiblich mit Konsonantenendung:
   radost „Freude"   **radosti**

Weiblich mit weicher Konsonantenendung:
   píseň „Lied"   **písně**

Sächlich mit Endung **-o**:
   město „Stadt"   **města**

Sächlich mit Endung **-e/-ě**:
   moře „Meer"   **moře**

Sächlich mit Endung **-í**:
   nádraží „Bahnhof"   **nádraží**

Unter den sächlichen Nomen mit Endung **-e/-ě** gibt es die kleine Gruppe der jungen Lebewesen. Bei ihnen schiebt man zwischen

Wortstamm und Endung ein -at- ein: **děvče - děvčata** „Mädchen", **kotě - koťata** „Kätzchen", **štěně - štěňata** „Welpen". etc. Junge Lebewesen werden nach dem Musterwort **kuře** dekliniert. Diese Deklination finden Sie im Grammatikanhang.

2. Adjektive: Nominativ Plural

Die für harte und weiche Adjektive anzuwendenden Formen gehen aus den folgenden Beispielsätzen hervor:

Männlich belebt:[1]
 Ti moderní mladí páni „Diese modernen jungen Männer".

[1] Steht ein hartes Adjektiv mit einem männlichen belebten Hauptwort, erweichen wegen der Endung **-i** die Konsonanten: **ch → š; h → z; k → c; r → ř**; auch die Aussprache der Konsonanten **d**, **n** und **t** erweicht.

Ebenfalls beim Geschlecht männlich belebt ändern sich die Endungen **-ský** und **-cký** in **-ští** und **-čtí**: **jeden český a jeden belgický lékař - dva čeští a dva belgičtí lékaři** „zwei tschechische und zwei belgische Ärzte".

Männlich unbelebt + weiblich:
 Ty ideální staré hrady „Diese idealen alten Burgen".
 Ty moderní krásné ženy „Diese modernen schönen Frauen".

Sächlich:
 Ta ideální nová města „Diese idealen neuen Städte".

3. Adjektive: Adjektivarten

Es gibt zwei weitere Adjektivarten, die Sie bereits kennen:
A) Die Possessivadjektive. Sie weisen einer Person einen Besitz oder eine Zugehörigkeit zu: **Karlův/ova/ovo, Moničin/ina/ino**
B) Die seltenen Nominaladjektive (oder „Kurzformen") **rád/a/o**. Die Endungen der Pluralformen im Nominativ entsprechen den Pluralformen der Hauptwörter:

Beispiele zu A)
Karlovi bratři/Karlovy kabáty „Karls Brüder / Karls Mäntel".
Karlovy sestry „Karls Schwestern".
Karlova auta „Karls Autos".

Beispiele zu B)
Muži byli rádi „Die Männer waren froh".
Ženy byly rády „Die Frauen waren froh".
Zvířata byla ráda „Die Tiere waren froh".

4. Deklination: Vokativ Plural

Vermissen Sie den Vokativ Plural? Nun, es wird Sie sicher freuen zu hören, dass der Vokativ Plural dem Nominativ Plural entspricht. Das ist, was man **„zabít dvě mouchy jednou ranou"** nennt!

5. Konjugation: Vergangenheit

Lastet die Vergangenheitsform auf Ihren Schultern? Das muss nicht so sein, denn ihre Bildung ist eigentlich einfach: Sie setzt sich in der 1. und 2. Person aus dem Partizip Perfekt und der konjugierten Form des Hilfsverbs „sein" zusammen, in der 3. Person verwendet man nur das Partizip. Und das ist die einzige Vergangenheitsform der tschechischen Sprache.

• Das Partizip erhalten Sie, indem Sie die Infinitivendung **-t** durch die Endung **-l** ersetzen: **dělat** „machen" → **dělal**.
• Die Endung des Partizips stimmt in Zahl und Geschlecht mit dem Subjekt des Satzes überein. Im Singular: männlich: **dělal**; weiblich: **dělala**; sächlich: **dělalo**. Im Plural: männlich belebt: **dělali**; männlich unbelebt: **dělaly**; weiblich: **dělaly**; sächlich: **dělala**.
• Bei der Bildung des Partizips kann bei bestimmten Verben eine Veränderung des Wortstamms vorkommen.
• Bei der Verneinung wird die Partikel **ne-** dem Partizip beigefügt.
• Handelt es sich beim Subjekt um mehrere Personen verschiedenen Geschlechts, verwendet man beim Partizip stets die männliche Endung.

Hier die männliche Vergangenheit des Verbs **dělat/nedělat** „machen / nicht machen":

(ne)dělal jsem	„ich machte (nicht)"
(ne)dělal jsi	„du machtest (nicht)"
(ne)dělal;	„er/sie/es machte (nicht)"
(ne)dělali jsme	„wir machten (nicht)"
(ne)dělali jste	„ihr machtet / sie machten (nicht)"
(ne)dělali	„sie machten (nicht)".

Und nun die männliche Vergangenheit des reflexiven Verbs **mýt se** „sich waschen":

myl jsem se	„ich wusch mich"
myl ses	„du wuschst dich"
myl se	„er/sie/es wusch sich"
myli jsme se	„wir wuschen uns"
myli jste se	„ihr wuschet euch / sie wuschen sich"
myli se	„sie wuschen sich"

Beachten Sie die Verschmelzung von **jsi se** zu **ses** in der 2. Person Singular. Die Verwendung der Verschmelzung ist optional.

Schließlich die männliche Vergangenheit von **být** „sein" ...

byl jsem	„ich war"
byl jsi	„du warst"
byl	„er/sie/es war"
byli jsme	„wir waren"
byli jste	„ihr wart / sie waren"
byli	„sie waren"

... und **mít** „haben":

měl jsem	„ich hatte"
měl jsi	„du hattest"
měl	„er/sie/es hatte"
měli jsme	„wir hatten"
měli jste	„ihr hattet / sie hatten"
měli	„sie hatten"

Bilden Sie als kleine Übung die Vergangenheitsform der folgenden Aussagen:
1. Vidím město. 2. Irena je v Praze. 3. Nemáme fotoaparát. 4. Díváte se na řeku.

Die Lösungen finden Sie am Ende der Lektion.

6. Satzbau

Der Satzbau ist mehr oder weniger frei, mit Ausnahme der einsilbigen, unbetonten ('enklitischen') Pronomen. Sie stehen hinter dem ersten betonten Ausdruck des Satzes. Kommen mehrere enklitische Pronomen vor, so gilt die folgende Reihenfolge: Betonter Ausdruck

– Hilfsverb „sein" der Vergangenheitsform – Reflexivpronomen – Personalpronomen. Der Dativ steht stets vor dem Akkusativ. Zur Verdeutlichung einige Beispiele:

Koupila jsem ti červený klobouk. „Ich habe dir einen roten Hut gekauft".
Umyli jsme se. „Wir haben uns gewaschen".
Umyli jsme si ruce. „Wir haben uns die Hände gewaschen".
Vy jste si je taky umyli? „Ihr habt sie euch auch gewaschen?"

7. Adverbien: Adverbien der Art und Weise

Wir beenden unsere Wiederholungslektion mit ein paar Adverbien der Art und Weise. Sie haben ja schon eine ganze Menge davon kennengelernt. Meistens werden diese Adverbien mithilfe der Nachsilbe **-e/-ě** von den entsprechenden Adjektiven abgeleitet. Also: **rychlý** „schnell" → **rychle; srdečný** „herzlich" → **srdečně; dobrý** „gut" → **dobře; špatný** „schlecht" → **špatně**, usw.
Einige dieser Adverbien haben die Nachsilbe **-o: blízký** „nahe" → **blízko**, einige die Nachsilbe **-y**. Letztere findet man überwiegend im Zusammenhang mit Sprachen: **česky, německy, anglicky**, usw.

Hier die Lösung aus Absatz 5:

1. Viděl/viděla jsem město 2. Irena byla v Praze. 3. Neměli jsme fotoaparát. 4. Dívali jste se na řeku.

Aktivieren Sie heute Lektion 7!

▶ Padesátá sedmá (57.) lekce

Připravte si drobné

1 – Jedete na hory? ①
2 – Ne, byl jsem v samoobsluze, koupit sůl. A láhev vína. ②
3 – Aha. Myslel jsem, že odjíždíte... S tím batohem vypadáte tak sportovně – pravý horolezec!
4 – Jo, batoh. Synovec mi ho přivezl loni z Vysokých Tater. Je moc praktický, zvlášť na nákupy. A na drobné. ③
5 – Na drobné?
6 – Představte si, že předevčírem jsem šel do drogerie pro žiletky. Když jsem chtěl platit, pokladní neměla nazpět. Musel jsem si jít rozměnit peníze jinam. ④

(VÝSLOVNOST)

[*2 ... fßamo'opßlusä... 4 ... praktitßkii ... 6 ... do*drogärijä ...]

(ANMERKUNGEN)

① **(na) hory,** Akkusativ (und Nominativ) Plural von **hora** (f.) „Berg". **Hory** im Plural bedeutet auch „Gebirge". Weibliche, männliche unbelebte und sächliche Hauptwörter haben im Nominativ und Akkusativ Plural die gleichen Endungen.

Siebenundfünfzigste Lektion

Halten Sie Kleingeld bereit

1 – Fahren Sie in die Berge?
2 – Nein, ich war im Selbstbedienungsladen, Salz kaufen. Und eine Flasche Wein.
3 – Aha. Ich dachte, dass Sie wegfahren ... Mit dem Rucksack sehen Sie so sportlich aus – [wie] ein echter Bergsteiger!
4 – Ja, der Rucksack. [Mein] Neffe hat ihn mir letztes Jahr aus der Hohen Tatra mitgebracht. Er ist sehr praktisch, besonders für Einkäufe. Und für Kleingeld.
5 – Für Kleingeld?
6 – Stellen Sie sich vor, vorgestern ging ich zur Drogerie Rasierklingen holen. Als ich bezahlen wollte, hatte die Kassiererin kein Wechselgeld. Ich musste woanders hingehen, um (mir) das Geld zu wechseln.

---

(2) **samoobsluha** (f.) „Selbstbedienungsladen". ■ **sůl** „Salz" und **láhev** „Flasche" sind beide weiblich.

(3) **Jo** ist umgangssprachlich für **ano**. ■ **přivézt** „(mit/in einem Fortbewegungsmittel) mitbringen". ■ **Vysoké Tatry** (f., Pl.), die „Hohe Tatra", ist die höchste Bergkette im Norden der Slowakei und ist ideal zum Skifahren und Bergwandern. ■ **drobný/á/é** „klein, zierlich". ■ **drobné** (m., Pl.) „Kleingeld, Wechselgeld" wird wie ein hartes Adjektiv im Plural dekliniert.

(4) **Představovat si** (unvoll.), **představit si** (voll.) „sich vorstellen" (L. 44), nicht zu verwechseln mit **představit se** „sich (jdm.) vorstellen". ■ Die Redensart **jít pro** + Akk. (wörtl. „für etwas gehen") bedeutet „etwas holen gehen". ■ **(pro) žiletky,** Akkusativ (und Nominativ) Plural von **žiletka** (f.) „Rasierklinge", abgeleitet vom Firmennamen eines bekannten Rasierklingenherstellers. ■ **pokladní** (m. bel. oder f.) „Kassierer/in" ist ein substantiviertes Adjektiv. ■ Man sagt **nemít nazpět** „kein Wechselgeld haben". ■ Das Adverb **(na)zpět** oder **zpátky, nazpátek** bedeutet „zurück". **Jdu zpátky domů.** „Ich gehe zurück nach Hause". **Dám vám zpátky korunu** „Ich gebe Ihnen eine Krone zurück". ■ **rozměňovat** (unvoll.), **rozměnit** (voll.) **peníze** „Geld wechseln" im Sinne von „einen Geldschein / große Münzen in Kleingeld umwechseln". Beim Devisenumtausch verwendet man das Verb **vyměnit** oder (weniger gängig) **směnit: Vyměnit marky za koruny** „D-Mark in Kronen umtauschen".

7	– A pak se řekne „náš zákazník, náš pán!". Měl jste smůlu... ⑤
8	– To ano. Naproti v tabáku bylo zavřeno. Totéž v papírnictví. ⑥
9	Pekař mi řekl, že sám bude muset jít na poštu – před pekařstvím je nová telefonní budka a on pořád někomu rozměňuje peníze. Nakonec jsem šel do mlékárny a koupil jsem dvě vejce. ⑦
10	Zaplatil jsem, dostal jsem zhruba půl kila drobných a vrátil jsem se do drogerie. ⑧
11	– To je neuvěřitelné... prostě neuvěřitelné. ⑨
12	– Že? A to není všechno. Šel jsem se projít do parku. ⑩
13	Peněženka byla nacpaná k prasknutí, kapsy zrovna tak. Dal jsem všechno do tašky s vejci. ⑪
14	Přečetl jsem si noviny a vrátil se domů. Na tašku jsem úplně zapomněl – vzpomněl jsem si na ni až dnes ráno. Nechal jsem tam ty žiletky...

(VÝSLOVNOST)

[*11* ... *nä'uwjärrjitälnää* ...]

(ANMERKUNGEN)

⑤ **smůla** (f.) „Pech". **Mít smůlu, mít štěstí.** „Pech haben, Glück haben".

⑥ **Totéž v papírnictví** „dasselbe beim/im Schreibwarengeschäft". **Tentýž/tatáž/totéž** „derselbe/dieselbe/dasselbe". **To je totéž** „Das ist dasselbe".

⑦ **sám/sama/samo** „selbst, allein" (s.a. L. 15) „er/sie/es selbst". Dieses Pronomen bezieht sich auf das Subjekt des Satzes und hebt es hervor. **Pekař sám tam nebyl** „Der Bäcker selbst war nicht da". **Já sám jsem tam nešel** „Ich selbst bin nicht hingegangen". ■ **mlékarna** „Molkerei, Milchbar". ■ **vejce**, Akkusativ Plural von **vejce** (n.) „Ei".

| 7 | – | Und dann heißt es „[Der] Kunde ist König!" (sagt man "unser Kunde unser Herr!"). Sie hatten Pech ...
| 8 | – | Oh ja. Gegenüber, beim Tabakladen, war geschlossen. Dasselbe beim Schreibwarengeschäft.
| 9 | | Der Bäcker sagte mir, dass er selbst zur Post gehen muss (wird gehen müssen) – vor der Bäckerei ist eine neue Telefonzelle, und er wechselt ständig jemandem Geld. Am Ende ging ich in die Molkerei und kaufte zwei Eier.
| 10 | | Ich bezahlte, bekam ungefähr ein halbes Kilo Kleingeld und kehrte in die Drogerie zurück.
| 11 | – | Das ist unglaublich ... einfach unglaublich.
| 12 | – | Nicht wahr? Und das ist [noch] nicht alles. Ich ging in den Park spazieren.
| 13 | | Die Geldbörse war zum Platzen vollgestopft, die Hosentaschen genauso. Ich tat alles in die Tasche mit den Eiern.
| 14 | | Ich las die Zeitung durch und kehrte nach Hause zurück. Die Tasche habe ich völlig vergessen – ich habe mich erst [wieder] heute Morgen an sie erinnert. Ich hatte [ja] da[rin] die Rasierklingen (gelassen) ...

(8) **zhruba** „grob, ungefähr". Synonym von **asi** und **přibližně**.

(9) **prostě** „einfach, schlicht", Synonym von **jednoduše**.

(10) **procházet se** (unvoll.), **projít se** (voll.) „spazieren gehen". Diese reflexiven Verben sind von den Bewegungsverben **chodit, jít** „gehen" abgeleitet. Die Vorsilbe **pro-** drückt eine Bewegung „durch oder quer durch einen Ort" aus. (Vgl. Lektion 16, **procházka** „Spaziergang".)

(11) **kapsy**, Plural von **kapsa** (f.) „Hosentasche". ■ **zrovna tak** „genauso" gehört zur Umgangssprache.

15 – Poslyšte, to je historka za všechny drobné! ⑫

První (1.) cvičení: Rozumíte těmto větám?

❶ Josef mi přivezl ze Slovenska batoh. ❷ Zapomněl jste peněženku! ❸ Řekli mi, že dnes večer jdou do kina. ❹ Máš drobné? ❺ V mlékárně jsme koupili sýr, vejce a mléko. ❻ Říkal, že si na to vzpomněl až v poledne.

Druhé (2.) cvičení: Doplňte chybějící slova!

❶ Sie haben ihnen geschrieben, dass der Zug um 11:00 Uhr in Prag abfährt und um 6:10 Uhr in Paris ankommt.

Napsali jim, že vlak . . . . z . . . . . v 11,00 a přijíždí . . Paříže v 6,10.

❷ Kannst du mir hundert Kronen wechseln? Die Verkäuferin hat kein Wechselgeld.

Můžeš . . . . sto korun? Prodavačka . . . .

❸ Marie hat euch eine Flasche Wein aus Deutschland mitgebracht.

Marie . . . . z Německa . . . . . vína.

❹ Willst du Salz? – Nein, danke.

. . . . ? – Ne, děkuji.

❺ Wenn Sie D-Mark wechseln wollen, gehen Sie in eine Bank oder zum Hauptbahnhof, dort ist eine Wechselstube.

Jestli . . . . . . vyměnit marky, jděte do . . . . . nebo na . . . . , je tam směnárna.

|15| – Hören Sie, das ist eine Geschichte, die ist ihr ganzes Kleingeld wert!

> **ANMERKUNGEN**

⑫ **historka** „Histörchen, Anekdote, ironische Geschichte", Verkleinerungsform von **historie** (f.) „Geschichte, Historie". ■ **všechny,** Akkusativ Plural von **všechny/všechna/všechno** „alle/alles". ■ **(být) za všechny/všecky drobné** oder **za všechny/všecky peníze** „sein Geld wert sein".

Řešení prvního cvičení: Rozuměli jste?

❶ Josef hat mir aus der Slowakei einen Rucksack mitgebracht. ❷ Sie haben Ihre Geldbörse vergessen! ❸ Sie sagten mir, dass sie heute Abend ins Kino gehen. ❹ Hast du Kleingeld? ❺ In der Molkerei kauften wir Käse, Eier und Milch. ❻ Er sagte, dass er sich erst am Mittag daran erinnert hat.

❻ Frau Vysoká fragte, wann du zurück sein wirst. Ich sagte, du kommst nachmittags zurück.

Paní Vysoká se ptala, ... budeš zpátky. ...., že se vrátíš ....

Řešení druhého cvičení: Chybějící slova.

❶ odjíždí - Prahy - do ❷ mi rozměnit - nemá nazpět ❸ vám přivezla - láhev ❹ Chceš sůl ❺ chcete - banky - Hlavní nádraží ❻ kdy - Řekl jsem - odpoledne

Sprichwort des Tages
házet klacky pod nohy
„jemandem Knüppel zwischen die Beine werfen"
(„Stöcke unter die Beine werfen")

Druhá vlna: Proberte dnes aktivně osmou (8.) lekci!
(Zweite Welle: Nehmen Sie heute die 8. Lektion aktiv durch!)

▶ Padesátá osmá (58.) lekce

Jazyky a filatelie

1 – Prý mluvíte česky. Je čeština těžká? ①
2 – Je a není. Výslovnost je snadná. Stačí, když vyslovujete slova, jak se píšou. Mluvnice, to je něco jiného. Musíte se naučit koncovky. Ale cizí jazyky jsou můj koníček. ②
3 – Koncovky? Kolik jich je? ③
4 – Hodně. Radši je nepočítám.
5 – Vaši čeští přátelé mi říkali, že rozumíte velice dobře... A jistě se taky domluvíte. Jak jste to dělala? ④
6 – Učila jsem se pravidelně, každý den trochu. Člověk prostě musí opakovat věty a dělat cvičení. Nakonec to jde dost rychle a bez velkých nesnází. ⑤

PŘINESLI JSME VÁM MALÝ DÁREK..

Achtundfünfzigste Lektion

Sprachen und Philatelie

1 – Man sagt, Sie sprechen Tschechisch. Ist Tschechisch schwer?
2 – Ja und nein (Ist und ist nicht.) Die Aussprache ist leicht. Es reicht, wenn Sie die Wörter so aussprechen, wie sie geschrieben werden. Die Grammatik, (das) ist etwas anderes. Sie müssen die Endungen lernen. Aber Fremdsprachen sind mein Hobby.
3 – Endungen? Wie viele gibt es von ihnen?
4 – Viele. Ich zähle sie lieber nicht.
5 – Ihre tschechischen Freunde sagten mir, dass Sie sehr gut verstehen ... Und sicher [können] Sie sich auch verständigen. Wie haben Sie das gemacht?
6 – Ich habe regelmäßig gelernt, jeden Tag ein bisschen. Man muss einfach die Sätze wiederholen und die Übungen machen. Zum Schluss geht es ziemlich schnell und ohne große Mühe(n).

(ANMERKUNGEN)

① Das Adverb **Prý...** „man sagt, angeblich, es heißt, ich hörte, ..." wird in der indirekten Rede häufig verwendet und bezieht sich auf Informationen aus dritter Hand. ■ **čeština** (f.) oder **český jazyk** (m.) „tschechische Sprache, Tschechisch". Ebenso: **němčina, angličtina, francouzština,** usw. (**jazyk** „Zunge", aber auch „Sprache"; für Letzteres kann man auch **řeč** (f.) verwenden.) ■ Überraschen Sie die zahlreichen Synonyme in unseren Anmerkungen? Der tschechische Wortschatz ist in der Tat um einiges umfangreicher als der deutsche. Dagegen ist die tschechische Syntax nicht so komplex.

② **snadný/á/é** „leicht". Das Synonym **lehký** „leicht" kennen Sie bereits. ■ **Mluvnice** (f.) „Grammatik" ist ein Synonym zu **gramatika**.

③ **jich,** Genitiv des Personalpronomens **oni/ony/ona**: „sie".

④ **domluvit se** (s + Instrumental) oder **dorozumět se** „sich (mit jdm.) verständigen".

⑤ **nesnáz** oder **potíž, obtíž** „Schwierigkeit, Mühe". Alle drei Wörter sind weiblich.

| 7 | – Aha. Manžel zase sbírá známky. Jsou všude. Utratí za ně půlku platu. Je to jeho koníček, říká… ⑥

| 8 | Včera přinesl obzvlášť vzácný kousek. A víte, co se stalo? Naše Monika vzala známku a vyprala ji. Pak chtěla ostříhat zoubky – aby to bylo hezčí! ⑦

| 9 | – Váš manžel je filatelista? Mohla bych mu dát české známky – mám jich hodně a jsou moc hezké.

| 10 | – Ach ne, prosím vás! Jenom to ne!

(ANMERKUNGEN)

⑥ Das Adverb **zas(e)** bedeutet „wieder(um), nochmals, abermals". Mit ihm kann auch einer Aussage mehr Ausdruck verliehen werden: **A to zase ne!** „Nein, das wiederum nicht!" ■ **sbírat** (unvoll.), **sebrat** (voll.) „sammeln; auflesen; wegnehmen; abschöpfen". ■ **Utrácet** (unvoll.), **utratit** (voll.) „ausgeben, verschwenden, vergeuden". ■ **půlka** oder **polovina** „Hälfte" (Sie kennen bereits **půl** „halb"). ■ **platu** ist der Genitiv Sing. von **plat** (m.) „Gehalt, Lohn".

(První (1.) cvičení: Rozumíte těmto větám?)

❶ Slovo "koňak" se vyslovuje tak, jak se píše. ❷ Ty nesbíráš známky? Myslel jsem, že jsi filatelista. ❸ Jak dlouho se učíte italsky? Mluvíte velice dobře! ❹ Přinesli jsme vám malý dárek... ❺ Zdá se vám čeština těžká?

(Druhé (2.) cvičení: Doplňte chybějící slova!)

❶ Er sagte, dass seine Frau Philatelistin ist. Das ganze Geld gibt sie angeblich für Mode und Briefmarken aus.

. . . . . . , že jeho žena je filatelistka. Všechny . . . . . . prý utratí za módu a . . . . !

❷ Sprechen Sie Tschechisch? – Ja. Und ich verstehe auch manche slowakische Wörter.

. . . . česky? – Ano. A . . . . i některým slovenským slovům.

7	–	Aha. Mein Mann wiederum sammelt Briefmarken. Sie sind überall. Er gibt für sie die Hälfte des Gehalts aus. Das ist sein Hobby, sagt er ...
8		Gestern brachte er ein besonders seltenes Stück. Und wissen Sie, was passiert ist? Unsere Monika hat die Briefmarke genommen und gewaschen. Dann wollte sie die Zacken abschneiden – damit es hübscher ist!
9	–	Ihr Mann ist Philatelist? Ich könnte ihm tschechische Briefmarken geben – ich habe viele, und sie sind sehr schön.
10	–	Oh nein, ich bitte Sie! Nur das nicht!

⑦ **Prát** (unvoll.), **vyprat** (voll.) „waschen". Sie kennen bereits **mýt (se), umýt (se)** „sich waschen". **prát, vyprat** wird nur im Zusammenhang mit Wäschewaschen verwendet. ■ **ostříhat** ist von **stříhat, stříhnout** „schneiden" abgeleitet; es bedeutet „mit einer Schere (ab)schneiden". „Mit einem Messer schneiden" heißt: **krájet**. ■ Die tschechischen Verben sind im Allgemeinen konkreter als die deutschen. Sie zeigen häufig das Instrument, den Weg und die Art und Weise an, die zur Durchführung einer Handlung verwendet werden. ■ **zoubek** „Zähnchen" (hier: „Zacke, Auskerbung"), Verkleinerung von **zub** (m.) „Zahn".

Řešení prvního cvičení: Rozuměli jste?

❶ Das Word "koňak" wird so ausgesprochen, wie es geschrieben wird. ❷ Du sammelst keine Briefmarken? Ich dachte, dass du ein Philatelist bist. ❸ Wie lange lernen Sie [schon] Italienisch? Sie sprechen sehr gut! ❹ Wir haben Ihnen ein kleines Geschenk gebracht ... ❺ Erscheint Ihnen Tschechisch schwer? / Kommt Ihnen Tschechisch schwer vor?

❸ Sie sind in die Nationalgalerie gegangen, sie wollten die Sammlung der modernen europäischen Kunst sehen.

... do Národní galerie, ... vidět sbírku .... evropského umění.

④ Ich muss ein Hemd waschen – eigentlich zwei Hemden. Und die Hose reinigen.

**Musím . . . . . . košili – vlastně dvě . . . .
A vyčistit kalhoty.**

⑤ Die große schwarze Katze hat mir den ganzen Schinken aufgegessen.

**Ta velká černá . . . . . mi snědla . . . .
šunku!**

⑥ Fräulein, ich habe Sie gern. Und ich habe Sie nicht nur gern, ich liebe Sie! Ja, ich vergöttere Sie!

**Slečno, . . . vás . . . . A nejenom . . . mám
. . . , já vás miluji! Ba zbožňuji!**

▶ **Padesátá devátá (59.) lekce**

Zeměpis

| 1 | – Co je, Vašku? Vypadáš otráveně. ① |
| 2 | – Musím si opakovat zeměpis. Nuda. ② |

⑦ Ich sage Ihnen [doch], dass ich Pech habe. Fünfmal habe ich geheiratet, fünfmal ließ ich mich scheiden ...

Říkám vám, že ... . ! Pětkrát jsem se oženil, pětkrát .... se rozvedl...

Řešení druhého cvičení: Chybějící slova.

① Říkal - peníze - za známky ② Mluvíte - rozumím ③ Šly - chtěly - moderního ④ vyprat - košile ⑤ kočka - všechnu ⑥ mám - rád - vás - rád ⑦ mám smůlu - jsem

**Sprichwort des Tages
udělat kozla zahradníkem**
„den Bock zum Gärtner machen"

Druhá vlna: Proberte dnes aktivně devátou (9.) lekci!

Neunundfünfzigste Lektion

Geographie

1 – Was ist, Vašek? Du siehst gelangweilt aus.
2 – Ich muss Geographie lernen (wiederholen). Wie langweilig. (Langeweile.)

(ANMERKUNGEN)

① **Vašku**; Vokativ von **Vašek** und die umgangssprachliche Form von **Václav** „Wenzel", einem typisch tschechischen Männernamen. ■ Das Adverb **otráveně** ist abgeleitet von **otrávený/á/é** „gelangweilt, verdrossen", aber auch „vergiftet"!

② **opakovat si** (unvoll.), **zopakovat si** (voll.) „(sich) wiederholen".

LEKTION 59

| 3 | – Když jsem chodil do školy, zeměpis mě nenudil, naopak. Měl jsem ho nejradši. Chtěl jsem cestovat, poznat svět, cizí země a obyvatele všech světadílů, vidět moře a oceány. Můj sen, to byla Afrika, Asie, Amerika, Austrálie… ③

| 4 | – Jaký sen? Ty jsi opravdu cestoval, tati. Aspoň v Evropě a v Asii. Já neznám ani Evropu – Island, Portugalsko, Sicílii, nic! Neznám žádné Islanďany ani Portugalce. Zítra půjdu do školy a víš, co se tam nejspíš dovím? ④

| 5 | – Ne. Pověz mi to. ⑤

| 6 | – Že Česká republika má deset a půl miliónu obyvatel a měří sedmdesát devět tisíc čtverečních kilometrů. Že na severu hraničí s Polskem, na jihu s Rakouskem, na západě s Německem a nejkratší hranice je na východě se Slovenskem… ⑥

| 7 | – Výborně. Víš, že mám pro tebe překvapení? Když budeš mít dobré známky, pojedeme lyžovat… ⑦

(VÝSLOVNOST)

[3 … *ot*ßaaani … *aa*sijä … *aU*ßtraalijä]

(ANMERKUNGEN)

③ **obyvatele**, Akkusativ Plural von **obyvatel** (m. bel.) „Bewohner, Einwohner". Männliche belebte Hauptwörter mit weicher Konsonantenendung und der Endung **-tel** enden im Akkusativ Plural auf **-e**. ■ **všech**, Genitiv Plural von **všechen/všechna/všechno** „all, ganz" (Indefinitpronomen; wird im Sing. nur mit unzählbaren Objekten verwendet: **Všechen čaj/všechna voda/všechno víno** „der ganze Tee / das ganze Wasser / der ganze Wein". Ansonsten verwendet man **každý/á/é**: **Každý obyvatel/každá řeka/každé město** „Jeder Bewohner / jeder Fluss / jede Stadt".) ■ **světadílů**, Genitiv Plural von **světadíl** (m.) „Kontinent" (wörtl. „Teil der Welt"). Sie können auch **kontinent** sagen. ■ **oceány**, Akkusativ Plural von **oceán** (m.) „Ozean".

3 — Als ich zur Schule ging, fand ich Geografie nicht langweilig (langweilte mich Geografie nicht), im Gegenteil. Es war mein Lieblingsfach (Ich hatte sie am liebsten). Ich wollte reisen, die Welt, fremde Länder und die Bewohner aller Kontinente kennenlernen, die Meere und Ozeane sehen. Mein Traum waren (das war) Afrika, Asien, Amerika, Australien ...

4 — Welcher Traum? Du bist [doch] wirklich gereist, Papa. Zumindest in Europa und in Asien. Ich kenne nicht einmal Europa – Island, Portugal, Sizilien, nichts! Ich kenne weder Isländer, noch Portugiesen. Morgen werde ich zur Schule gehen, und weißt du, was ich dort höchstens lernen (erfahren) werde?

5 — Nein. Sag es mir.

6 — Dass die Tschechische Republik zehneinhalb Millionen Einwohner hat und neunundsiebzigtausend Quadratkilometer misst. Dass sie im Norden an Polen, im Süden an Österreich, im Westen an Deutschland grenzt und die kürzeste Grenze [die] im Osten zur Slowakei ist ...

7 — Ausgezeichnet. Weißt du, dass ich für dich eine Überraschung habe? Wenn du gute Noten bekommst (haben wirst), werden wir Skifahren gehen (fahren) ...

④ **tati** (nur im Vokativ) ist eine der vielen Varianten von „Papa". Synonyme sind: **táta**, **tatínek**. ■ **žádné** (Indefinitpronomen, dekliniert wie ein hartes Adjektiv), Akkusativ Plural von **žádný** „kein". ■ **Islanďany**, Akkusativ Plural von **Islanďan** „Isländer". Männliche belebte Hauptwörter mit harter oder mittlerer Konsonantenendung enden im Akkusativ Plural auf **-y**. ■ **Portugalce**, Akkusativ Plural von **Portugalec** (m.) „Portugiese". ■ **dovídat se** (unvoll.), **dovědět se** (voll.) „(etwas) erfahren".

⑤ **Pověz!**, unregelmäßige Befehlsform des vollendeten Verbs **povědět** „sagen, erzählen".

⑥ **deset a půl miliónu** „zehn und eine halbe Million". „Million" steht in Übereinstimmung mit „halb" im Singular. ■ **Polsko** „Polen", **Rakousko** „Österreich", **Německo** „Deutschland", **Slovensko** „Slowakei" sind allesamt sächlich ... wie auch **Česko** „Tschechien".

⑦ **známky**, Akkusativ Plural von **známka** „Marke, Briefmarke" (L. 18) und „(Schul-)Note".

8 – Na Island? ⑧
9 – Ne, do Rakouska; nakonec to jsou naši sousedi. ⑨
10 – Senzace! Lyžování, to je jiná věc… než zeměpis!

První (1.) cvičení: Rozumíte těmto větám?

① Potkal jsem vaše nové sousedy, pana a paní Albertovi. ② Chtěli poznat celý svět, všechny světadíly. ③ Znáš mé bratrance Ondřeje a Vaška? ④ Každý den si opakuji jednu lekci. ⑤ Odjel na týden do Rakouska.

Druhé (2.) cvičení: Doplňte chybějící slova!

① Als ich zur Schule ging, stand ich jeden Tag um sieben Uhr auf. Samstags und sonntags schlief ich bis neun Uhr.

Když . . . . do školy, vstával jsem . . . . v sedm. V sobotu a . . . . až do devíti.

② Sie sagte, dass sie die tschechischen Namen aller Kontinente kennt.

Říkala, že . . . česká jména . . . . . světadílů.

③ Die ganze Woche sind sie mit uns Ski gefahren. Am Freitag trafen sie in der Hotelbar drei junge Bergsteiger. Danach haben wir sie nicht mehr gesehen.

. . . . týden s námi . . . . V pátek potkaly v hotelovém baru tři . . . . . horolezce. Pak už jsme je . . . .

④ Angeblich langweilt ihn Geografie – (Zu) Reisen dagegen, das macht ihm Spaß.

Prý ho . . . . . . nudí – . . . . , to . . zato baví!

| 8 | – | Nach Island? (Auf Island?)
| 9 | – | Nein, nach Österreich; schließlich sind das unsere Nachbarn.
| 10 | – | Sensationell! (Sensation!) Skifahren, das ist etwas anderes (eine andere Sache) ... als Geografie!

ANMERKUNGEN

(8) **Kam? Na Island**. In Verbindung mit Inseln verwendet man die Präposition **na**, wie auch bei bestimmten Regionen: **na Moravu, na Šumavu**...

(9) **sousedi** oder **sousedé**, Nominativ Plural von **soused** (m. bel.) „Nachbar".

Řešení prvního cvičení: Rozuměli jste?

❶ Ich habe eure neuen Nachbarn getroffen, Herrn und Frau Albert. ❷ Sie wollten die ganze Welt, alle Kontinente kennenlernen. ❸ Kennst du meine Cousins Ondřej und Vašek? ❹ Jeden Tag wiederhole ich eine Lektion. ❺ Er ist für eine Woche nach Österreich weggefahren.

❺ Erzähl mir, wie es in der Schule war.

. . . . jaké to . . . . ve škole.

❻ Die Tschechische Republik ist in Mitteleuropa: Sie hat zehneinhalb Millionen Einwohner und misst neunundsiebzigtausend Quadratkilometer.

Česká . . . . je ve střední . . . . :
má deset a půl . . . . obyvatel a měří
sedmdesát devět tisíc čtverečních . . . .

Řešení druhého cvičení: Chybějící slova.

❶ jsem chodil - každý den - v neděli jsem spal ❷ zná - všech
❸ Celý - lyžovaly - mladé - neviděli ❹ zeměpis - cestovat - ho
❺ Pověz mi - bylo ❻ republika - Evropě - miliónu - kilometrů

Sprichwort des Tages
vypálit rybník
„den Wind aus den Segeln nehmen"
(„den Fischteich ausbrennen")

Druhá vlna: Proberte dnes aktivně desátou (10.) lekci!

LEKTION 59

▶ Šedesátá (60.) lekce

Příroda a fyzika

1 – Měli jsme zůstat v hospodě. Vidíš ty nízké černé mraky? Vsadím se, že bude pršet. Pokud nebude bouřka. Než obejdeme celý rybník... Navíc voda přitahuje blesky – to jsou fyzikální zákony. ①

2 – Chtěla jsem se trochu projít. Nebudeme pořád sedět v hospodě, jsme na prázdninách. A když už jsme obešli půlku rybníka, přece se teď nevrátíme zpátky. Při nejhorším zmokneme. ②

3 – Říkal jsem ti, ať vezmeš deštník. Ptal jsem se, jestli máš něco proti dešti. ③

ANMERKUNGEN

① **Měli jsme** + Infinitiv „Wir hätten sollen". Diese Konditionalform (einfache Vergangenheit von „haben") ist in der Umgangssprache sehr gängig.
■ **mraky**, Nominativ und Akkusativ Plural von **mrak** (m.) „Wolke".
■ **obcházet** (unvoll.), **obejít** (voll.) „um etw. herumgehen; begehen; umgehen" sind von den Bewegungsverben **chodit** und **jít** „gehen" abgeleitet. Die Vorsilbe **ob(e)-** drückt eine Kreisbewegung bzw. eine Bewegung um etwas herum aus. ■ **zákony**, Nominativ Plural von **zákon** (m.) „Gesetz".

Sechzigste Lektion

Natur und Physik

1 – Wir hätten im Gasthaus bleiben sollen. Siehst du die niedrigen schwarzen Wolken? Ich wette, dass es regnen wird. Wenn es nicht [sogar] ein Gewitter geben wird (sein wird). Bis wir um den ganzen See herumgegangen sind ... Außerdem zieht Wasser Blitze an – das sind physikalische Gesetze.

2 – Ich wollte ein bisschen spazieren gehen. Wir werden [doch] nicht die ganze Zeit im Gasthaus sitzen, wir haben [doch] Urlaub (wir sind in den Ferien). Und wenn wir schon um den halben See herumgegangen sind, werden wir doch jetzt nicht zurückgehen. Im schlimmsten [Fall] werden wir nass.

3 – Ich habe dir gesagt, dass du einen Regenschirm [mit]nehmen sollst. Ich habe dich gefragt, ob du irgendeinen Schutz (irgend etwas) gegen Regen hast.

② **nejhorší** „der/die/das schlimmste, schlechteste" ist der unregelmäßige Superlativ von **špatný/á/é** „schlecht, schlimm". Die Redensart **Při nejhorším** bedeutet „im schlimmsten Fall".

③ In der indirekten Rede leitet die Konjunktion **ať** einen Befehl bzw. eine Aufforderung ein: **Vezmi deštník! – Říkal jsem, ať vezmeš deštník** „Nimm einen Schirm mit! – Ich sagte, dass du einen Schirm mitnehmen sollst". Bei Fragen verwendet man jedoch die Konjunktion **jestli** „wenn": **Máš deštník? – Ptal jsem se, jestli máš deštník.** „Hast du einen Schirm? – Ich habe gefragt, ob du einen Schirm hast". ■ **Říkal jsem** „Ich sagte", **Ptal jsem se** „Ich fragte". Die unvollendeten Verbformen stellen weniger das Ergebnis als vielmehr die Aussage des Sprechers und die Entwicklung der Handlung in den Vordergrund; der verbale Aspekt unterstreicht hier gewissermaßen die Beharrlichkeit des Sprechers. ■ **(proti) dešti**, Dativ Sing. von **déšť** (m.) „Regen".

|4| – A já jsem ti řekla, že jsem deštník zapomněla v autě. Jenže ty ses nechtěl vracet jenom kvůli deštníku. ④

|5| – Nevěděl jsem, že se budeme procházet tak dlouho. Ale máš pravdu – deštník může být nebezpečný. Zvlášť ve volné krajině, jako tady. Vpravo je rybník, vlevo nic než pole. Přižene se bouřka – a prásk! První blesk uhodí do deštníku jako do hromosvodu. ⑤

|6| – Nepovídej hlouposti. ⑥

|7| – To nejsou hlouposti, to jsou fyzikální zákony. I bez deštníku možná riskujeme život. Slyšíš? Už hřmí. Nebe je celé černé – a teď jsem myslím viděl blesk. Měli bychom se vrátit, dřív než bude pozdě.

|8| – Myslíš?

|9| – Rozhodně. Přejdeme pole a louku, projdeme sadem a budeme zase v civilizaci. Živi a zdrávi. Vejdeme do hospody a připijeme… ⑦

|10| – Fyzikálním zákonům?

(ANMERKUNGEN)

④ **vracet se** (unvoll.), **vrátit se** (voll.) „zurückkehren, zurückkommen". ■ **kvůli** + Dativ „wegen".

⑤ **(v) krajině**, Lokativ Sing. von **krajina** (f.) „Gegend, Landschaft". **kraj** (m.) bedeutet „Gegend, Landschaft, Landstrich". ■ **Přižene se**, im Infinitiv **přihnat se**, „heranstürmen, herbeistürzen, angebraust kommen". ■ **uhodit** oder **udeřit** „(ein-)schlagen". ■ **(do) hromosvodu**, Genitiv Sing. von **hromosvod** (m.) „Blitzableiter". ■ 1754 baute Prokop Diviš, Mitglied des Klerus, Naturwissenschaftler und Erfinder, das, was er für den ersten Blitzableiter der Welt hielt … Vertieft in seine heimlichen Versuche auf dem Gebiet der atmosphärischen Elektrik, war er nicht auf dem Laufenden über die letzte Erfindung des Physikers B. Franklin. **Tisíc hromů!** „Potzblitz!"

| 4 | – | Und ich habe dir gesagt, dass ich den Regenschirm im Auto vergessen habe. Doch du wolltest nicht nur wegen des Regenschirms zurückkehren.
| 5 | – | Ich wusste nicht, dass wir so lange spazieren gehen würden (werden). Aber, du hast recht – ein Regenschirm kann gefährlich sein. Insbesondere in einer offenen Landschaft, wie hier. Rechts ist der See, links nichts als Felder. Kommt ein Gewitter angebraust – und rums! Der erstbeste (erste) Blitz schlägt in den Regenschirm ein wie in einen Blitzableiter.
| 6 | – | Erzähl keine Dummheiten.
| 7 | – | Das sind keine Dummheiten, das sind physikalische Gesetze. Auch ohne einen Regenschirm riskieren wir vielleicht das Leben. Hörst du? Es donnert schon. Der Himmel ist ganz schwarz – und jetzt habe ich, glaube ich, einen Blitz gesehen. Wir sollten zurückkehren, bevor es zu spät ist.
| 8 | – | Denkst du?
| 9 | – | Gewiss. Wir gehen quer über (überqueren) das Feld und die Wiese, gehen durch den Obstgarten und werden [dann] wieder in der Zivilisation sein. Lebendig und gesund. Wir werden ins Gasthaus gehen und das Glas heben auf ...
| 10 | – | Die physikalischen Gesetze?

⑥ **hlouposti**, Akkusativ und Nominativ Plural von **hloupost** (f.) „Dummheit".

⑦ **Přecházet** (unvoll.), **přejít** (voll.) „überqueren". Die Vorsilbe **pře-** drückt eine Bewegung quer über eine Fläche hinweg aus. ■ **procházet** (unvoll.), **projít** (voll.) + Instrumental „durch etwas hindurchgehen". Die Vorsilbe **pro-** drückt eine Bewegung durch etwas hindurch aus. Verwechseln Sie dies nicht mit dem reflexiven Verb für „spazieren gehen"! ■ **sadem**, Instrumental Sing. von **sad** (m.) „Obstgarten". Im Plural bezeichnet dies einen öffentlichen Garten/Park: **Letenské sady**. ■ **(v) civilizaci**, Lokativ Sing. von **civilizace** (f.) „Zivilisation". ■ **vcházet** (unvoll.), **vejít** (voll.) „hineingehen, eintreten". Synonym: **vstupovat, vstoupit**. Die Vorsilbe **v(e)-** drückt eine Bewegung in einen Raum aus. ■ **živi a zdrávi** „lebendig und gesund" sind zwei Nominaladjektive. ■ **připít** + Dativ „auf das Wohl trinken, das Glas heben auf".

První (1.) cvičení: Rozumíte těmto větám?

❶ Měli jste si koupit známky na poště. ❷ Řekl, že bude bouřka. ❸ Zeptala se, jestli máš peníze. ❹ Přešli Karlův most a procházeli se na Malé Straně. ❺ Říkaly nám, ať jdeme do tabáku. ❻ Při nejhorším riskuješ, že zmokneš!

Druhé (2.) cvičení: Doplňte chybějící slova!

❶ Sie ging um das Museum herum, überquerte die Straße und ging in den Schlossgarten hinein.

. . . . . muzeum, přešla ulici a . . . . . do zámecké zahrady.

❷ In der Tatra trafen wir unsere slowakischen Freunde. Sie sind Bergsteiger; sie sind gerade aus Asien, aus Nepal zurückgekehrt.

V Tatrách jsme potkali naše slovenské . . . . Jsou . . . . ; právě se vrátili . . . . . , z Nepálu.

❸ Die Sonne scheint, der Himmel ist ganz blau – nur über dem Wald ist eine weiße Wolke.

Slunce svítí, ... je . . . . – jen nad lesem je bílý . . . . .

❹ Ich wette, dass sie selbst nicht wussten, ob sie am See bleiben.

Vsadím se, . . sami . . . . , ... zůstanou u rybníka.

❺ Fahren Sie dort mit dem Auto hin? Am Ufer ist eine Umleitung: Sie müssen das Theater umfahren, über die Brücke fahren und an der ersten Kreuzung nach rechts.

Jedete tam . . . . . ? Na nábřeží je objížďka: musíte . . . . . divadlo, ... a na první křižovatce doprava.

Řešení prvního cvičení: Rozuměli jste?

❶ Ihr hättet euch die Briefmarken auf der Post kaufen sollen. ❷ Er sagte, dass es ein Gewitter geben wird (sein wird). ❸ Sie fragte, ob du Geld hast. ❹ Sie gingen über (überquerten) die Karlsbrücke und spazierten auf der Kleinseite. ❺ Sie sagten uns, wir sollen in das Tabakgeschäft gehen / dass wir in das Tabakgeschäft gehen sollen. ❻ Im schlimmsten Fall riskierst du, dass du nass werden wirst / nass zu werden!

❻ Er sagte uns, dass wir um sechs Uhr kommen sollen, und dass wir die Fotos nicht vergessen sollen.

.... nám, ... v šest a ať
nezapomeneme přinést ....

Řešení druhého cvičení: Chybějící slova.

❶ Obešla - vešla ❷ přátele - horolezci - z Asie ❸ nebe - celé modré - mrak ❹ že - nevěděli, jestli ❺ autem - objet - přejet most ❻ Řekl - ať přijdeme - fotografie

Sprichwort des Tages
namastit si kapsu
„zu viel Geld kommen"
(„sich die Tasche einfetten")

Druhá vlna: Proberte dnes aktivně jedenáctou (11.) lekci!

▶ Šedesátá první (61.) lekce

Vánoce

1 – Strávili jste hezké vánoce? ①
2 – Ani se neptejte! Zvěřinec!
3 – Zvěřinec? Jaký zvěřinec?
4 – Papoušci, kapři, koťata… ②
5 Čtrnáct dní jsem připravovala cukroví, nakupovala dárky – prostě maratón… ③
6 – To znám. Říkáte si: Když všechno nachystám teď, budu mít o vánocích opravdové svátky. ④
7 – Na Štědrý den ráno děti nechaly otevřené dveře do špajzu. Máme dva papoušky. Až do té doby jsem netušila, že papoušci jedí cukroví. To, co nesnědli, bylo na zemi: ve špajzu, v kuchyni, všude! ⑤
8 – To vás lituji.

(ANMERKUNGEN)

① **vánoce** (f. Pl.) „Weihnachten". ■ Die Tschechen feiern wie wir am 24. Dezember **štědrý den, štědrý večer** „Heiligabend". Nach dem traditionellen Karpfen versammelt sich die Familie um den Weihnachtsbaum, und man packt die Geschenke aus, die das „Jesulein" **Ježíšek** dagelassen hat. Am 25.12. ist Familienbesuchstag, es gibt meist Truthahn oder eine gebratene Gans zum Mittagessen.

② **Papoušci, kapři, koťata**, jeweils Nominativ Plural von **papoušek** (m. bel.) „Papagei", **kapr** (m. bel.) „Karpfen", und **kotě** „Kätzchen" (n.).

③ **cukroví** (n.) „Zuckergebäck, Süßigkeiten". Dieses Wort wird insbesondere für Weihnachtsgebäck verwendet.

Einundsechzigste Lektion

Weihnachten

1 – Haben Sie schöne Weihnachten verbracht?
2 – Fragen Sie besser nicht! Ein Affenzirkus war das! (Ein Tierhaus!)
3 – Ein Affenzirkus? Was für ein Affenzirkus?
4 – Papageien, Karpfen, Kätzchen ...
5 – Vierzehn Tage lang bereitete ich das Weihnachtsgebäck vor, kaufte Geschenke ein – schlicht ein Marathonlauf ...
6 – Das kenne ich. Sie sagen sich: Wenn ich jetzt alles vorbereite, [dann] werde ich an Weihnachten [auch] richtige Feiertage haben.
7 – An Heiligabend morgens ließen die Kinder die Tür zur Speisekammer offen. Wir haben zwei Papageien. Bis zu der Zeit ahnte ich nicht, dass Papageien Weihnachtsgebäck essen. Das, was sie nicht aufgegessen haben, lag (war) auf dem Boden: In der Speisekammer, in der Küche, überall!
8 – Sie tun mir leid. (Da bedauere ich Sie.)

(4) Konjunktion **když** „wenn": a) Zeitliche Konjunktion (Verb in der Gegenwart oder Vergangenheit); b) Leitet einen Bedingungssatz ein (Verb in der Zukunft oder - wenn auch selten - in der Gegenwart). ■ **svátky**, Nominativ und Akkusativ Plural von **svátek** (m.) „Feiertag, Festtag".

(5) **děti** (n.) „Kinder" wird im Plural nach dem weiblichen Musterwort **radost** dekliniert. ■ **děti nechaly...** „die Kinder ließen ...": Die Endung **-y** des Verbs ist in Übereinstimmung mit der weiblichen Deklination des Hauptworts ebenfalls weiblich. ■ **(ve) špajzu**, Lokativ Sing. von **špajz** (m.) „Speisekammer", umgangssprachlich für **špíže** (f.). ■ **Až do té doby** „bis zu der Zeit, bis dahin". Das Adverb **až** „bis" gibt hier das Ende einer Zeitdauer an. Sie kennen bereits die Konjunktion **až** „wenn".

9 – A pak ten kapr. Děti chtěly opravdového kapra. Chci říct živého. Měli jsme ho doma skoro týden, ve vaně. Když máte kapra doma týden, zvyknete si na něj. Nikdo ho nechtěl zabít... Nakonec jsme ho odvezli zpátky do rybníka. ⑥

10 – Vidím, že máte ráda zvířata.

11 – Právě to říkaly mé děti. Když našly to kotě. Daly mi ho jako dárek pod stromeček. ⑦

12 – To je roztomilé...

13 – Ovšem zapomněly to říct tatínkovi, než začal zapalovat svíčky a prskavky. Nejdřív jsem uviděla kotě na stromečku, pak vánoční stromeček i s kotětem na zemi. Papoušci křičeli: „Hoří! Hoří!" Na tyhle vánoce hned tak nezapomenu! ⑧

STRÁVILI JSTE HEZKÉ SVÁTKY?

První (1.) cvičení: Rozumíte těmto větám?

❶ Strávil jste hezké svátky? ❷ Netušil jsem, že odjela na hory; říkala, že ji bolí zuby! ❸ Zapomněl dárek doma, nechal ho ve svém pokoji na stole... ❹ Když snědli ovoce, začali jíst cukroví. ❺ Počkám, až se Marie vrátí z koncertu. ❻ Odvezli Josefa na letiště.

|9| – Und dann der Karpfen. Die Kinder wollten einen echten Karpfen. Ich meine einen lebendigen. Wir hatten ihn fast eine Woche zu Hause, in der Badewanne. Wenn Sie einen Karpfen eine Woche [lang] zu Hause haben, gewöhnen Sie sich an ihn. Keiner wollte ihn töten ... Schließlich brachten (fuhren) wir ihn zurück zum (in den) See.

|10| – Ich sehe, dass Sie Tiere mögen.

|11| – Genau das sagten meine Kinder. Als sie das Kätzchen fanden. Sie legten (gaben) es mir als Geschenk unter den Christbaum.

|12| – Das ist liebenswürdig ...

|13| – Allerdings vergaßen sie, es dem Papa zu sagen, bevor er anfing, die Kerzen und die Wunderkerzen anzuzünden. Zuerst sah ich das Kätzchen auf dem Christbaum, dann den Christbaum mitsamt dem Kätzchen auf dem Boden. Die Papageien schrien „Es brennt! Es brennt!" Dieses Weihnachten werde ich so schnell (so gleich) nicht vergessen!

(ANMERKUNGEN)

⑥ **zvykat si** (unvoll.), **zvyknout si** (voll.) „sich an jdn. oder etw. gewöhnen". ■ **odvážet** (unvoll.), **odvézt** (voll.) „(mit/in einem Fortbewegungsmittel) wegfahren, wegbringen" sind von den Bewegungsverben **vozit** und **vézt** „etwas führen, fahren" abgeleitet.

⑦ **vánoční stromeček** „Weihnachtsbaum, Christbaum". **stromeček** ist die Verkleinerung von **strom** (m.) „Baum". ■ **dát pod stromeček** ist eine Redensart für „unter den Weihnachtsbaum legen".

⑧ **svíčky, prskavky**, Akkusativ Plural von **svíčka** „Kerze" und **prskavka** „Wunderkerze". ■ **Hoří!** „Es brennt!" ist die 3. Person Sing. von **hořet** „brennen".

(**Řešení prvního cvičení: Rozuměli jste?**)

❶ Haben Sie schöne Feiertage verbracht? ❷ Ich ahnte nicht, dass sie in die Berge (weg-)gefahren ist, sie sagte, dass ihr die Zähne weh tun! ❸ Er hat das Geschenk zu Hause vergessen, er hat es in seinem Zimmer auf dem Tisch gelassen ... ❹ Als sie das Obst aufgegessen hatten, fingen sie an, die Süßigkeiten zu essen. ❺ Ich werde warten, bis Marie vom Konzert zurückkommt. ❻ Sie brachten (fuhren) Josef zum Flughafen.

Druhé (2.) cvičení: Doplňte chybějící slova!

① Soll ich das Fenster offen lassen? Oder soll ich es zumachen?

Mám ...... okno .... ? Nebo ho mám ...... ?

② Die Kinder fanden ein Kätzchen und brachten es heim. Solange die Katze klein ist, gewöhnt sich unser Hund leicht an sie, sagten sie.

Děti .... a přinesly ho domů. Dokud je kočka malá, náš pes .. na ni snadno ......, řekly.

③ An Silvester war ich in den Bergen. Frauen, Wein, Gesang (Wein, Weib und Gesang). Und Skilaufen!

Na Silvestra .... na horách. ...., ..., zpěv. A .... !

④ Als sie alles vorbereitet hatten, zündeten sie die Kerzen und die Wunderkerzen an.

Když ...... nachystali, zapálili ...... a prskavky.

▶ **Šedesátá druhá (62.) lekce**

Matěj jezdí na saních

1 Novákovi jsou na horách. Adam lyžuje na sjezdovce u vleku. Adamův mladší bratr sjíždí kopec na saních; říká, že lyže jsou příliš pomalé. ①②

ANMERKUNGEN

① **Novákovi** „die Nováks, Familie Novák" wird im Plural wie männliche Possessivadjektive dekliniert: **Karlovi bratři. Novákovi.** Im Singular verwendet man die Endungen harter Adjektive: **Slečna Nováková/Černá. - Vidím slečnu Novákovou/Černou.** „Ich sehe Fräulein Nováková/Černá".
■ **lyžovat/jezdit na lyžích** „Ski fahren".

⑤ Wenn deine Cousins Petr und Pavel ankommen (mit Fortbewegungsmittel), werdet ihr jeden Abend in die Diskothek gehen können/dürfen.

Až .... tví bratranci Petr a Pavel,
...... moct chodit na diskotéku každý ..... .

⑥ Frohe Weihnachten und ein glückliches Neues Jahr!

Veselé ...... a šťastný Nový ... !

Řešení druhého cvičení: Chybějící slova.

❶ nechat - otevřené - zavřít ❷ našly kotě - si - zvykne ❸ jsem byl - Ženy - víno - lyžování ❹ všechno - svíčky ❺ přijedou - budete - večer ❻ vánoce - rok

**Sprichwort des Tages
natáhnout bačkory**
„den Löffel abgeben"
(„die Pantoffeln strecken")

Druhá vlna: Proberte dnes aktivně dvanáctou (12.) lekci!

Zweiundsechzigste Lektion

Matěj fährt Schlitten

1   Die Nováks sind in den Bergen. Adam fährt Ski auf der Piste am Lift. Adams jüngerer Bruder fährt den Berg auf dem Schlitten hinab; er sagt, dass Ski zu langsam sind.

② **(na) sjezdovce**, Lokativ Sing. von **sjezdovka** „(Ski-)Piste". ■ **(lyžařský) vlek** „Skilift". ■ **sjíždět** (unvoll.), **sjet** (voll.) „hinunter-, abfahren" sind von **jezdit, jet** abgeleitet. Die Vorsilbe **s-** drückt hier eine Abwärtsbewegung aus: **Výtah sjel do přízemí** „Der Aufzug fuhr ins Erdgeschoss hinunter". ■ **kopec** „Berg, Hügel" ist männlich. ■ **saně** (f. Pl.) oder **sáňky** (Verkleinerung) „Schlitten". ■ **sáňkovat/jezdit na saních** oder **na sáňkách** „rodeln, Schlitten fahren".

LEKTION 62

| 2 | Pan Novák rád jezdí na běžkách; dnes odpoledne odjel na túru. Paní Nováková se opaluje. ③
| 3 | Eva nechala lyže a hole u cesty. Staví sněhuláka. Svlékla si bundu, šálu, čepici i rukavice. ④
| 4 | – Podívej, mami, jakého jsem udělala sněhuláka!
| 5 | – Je moc hezký. A ta čepice mu opravdu sluší. Kde máš bundu a rukavice? ptá se Evina matka.
| 6 | – U lyží, bylo mi horko. Mám tlustý svetr a šálu. Rukavice byly mokré.
| 7 | – Vezmi si moje; jsou tenké, ale suché.
| 8 | Evin bratr Matěj zatím sjel po svahu jako blesk a blíží se k cestě. Není moc široká. Vlastně je dost úzká a po obou stranách jsou vysoké závěje. ⑤
| 9 | Matěj přejel – nebo spíš přeletěl – cestu. Paní Nováková uslyšela hromovou ránu. Ve vzduchu uviděla jednu synovu ruku… pak nohu… a oblaka sněhu. ⑥

SNĚŽÍ UŽ TŘI DNY

2	Herr Novák fährt gern Langlaufski; heute Nachmittag macht er (fuhr er zu) eine Skiwanderung. Frau Novák sonnt sich.
3	Eva ließ Ski und Stöcke am Weg [stehen]. Sie baut einen Schneemann. Sie hat Jacke, Schal, Mütze und auch die Handschuhe ausgezogen.
4	– Schau, Mama, was für einen Schneemann ich gebaut (gemacht) habe!
5	– Der ist sehr schön. Und die Mütze steht ihm wirklich gut. Wo sind (hast du die) [deine] Jacke und [deine] Handschuhe? fragt Evas Mutter.
6	– Bei den Skiern, mir war heiß. Ich habe einen dicken Pullover und einen Schal. Die Handschuhe waren nass.
7	– Nimm meine: Die sind dünn, aber trocken.
8	Evas Bruder Matěj ist unterdessen wie ein Blitz den Abhang heruntergefahren und nähert sich dem Weg. Er ist nicht sehr breit. Eigentlich ist er ziemlich schmal, und zu beiden Seiten sind hohe Verwehungen.
9	Matěj fuhr – oder eher flog – über den Weg. Frau Novák hörte einen Donnerschlag. In der Luft sah sie einen Arm ihres Sohnes ... dann ein Bein ... und Schneewolken.

(ANMERKUNGEN)

③ **běžky** (f. Pl.) „Langlaufski", **jezdit na běžkách** „Langlaufski fahren". ■ **(na) túru**, Akkusativ Sing. von **túra** „Tour", kann auch im Sinne von „Wanderung" benutzt werden.

④ **lyže** (f.) „Ski". ■ **hole**, Akkusativ Plural von **hůl** (f.) „Stock". Achtung: Vokaländerung **ů → o**. ■ **Stavět** (unvoll.), **postavit** (voll.) „bauen, errichten, aufstellen". ■ **rukavice** (f.) „Handschuhe".

⑤ **(po) svahu**, Lokativ Sing. von **svah** (m.) „Abhang, Böschung". ■ **závěje**, Nominativ Plural von **závěj** (f.) „Verwehung".

⑥ **přejet** „(mit einem Fortbewegungsmittel) überfahren, überqueren"; **přeletět** „überfliegen". Die Vorsilbe **pře-** drückt eine Bewegung über etwas hinweg aus. ■ **uviděla synovu/Matějovu ruku** „Sie sah des Sohnes/Matějs Hand". Possessivadjektive haben eine gemischte Deklination (siehe nächste Wiederholungslektion). ■ **oblaka sněhu** (n. Pl.) „Schneewolken". **oblak** (m.) und **mračno** (n.) sind Synonyme von **mrak** „Wolke". ■ **sněhu**, Genitiv Sing. von **sníh** (m.) „Schnee". Beachten Sie den Vokalwechsel **í → ě**.

LEKTION 62

| 10 | Vykřikne a rozběhne se k cestě. Ale dřív než tam doběhla, objevil se před ní druhý sněhulák – s Matějovou čepicí na hlavě a jeho šálou kolem krku! ⑦ |
| 11 | Křičí, jako by ho na nože brali. |

První (1.) cvičení: Rozumíte těmto větám?

① Zatímco se Dvořákovi opalovali, Evini bratři lyžovali.
② Rozběhla se k Josefovu autu. ③ Přešli cestu – a uviděli sjezdovku, vlek... a frontu! ④ Jezdíte rád na běžkách?
⑤ Vezmi si ty tlusté rukavice; a nechceš Moničinu šálu?
⑥ Sněží už tři dny.

Druhé (2.) cvičení: Doplňte chybějící slova!

① Die Kinder spielen vor dem Hotel: Alena baut einen Schneemann, Alenas jüngerer Bruder hat eine Burg gebaut.

Děti si hrají před hotelem: Alena ..... sněhuláka, ... mladší bratr postavil ..... .

② Sie fuhr wie ein Blitz den Abhang hinunter. Dann kehrte sie zum Lift zurück und fuhr hinauf bis nach oben zur Piste, wo wir auf sie warteten.

..... po svahu .... Pak se vrátila k ..... a vyjela až nahoru ke sjezdovce, ... jsme na ni čekali.

③ Als die Dvořáks hörten, dass wir uns auf eine Tour vorbereiten, sagten sie sich, dass sie die Langlaufski nehmen und mit uns auf den Schwarzen Berg fahren werden.

Když .... uslyšeli, že se chystáme na ...., ... si, .. vezmou běžky a pojedou na ..... horu s námi.

| 10 | Sie schreit auf und läuft los zum Weg. Doch bevor sie dort ankam, tauchte (erschien) vor ihr ein zweiter Schneemann auf – mit Matějs Mütze auf dem Kopf und seinem Schal um den Hals!
| 11 | Er schreit wie am Spieß (als würden sie ihn auf Messer nehmen).

(ANMERKUNGEN)

⑦ **rozběhne se** „er/sie/es läuft los"; **doběhne** „er/sie/es kommt an (gelaufen)". Die Vorsilben präzisieren hier die unterschiedlichen Phasen der Bewegung: Anfang und Ende. Ebenfalls vom Verb **běhat** abgeleitet: **vyběhnout** „hinausrennen" und **přiběhnout** „herbeilaufen". Die Vorsilben drücken hier eine Bewegung aus bzw. zu einem bestimmten Ort aus.
■ **(kolem) krku**, Genitiv Sing. von **krk** (m.) „Hals".

Řešení prvního cvičení: Rozuměli jste?

❶ Während sich die Dvořáks sonnten, liefen Evas Brüder Ski. ❷ Sie lief los zu Josefs Auto. ❸ Sie überqueren den Weg – und sahen die Piste, den Lift ... und die Schlange! ❹ Fahren sie gern Langlaufski? ❺ Nimm dir die dicken Handschuhe; und willst du nicht Monikas Schal? ❻ Es schneit schon drei Tage.

❹ Eliškas Rock ist weit und ziemlich lang; ich hätte gern irgendeinen engen Rock, und kürzer!

Eliščina sukně je ...... a dost dlouhá; já bych chtěla nějakou .... , a kratší!

❺ Er ging früh morgens weg, hatte nur eine leichte Jacke an. Ihm wird kalt sein – draußen friert es.

Odešel brzy ráno, měl na sobě jen ...... bundu. .... mu .... – venku mrzne.

LEKTION 62

6 Im Winter gingen sie oft Schlittschuh laufen, Schlitten fahren oder Ski laufen; sie mögen alle Wintersportarten.

V zimě často chodily bruslit, sáňkovat nebo
.... ; mají .... všechny zimní ....

Sie haben nun, was die passive Phase angeht, etwa zwei Drittel Ihres Tschechisch-Kurses absolviert und ohne große Mühe gelernt, Tschechisch zu verstehen. Seit Beginn der „Zweiten Welle" sprechen Sie auch Tschechisch. Sie werden sehen, dass Sie die verbleibenden Lektionen ebenso mühelos bewältigen werden. Achten Sie darauf, dass Sie weiterhin wie gewohnt konzentriert,

---

▶ Šedesátá třetí (63.) lekce

OPAKOVÁNÍ A POZNÁMKY

1. Deklination: Nomen im Akkusativ Plural

In der letzten Wiederholungslektion haben wir über die Deklination der Nomen im Nominativ Plural gesprochen. Im Akkusativ Plural verwenden Sie die gleichen Endungen. Lediglich bei männlichen belebten Hauptwörtern mit harter oder mittlerer Konsonantenendung steht im Akkusativ Plural die Endung **-y**, und bei männlichen belebten Hauptwörtern mit weicher Konsonantenendung und der Endung **-tel** die Endung **-e**:
Vidíš ty dva pány/muže? „Siehst du die beiden Herren/Männer?"

2. Deklination: Adjektive im Akkusativ Plural

Die Adjektive haben im Akkusativ Plural die gleichen Endungen wie im Nominativ Plural, bis auf eine Ausnahme: Männliche belebte

> **Řešení druhého cvičení: Chybějící slova.**
>
> ❶ staví - Alenin - hrad ❷ Sjela - jako blesk - vleku - kde ❸ Dvořákovi - túru - řekli - že - černou ❹ široká - úzkou sukni ❺ tenkou - Bude - zima ❻ lyžovat - rády - sporty

Sprichwort des Tages
až pokvetou hrábě
„wenn der Mond vom Himmel fällt"
(„wenn die Rechen blühen werden")

Druhá vlna: Proberte dnes aktivně třináctou (13.) lekci!

> *regelmäßig und mit lauter Stimme lesen. Versuchen Sie, jeden Tag ca. 15–20 Minuten Lernzeit zu finden. Haben Sie einmal nur wenig Zeit, so lesen Sie die aktuelle Lektion einfach ein paarmal, oder hören Sie sich nur die Tonaufnahmen an.*
>
> *Und nun wartet Lektion 63 auf Sie...*

Dreiundsechzigste Lektion

harte Adjektive enden im Akkusativ Plural auf **-é**. Das gleiche trifft auf die weichen und harten Adjektive zu: **Znáš ty moderní mladé muže?** „Kennst du die modernen, jungen Männer?"

3. Deklination: Possessivadjektive im Akkusativ

Possessivadjektive ordnen einer Person einen Besitz oder eine Zugehörigkeit zu. Ist der Besitzer

a) männlich, erhalten sie die Nachsilben **-ův/-ova/-ovo**: **Adamův bratr, Karlova univerzita, otcovo auto** „Adams Bruder, Karls Universität, Vaters Auto".

Beachten Sie, dass die Endung des Possessivadjektivs dem Geschlecht des Besitztums entspricht, und beachten Sie auch das bewegliche „e": **Karel → Karlův, Karlova, Karlovo** und **otec → otcův, otcova, otcovo**.

DEKLINATION DER POSSESSIVADJEKTIVE

SINGULAR

	männlich belebt	männlich unbelebt	sächlich	weiblich
Nom.	Adamův/Evin bratr	Adamův/Evin byt	Adamovo/Evino auto	Adamova/Evina sestra
Gen.	Adamova/Evina bratra	Adamova/Evina bytu	Adamova/Evina auta	Adamovy/Eviny sestry
Dat.	Adamovu/Evinu bratru	Adamovu/Evinu bytu	Adamovu/Evinu autu	Adamově/Evině sestře
Akk.	Adamova/Evina bratra	Adamův/Evin byt	Adamovo/Evino auto	Adamovu/Evinu sestru
Lok.	(o) Adamovu/-ově/(o) Evině/Evinu bratru	Adamovu/-ově/(o) Evině/Evinu bytě	Adamovu/-ově/ Evině/Evinu autě	(o)Adamově/Evině sestře
Instr.	Adamovým/Eviným bratrem	Adamovým/Eviným bytem	Adamovým/Eviným autem	Adamovou/Evinou sestrou

PLURAL

	männlich belebt	männlich unbelebt	sächlich	weiblich
Nom.	Adamovi/Evini bratři	Adamovy/Eviny byty	Adamova/Evina auta	Adamovy/Eviny sestry
Gen.	Adamových/Eviných bratrů	Adamových/Eviných bytů	Adamových/Eviných aut	Adamových/Eviných sester
Dat.	Adamovým/Eviným bratrům	Adamovým/Eviným bytům	Adamovým/Eviným autům	Adamovým/Eviným sestrám
Akk.	Adamovy/Eviny bratry	Adamovy/Eviny byty	Adamova/Evina auta	Adamovy/Eviny sestry
Lok.	(o) Adamových/Eviných bratrech	(o)Adamových/Eviných bytech	(o)Adamových/Eviných autech	(o)Adamových/ Eviných sestrách
Instr.	Adamovými/Evinými bratry	Adamovými/Evinými byty	Adamovými/Evinými auty	Adamovými/Evinými sestrami

b) weiblich, erhalten sie die Nachsilbe **-in/-ina/-ino**:
Evin dům, Moničina šála, sestřino kolo „Evas Haus, Monikas Schal, Schwesters Fahrrad".
Beachten Sie hier die Erweichung der Konsonanten **k → č** und **r → ř** in **Monika → Moničin, Moničina, Moničino** und **sestra → sestřin, sestřina, sestřino**.

Possessivadjektive haben eine gemischte Deklination. Die nebenstehende Tabelle bietet Ihnen eine Übersicht, die Sie nicht zum Auswendiglernen, sondern zur besseren Orientierung verwenden können.

4. Nominaladjektive

Nominaladjektive sind meistens Kurzformen harter Adjektive (**zdráv/a/o** „gesund") und werden in der Umgangssprache kaum verwendet, weil sie durch die Langformen ersetzt werden. Dennoch sollten Sie die Kurzformen kennen. Sie werden ohnehin nur noch im Nominativ Singular und Plural und überwiegend in Redensarten wie **být rád/a/o** „froh sein" oder **mít rád/a/o** „gern haben" verwendet.

5. Temporalsätze

Sie haben einige Temporalsätze kennengelernt. Hier eine kurze Zusammenfassung:

A. Temporalsätze der Gleichzeitigkeit
Sie haben im Nebensatz die gleiche Zeitform wie im Hauptsatz und werden meistens durch **když** oder **zatímco** eingeleitet:
   Když mají čas, hrají fotbal. „Wenn sie Zeit haben, spielen sie Fußball".
   Když měli čas, hráli fotbal. „Wenn sie Zeit hatten, spielten sie Fußball".
   Zatímco jsem četl, Marie psala dopis. „Während ich las, schrieb Marie einen Brief".
In Temporalsätzen der Gleichzeitigkeit stehen meist unvollendete Verben.

B. Temporalsätze der Vor- und Nachzeitigkeit
Hier liegt das Geschehen des Hauptsatzes zeitlich vor bzw. nach dem Geschehen des Nebensatzes. Diese Sätze werden mit **když, než, až** eingeleitet:
   Až Marie napíše dopis, půjde na poštu. „Wenn/sobald Marie den Brief geschrieben hat, wird sie zur Post gehen".
   Když napsala dopis, šla na poštu. „Wenn/als sie den Brief geschrieben hatte, ging sie zur Post".

Než odešla, zatelefonovala Heleně. „Bevor sie wegging, rief sie Helena an".

In Temporalsätzen der Vor- oder Nachzeitigkeit stehen meist vollendete Verben.

Steht der Satz in der Zukunft, lautet die Konjunktion in der Regel **až**, die Konjunktion **když** leitet dagegen einen Satz in der Gegenwart oder Vergangenheit ein.

Haupt- und Nebensatz werden immer durch ein Komma voneinander getrennt.

6. Direkte und indirekte Rede

Direkte Rede:
  Řekl: Eva je v kině. „Er sagte: Eva ist im Kino".
  Řekl: Eva byla v kině. „Er sagte: Eva war im Kino".
  Anna řekla: Nedělejte to! „Anna sagte: Macht das nicht!"
  Jan se zeptal: Uděláte to? „Jan fragte: Werden Sie das machen?"

Indirekte Rede:
  Řekl, že Eva je v kině. „Er sagte, dass Eva im Kino ist".
  Řekl, že Eva byla v kině. „Er sagte, dass Eva im Kino war".
  Anna řekla, ať to neděláte! „Anna sagte, ihr sollt das nicht machen / dass ihr das nicht machen sollt!"
  Jan se zeptal, jestli to uděláte. „Jan fragte, ob Sie das machen werden".

Drücken Sie die folgenden Sätze in indirekter Rede aus:
1. Řekl: „Karel přijde za hodinu." 2. Zeptala se: „Budeš na horách?" 3. Říkali: „Josef už odjel do Brna."
Die Lösungen finden Sie am Ende der Lektion.

7. Verben: Bildung von Verben

Wenn Sie wissbegierig sind und Ihnen der Sinn nach noch mehr Neuem steht, dann können wir uns noch kurz die Art und Weise anschauen, wie im Tschechischen neue Verben gebildet werden. Verben der Bewegung bieten hierfür ein ausgezeichnetes Beispiel: Sie lassen sich gut mit Vorsilben verbinden. Bei den Vorsilben handelt es sich häufig um Präpositionen, die wir Ihnen nachfolgend auflisten. Man kann fast alle Vorsilben fast allen Verben (nicht nur Verben der Bewegung) voranstellen. Die Bedeutung der Vorsilben kann bildlich übersetzt werden. Der Wortstamm behält die eigentliche Bedeutung. Dadurch erklärt sich, wenn auch nur bedingt, der große Sprachumfang der tschechischen Sprache.

Ableiten von Verben und Bilden von Verben mit Hilfe von Vorsilben (hier mit Hilfe der Vorsilbe **při-**):

běhat, běžet „laufen, rennen"	**přibíhat, přiběhnout** „herbeilaufen, angerannt kommen"
chodit, jít „gehen"	**přicházet, přijít** „ankommen"
jezdit, jet „fahren"	**přijíždět, přijet** „ankommen, eintreffen" (mit einem Fortbewegungsmittel)
létat, letět „fliegen"	**přilétat, přiletět** „anfliegen, mit dem Flugzeug ankommen, herbeifliegen"
nosit, nést „tragen"	**přinášet, přinést** „bringen, herbringen"
vodit, vést „führen"	**přivádět, přivést** „führen, bringen"
vozit, vézt „führen, fahren"	**přivážet, přivézt** „(her-, herbei-, zu-)führen, -bringen, zustellen, (in einem Fortbewegungsmittel) bringen"

Verb der Bewegung	**Abgeleitetes Verb**	
indeterminiert und determiniert	*unvollendet*	*vollendet*
běhat, běžet	-bíhat	-běhnout
chodit, jít	-cházet	-jít
jezdit, jet	-jíždět	-jet
létat, letět	-létat	-letět
nosit, nést	-nášet	-nést
vodit, vést	-vádět	-vést
vozit, vézt	-vážet	-vézt

	Vorsilbe	**Bewegungsrichtung**
1	**při-**	zu einem Ort, auf einen Ort zu
2	**od(e)-**	von einem Ort weg
3	**pře-**	über einem Ort hinweg, oberhalb eines Ortes vorbei
4	**pře-**	quer über eine Fläche, von einem Ende zum anderen
5	**pro-**	durch etwas/einen Ort hindurch, von einem Ende zum anderen
6	**v(e)-**	in etwas/einen Ort hinein, in das Innere eines Raumes

7	**vy-**	aus dem Inneren eines Raumes hinaus
8	**vy-**	auf etwas hinauf
9	**s(e)-**	herunter, von etwas/einem Ort herunter
10	**s(e)- + se**	zu einem Ort zusammenlaufend
11	**roz(e)- (+se)**	von einem Ort auseinanderlaufend
12	**pod(e-)**	unter etwas/einem Ort hindurch
13	**ob(e)-**	um etwas/einen Ort herum
14	**před(e)-**	vor etwas; voraus (überholend)
15	**za-**	hinter etwas/einem Ort

Und hier je ein Beispielsatz zu jedem Präfix:

1 **Přijedeme v pět.** „Wir kommen (mit einem Fortbewegungsmittel) um fünf Uhr an".
2 **Odejdeme v sedm.** „Wir gehen um sieben Uhr weg".
3 **Čáp přeletěl rybník.** „Der Storch überflog den Fischteich".
4 **Přechází Karlův most.** „Er überquert (zu Fuß) die Karlsbrücke".
5 **Projeďte tunelem.** „Fahren Sie durch den Tunnel".

▶ Šedesátá čtvrtá (64.) lekce

Ovocný salát

1 – Chtěl bych si jít koupit lístek na „Figarovu svatbu". Ale napřed musím jet na Hlavní nádraží vyzvednout zavazadla mé švagrové a odvézt je na Masarykovo nádraží... ①

6   **Vcházíme do pokoje.** „Wir treten in das Zimmer ein".
7   **Vycházíš z divadla.** „Du gehst aus dem Theater hinaus".
8   **Vyjdeme na kopec.** „Wir gehen auf den Berg hinauf".
9   **Sešli do přízemí.** „Sie gingen ins Erdgeschoss hinab".
10 **Sejdou se v kavárně.** „Sie treffen sich im Café".
11 **Po koncertě se lidé rozešli.** „Nach dem Konzert gingen die Leute auseinander".
12 **Letadlo proletělo Vítězný oblouk.** „Das Flugzeug flog durch den Triumphbogen hindurch".
13 **Obešel sochu Jana Husa.** „Er ging um die Statue des Jan Hus herum".
14 **Předjel to bílé auto.** „Er überholte das weiße Auto".
15 **Zašla za dům.** „Sie ging hinter das Haus".

Und dies sind die Sätze aus Absatz 6 in indirekter Rede:

1. Řekl, že Karel přijde za hodinu. **2.** Zeptala se, jestli budeš na horách. **3.** Říkali, že Josef už odjel do Brna.

Druhá vlna: Proberte dnes aktivně čtrnáctou (14.) lekci!

Vierundsechzigste Lektion

Obstsalat

1 – Ich möchte mir [gerne] eine Eintrittskarte für "Figaros Hochzeit" kaufen gehen. Aber vorher muss ich zum Hauptbahnhof fahren, das Gepäck meiner Schwägerin abholen und es zum Masaryk-Bahnhof bringen ...

(ANMERKUNGEN)

① **Chtěl bych** „Ich möchte gern". Die Konditionalform wird in allen drei Personen gleich gebildet: Partizip Perfekt + Konditionalpartikel: **bych, bys, by** im Singular und **bychom, byste, by** im Plural. ■ Merken Sie sich **úschovna** „Gepäckaufbewahrung". Achten Sie darauf, dass Sie sch nicht wie das deutsche „sch", sondern wie [s] + [ch] aussprechen. ■ **zavazadla**, Akkusativ Plural von **zavazadlo** „Gepäck, Gepäckstück". ■ **švagrové**, Genitiv Sing. von **švagrová** „Schwägerin", ist ein substantiviertes Adjektiv.

| 2 | Mám taky koupit ovoce na ovocný salát. Nevím vlastně jaké. Nemohla byste mi poradit? ②
| 3 | – Například jablka, hrušky, třešně. Banány a pomeranče. Nebo ananas.
| 4 | – A kolik se toho musí koupit?
| 5 | – Pro kolik osob? ③
| 6 | – Myslím pět nebo šest… dcera si pozvala na zítřek kamarádky z volejbalu. Plus manželka a švagrová. Takže dohromady to bude osm. Dámský večírek! ④
| 7 | – Kupte kilo banánů a kilo pomerančů, kilo jablek a hrušek a půl kila třešní. Jestli chcete, můžeme jít na trh spolu – cestou z kanceláře se tam chci stejně zastavit. ⑤
| 8 | – Vy jste anděl, slečno Zuzanko! Nakupování, to pro mě není. Pak bych vás mohl pozvat na skleničku…? ⑥

BOHUŽEL UŽ MÁM NA ZÍTŘEK PROGRAM

(ANMERKUNGEN)

② **radit** (unvoll.), **poradit** (voll.) „raten, einen Rat geben".

③ **osob**, Genitiv Plural von **osoba** „Person". Weibliche Nomen auf **-a** und sächliche Nomen auf **-o** haben im Genitiv Plural keine Endung.

2	Ich soll auch Obst für einen Obstsalat kaufen. Eigentlich weiß ich nicht, welches. Könnten Sie mich nicht beraten?
3	– Zum Beispiel Äpfel, Birnen, Kirschen. Bananen und Orangen. Oder Ananas.
4	– Und wie viel muss man davon kaufen?
5	– Für wie viele Personen?
6	– Ich denke fünf oder sechs ... meine Tochter hat für morgen ihre Volleyballfreundinnen eingeladen. Plus Ehefrau und Schwägerin. Macht zusammen acht. (So dass es zusammen acht sein wird.) Damenabend!
7	– Kaufen Sie ein Kilo Bananen und ein Kilo Orangen, ein Kilo Äpfel und Birnen und ein halbes Kilo Kirschen. Wenn Sie möchten, können wir zusammen auf den Markt gehen – auf dem Weg vom Büro will ich dort sowieso vorbeigehen.
8	– Sie sind ein Engel, Fräulein Zuzanka! Einkaufen, (das) ist nicht[s] für mich. Danach könnte ich Sie auf ein Gläschen einladen ...?

④ **zítřek** (m.) „der morgige Tag" ist ein vom Adverb **zítra** „morgen" abgeleitetes Nomen. ■ Ebenso sagen Sie: **dnešek** (von **dnes** „heute") oder **včerejšek** (von **včera** „gestern"). ■ **dohromady** oder **celkem** „zusammen, insgesamt". ■ **večírek** „Unterhaltungsabend" ist die Verkleinerung von **večer** (m.) „Abend, abends".

⑤ **banánů, pomerančů**, Genitiv Plural von **banán** (m.) „Banane" und **pomeranč** (m.) „Orange". Männliche Nomen enden im Genitiv Plural auf **-ů**. ■ **jablek, hrušek**, Genitiv Plural von **jablko** (n.) „Apfel" und **hruška** (f.) „Birne". (Achtung: Bewegliches -e- zur leichteren Aussprache vor allem bei sächlichen und weiblichen Nomen ohne Endung im Genitiv Plural.) ■ **půl kila** „ein halbes Kilo, ein Pfund". ■ **třešní**, Genitiv Plural von **třešně** (f.) „Kirsche". Weibliche Nomen auf -e/-ě oder Konsonantenendung und sächliche Nomen auf -e/-ě oder -í enden im Genitiv Plural auf **-í**. ■ **zastavovat se** (unvoll.), **zastavit se** (voll.) „stehen bleiben, halten, haltmachen" oder auch „bei jdm. vorbeischauen, -gehen". Sie kennen **zaskočit** „auf einen Sprung vorbeigehen": **Zaskočím k Janovi/do banky** „Ich gehe auf einen Sprung bei Jan / in der Bank vorbei". In der Umgangssprache lässt man **za-** oft weg: **Stavím se u Jana/v bance**.

⑥ **Zuzanka** ist die Verkleinerungsform von **Zuzana**. ■ **Nakupování** „Einkaufen" ist ein Verbalsubstantiv. Sie können ebenso **nákup** „Einkauf" verwenden. ■ **sklenička**, Verkleinerungsform von **sklenice** (f.) „Glas".

LEKTION 64

9 – Děkuji, ale budu trochu pospíchat – večer jdu na koncert.

10 – Máte ráda hudbu? To bych vás mohl pozvat zítra do Smetanova divadla, na „Figarovu svatbu". Manželka nemá opery ráda. Její sestra taky ne... Měla byste zítra večer čas? Aspoň bychom se trochu líp poznali...

11 – Bohužel už mám na zítřek program. Jedna přítelkyně mě pozvala na večeři... na ovocný salát.

První (1.) cvičení: Rozumíte těmto větám?

① Měli bychom se sejít u Masarykova nádraží ve čtyři.
② Kde je úschovna? ③ Prosím kilo jablek a půl kila banánů.
④ Měl byste čas v sobotu odpoledne? ⑤ Chtěl bych rezervovat stůl pro šest osob na zítra večer v osm hodin.

Druhé (2.) cvičení: Doplňte chybějící slova!

① Er würde Sie gerne ins Smetana-Theater einladen.

Rád .. vás pozval do ....

② Wir möchten gerne um zwei Uhr wegfahren und um fünf Uhr zurückkehren; um sechs kommt unsere Schwägerin aus Mähren an (gefahren).

Chtěli ...... odjet ve dvě hodiny a vrátit se
. ... ; v šest .... naše švagrová
z Moravy.

③ Er fragte, ob wir viele Gepäckstücke haben. Er riet uns, sie (dass wir sie ...) in der Gepäckaufbewahrung zu lassen.

Zeptal se, ... hodně zavazadel.
Poradil nám, .. je necháme v úschovně.

④ Kaufe ein Kilo Orangen, ein Kilo Äpfel und ein halbes Kilo Kirschen. Und ich bräuchte auch Tomaten und Paprika.

Kup kilo ...., ... a půl
kila .... A potřebovala .... taky rajčata
a papriky.

|9| – Danke, aber ich werde es ein bisschen eilig haben – ich gehe abends zum Konzert.

|10| – Mögen Sie Musik? Dann könnte ich Sie morgen ins Smetana-Theater zu „Figaros Hochzeit" einladen. Meine Frau mag keine Opern. Ihre Schwester auch nicht ... Hätten Sie morgen Abend Zeit? Wenigstens würden wir uns ein wenig besser kennenlernen ...

|11| – Leider habe ich für morgen schon ein Programm. Eine Freundin hat mich zum Abendessen eingeladen ... auf einen Obstsalat.

Řešení prvního cvičení: Rozuměli jste?

❶ Wir sollten uns um vier Uhr beim Masaryk-Bahnhof treffen. ❷ Wo ist die Gepäckaufbewahrung? ❸ Ein Kilo Äpfel und ein halbes Kilo Bananen, bitte. ❹ Hätten Sie am Samstagnachmittag Zeit? ❺ Ich würde gerne einen Tisch für sechs Personen reservieren, für morgen Abend (um) acht Uhr.

❺ Auf dem Weg vom Stadion wollen sie beim Vorverkauf vorbeigehen (halt machen) und fünf Eintrittskarten für das Hockeyfinale kaufen.

.... ze stadiónu .. chtějí .... v předprodeji a koupit pět lístků na hokejové finále.

Řešení druhého cvičení: Chybějící slova.

❶ by - Smetanova divadla ❷ bychom - v pět hodin - přijede ❸ jestli máme - ať ❹ pomerančů - kilo jablek - třešní - bych ❺ Cestou - se - zastavit

Sprichwort des Tages
mazat med kolem huby
„Honig ums Maul schmieren"

Druhá vlna: Proberte dnes aktivně patnáctou (15.) lekci!

LEKTION 64

▶ Šedesátá pátá (65.) lekce

Na trhu

1. Filip jde na trh. Dneska nakupuje sám. Když zeleninu dobře vybere, bude si moct nechat drobné. ①
2. Filip šetří na kolo. Otec mu založil spořitelní knížku a ze svého bankovního konta na ni převedl tři sta korun. Pan Kašpar je ředitel banky; chce naučit syna hospodařit s penězi. ②
3. Filip obchází stánky. Prohlíží si zboží, srovnává ceny. V duchu násobí, dělí a sčítá, jako by měl v hlavě kalkulačku. Filip rád počítá. Je šetrný – i když lakomý není. ③
4. V jednom stánku vidí rajčata. Jsou zralá a hezky červená. Přesto si říká, že by měl najít jiná, ještě lepší – ještě zralejší a červenější než tahle… a levnější. Jsou tam také okurky, květáky a zelí. ④

(ANMERKUNGEN)

① **Dneska** ist die gängige Form von **dnes** „heute". ■ **vybírat** (unvoll.), **vybrat** (voll.) „aussuchen, auswählen". ■ **nechávat si** (unvoll.), **nechat si** (voll.) „behalten". Ohne das Reflexivpronomen bedeutet es „lassen".

Fünfundsechzigste Lektion

Auf dem Markt

1. Filip geht auf den Markt. Heute kauft er [ganz] allein ein. Wenn er das Gemüse gut aussucht, darf er das Kleingeld behalten (wird er das Kleingeld behalten können).
2. Filip spart auf ein Fahrrad. Vater hat für ihn (ihm) ein Sparbuch angelegt und hat darauf von seinem Bankkonto dreihundert Kronen überwiesen. Herr Kašpar ist Bankdirektor; er will dem Sohn beibringen, mit Geld umzugehen (zu haushalten).
3. Filip geht die Marktstände ab. Er schaut sich die Ware an, vergleicht die Preise. Im Geiste multipliziert, dividiert und addiert er, als hätte er einen Taschenrechner im Kopf. Filip rechnet gerne. Er ist sparsam – jedoch (wenn auch) nicht geizig.
4. An einem Stand sieht er Tomaten. Sie sind reif und schön rot. Trotzdem sagt er sich, dass er noch andere, noch bessere finden sollte – noch reifere und noch rotere als diese ... und billigere. Es gibt da (sind dort) auch Gurken, Blumenkohl und Kohl.

(2) **šetřit** „sparen". ■ **zakládat** (unvoll.), **založit** (voll.) „gründen, anlegen, errichten". Man sagt: **Založit/otevřít účet v bance/ve spořitelně** „Bei einer Bank/Sparkasse ein Konto anlegen/eröffnen". ■ **bankovní konto** (n.) oder **účet** (m.) „Bankkonto". ■ **převádět** (unvoll.), **převést** (voll.) „überführen, überweisen".

(3) **stánky**, Akkusativ Plural von **stánek** (m.) „Stand, Verkaufs-, Marktstand, Kiosk". ■ **zboží** „(Markt-) Ware, Gut". ■ **srovnávat** oder **porovnávat** (unvoll.), **srovnat** oder **porovnat** (voll.) „vergleichen". ■ **duch** (m.) „Geist", **v duchu** „im Geiste".

(4) **rajčata**, Akkusativ und Nominativ Plural von **rajče** (n.) „Tomate". ■ **lepší** „besser", unregelmäßiger Komparativ von **dobrý/á/é**. ■ **zralejší a červenější rajčata** „reifere und rotere Tomaten". Die meisten Adjektive bilden den Komparativ mit den Nachsilben **-ejší/-ější**: **moderní a rychlý → modernější a rychlejší** „moderner und schneller". Etliche Adjektive enden im Komparativ auch nur auf **-ší**: **mladý/á/é → mladší** „jünger" oder auf **-í**: **tenký/á/é → tenčí** „dünner". ■ **levnější** „billiger", Komparativ von **levný/á/é**. ■ **také** oder **taky** „auch". ■ **okurky, květáky**, Nominativ Plural von **okurka** „Gurke" und **květák** (m.) „Blumenkohl".

LEKTION 65

| 5 | Filip přešel k jinému stánku, kde venkované prodávají cibuli, česnek a ovoce. ⑤
| 6 | – Prosil bych čtvrt kila cibule. A kilo těch žlutých letních jablek, říká. Filip a jeho mladší sestra Blanka mají totiž letní jablka nejradši. ⑥
| 7 | – A dál? – To je vše, děkuji. ⑦
| 8 | Když platí, Filip si všimne rajčat v sousedním stánku. Jsou ze všech nejkrásnější a nejčervenější. A hned vedle vidí sáčky bonbónů! ⑧
| 9 | Postaví se do fronty. Jak čeká, až přijde na řadu, počítá, kolik mu zůstane drobných. ⑨
| 10 | Říká si: na kolo to je málo. Ale mělo by mu zbýt dost peněz na dvacet deka citrónových bonbónů – a deset deka pomerančových, pro Blanku. ⑩
| 11 | Filip je možná šetrný – ale rozhodně je mlsný!
| 12 | A není sám: pán před ním koupí všech pět sáčků bonbónů; na Filipa nezbude nic...
| 13 | Tak snad to kolo...

(ANMERKUNGEN)

⑤ **cibuli**, Akkusativ Singular von **cibule** (f.) „Zwiebel".

⑥ **těch**, Genitiv Plural des Demonstrativpronomens **ten/ta/to** „dieser/diese/-dieses". ■ **žlutých**, Genitiv Plural des harten Adjektivs **žlutý/á/é** „gelb". ■ **letních**, Genitiv Plural des weichen Adjektivs **letní** „Sommer-, sommerlich".

⑦ Die Wendung **A dál?** „Sonst noch etwas?" (wörtlich „Und weiter?") ist genauso anzuwenden wie **To je vše(chno).** „Das ist alles".

| 5 | Filip ging zu einem anderen Stand hinüber, wo Landwirte Zwiebeln, Knoblauch und Obst verkaufen.
| 6 | – Ich hätte gern (ich würde bitten) ein halbes Pfund (viertel Kilo) Zwiebeln. Und ein Kilo von diesen gelben Sommeräpfeln, sagt er. Filip und seine jüngere Schwester Blanka haben nämlich Sommeräpfel am liebsten.
| 7 | – Sonst noch etwas? (Und weiter?) – Das ist alles, danke.
| 8 | Als er bezahlt, bemerkt Filip die Tomaten am benachbarten Stand. Sie sind von allen die schönsten und rotesten. Und gleich daneben sieht er Tütchen mit Bonbons!
| 9 | Er stellt sich in die Schlange. Während er wartet (wie er wartet), bis er an die Reihe kommt, rechnet er, wie viel Kleingeld ihm übrig bleibt.
| 10 | Er sagt sich: Für ein Fahrrad ist es zu wenig. Aber es sollte ihm genug Geld übrig bleiben für 200 Gramm (20 Deka) Zitronenbonbons – und 100 Gramm (10 Deka) Orangenbonbons für Blanka.
| 11 | Filip ist vielleicht sparsam – aber [ganz] sicher [auch] naschhaft!
| 12 | Und er ist nicht allein: Ein Herr vor ihm kauft alle fünf Tütchen Bonbons; für Filip bleibt nichts übrig ...
| 13 | Dann vielleicht [doch] das Fahrrad ...

⑧ **všímat si** (unvoll.), **všimnout si** (voll.) + Genitiv „beachten, bemerken".
■ **nejkrásnější, nejčervenější** ist der Superlativ. Zur Bildung des Superlativs wird dem Komparativ einfach die Vorsilbe **nej-** vorangestellt: **nejkrásnější žena** „die schönste Frau". ■ **sáčky**, Akkusativ Plural von **sáček** (m.) „Säckchen, Tütchen".

⑨ **Jak čeká** = **když čeká** „wie/als/während er wartet". In Temporalsätzen ist **jak** mit **když/až** „wenn", **jakmile** „sowie" gleichzusetzen und nicht als Fragewort **jak** (L. 9) anzusehen.

⑩ **zbývat** (unvoll.), **zbýt** (voll.) „(übrig-)bleiben" ist vom Hilfsverb „sein" abgeleitet und wird auch so konjugiert (Synonym **zůstávat, zůstat**.)
■ **Kg - dkg - g**: In Tschechien gibt man die Gewichtseinheiten in Kilo oder Deka an. „Gramm" verwendet man nur in technischen Bereichen (Chemie, Pharmazie). Also nicht vergessen: **10 deka bonbónů, 20 deka šunky, 30 deka sýra** „100 g Bonbons, 200 g Schinken, 300 g Käse". ■ **peněz**, Genitiv Plural des unregelmäßig deklinierten **peníze** (m.) „Geld".

První (1.) cvičení: Rozumíte těmto větám?

① Prosím půl kila zelených paprik a čtvrt kila těch červených.
② Zajímá se o ceny na evropském trhu. ③ Filip je možná šetrnější než Blanka – ale je nejmlsnější z celé rodiny!
④ Řekl, že by chtěl 10 deka šunky, 10 deka sýra a kilo čokoládových bonbonů. ⑤ Jak uviděl spořitelní knížku, vykřikl: Budu šetřit na motorku!

Druhé (2.) cvičení: Doplňte chybějící slova!

① Heute bemerkte ich, dass ich nicht genug Geld auf meinem Konto habe.

Dnes jsem si všiml, že ..... na kontě dost ..... .

② Im Geiste sagte sie sich, dass sie ohne dieses rote Sommerkleid nicht weggeht.

..... si řekla, že bez .... červených .... šatů neodejde.

③ Sie fragten die ausländischen Studenten, wie ihnen die Vorstellung gefallen hat.

Zeptaly se cizích ...., ... se jim líbilo představení.

④ Als er das hörte, schrieb er Marie, ob sie mit ihnen nach Karlovy Vary (gefahren) kommen könnte.

... to uslyšel, napsal Marii, jestli .. .. přijet do .... Varů s nimi.

⑤ Kašpars haben drei Kinder. Petr ist älter als Filip, Blanka ist jünger als Petr. Wer ist der älteste in der Familie? Die Großmutter!

.... mají tři děti. Petr je starší ... Filip, Blanka je ...... než Petr. Kdo je z rodiny .... ? Babička!

Řešení prvního cvičení: Rozuměli jste?

❶ Bitte ein halbes Kilo von den grünen Paprika und ein halbes Pfund von diesen roten. ❷ Er interessiert sich für Preise auf dem europäischen Markt. ❸ Filip ist vielleicht sparsamer als Blanka – aber er ist der Naschhafteste (am naschhaftesten) von der ganzen Familie. ❹ Er sagte, dass er gerne 100 g Schinken, 100 g Käse und ein Kilo Pralinen/Schokoladenbonbons möchte. ❺ Wie (Als) er das Sparbuch sah, rief er aus: Ich werde auf ein Motorrad sparen!

❻ Von allen Ständen, die sie auf der Buchmesse besucht haben, war dieser sicher der interessanteste / am interessantesten.

Ze . . . . . stánků, které na Knižním veletrhu
. . . . , . . . tenhle jistě
. . . .

Řešení druhého cvičení: Chybějící slova.

❶ nemám - peněz ❷ V duchu - těch - letních ❸ studentů - jak
❹ Jak - by mohla - Karlových ❺ Kašparovi - než - mladší - nejstarší
❻ všech - navštívili - byl - nejzajímavější

Sprichwort des Tages
chodit jako kočka okolo horké kaše
„wie die Katze um den heißen Brei herumlaufen"

Druhá vlna: Proberte dnes aktivně šestnáctou (16.) lekci!

> **Šedesátá šestá (66.) lekce**

Kde je lékárna?

1 – Už to nevydržím. Je tady někde lékárna? ①
2 – Co se děje? Je vám špatně? Mohl bych vám pomoct? ②
3 – Pochybuji. Bolí mě v krku, špatně se mi dýchá, všude mě píchá a škrábe… hepčí! ③
4 Včera jsem se nachladil. Celou noc jsem kašlal a ráno jsem se vzbudil celý zpocený. Ani jsem neslyšel zvonit budík. Změřil jsem si teplotu – byla normální. Ale teď je mi čím dál tím hůř. ④

(ANMERKUNGEN)

① **Už** + verneintes Verb (wörtlich „schon nicht") wird mit „nicht mehr" übersetzt: **Už nechci/nemám/nejsem** „Ich will/habe/bin nicht mehr". ■ **vydržet** (voll.) „etw. aushalten, ertragen". Verben, die hauptsächlich ein Resultat beschreiben, gibt es nur in vollendeter Form. Verben jedoch, die vor allem den Zustand beschreiben, das Hilfsverb „haben" und alle Modalverben gibt es nur in der unvollendeten Form.

Sechsundsechzigste Lektion

Wo ist die Apotheke?

1 – Ich halte es nicht mehr aus. Ist hier irgendwo eine Apotheke?
2 – Was ist los? Ist Ihnen schlecht? Kann ich (Könnte ich) Ihnen helfen?
3 – Das bezweifle ich. Ich habe Halsweh (es tut mir im Hals weh), ich kann schlecht atmen (es atmet sich mir schlecht), überall sticht und kratzt es (mich) ... hatschi!
4 Ich habe mich gestern erkältet. Die ganze Nacht habe ich gehustet, und morgens bin ich völlig verschwitzt aufgewacht. Ich habe nicht einmal den Wecker klingeln hören. Ich habe Temperatur gemessen – die war normal. Aber jetzt geht es (ist) mir immer schlechter.

---

② **Co se děje?** „Was ist los?", in der Vergangenheit **Co se stalo?** „Was ist passiert?". Ist eine Handlung abgeschlossen, verwendet man statt des unvollendeten **dít se** „geschehen" das vollendete Verb des Synonyms **stávat se, stát se** „geschehen, sich ereignen".

③ Drei Sätze - drei unpersönliche Konstruktionen a) mit Akkusativ: **Bolí mě v krku** „Es tut mir im Hals weh" b) mit Dativ: **špatně se mi dýchá** „mir atmet es sich schlecht" c) mit Akkusativ: **všude mě píchá a škrábe** „überall sticht und kratzt es mich". ■ **dýchat** „atmen".

④ **nachladit se** oder **nachladnout se, nastydnout se** (voll.) „sich erkälten". ■ **budit se** (unvoll.), **vzbudit se** oder **probudit se** (voll.) „aufwachen, erwachen". ■ **měřit** (unvoll.), **změřit** (voll.) „messen". Man sagt: **Změřit si teplotu** „Temperatur messen". ■ **čím dál tím hůř** (wörtl. „je weiter, desto schlechter") „immer schlimmer/schlechter", besteht aus den Pronomen **co/to** im Instrumental Sing. und dem Komparativ der unregelmäßigen Adverbien **daleko/špatně**: **dál** „weiter", **hůř** „schlechter, schlimmer". Die Langformen **dále/hůře** sind selten, außer z. B. bei: **Dále!** „Herein!". Die gleiche Konstruktion können Sie wie folgt verwenden: **čím dál tím lépe/líp** „immer besser" oder **čím dál tím pomaleji/rychleji/veseleji** „immer langsamer/schneller/lustiger".

| 5 | – Nejbližší lékárna je v Purkyňově ulici. Ale možná byste měl jít k lékaři. Co když máte horečku? ⑤
| 6 | – K lékaři? Strávíte hodinu v čekárně. Pak vás doktor prohlédne a řekne, že máte rýmu. Doporučí vám ležet v posteli a pít čaj. Předepíše vám aspirin, sirup proti kašli nebo nějaké kapky. ⑥
| 7 | – To je pravda, ale…
| 8 | – Léky si můžu koupit bez receptu. A je pátek: lehnu si do postele a přes neděli se budu léčit… hepčí! Na pondělí mám totiž lístek na hokejové finále. ⑦
| 9 | – Dřív jsem to dělával jako vy. Míval jsem často rýmu a pokaždé jsem se léčil sám. Až jednou jsem dostal chřipku a pak zápal plic. Řeknu vám, s rýmou není legrace. Navíc rýma může trvat déle, někdy celý týden. ⑧

(ANMERKUNGEN)

⑤ **(v) Purkyňově ulici**, Lokativ Singular von **Purkyňova ulice** „Purkyně Straße". ■ **Jan Evangelista Purkyně** (1787-1869) Philosoph, Gelehrter und Physiologe, verfasste und publizierte u. a. diverse Theorien zu Aufbau und Beschaffenheit von Körperzellen. ■ **horečku**, Akkusativ Singular von **horečka** „Fieber".

⑥ **Trávit** (unvoll.), **strávit** (voll.) „verbringen" (aber auch „verdauen"). ■ **(v) čekárně**, Lokativ Singular von **čekárna** „Wartezimmer; Wartesaal". ■ **Předepisovat** (unvoll.), **předepsat** (voll.) „verschreiben; vorschreiben". ■ Die vollendeten Verben **strávíte, prohlédne, řekne, doporučí, předepíše** drücken eine vollendete Handlung aus; der Aspekt schreibt die grammatikalische Zeit (die Zukunft) vor, dennoch kann es vom Kontext her durchaus sinnvoll sein, in die Gegenwartsform zu übersetzen. ■ **(proti) kašli**, Dativ Singular von **kašel** (m.) „Husten". ■ **kapky** ist der Akkusativ Plural von **kapka** „Tropfen".

| 5 | – | Die nächste Apotheke ist in der Purkyně Straße. Aber vielleicht sollten Sie zum Arzt gehen. Was, wenn Sie Fieber haben?
| 6 | – | Zum Arzt? Sie verbringen eine Stunde im Wartezimmer. Dann untersucht Sie der Arzt und sagt, dass Sie einen Schnupfen haben. Er empfiehlt Ihnen, im Bett zu liegen und Tee zu trinken. Er verschreibt Ihnen Aspirin, Hustensaft (Sirup gegen Husten) oder irgendwelche Tropfen.
| 7 | – | Das ist wahr, aber ...
| 8 | – | Medikamente kann ich mir ohne Rezept kaufen. Und es ist Freitag: Ich werde mich ins Bett legen und werde mich übers Wochenende (über Sonntag) auskurieren ... hatschi! Für den Montag habe ich nämlich eine Eintrittskarte fürs Hockeyfinale.
| 9 | – | Früher habe ich es so wie Sie gemacht. Ich hatte oft einen Schnupfen, und jedes Mal kurierte ich mich selbst. Bis ich einmal eine Grippe bekam und dann eine Lungenentzündung. Ich sage Ihnen, mit Schnupfen ist nicht zu spaßen (ist kein Spaß). Überdies kann ein Schnupfen auch länger andauern, manchmal eine ganze Woche.

⑦ **(bez) receptu**, Genitiv Singular von **recept** (m.) „Rezept". In der Schriftsprache benutzt man auch **předpis**: **jen na lékařský předpis** „nur auf ärztliches Rezept, verschreibungspflichtig". ■ **lehat si** (unvoll.), **lehnout si** (voll.) „sich hinlegen" antwortet auf die Frage **kam?** Lautet die Frage **kde?**, verwendet man **ležet**. Vergleichen Sie: **Lehne si do postele/na pohovku** „Sie legt sich (wohin?) ins Bett / auf das Sofa"; **Leží v posteli/na pohovce** „Sie liegt (wo?) im Bett / auf dem Sofa". ■ **léčit se** (unvoll.), **vyléčit se** (voll.) „heilen, genesen, sich (aus-)kurieren, (ärztlich) behandeln". ■ In **přes neděli** meint „Sonntag" das „Wochenende". Im Plural kann es auch „Woche" bedeuten: **za tři neděle** „nach drei Wochen".

⑧ **Dřív** „früher" (auch „einst"), unregelmäßiger Komparativ von **brzo**. ■ **dělával, míval** sind sog. 'iterative' Verben, die eine wiederholte und gewohnheitsmäßige Handlung ausdrücken („pflegen etw. zu tun"). **Dřív jsem to dělával** „Früher pflegte ich es zu tun". ■ **jednou** „einmal, eines Tages, irgendwann". ■ **dostávat** (unvoll.), **dostat** (voll.) „bekommen, erhalten". **Dostat rýmu/chřipku/anginu** „einen Schnupfen / eine Grippe / Angina bekommen". **Zápal plic** „Lungenentzündung". ■ **chřipku**, Akkusativ Sing. von **chřipka** „Grippe". ■ **plic**, Genitiv Plural von **plíce** (f.) „Lunge". Achtung: Vokalwechsel **í → i**. ■ **legrace** (f.) „Spaß, Jux". ■ **déle** „länger", unregelmäßiger Komparativ von **dlouho**.

LEKTION 66

10 – Jistě. Jak říkávala babička: S doktorem sedm dní, bez doktora týden… hepčí! ⑨

První (1.) cvičení: Rozumíte těmto větám?

❶ Pana Nováka bolí v krku. ❷ Uvidíte pokladny: vzadu je čekárna a úschovna. ❸ Nemám budík. Můžeš mě vzbudit v půl osmé? ❹ Potřeboval bych aspirin a sirup proti kašli. ❺ Nejbližší lékárna je naproti Masarykově univerzitě ❻ Můžete nám doporučit nějaké české bílé víno?

Druhé (2.) cvičení: Doplňte chybějící slova!

❶ Ich huste und habe Halsweh; gestern war ich im Stadion und habe mich erkältet.

Kašlu a . . . . v krku; včera . . . . na stadióně a nachladil jsem se.

❷ Ich lege mich hin – und bleibe übers Wochenende im Bett.

. . . . – a zůstanu přes . . . . . . v posteli.

❸ Wo ist die Apotheke? Eva bräuchte Pflaster und Verbände.

. . . . ? Eva . . potřebovala náplast a obvazy.

❹ Ich empfehle Ihnen Doktor Nový. Das ist ein hervorragender Arzt, er hat meinen Bruder behandelt. Er wird Sie in ein paar Tagen gesund machen!

Doporučuji vám doktora . . . . . . : je to vynikající . . . . . , léčil . . . . bratra. Uzdraví . . . za pár dní!

tři sta třicet šest • 336

10 – Sicher. Wie pflegte Großmutter zu sagen: Mit Arzt sieben Tage, ohne Arzt eine Woche... hatschi!

(ANMERKUNGEN)

⑨ **sedm dní** oder **dnů** „sieben Tage". **Den** wird unregelmäßig dekliniert.

Řešení prvního cvičení: Rozuměli jste?

❶ Herr Novák hat Halsweh. / Herrn Novák tut es im Hals weh. ❷ Sie werden die Schalter sehen: Hinten sind der Wartesaal und die Gepäckaufbewahrung. ❸ Ich habe keinen Wecker. Kannst du mich um halb acht wecken? ❹ Ich bräuchte Aspirin und Hustensaft. ❺ Die nächste Apotheke ist gegenüber von der Masaryk-Universität. ❻ Können Sie uns irgendeinen tschechischen Weißwein empfehlen?

❺ Was ist passiert? Ich meine, was ist los? – Eines Tages erkläre ich es dir, aber nicht jetzt.

.. se stalo? Chci říct, co .. .... ? – ......
ti to vysvětlím, ale teď ne.

❻ Das ist unglaublich! Er setzte die Medikamente ab (Er hörte auf, die Medikamente zu nehmen) – und es geht ihm immer besser!

To je neuvěřitelné! Přestal brát .... – a je mu čím ... tím líp!

Řešení druhého cvičení: Chybějící slova.

❶ bolí mě - jsem byl ❷ Lehnu si - neděli ❸ Kde je lékárna - by ❹ Nového - lékař - mého - vás ❺ Co - se děje - Jednou ❻ léky - dál

Sprichwort des Tages
podobat se jako vejce vejci
„sich ähnlich wie ein Ei dem anderen"

Druhá vlna: Proberte dnes aktivně sedmnáctou (17.) lekci!

LEKTION 66

▶ Šedesátá sedmá (67.) lekce

Ekologie

1 – Moderní doba! Vzduch je plný smogu, voda není k pití, lesy jsou zničené chemikáliemi.
2 Životní úroveň je dnes samozřejmě vyšší než kdysi – ale co životní prostředí? Chtějí nás otrávit! ①
3 – Máte pravdu, ekologie, to je skutečný problém... Jak v průmyslu, tak v zemědělství. ②
4 Měli bychom vyrábět nejen rychleji a moderněji, ale myslet také víc na přírodu. ③
5 Když tenhle problém nevyřešíme co nejrychleji, přijde nás to jednou mnohem dráž! ④
6 – Jistě, to já říkám pořád...
7 – A pak, měli bychom šetřit energií. Myslím stejně tak v národním hospodářství jako každý doma. ⑤

ANMERKUNGEN

① **Životní úroveň** (f.) „Lebensstandard". ■ **vyšší** Komparativ von **vysoký/á/é** „hoch". ■ Zur Bildung des Komparativs wird bei einigen Adjektiven auf **-eký, -oký** oder **-ký** die Endung **-ší** direkt an den Wortstamm angefügt.
■ **kdysi** „ehemals, einst". Ebenso können Sie **dřív** „früher" verwenden.
■ **životní prostředí** (wörtl. „Lebensumfeld") „Umwelt".

Siebenundsechzigste Lektion

Ökologie

1 – Moderne Zeiten (Zeit)! Die Luft ist voller Smog, das Wasser ist nicht trinkbar (zum Trinken), die Wälder sind durch Chemikalien zerstört.
2 Der Lebensstandard ist heute selbstverständlich höher denn je (als einst) – aber was ist mit der Umwelt? Man will uns vergiften!
3 – Sie haben recht, die Ökologie, (das) ist ein wirkliches Problem ... wie in der Industrie, so in der Landwirtschaft.
4 Wir sollten nicht nur schneller und moderner produzieren, sondern auch mehr an die Natur denken.
5 Wenn wir dieses Problem nicht so schnell wie möglich lösen, wird es uns eines Tages viel teurer kommen!
6 – Sicher, das sage ich andauernd ...
7 – Und dann sollten wir Energie sparen. Ich meine sowohl in der Volkswirtschaft als auch jeder zu Hause.

---

(2) **(v) průmyslu**, Lokativ Singular von **průmysl** „Industrie".

(3) **vyrábět** (unvoll.), **vyrobit** (voll.) „produzieren, erzeugen, herstellen, fertigen". ■ **rychleji** „schneller", **moderněji** „moderner". Der Komparativ der meisten Adverbien wird mithilfe der Nachsilben **-eji/-ěji** gebildet. ■ **víc(e)** „mehr", unregelmäßiger Komparativ von **mnoho** oder **moc** „viel". **Víceméně** „mehr oder weniger".

(4) **co nejrychleji** „so schnell wie möglich, schnellstmöglich". Weitere Beispiele für **co** + Superlativ: **co nejdříve** „möglichst bald, so bald wie möglich", **co nejlépe** „möglichst gut, so gut wie möglich", usw. ■ Zur Bildung des Superlativs wird dem Komparativ **nej-** vorangestellt. ■ **dráž**, Komparativ des Adverbs **draze** oder **draho** „teuer".

(5) **energií**, Instrumental Singular von **energie** (f.). Auf **šetřit** „sparen" und **plýtvat** „verschwenden" folgt stets der Instrumental. ■ **národní hospodářství** (n.) oder **ekonomie** (f.)"Volkswirtschaft".

| 8 | – Hm. Vy mluvíte jako v televizi. Ale jak to chcete dělat?
| 9 | – Začal bych šetřit elektřinou. Radikálně. ⑥
| 10 | – Chcete svítit svíčkou a topit dřívím jako ve středověku? Vyhodit všechny elektrické spotřebiče do popelnice, když máme atomové elektrárny? ⑦
| 11 | – To je pravda. Žijeme v moderní době. Ale ekologie, to je skutečný problém… Možná bych mohl přestat jezdit do práce autem. Ano, to je nápad: budu jezdit na kole. Aspoň v pondělí.
| 12 | A nebudu už kupovat mraženou zeleninu. Na trhu mají čerstvou zeleninu přímo z venkova.
| 13 | – Jo, to známe: samá chemie! Jak jste říkal před chvílí, žijeme v moderní době, ve spotřební společnosti. A ekologie… ⑧
| 14 | – Já vím, to je skutečný problém. Ale jak jsem říkal nedávno své ženě: stačí chtít!

(ANMERKUNGEN)

⑥ **Začal bych šetřit** „Ich würde anfangen zu sparen", **přestat jezdit** „aufhören zu fahren". Auf **začínat** (unvoll.), **začít** (voll.) „anfangen, beginnen" und **přestávat** (unvoll.), **přestat** (voll.) „aufhören" folgt stets ein unvollendetes Verb im Infinitiv.

První (1.) cvičení: Rozumíte těmto větám?

❶ Životní úroveň je možná vyšší než kdysi… ❷ Udělal bys to rychleji? ❸ Mluvili o životním prostředí a o spotřební společnosti. Vašek vypadal čím dál tím otráveněji. ❹ Přestala číst časopis "Moderní doba" a začala poslouchat, co říkáme. ❺ Napiš mi co nejdřív!

8	–	Hmm. Sie reden wie [die] im Fernsehen. Und wie wollen Sie das anstellen (machen)?
9	–	Ich würde damit anfangen, Strom zu sparen. Radikal.
10	–	Wollen Sie mit der Kerze leuchten und mit Holz heizen wie im Mittelalter? Alle Elektrogeräte (elektrischen Stromverbraucher) in die Mülltonne werfen, wo wir [doch] Kernkraftwerke haben?
11	–	Das ist wahr. Wir leben in einer modernen Zeit. Aber die Ökologie ist ein echtes Problem ... Vielleicht könnte ich aufhören, mit dem Auto zur Arbeit zu fahren. Ja, das ist die Idee: Ich werde mit dem Fahrrad fahren. Zumindest montags.
12		Und ich werde kein tiefgefrorenes Gemüse mehr kaufen. Auf dem Markt haben sie frisches Gemüse direkt vom Lande.
13	–	Ja, das kennen wir: lauter Chemie! Wie Sie vorhin (vor einer Weile) sagten, wir leben in einer modernen Zeit, in einer Verbrauchergesellschaft. Und die Ökologie ...
14	–	Ich weiß, das ist ein echtes Problem. Aber wie ich neulich zu meiner Frau sagte: Der Wille zählt (es reicht zu wollen)!

⑦ **svítit** + Instrumental „leuchten". Der Instrumental antwortet auf „womit?": **svítit svíčkou/elektřinou** „(womit?) mit einer Kerze / mit elektrischem Licht (Elektrizität) leuchten". ■ **dříví** „Holz" (n.) ist die 'kollektive' Form von **dřevo** „(Stück) Holz". ■ **topit** + Instrumental „heizen". **Topit uhlím/plynem/elektřinou** „(Womit?) Mit Kohle/Gas/Elektrizität heizen". ■ **(ve) středověku**, Lokativ Singular von **středověk** (m.) „Mittelalter". ■ **(elektrické) spotřebiče**, Akkusativ Plural von **spotřebič** (m.) „Elektrogerät". ■ **(do) popelnice**, Genitiv Plural von **popelnice** (f.) „Mülltonne", ist von **popel** „Asche" abgeleitet. Der Abfalleimer im Haus heißt **koš** „(Abfall-)Korb". ■ **atomová/jaderná elektrárna** „Atom-/Kernkraftwerk".

⑧ **potřební** oder **konzumní společnost** (f.) „Verbraucher-" oder „Konsumgesellschaft".

Řešení prvního cvičení: Rozuměli jste?

❶ Der Lebensstandard ist vielleicht höher als einst ... ❷ Würdest du das schneller machen? ❸ Sie sprachen über die Umwelt und auch über die Verbrauchergesellschaft. Vašek sah immer gelangweilter aus. ❹ Sie hörte auf, die Zeitschrift „Moderne Zeit" zu lesen und begann dem zuzuhören, was wir sagten (sagen). ❺ Schreib mir so bald wie möglich!

Druhé (2.) cvičení: Doplňte chybějící slova!

① Warum leuchten Sie mit einer Kerze? Möchten Sie nicht die Lampe einschalten? Sie werden besser sehen!

Proč .... ? Nechcete rozsvítit lampu? Uvidíte ... !

② Wir verbrachten dort einen sehr angenehmen Nachmittag. Und einen noch angenehmeren Abend in Gesellschaft unserer Schweizer Freunde.

Strávili .... velice příjemné .... A ještě .... večer ve společnosti našich švýcarských přátel.

③ Es würde reichen, mehr an die Natur zu denken. Sonst wird es uns eines Tages viel teurer kommen.

.... myslet ... na přírodu. Jinak nás to jednou přijde .... !

④ Er interessiert sich gleichermaßen sowohl für Handel als auch für Landwirtschaft und Industrie.

Zajímá se stejně ... o obchod .... o zemědělství a ....

▶ Šedesátá osmá (68.) lekce

Výstava

1 – Všimla jste si těch plakátů? Národní galerie pořádá výstavu gotického malířství a sochařství. Možná bych tam mohl jít; koupil bych si plakát... ①

⑤ Sie arbeitet in einem Betrieb, der Elektrogeräte herstellt. Aber sie würde gerne so schnell wie möglich weggehen und auf dem Land leben.

.... v podniku, který vyrábí ....
spotřebiče. Ale .... co ....
odejít a žít na venkově.

Řešení druhého cvičení: Chybějící slova.

❶ svítíte svíčkou - líp ❷ jsme tam - odpoledne - příjemnější ❸ Stačilo by - víc - mnohem dráž ❹ tak - jako - průmysl ❺ Pracuje - elektrické - chtěla by - nejrychleji

Sprichwort des Tages
táhnout za jeden provaz
„an einem Strick (Strang) ziehen"

Druhá vlna: Proberte dnes aktivně osmnáctou (18.) lekci!

Achtundsechzigste Lektion

Die Ausstellung

[1] — Haben Sie diese Plakate bemerkt? / Sind Ihnen diese Plakate aufgefallen? Die Nationalgalerie veranstaltet eine Ausstellung der gotischen Malerei und Bildhauerei. Vielleicht könnte ich da hingehen; ich würde mir ein Plakat kaufen ...

ANMERKUNGEN

① **pořádat** (unvoll.), **uspořádat** (voll.) oder **organizovat, zorganizovat** „veranstalten, geben; ordnen".

LEKTION 68

2 – Já už jsem ji viděla: je nádherná!
3 – Máte ráda výtvarné umění? Co se vám líbí nejvíc?
4 – Díla starých mistrů. Vedle gotických, renesančních a barokních obrazů a soch miluji grafiku – například kresby a grafiky Václava Hollara. ②
5 – Vidíte, Hollar. Já mám zase rád Alfonse Muchu. Jsem totiž milovník secese, mám menší sbírku Muchových plakátů. Zajímá vás moderní umění? ③
6 – Ale ano. Zvlášť avantgardy, ať z počátku století nebo abstrakce z šedesátých a sedmdesátých let. Anebo minimalismus – i když se mi nelíbí nutně všechno. ④
7 – Bojím se, že tomu minimalismu rozumím opravdu minimálně. Je to příliš jednoduché. Jako by to ani nebylo umění… ⑤

| 2 | – | Ich habe sie schon gesehen: Sie ist herrlich!
| 3 | – | Mögen Sie bildende Kunst? Was gefällt Ihnen am meisten?
| 4 | – | Die Werke alter Meister. Neben Gotik-, Renaissance- und Barock-Bildern und Statuen liebe ich die Grafik – zum Beispiel die Zeichnungen und Grafiken Václav Hollars.
| 5 | – | Sieh an (sehen Sie), Hollar. Ich wiederum mag Alfons Mucha. Ich bin nämlich ein Liebhaber des Jugendstils, ich habe eine kleinere Sammlung von Muchas Plakaten. Interessiert Sie moderne Kunst?
| 6 | – | Aber ja. Besonders die Avantgardisten, sei es vom Anfang des Jahrhunderts oder die abstrakte Kunst aus den 60er- und 70er-Jahren. Oder der Minimalismus – auch wenn mir nicht unbedingt (notwendigerweise) alles gefällt.
| 7 | – | Ich fürchte, dass ich vom Minimalismus tatsächlich auch nur minimal viel verstehe (den Minimalismus tatsächlich minimal verstehe). Es ist zu einfach. Als wäre es nicht einmal Kunst ...

(ANMERKUNGEN)

② **Díla**, Akkusativ Plural von **dílo** „Werk". ■ Auf die Präposition **vedle** „neben" folgt stets der Genitiv. ■ **grafika** „Grafik" kann auch für „Radierung" oder „Kupferstich" verwendet werden. ■ **kresby**, Akkusativ Plural von **kresba** „Zeichnung". ■ **Václav Hollar** (1606-1677), Zeichner und Radierer. Von der Gegenreformation ins Exil vertrieben, arbeitete er u. a. in Deutschland als Schüler Merians sowie als Zeichenprofessor am englischen Hof.

③ **Alfons Mucha** (1860-1939) Maler und Zeichner, Schöpfer zahlreicher Plakate, unter anderem einer berühmten Serie mit Sarah Bernhardt. ■ **secese**, Genitiv Sing. von **secese** (f.) „Jugendstil". ■ **menší** „kleiner", unregelmäßiger Komparativ von **malý/á/é**. **menší sbírka** „kleinere Sammlung". Je nach Zusammenhang kann der Komparativ auch eine mildernde oder beschönigende Ausdrucksweise haben: **starší pán/dáma** „älterer Herr / ältere Dame".

④ **avantgardy**, Akkusativ Plural von **avantgarda** „Avantgarde; Avantgardist". ■ **počátek** oder **začátek** „Anfang, Beginn". Man sagt **na počátku/začátku století** „zu Beginn des Jahrhunderts". **Začátek představení/zápasu** „Beginn der Vorstellung / des Wettkampfs". ■ **šedesátá léta** „die 60er Jahre". Beachten Sie die Verwendung der Ordnungszahl (60.).

⑤ **Bát se** + Genitiv „(sich) fürchten, Angst haben".

LEKTION 68

| 8 | Tři nebo čtyři čáry, kus drátu, a je to! Pak už se toho autor nedotkne. A stojí to deset tisíc korun! Dokázalo by to udělat dítě… ⑥
| 9 | – Nevím – tak úplně s vámi nesouhlasím. Je ovšem pravda, že děti jsou někdy opravdoví umělci. A že největší umělci malují někdy skoro jako děti. ⑦
| 10 | – Možná. No, já modernímu umění vždycky nerozumím. Chci říct současné tvorbě: nevím, kde začít. ⑧
| 11 | – Jestli máte rád Muchu, mohu vám doporučit výstavu „Češi v Paříži". Vernisáž bude příští úterý v Galerii mladých. ⑨
| 12 | Vedle několika Muchových obrazů tam budou i Kupka a Šíma. A hlavně se výstavy účastní patnáct současných mladých malířů a sochařů, kteří pracovali v Paříži. ⑩
| 13 | – Výborně! Rozhodně tu výstavu navštívím. Když říkáte, že tam bude Mucha…

(ANMERKUNGEN)

⑥ **čáry**, Nominativ Plural von **čára** „Linie, Strich". ■ **drátu**, Genitiv Plural von **drát** „Draht". ■ **dotýkat se** (unvoll.), **dotknout se** (voll.) + Genitiv „etw. berühren". ■ **deset tisíc** „10.000". Im Genitiv Plural erhält das männliche **tisíc** keine Endung. ■ Kurze Wiederholung: Nach den Zahlen 1, 2, 3 und 4 folgt der Nominativ, ab der Zahl 5 folgt der Genitiv: **5 žen, 6 mužů, 10.000 aut**… ■ **Dokázat** + Infinitiv „zustande bringen, zuwege bringen, fertigbringen, schaffen", Synonym von **umět** „können".

⑦ **souhlasit s** + Instrumental „übereinstimmen, zustimmen, beipflichten". ■ **největší** „am größten, der/die/das größte", unregelmäßiger Superlativ von **velký/á/é**. ■ **malovat** (unvoll.), **namalovat** (voll.) „malen".

| 8 | Drei oder vier Striche, ein Stück Draht und fertig (und das ist es)! Dann berührt es der Schöpfer nicht mehr. Und das kostet 10.000 Kronen! Ein Kind würde es zustande bringen ...
| 9 | – Ich weiß nicht – so ganz stimme ich mit Ihnen nicht überein. Es ist allerdings wahr, dass Kinder manchmal wahre Künstler sind. Und dass die größten Künstler manchmal fast wie Kinder malen.
| 10 | – Vielleicht. Nun, ich verstehe die moderne Kunst nicht immer. Ich meine die zeitgenössische Kunst: Ich weiß nicht, wo [ich] anfangen [soll].
| 11 | – Wenn Sie Mucha mögen, kann ich Ihnen die Ausstellung "Tschechen in Paris" empfehlen. Die Vernissage wird nächsten Dienstag in der Galerie der Jungen stattfinden (sein).
| 12 | Neben etlichen Bildern Muchas werden auch Kupka und Šíma dort sein. Und vor allem (hauptsächlich) werden an der Ausstellung 15 zeitgenössische junge Maler und Bildhauer teilnehmen, die in Paris gearbeitet haben.
| 13 | – Ausgezeichnet! Bestimmt werde ich die Ausstellung besuchen. Wenn Sie sagen, dass Mucha dort sein wird ...

⑧ **vždycky** oder **vždy** „immer", Synonym von **pořád** und **stále**. ■ **současné tvorbě**, Dativ von **současná tvorba** „zeitgenössische Kunst".

⑨ **Jestli** oder **jestliže** „wenn, falls" ist ein Synonym von **když**. ■ **Vernisáž** (f.) „Vernissage, Ausstellungseröffnung".

⑩ **František Kupka** (1871-1957) ging Ende des Jahrhunderts nach Paris und wurde vom französischen (Neo-)Impressionismus beeinflusst. Kupka war einer der größten Wegbereiter der abstrakten Kunst. ■ **Josef Šíma** (1891-1971), surrealistischer Maler, lebte ab 1921 in Paris. ■ **účastnit se** (unvoll.), **zúčastnit se** (voll.) + Genitiv „teilnehmen". ■ **patnáct malířů se účastní/se účastnilo...** „15 Maler nehmen/nahmen teil". Ist das Subjekt ein Zahlwort über 4, so steht das Verb immer im Singular. ■ **malířů, sochařů**, Genitiv Plural von **malíř** „Maler" und **sochař** „Bildhauer" (weibliche Formen **malířka, sochařka**).

První (1.) cvičení: Rozumíte těmto větám?

① Zeptal se Věry, kde by mohl koupit filmové plakáty.
② V Národní galerii navštívili sbírku francouzského umění 19. (devatenáctého) a 20. (dvacátého) století. ③ Nedotýkejte se elektrických drátů! ④ Výstavy se zůčastní deset holandských malířů a sochařů. ⑤ Jestliže nemáte čas zítra, sejdeme se v pátek.

Druhé (2.) cvičení: Doplňte chybějící slova!

① Hast du die herrlichen Jugendstilplakate bemerkt? / Sind dir die herrlichen Jugendstilplakate aufgefallen?

Všiml ... ... krásných secesních .... ?

② Warum sollte ich mich vor Mäusen fürchten?

Proč .... se ... bát myší?

③ Außer den Gotik- und Barockstatuen gefielen uns die alten Stiche vom Beginn des 17. Jahrhunderts am meisten.

Kromě .... a .... soch se nám ...... líbily staré rytiny z počátku sedmnáctého ....

④ Er ist in die Hohe Tatra verreist. Er nahm dort an einem internationalen Slalomwettbewerb teil.

Odjel do .... Tater. .... tam mezinárodní soutěže ve slalomu.

⑤ Petr ist größer als Filip, Blanka ist kleiner als Petr. Wer ist der größte?

Petr je větší než Filip, Blanka je ..... než Petr. Kdo je .... ?

⑥ Statt des Kunstgewerbemuseums würden sie gerne das Jüdische Museum und die Prager Synagoge aus dem Jahre 1270 besuchen.

Místo Uměleckoprůmyslového muzea .. rády .... židovské ...... a pražskou synagógu . roku 1270.

Řešení prvního cvičení: Rozuměli jste?

❶ Er fragte Věra, wo er Kinoplakate kaufen könnte. ❷ In der Nationalgalerie besuchten sie die Sammlung französischer Kunst des 19. und 20. Jahrhunderts. ❸ Berühren Sie die elektrischen Drähte nicht! / Fassen Sie die elektrischen Drähte nicht an! ❹ An der Ausstellung nehmen zehn holländische Maler und Bildhauer teil. ❺ Falls/wenn Sie morgen keine Zeit haben, treffen wir uns am Freitag.

Řešení druhého cvičení: Chybějící slova.

❶ sis těch - plakátů ❷ bych - měl ❸ gotických - barokních - nejvíc - století ❹ Vysokých - Zúčastnil se ❺ menší - největší ❻ by - navštívily - muzeum - z

Sprichwort des Tages
být jako ze škatulky
„wie aus dem Ei gepellt sein"
(„wie aus dem Schächtelchen sein")

Druhá vlna: Proberte dnes aktivně devatenáctou (19.) lekci!

Persönliche Notizen:

▶ Šedesátá devátá (69.) lekce

U Dvořáků

1 – Ty se díváš na televizi, Milane? Za čtvrt hodiny bychom měli odejít – v osm máme být u Nováků. ①
2 – Čekám, až budeš oblečená. Já jsem hotový. ②
3 – Už ses holil? Měl bys. A měl by ses učesat. Viděl ses? Ostatně v koupelně na umyvadle jsi nechal… ③
4 – Jak to, viděl ses? Odpoledne jsem byl u holiče. Jsem hotový. Jak dlouho ti bude ještě trvat, než se oblékneš? Za dvanáct minut odcházíme. ④
5 – Já nevím. Jsem zoufalá, Milane: nevím, co si mám obléct. Nemám nic na sebe! ⑤
6 – Vždyť máš plnou skříň šatů! Přesněji řečeno dvě skříně. Sotva před čtrnácti dny sis koupila šaty: tak si je vem. ⑥
7 – Marie je už viděla.

___ANMERKUNGEN___

① **(jsme) u Nováků** „(wir sind) bei den Nováks". Im Genitiv Plural enden Familiennamen mit Nominativendung **-ovi (Novákovi)** für gewöhnlich auf **-ů**. Es gibt auch die Form **u Novákových** (entspricht der Deklination der Possessivadjektive). Das gleiche trifft auf den Dativ zu: **Jdeme k Novákům/Novákovým** „Wir gehen zu den Nováks".

② Das Adjektiv **hotový/á/é** „fertig" hat auch die Kurzform **hotov/a/o**.

③ **holit se** (unvoll.), **oholit se** (voll.) „sich rasieren". ■ **česat se** (unvoll.), **učesat se** (učešu,voll.) „sich kämmen". ■ Enthält ein Konditionalsatz ein Reflexivpronomen, wird diesem bei der 2. Person Sing. die Endung **-s** des Hilfsverbs **bys** angehängt: **by ses/sis**, auch dann, wenn das Reflexivpronomen und das Hilfsverb **bys** zu zwei verschiedenen Verben gehören: **Učesal by ses** „du würdest dich kämmen". ■ **(na) umyvadle**, Lokativ Sing. von **umyvadlo** „Waschbecken".

Neunundsechzigste Lektion

Bei Dvořáks

1 – Du siehst fern, Milan? In einer Viertelstunde sollten wir (weg)gehen – um acht Uhr sollen wir bei Nováks sein.
2 – Ich warte, bis du angezogen bist. Ich bin fertig.
3 – Hast du dich schon rasiert? Solltest du. Und du solltest dich kämmen. Hast du dich [schon im Spiegel] angesehen? Übrigens hast du im Bad auf dem Waschbecken (gelassen) ...
4 – Wieso: Hast du dich [im Spiegel] angesehen? Ich war nachmittags beim Friseur. Ich bin fertig. Wie lange wird es (dir) noch dauern, bis du angezogen bist (bis du dich anziehst)? In zwölf Minuten gehen wir (weg).
5 – Ich weiß nicht. Ich bin verzweifelt, Milan: Ich weiß nicht, was ich anziehen soll. Ich habe nichts zum Anziehen (auf mich)!
6 – Du hast doch einen Schrank voller Kleider! Genauer gesagt zwei Schränke! Vor kaum vierzehn Tagen hast du dir ein Kleid gekauft: Dann zieh das an (nimm das).
7 – Das hat Marie schon gesehen.

④ **(u) holiče**, Genitiv Sing. von **holič** (m. bel.), im eigentlichen Sinne „Barbier", heute „Friseur". Frauen gehen zum **kadeřník** (von **kadeř** „Locke"). ■ **oblékat se** (unvoll.), **obléknout se** (voll.) „sich anziehen".

⑤ Die Redensart **Nemít nic/co na sebe**, wörtl. „nichts auf sich haben", bedeutet „nichts zum Anziehen haben". Will man sagen, dass man nichts an hat, benutzt man den Lokativ: **nemít nic na sobě**.

⑥ Die Konjunktion **Vždyť** „doch" steht am Satzanfang. Sie kann auch eine Aussage unterstreichen: **Vždyť jsem to říkal!** „Ich hab's ja gesagt!" ■ **Přesněji řečeno** „Genauer gesagt". ■ **vem/vemte** sind die umgangssprachlichen Formen von **vezmi/vezměte** „nimm/nehmen Sie".

8 – A co? Tak je uvidí znovu. Nebo ty červené, které jsem ti koupil, sluší ti.
9 – Jsou moc malé.
10 – Malé, malé, kdybys míň jedla… Zkrátka by sis měla pospíšit, jinak přijdeme pozdě. Kdykoli někam jdeme, pokaždé je to totéž. Pospěš si! ⑦
11 – Nerozčiluj se tak. Myslela jsem jenom, že bys mi mohl poradit… Doufala jsem, že si vezmu ty černé šaty, co jsi mi přivezl ze Švýcarska… ⑧
12 – Konečně! Já zatím zatelefonuji pro taxík. Stejně přijdeme pozdě.
13 – … jenže jsem je zapomněla vyzvednout z čistírny! ⑨

První (1.) cvičení: Rozumíte těmto větám?

❶ Eliško, měla by ses učesat. ❷ Bude vám to trvat dlouho? – Ne, jsem hotový za minutu. ❸ Koupil bych míň banánů a víc jablek; jablka jsou totiž levnější. ❹ Řekli, že šel k holiči? ❺ Pospěšte si, jinak přijdeme pozdě. ❻ Kdykoli člověk potřebuje taxík, žádný není volný.

| 8 | – | Na und (Und was)? Dann wird sie es nochmals sehen. Oder das rote, das ich dir gekauft habe, das steht dir.
| 9 | – | Das ist zu klein.
| 10 | – | Klein, klein, wenn du weniger essen würdest ... Kurzum, du solltest dich beeilen, sonst kommen wir [zu] spät. Wann immer wir irgendwohin gehen, ist es jedes Mal das Gleiche. Beeil dich!
| 11 | – | Reg dich nicht so auf. Ich dachte mir nur, dass du mich beraten könntest ... Ich hoffte, dass ich (mir) das schwarze anziehe (nehme), das du mir aus der Schweiz mitgebracht hast ...
| 12 | – | Endlich! Ich rufe inzwischen (für) das Taxi. Wir kommen sowieso zu spät.
| 13 | – | ... doch ich habe vergessen, es aus der Reinigung abzuholen!

(ANMERKUNGEN)

⑦ **kdybys** ist die Verknüpfung von **když** und **bys**. ■ **míň** oder **méně** „weniger", unregelmäßiger Komparativ von **málo** „wenig". ■ **jinak** „sonst; anders; übrigens". ■ **Kdykoli(v)** „wann immer; jederzeit, jedes Mal", Synonym von **vždycky/pokaždé když**. Die Partikel **-koli(v)** drückt eine Wiederholung aus. Man sagt z.B. **kdokoli(v)** „jeder (beliebige), der erstbeste, wer auch immer", **cokoli(v)** „was auch immer", **kdekoli(v), kamkoli(v), kdokoli(v), jakkoli(v)**, etc. ■ **Pospíchat** (unvoll.), **pospíšit (si)** (voll.) „(sich) beeilen". Vokalwechsel beim Imperativ: **í → ě**: **Pospěš si!**

⑧ **rozčilovat se** (unvoll.), **rozčílit se** (voll.) „sich aufregen". ■ **ty černé šaty, co/které...** „das schwarze Kleid, das ...". In Relativsätzen kann **co** als Relativpronomen verwendet werden. Es ist dann unveränderlich: **Najdeš tam všechno, co budeš potřebovat** „Du wirst dort alles finden, was du brauchen wirst". ■ **(ze) Švýcarska**, Genitiv Sing. von **Švýcarsko** „Schweiz".

⑨ **(z) čistírny**, Genitiv Sing. von **čistírna** „Reinigung", ist abgeleitet von **čistit** „reinigen, putzen, säubern".

Řešení prvního cvičení: Rozuměli jste?

❶ Eliško, du solltest dich kämmen. ❷ Wird es (Ihnen) lange dauern? – Nein, ich bin in einer Minute fertig. ❸ Ich würde weniger Bananen und mehr Äpfel kaufen; Äpfel sind nämlich billiger. ❹ Sagten sie, dass er zum Friseur gegangen ist? ❺ Beeilt euch, sonst kommen wir zu spät. ❻ Wann immer man ein Taxi braucht, ist keins frei.

Druhé (2.) cvičení: Doplňte chybějící slova!

❶ Du solltest dich waschen, František. Und du könntest dir auch die Zähne putzen ...

Měl .. .., Františku. A mohl .. ... taky vyčistit zuby...

❷ Ich würde Ihnen gerne helfen – aber ich weiß nicht, wo die nächste Autowerkstatt ist.

... . vám pomohl – ale nevím, kde je .... autoopravna.

❸ Würden/Möchten Sie nicht gerne duschen? Im Badezimmer finden Sie frische (saubere) Handtücher und alles, was Sie brauchen werden.

.... se osprchovat? V koupelně najdete čisté ručníky a ...., .. budete potřebovat.

▶ Sedmdesátá (70.) lekce

OPAKOVÁNÍ A POZNÁMKY

1. Deklination: Genitiv Plural der Hauptwörter

Männlich
pánů
hradů
mužů
strojů

Weiblich mit Endung -a
žen
Weiblich mit Endung -e/ě
růží, ulic

④ Ist hier irgendwo eine Reinigung? Herr Albert würde/möchte gerne seinen Anzug reinigen lassen.

**Je tady někde .... ? Pan Albert .. si
..... dát vyčistit oblek.**

⑤ Der schwarze Rock ist zu lang. Und das blaue Kleid ist noch länger! – Ich bitte dich, reg dich nicht auf.

**Ta ..... sukně je moc dlouhá.
A .. modré šaty .... ještě delší!
– .... , prosím tě.**

Řešení druhého cvičení: Chybějící slova.

❶ by ses umýt - by sis ❷ Rád bych - nejbližší ❸ Nechtěl byste - všechno - co ❹ čistírna - by - chtěl ❺ černá - ty - jsou - Nerozčiluj se

**Sprichwort des Tages
stavět vzdušné zámky**
„Luftschlösser bauen"

Druhá vlna: Proberte dnes aktivně dvacátou (20.) lekci!

Siebzigste Lektion

Merke: Bei weiblichen Hauptwörtern mit den Endungen **-ice/-íce** oder **-íle** entfällt die Endung im Genitiv komplett („verkürzte Endung"):
vesnic „Dörfer"
chvil „Augenblicke".

Weiblich mit Konsonantenendung
radostí
Weiblich mit weicher Konsonantenendung
písní

Sächlich mit Endung **-o**
měst
Sächlich mit Endung **-e/ě**
moří

Sächlich mit Endung **-í**
nádraží

Im Allgemeinen können bei der Deklination folgende Veränderungen der Buchstaben auftreten:

Vokalwechsel: **čára - čar; jméno - jmen; chvíle - chvil; dílo - děl**
Das „bewegliche e", das zur leichteren Aussprache bei weiblichen und sächlichen Hauptwörtern mit „verkürzter Endung" dient: **sestra - sester; jablko - jablek**.

Stellenweise ändert sich durch die unterschiedliche Form auch die Bedeutung:
lét „Sommer" **let (roků)** „Jahre"
nedělí „Sonntage" **neděl (týdnů)** „Wochen".

2. Deklination: Genitiv Plural der Adjektive

Adjektive haben im Genitiv Plural in allen drei Geschlechtern die gleiche Endung:

Bál bych se těch moderních mladých mužů/moderních krásných žen/moderních nových měst. „Ich würde mich vor den modernen, jungen Männern / modernen wunderschönen Frauen / modernen neuen Städten fürchten".

3. Possessivpronomen: Genitiv Plural

Possessivpronomen verfügen in allen Geschlechtern über die gleiche Form; sie nehmen die Endungen des Genitiv Plural weicher und harter Adjektive an:

Zeptal by se mých/tvých/jeho/jejích bratrů/sester. „Er würde meine/deine/seine/ihre Brüder/Schwestern fragen".
Zeptali by se našich/vašich/jejich studentů/studentek. „Sie würden unsere/eure/ihre Studenten/Studentinnen fragen".

4. Steigerung von Adjektiven und Adverbien

Nachfolgend sehen Sie, wie die beiden Steigerungsstufen Komparativ und Superlativ gebildet werden. Dabei werden Ihnen einige Unregelmäßigkeiten auffallen. Lassen Sie sich durch diese nicht beunruhigen. Lernen sie die Formen nicht auswendig. Wiederholen Sie die Texte in gewohnter Manier mit lauter Stimme, und Sie werden bemerken, wie Sie auch die Unregelmäßigkeiten assimilieren.

A. Adjektive: Komparativ (1. Steigerungsstufe)

Die meisten Adjektive bilden den Komparativ mit Hilfe der Nachsilben **-ejší/-ější**:

rychlý „schnell"	**rychlejší** „schneller"
veselý „lustig"	**veselejší** „lustiger"
šťastný „glücklich"	**šťastnější** „glücklicher"
moderní „modern"	**modernější** „moderner".

Manche Adjektive verwenden nur die Nachsilbe **-ší**:

mladý „jung"	**mladší** „jünger"
starý „alt"	**starší** „älter"
drahý „teuer"	**dražší** „teurer".

Bei Adjektiven mit Nominativendung **-eký, -oký** und **-ký** wird die Nachsilbe **-ší** direkt an den Wortstamm angefügt:

vysoký „hoch"	**vyšší** „höher"
nízký „niedrig"	**nižší** „niedriger".

Einige wenige Adjektive mit Nominativendung **-ký** verwenden nur die Nachsilbe **-í**. Dabei erweicht der Konsonant **k** zu **č**:

tenký „dünn"	**tenčí** „dünner"
hezký „hübsch"	**hezčí** „hübscher".

Unregelmäßige Formen

dobrý „gut"	**lepší** „besser"
špatný „schlecht"	**horší** „schlechter"
velký „groß"	**větší** „größer"
malý „klein"	**menší** „kleiner"
dlouhý „lang"	**delší** „länger".

Ist Ihnen aufgefallen, dass alle Adjektive im Komparativ erweichen? Das erleichtert die Deklination ungemein, denn somit werden Adjektive im Komparativ wie weiche Adjektive dekliniert.

B. Adverbien: Komparativ

Die meisten Adverbien bilden den Komparativ mithilfe der Nachsilben **-eji / -ěji**:

rychle „schnell"	**rychleji** „schneller"
moderně „modern"	**moderněji** „moderner"
prakticky „praktisch"	**praktičtěji** „praktischer"
tence „dünn"	**tenčeji** „dünner, schmaler".

Manchen Adverbien mit der Nominativendung **-eko, -oko, -ko** oder **-ho** wird die Endsilbe **-e** an den Wortstamm angefügt, was meistens einen Konsonantenwechsel nach sich zieht. (Im täglichen Sprachgebrauch wird die Nachsilbe sogar ganz weggelassen.)

daleko „weit"	**dále, dál** „weiter"
vysoko „hoch"	**výše, výš** „höher"
blízko „nah"	**blíže, blíž** „näher"
draho, draze „teuer"	**dráže, dráž** „teurer".

Unregelmäßige Formen

dobře „gut"	**lépe, líp** „besser"
špatně „schlecht"	**hůře, hůř** „schlechter, schlimmer"
mnoho, moc „viel"	**více, víc** „mehr"
málo „wenig"	**méně, míň** „weniger"
dlouho „lang"	**déle** „länger"
brzo, brzy „früh"	**dříve, dřív** „früher, eher".

C. Adjektive und Adverbien: Superlativ
(2./Höchste Steigerungsstufe)

Um von einem Adjektiv oder einem Adverb den Superlativ zu bilden, fügen Sie die Vorsilbe **nej-** an die jeweilige Komparativform an:

nejrychlejší „der/die/das schnellste, am schnellsten"
nejlepší „der/die/das beste, am besten"
nejveseleji „der/die/das lustigste, am lustigsten"
nejdřív „am ehesten".

Das Adjektiv **rád/a/o** wird zu **(nej)raději** oder **(nej)radši**:
Mám raději sport. „Ich mag lieber Sport".
Ze všech sportů mám nejraději fotbal. „Von allen Sportarten mag ich Fußball am liebsten".

5. Konditional (Möglichkeitsform)

Die Bildung des Konditional ist relativ einfach: Partizip Perfekt + Konditionalpartikel. Hier einige Beispiele in männlicher Form:

A. für das Verb **(ne)dělat** „(nicht) machen":
(ne)dělal bych „ich würde (nicht) machen"
(ne)dělal bys „du würdest (nicht) machen"
(ne)dělal by „er würde (nicht) machen"
(ne)dělali bychom „wir würden (nicht) machen"
(ne)dělali byste „ihr würdet / Sie würden (nicht) machen"
(ne)dělali by „sie würden (nicht) machen".

B. für das reflexive Verb **mýt se** „sich waschen":
myl bych se „ich würde mich waschen"
myl by ses „du würdest dich waschen"
myl by se „er würde sich waschen"
myli bychom se „wir würden uns waschen"
myli byste se „ihr würdet euch / Sie würden sich waschen"
myli by se „sie würden sich waschen".

Beachten Sie die Verschiebung der Endung **-s** vom Hilfsverb zum Reflexivpronomen bei der 2. Person Singular: **bys se → by ses**.

C. für die Verben **být** „sein" und **mít** „haben":
byl bych „ich wäre"
byl bys „du wärst"
byl by „er wäre"
byli bychom „wir wären"
byli byste „ihr wärt / Sie wären"
byli by „sie wären".

měl bych „ich sollte"
měl bys „du solltest"
měl by „er sollte"
měli bychom „wir sollten"
měli byste „ihr solltet / sie sollten"
měli by „sie sollten".

Zur Erinnerung: **mít** + Infinitiv wird mit „sollen" bzw. im Konditional mit „sollten" übersetzt (vgl. auch Lektion 34).

Bilden Sie aus den folgenden Sätzen Konditionalsätze:

1. Koupila jsem vám kilo třešní. 2. Umyl si ruce. 3. Napsali jsme Marii. 4. Zeptal ses těch dvou pánů?

Die Lösungen finden Sie am Ende der Lektion.

6. Iterative Verben

In Lektion 66 haben Sie 'iterative' Verben kennengelernt. Sie werden verwendet, um eine wiederholte, gewohnheitsmäßige Handlung zu unterstreichen. Sie werden durch Einfügen der Silbe **-va-** gebildet: **hrát → hrávat, chodit → chodívat, říkat → říkávat**.

Iterative Verben können nur von unvollendeten Verben gebildet werden, es gibt sie nur in der Vergangenheit, und sie werden mit „pflegte etw. zu tun" übersetzt.

Verzweifeln Sie nicht darüber, dass Sie nun schon wieder eine neue Verbform kennenlernen. Die Verwendung iterativer Verben ist optional.

▶ Sedmdesátá první (71.) lekce

U Nováků

1. Dvořákovi přijeli k manželům Novákovým ve tři čtvrtě na devět. Přivítala je Marie. ①
2. – Dobrý večer, vítám vás! Pojďte dál a odložte si. Už na vás čekáme… To jsou pěkné šaty, Evičko – ta červená barva ti moc sluší!

Statt: **Jan to tak dělával** können Sie genauso gut sagen: **Jan to tak dělal často/obvykle/kdysi**. „Jan machte das oft/gewöhnlich/einst so".

Wichtig ist zunächst, dass Sie die iterative Verbform erkennen, wenn sie Ihnen im alltäglichen Sprachgebrauch begegnet.

Und hier die Sätze aus Absatz 5 in der Konditionalform:

1. Koupila bych vám kilo třešní. 2. Umyl by si ruce. 3. Napsali bychom Marii. 4. Zeptal by ses těch dvou pánů?

**Druhá vlna:
Proberte dnes aktivně dvacátou první (jednadvacátou)
(21.) lekci!**

Einundsiebzigste Lektion

Bei den Nováks

[1] Die Dvořáks kamen um Viertel vor neun bei den (Eheleuten) Nováks an. Marie begrüßte sie.

[2] – Guten Abend, willkommen! Kommt herein und legt ab. Wir warten schon auf euch ... Das ist ein hübsches Kleid, Evička – die rote Farbe steht dir sehr!

ANMERKUNGEN

① **(k) manželům**, Dativ Plural von **manžel** „Gatte, Gemahl". Im Plural (**manželé**) bedeutet es „Eheleute, Ehepaar". ■ Alle männlichen Nomen und sächliche Nomen auf **-o** enden im Dativ Plural auf **-ům**. ■ **Novákovým** oder **Novákům**, Dativ Plural von **Novákovi** „die Nováks". ■ **Přivítat** oder **uvítat** (voll.), **vítat** (unvoll.), „willkommen heißen, begrüßen, empfangen".

| 3 | – Děkuji. Promiň, že jdeme tak pozdě…
| 4 | – Omluvte nás, prosím. Měli jsme odpoledne malou nehodu – nic vážného, ale raději jsem nechal auto u mechanika.
| 5 | Objednali jsme samozřejmě taxík, ale víte, jak to chodí… Taxikář přijel o čtvrt hodiny později, a navíc cesta trvala déle, než jsme mysleli. Ve městě byl hrozný provoz.
| 6 | – To je v pořádku, Milane, neomlouvejte se. Hlavně že se vám nic nestalo…
| 7 | Tak pojďme do obývacího pokoje, představím vám Sládkovy, naše přátele z Českých Budějovic. Jsou v Praze na tři dny; naše Jarmila je provádí po památkách. ②
| 8 | Pan a paní Dvořákovi. – Manželé Sládkovi.
| 9 | – Těší mě. – Jsem rád, že vás poznávám. – Jak se daří, slečno Jarmilo? – Dobrý večer, Josefe. ③
| 10 | – Dobrý večer. Posaďte se, udělejte si pohodlí. Jako doma, že? Co vám mohu nabídnout k pití? Aperitiv? Pivo, víno…? ④
| 11 | – Vzala bych si trochu bílého vína.

Haben Sie Schwierigkeiten mit einem bestimmten Grammatikthema? Können Sie sich etwas absolut nicht merken?
Ein Tipp: Notieren Sie sich das Problem ein paar Lektionen weiter am Buchrand, und lernen Sie wie gewohnt weiter. Wenn Sie dann später an diese Stelle kommen, hat sich die Schwierigkeit vielleicht aufgrund der inzwischen erfolgten Wiederholung „in Luft aufgelöst". Besteht sie weiter, so machen Sie sich einige Lektionen später einen neuen Vermerk, und das so oft, bis Sie den Sachverhalt verstanden bzw. assimiliert haben.

| 3 | – | Danke. Verzeih, dass wir so spät kommen ...
| 4 | – | Entschuldigen Sie uns, bitte. Wir hatten am Nachmittag einen kleinen Unfall – nichts Ernstes, aber ich zog es vor, das Auto in die Werkstatt zu bringen (ich ließ das Auto lieber beim Mechaniker).
| 5 | | Wir haben selbstverständlich ein Taxi bestellt, aber Sie wissen, wie das geht ... Der Taxifahrer kam eine Viertelstunde später, und zudem dauerte die Fahrt länger als wir dachten. In der Stadt war schrecklicher Verkehr.
| 6 | – | Das ist in Ordnung, Milan, Sie brauchen sich nicht zu entschuldigen (entschuldigen Sie sich nicht). Hauptsache, dass Ihnen nichts passiert ist ...
| 7 | | Also gehen wir ins Wohnzimmer, ich stelle Ihnen die Sládeks vor, unsere Freunde aus České Budějovice. Sie sind für drei Tage in Prag; unsere Jarmila führt sie zu den [historischen] Sehenswürdigkeiten.
| 8 | | Herr und Frau Dvořák. – Ehepaar Sládek.
| 9 | – | Freut mich. – Ich freue mich, Sie kennenzulernen (Ich bin froh, dass ich Sie kennenlerne). – Wie geht's, Fräulein Jarmila? – Guten Abend, Josef.
| 10 | – | Guten Abend. Setzen Sie sich, machen Sie es sich bequem. Wie zu Hause, nicht wahr? Was kann ich Ihnen zu trinken anbieten? Einen Aperitif? Bier, Wein ...?
| 11 | – | Ich würde [gern] ein bisschen Weißwein nehmen.

(ANMERKUNGEN)

② **České Budějovice** (f., Pl.) „Budweis", Hauptstadt von Südböhmen, mit zahlreichen historischen Sehenswürdigkeiten. Über die Grenzen berühmt wurde die Stadt durch ihre Brauerei und das dort gebraute 'Budvar' (oder Budweiser). ■ **provádět** (unvoll.), **provést** (voll.) „herumführen, begleiten". Man sagt **provádět městem/po městě** „in der Stadt herumführen / durch die Stadt führen". ■ **(historické) památky** (f., Pl.) „historische Sehenswürdigkeiten". **památka** heißt auch „Andenken"; „Erinnerung". **schovat si na památku** „zur Erinnerung / zum Andenken aufbewahren".

③ **poznávat** (unvoll.), **poznat** (voll.) jdn. kennenlernen; (wieder-)erkennen".

④ **udělat si pohodlí** „es sich bequem machen". ■ **pohodlí** „Behaglichkeit, Bequemlichkeit, Komfort". ■ **nabízet** (unvoll.), **nabídnout** (voll.) „anbieten".

|12| – A vy, Milane? Lákalo by vás ochutnat pravý Budvar, přímo z pivovaru? Pan Sládek pracuje v budějovickém pivovaru. Kdybych byl na vašem místě, neváhal bych. ⑤

|13| – S radostí. To je legrační, jmenovat se „Sládek" a pracovat v pivovaru… Nebude vám vadit, když si zapálím? ⑥

|14| – Ach ano. Chci říct ne. Je to velmi legrační a nebude nám samozřejmě vadit, když si zapálíte. Počkejte, Josef vám přinese popelník… Jarmila připravila něco na zub. Poslužte si. Neměla bys chuť, Evičko…? ⑦

|15| – Vypadá to báječně! Gratuluji, Jarmilo! ⑧

(ANMERKUNGEN)

⑤ Durch das verneinte Verb wird die Höflichkeit des Konditionals (**Lákalo by vás ochutnat…?** „Würde es Sie reizen … zu kosten?") zusätzlich unterstrichen. ■ **(v) pivovaru**, Lokativ Sing. von **pivovar** (m.) „Brauerei". „Bierstube" heißt **pivnice**, „Gaststätte" **hospoda** oder **hostinec**. ■ **Budějovický** „Budweiser". Von Ortsnamen abgeleitete Adjektive werden oft mit den Nachsilben **-ský** oder **-ký** gebildet: **pražský** „Prager", **Budějovické náměstí** „Budweiser Platz". ■ **Kdybych byl…, neváhal bych** „Wenn ich wäre …, würde ich nicht zögern". In Konditionalsätzen sind Modus und Zeit des Verbs im Nebensatz identisch mit dem Verb im Hauptsatz. ■ Um eine Hypothese auszudrücken, wird die Konjunktion **když** mit der Konditionalpartikel verknüpft: **Kdybych/kdybys/kdyby tolik nekouřil** „Wenn ich/wenn du/wenn er nicht so viel rauchen würde …", **kdybychom/kdybyste/kdyby měli čas** „Wenn wir / wenn ihr / wenn sie Zeit hätten …"

(První (1.) cvičení: Rozumíte těmto větám?)

❶ Omluvte nás, že jdeme pozdě. ❷ Zítra ho provedou po památkách. ❸ Nebude ti vadit, když si dám pivo? ❹ Jsem velice rád, že vás poznávám. ❺ Kdybyste měl čas, mohli bychom tam jít spolu. ❻ Jak se dostaneme ke starému pivovaru? – Jan poradil turistům, ať jedou autobusem číslo pět.

| 12 | – | Und Sie, Milan? Würde es Sie reizen, ein echtes Budvar zu kosten, direkt aus der Brauerei? Herr Sládek arbeitet in der Budweiser Brauerei. An Ihrer Stelle (wenn ich an Ihrer Stelle wäre,) würde ich nicht zögern.
| 13 | – | Mit Vergnügen. Das ist lustig, "Sládek" zu heißen und in einer Brauerei zu arbeiten ... Stört es Sie, wenn ich rauche? (Wird es Sie nicht stören, wenn ich mir [eine] anzünde?)
| 14 | – | Oh ja. Ich meine (will sagen) nein. Es ist sehr lustig, und es wird uns selbstverständlich nicht stören, wenn Sie sich [eine] anzünden. Warten Sie, Josef bringt Ihnen einen Aschenbecher ... Jarmila hat eine Kleinigkeit zu essen (etwas auf den Zahn) vorbereitet. Bedienen Sie sich. Hättest Du (nicht) Lust, Evička ... ?
| 15 | – | Es sieht fabelhaft aus! Gratuliere, Jarmila!

⑥ Bei der Redensart **zapálit si** „sich anzünden" ist eindeutig, dass es sich um eine Zigarette handelt, ebenso wie bei **zakouřit si** „rauchen".

⑦ Die Wendung **něco na zub** „etwas für den Zahn" bedeutet soviel wie „eine leckere Kleinigkeit zu essen".

⑧ **Gratulovat** oder **blahopřát** „jdm. gratulieren, jdn. beglückwünschen". Wenn Sie „Glückwunsch!" sagen wollen, verwenden Sie die Form der 1. Pers. Sing.: **Blahopřeji! Gratuluji!**

Řešení prvního cvičení: Rozuměli jste?

❶ Entschuldigen Sie / Entschuldigt uns, dass wir spät kommen. ❷ Morgen werden sie ihn zu den Sehenswürdigkeiten führen. ❸ Stört es dich (wird es dich nicht stören), wenn ich mir ein Bier genehmige? ❹ Ich freue mich sehr, Sie kennenzulernen. ❺ Wenn Sie Zeit hätten, könnten wir zusammen dort hingehen. ❻ Wie kommen wir zur alten Brauerei? – Jan hat den Touristen geraten, mit dem Bus Nummer fünf zu fahren.

Druhé (2.) cvičení: Doplňte chybějící slova!

❶ Entschuldigen Sie – könnten Sie mir sagen, wo die Gaststätte Beim heiligen Tomáš ist?

.... – ... . mi říct, kde je hospoda U svatého ......?

❷ Wie hat Ihren polnischen Freunden die Vorstellung gefallen? – Sie sagten, dass sie hervorragend war, und dass sie fast alles verstanden haben!

... se vašim polským .... líbilo představení? – Říkali, že .... vynikající a že .... skoro všemu!

❸ Wir sollten Nováks anrufen. Könntest du nachschauen, was sie für eine Rufnummer haben? Das Telefonbuch ist im Flur.

Měli bychom zatelefonovat .... Mohla .. ... podívat, ... mají číslo? Telefonní seznam je v předsíni.

▶ **Sedmdesátá druhá (72.) lekce**

To jsou ale snobové!

| 1 | – Kdybych věděl, že ten Milan Dvořák je takový snob... ①

④ Wenn ich ein gutes Lehrbuch hätte, würde ich Russisch lernen.

.... dobrou učebnici, naučil bych .. rusky.

⑤ Danke nicht mir, Jarmila – bedanke dich lieber bei Herrn und Frau Sládek!

.... mně, Jarmilo – poděkuj ...... panu a paní ....!

Řešení druhého cvičení: Chybějící slova.

❶ Promiňte - mohl byste - Tomáše ❷ Jak - přátelům - bylo - rozuměli ❸ Novákům - by ses - jaké ❹ Kdybych měl - se ❺ Neděkuj - raději - Sládkovým

Sprichwort des Tages
mlátit prázdnou slámu
„leeres Stroh dreschen"

Druhá vlna: Proberte dnes aktivně dvacátou druhou (dvaadvacátou) (22.) lekci!

Zweiundsiebzigste Lektion

Das sind ale Snobs!

1 — Wenn ich gewusst hätte, dass dieser Milan Dvořák so ein Snob ist ...

ANMERKUNGEN

① **Kdybych věděl** (Schriftsprache: **kdybych byl věděl**) „Wenn ich gewusst hätte ... ". In der Umgangssprache wird die Vergangenheit des Konditionals eigentlich nicht mehr verwendet, und durch die Gegenwart des Konditionals ersetzt.

| 2 | Cesta taxíkem prý trvala příliš dlouho! Jako kdyby chtěl říct, že bydlíme někde v tramtárii, co v tramtárii! na periférii! Zatímco oni bydlí samozřejmě přímo v centru. ②

| 3 | – Je to sice manžel mé přítelkyně, ale moc sympatický mi není. Myslí jenom na sebe. Všiml sis, že se ani nezeptal Sládkových, jak se jim líbí v Praze? ③

| 4 | – Neměl čas. Celý večer flirtoval s Jarmilou!

| 5 | – Kouřil jednu cigaretu za druhou. Přitom všichni ostatní byli nekuřáci. Vůbec nevím, jak v obýváku vyvětrám. ④

| 6 | – Nebo když mluvil o těch obchodních jednáních… Jako kdyby byl ta nejdůležitější osoba ze všech! Jako by patřil k předním českým odborníkům v automobilovém průmyslu. A neumí si ani opravit auto. ⑤

| 7 | – Abych řekla pravdu, nevěřím těm historkám s nehodou, taxikářem, a tak dál. ⑥

| 8 | Přišli pozdě, protože se pohádali, to je jasné. Nebo se možná Eva nemohla rozhodnout, co si má obléct. Červené šaty! Viděl jsi, jak je tlustá? ⑦

(ANMERKUNGEN)

② Mit dem Adverb **prý** (L. 58) können Informationen aus dritter Hand („man sagt …") oder Skepsis („angeblich …") ausgedrückt werden. ■ **v tramtárii** „in Hinterpfuiteufel". **Tramtárie** (f.) ist ein imaginäres und somit schwer erreichbares Land … ■ **(na) periférii**, Lokativ von **periférie** (f.) „Randgebiet, Vorstadt", ist abwertend gemeint, im Gegensatz zu **předměstí** (n.) „Vorstadt, Vorort". „Siedlung" heißt **sídliště** (n.).

③ **není mi sympatický** „er ist mir nicht sympathisch" ist eine unpersönliche Konstruktion mit Dativ.

④ **nekuřáci**, im Singular **(ne)kuřák**, „(Nicht)Raucher". ■ **obývák** (m.), Kurzform von **obývací pokoj** „Wohnzimmer".

② Die Taxifahrt hat angeblich zu lange gedauert! Als ob er sagen wollte, dass wir irgendwo in Hinterpfuiteufel wohnen, ach was, in Hinterpfuiteufel! In der Vorstadt! Während sie natürlich direkt im Zentrum wohnen.

③ – Er ist zwar der Ehemann meiner Freundin, aber sehr sympathisch ist er mir nicht. Er denkt nur an sich. Hast du bemerkt, dass er Sládeks nicht einmal gefragt hat, wie es ihnen in Prag gefällt?

④ – Er hatte keine Zeit. Er flirtete den ganzen Abend mit Jarmila!

⑤ – Rauchte eine Zigarette nach der anderen (zweiten). Dabei waren alle anderen (übrigen) Nichtraucher. Ich weiß überhaupt nicht, wie ich das Wohnzimmer auslüften soll (auslüften werde).

⑥ – Oder als er über die geschäftlichen Verhandlungen sprach ... Als ob er die wichtigste Person von allen wäre! Als ob er zu den führenden tschechischen Fachleuten in der Automobilindustrie gehören würde. Und kann (sich) nicht einmal das Auto reparieren.

⑦ – Um die Wahrheit zu sagen, glaube ich die Histörchen mit dem Autounfall, dem Taxifahrer und so weiter, nicht.

⑧ Sie kamen [zu] spät, weil sie sich gestritten hatten, das ist klar. Oder vielleicht konnte Eva sich nicht entscheiden, was sie anziehen soll. Ein rotes Kleid! Hast du gesehen, wie dick sie ist?

---

⑤ **Jako by = jako kdyby** „Als ob, als wenn". ■ **patřit k** + Dativ „zu etwas dazugehören". Auch ohne die Präposition **k** folgt auf dieses Verb der Dativ: **Ta taška patří Milanovi** „Die Tasche gehört Milan". ■ **předním**, Dativ Plural des weichen Adjektivs **přední**: „vordere, führende". ■ **českým**, Dativ Plural des harten Adjektivs **český/á/é** „tschechisch". ■ **odborník** oder **expert** „Fachmann, Spezialist, Experte".

⑥ **Abych řekla pravdu** „Um die Wahrheit zu sagen" ist hier eine Redensart im Konditional, genauer gesagt ein Finalsatz. (Im Passiv: **po pravdě řečeno**.) **Ať** ist mit der Konditionalpartikel verknüpft: **Abych/abys/aby řekl... Abychom/abyste/aby udělali...** Für eine sinnvolle Übersetzung verwendet man kontextabhängig „Um... zu, damit, (auf) dass". ■ **věřit** (unvoll.), **uvěřit** (voll.) + Dativ „glauben". ■ **historkám**, Dativ Plural von **historka** „Anekdote, ironische Geschichte". Weibliche Nomen auf -a enden im Dativ Plural auf **-ám**.

⑦ **hádat se** (unvoll.), **pohádat se** (voll.) „sich streiten, zanken".

9 – Je trochu silnější, to je pravda, ale tlustá není. A musíš uznat, že jí ty šaty slušely… Jedla s chutí, to je fakt. Sotva začala… ⑧

10 – Chválila Jarmilu, abychom si ničeho nevšimli. Myslím chování jejího manžela. Jejich manželství je zralé na rozvod. ⑨

11 – To přeháníš. ⑩

12 – Vím, co říkám. Jsem si tím jistá. Kdyby Eva byla trochu upřímnější – nebo trochu menší snob –, už dávno by nám řekla pravdu. Nejspíš se bojí, aby ji lidi nepomlouvali. ⑪

13 – Možná máš pravdu – ostatně znáš ji líp než já. Zkrátka jsou to snobové…

(ANMERKUNGEN)

⑧ **silnější**, Komparativ von **silný** „kräftig, stark". ■ **to je fakt** ist eine sehr gängige Wendung. Synonym: **To je pravda** „Das ist wahr, das stimmt, stimmt!"

⑨ **Chválit** (unvoll.), **pochválit** (voll.) „loben", hier: „Komplimente machen". ■ **ničeho**, Genitiv von **nic** „nichts".

⑩ **přehánět** (unvoll.), **přehnat** (voll.) „übertreiben".

(První (1.) cvičení: Rozumíte těmto větám?)

❶ Byli bychom velice rádi, kdybyste mohl jít na koncert s námi! ❷ Zatelefonuj Petrovi, aby koupil lístky. ❸ Je to dost daleko, ale můžeš tam jet metrem. ❹ Abych řekl pravdu, ta výstava plakátů se mi moc nelíbila. ❺ Poděkovali zahraničním studentkám a studentům za velice příjemný večer.

(Druhé (2.) cvičení: Doplňte chybějící slova!)

❶ Als ob er nichts von Autos und Motorrädern verstehe! Als ob er es nicht einmal zustande bringen würde, ein Fahrrad zu reparieren!

. . . . autům a . . . . !
. . . . nedokázal opravit ani kolo!

9 – Sie ist etwas kräftiger, das ist wahr, aber dick ist sie nicht. Und du musst zugeben, dass ihr das Kleid stand ... Sie aß mit Appetit, das stimmt. Kaum fing sie an ...

10 – Sie machte Jarmila Komplimente, damit wir nichts bemerken. Ich meine das Benehmen ihres Mannes. Ihre Ehe ist reif für die Scheidung.

11 – Du übertreibst. (Da übertreibst du.)

12 – Ich weiß, wovon ich spreche (was ich sage). Dessen bin ich mir sicher. Wenn Eva etwas aufrichtiger wäre – oder nicht so sehr ein (ein etwas kleinerer) Snob –, [dann] hätte sie uns schon längst die Wahrheit gesagt. Höchstwahrscheinlich fürchtet sie, dass die Leute schlecht über sie reden.

13 – Vielleicht hast du Recht – im Übrigen kennst du sie [ja] besser als ich. Kurzum, es sind Snobs ...

(11) **Být si tím jistý/á/é** (Schriftsprache: **Být si tím jist/a/o**) „sich dessen sicher sein". ■ **upřímnější**, Komparativ von **upřímný/á/é** „aufrichtig". ■ **dávno** „längst, lange her". ■ **pomlouvat** (unvoll.), **pomluvit** (voll.) „jdn. verleumden, jdm. Übles nachreden, schlecht über jdn. sprechen". Die Konstruktion **aby** + verneintes Verb kann man hier nicht wörtlich übersetzen. Sinngemäß kann man sagen: „Sie will, dass die Leute nicht schlecht über sie sprechen".

Řešení prvního cvičení: Rozuměli jste?

❶ Wir wären sehr froh, wenn Sie mit uns zum Konzert gehen könnten! ❷ Rufe Peter an, dass er Eintrittskarten kauft. ❸ Es ist ziemlich weit, aber du kannst mit der U-Bahn (dort) hinfahren. ❹ Um die Wahrheit zu sagen, hat mir die Plakatausstellung nicht sehr gefallen. ❺ Sie dankten den ausländischen Studentinnen und Studenten für den sehr angenehmen Abend.

❷ Wem gehört das Gepäck? – Den Hockeyspielern und deren Frauen.

Komu ..... ta zavazadla? – Hokejistům a

....

❸ Am wichtigsten ist, dass Sie zufrieden sind! Und dass es Ihnen bei uns gefällt.

. . . . je, ... spokojeni!
A . . . se . . . u nás líbilo.

❹ Petr und František halfen den ausländischen Tennisspielern, Herrn Veselý zu finden. Die Kinder waren im siebten Himmel!

Petr a František pomohli . . . .
. . . . najít pana . . . . Děti byly v
sedmém nebi!

❺ Wenn ich gewusst hätte, dass dieser Milan Dvořák so ein sympathischer junger Mann ist ...

. . . . byl . . . . . , že ten Milan Dvořák je
takový . . . . mladík...

▶ Sedmdesátá třetí (73.) lekce

V Zoo

1 – Proč má slon tak dlouhý nos, tati? Aby se mohl líp sprchovat? ①
2 – Ne. Aby mohl hledat potravu. A neříká se nos, ale chobot. ②
3 – Proč má žirafa tak dlouhý krk? Aby viděla přes plot? ③

(VÝSLOVNOST) [... *soo*]

(ANMERKUNGEN)

① **Aby mohl...** „damit er kann, um zu können, dass er kann": In Finalsätzen folgt auf die Konjunktion **aby** niemals der Infinitiv. (Es handelt sich um eine Verknüpfung mit der Konditionalpartikel: **mohl bych/bys/by → abych/abys/aby mohl**, usw.)

Řešení druhého cvičení: Chybějící slova.

① Jako kdyby - motorkám nerozuměl - Jako by ② patří - jejich manželkám ③ Nejdůležitější - abyste byli - aby - vám ④ zahraničním tenistům - Veselého ⑤ Kdybych - věděl - sympatický

**Sprichwort des Tages
mít švába na mozku**
„auf den Kopf gefallen sein"
(„eine Schabe auf dem Hirn haben")

**Druhá vlna: Proberte dnes aktivně dvacátou třetí
(třiadvacátou) (23.) lekci!**

Dreiundsiebzigste Lektion

Im Zoo

[1] – Warum hat der Elefant so eine lange Nase, Papa? Damit er besser duschen kann?

[2] – Nein. Damit er Nahrung suchen kann. Und man sagt nicht Nase, sondern Rüssel.

[3] – Warum hat die Giraffe so einen langen Hals? Damit sie über den Zaun sieht?

② **potrava** „Nahrung, Futter". Sie kennen das Synonym **jídlo** „Essen".

③ **Proč? Aby viděla... Protože chce vidět...** Es gibt zwei Arten, auf die Frage „warum?" zu antworten: a) mit einem Kausalsatz: **Proč se ptáš? Protože bych to rád věděl.** „Warum fragst du? Weil ich das gern wissen würde." b) mit einem Finalsatz: **Abych to věděl.** „Damit ich es weiß."

4 – Má dlouhý krk, aby viděla včas nebezpečí. Nebo potravu; aby dosáhla na listy stromů. ④

5 – Nechtěla by radši sušenku? Vidíš, jak se na nás kouká? Kdybych jí jednu dal, nikomu by to nevadilo, ne? íkal jsi mi, že se mám vždycky rozdělit... ⑤

6 – Říkal jsem ti, aby ses rozdělil se svou sestrou, ne se žirafou. ⑥

7 Ostatně krmit zvířata je zakázáno. Kdyby jí každý dal jednu sušenku, víš, kolik tun to bude za den? V zoologické zahradě jsou denně tisíce lidí. ⑦

8 – Hm. A proč ten lev pořád leží? A tygři? ⑧

9 – Třeba jsou unavení. Odpočívají.

10 – Já myslím, že jsou smutní. Protože nejsou v Africe a že je dali do klece. Kdyby jim dal někdo párek, byli by mnohem veselejší! Já kdybych byl na jejich místě, chtěl bych... ⑨

(VÝSLOVNOST) [*7 ... so'ologitßkää*]

(ANMERKUNGEN)

④ **dosahovat** (unvoll.), **dosáhnout** (voll.) „etw. erreichen, an etw. (heran)reichen". Man sagt **dosáhnout na dno/na kliku** (Akk.) „an den Boden/die Türklinke heranreichen", aber **dosáhnout cíle** (Gen.) „das Ziel erreichen". Für „erreichen" im Sinne von „ergreifen, erfassen" verwendet man **zasáhnout** + Akk.) ■ **listy** ist der Akkusativ Plural von **list** (m.) „Blatt".

4	–	Sie hat einen langen Hals, um Gefahren rechtzeitig zu sehen. Oder Nahrung; damit sie an die Blätter der Bäume heranreichen kann.
5	–	Würde sie nicht lieber einen Keks wollen? Siehst du, wie sie uns anschaut? Wenn ich ihr einen geben würde, würde es niemanden stören, nicht? Du hast mir gesagt, dass ich immer teilen soll ...
6	–	Ich sagte dir, dass du mit deiner Schwester teilen sollst, nicht mit einer Giraffe.
7		Übrigens, Tiere füttern ist verboten. Wenn ihr jeder einen Keks geben würde, weißt du, wie viele Tonnen das am Tag [aus]macht? Im zoologischen Garten sind täglich Tausende von Leuten.
8	–	Hm. Und warum liegt der Löwe immer? Und die Tiger?
9	–	Vielleicht sind sie müde. Sie ruhen sich aus.
10	–	Ich glaube, dass sie traurig sind. Weil sie nicht in Afrika sind und weil man sie in einen Käfig getan hat. Wenn ihnen jemand ein Würstchen geben würde, wären sie viel fröhlicher! Wenn ich an ihrer Stelle wäre, wollte ich ...

⑤ **koukat se** (unvoll.), **kouknout se** (voll.) „schauen, gucken", gängiges Synonym von **dívat se**. ■ **vadit** + Dativ „behindern, beeinträchtigen, im Wege sein, stören" haben Sie bereits in der Wendung **To nevadí** „Das macht nichts" kennengelernt.

⑥ **rozdělit** oder **podělit se o** + Akk. + **s** + Instrumental „etwas mit jdm. teilen". ■ **Řekl jsem, aby...** Die Konjunktion **aby** kann auch im Aufforderungssatz verwendet werden: **Požádal jsem, ať to udělá/aby to udělal Jan.** „Ich habe darum gebeten, dass Jan das macht / das machen soll." ■ **se svou** = Präposition **s** + Instrumental des reflexiven Possessivpronomens **svá**.

⑦ Allein verwendet bedeutet **každý** „jeder" (zur Verwendung im Plural siehe Lektion 59.) ■ **tun**, Genitiv Plural von **tuna** „Tonne".

⑧ **tygři**, im Singular **tygr** (m. bel.), „Tiger".

⑨ **klece** ist der Genitiv Plural von **klec** (f.) „Käfig".

LEKTION 73

11 – Být na jejich místě, chtěl bys možná do Afriky, ale rozhodně bys nechtěl párek. Možná kus syrového masa nebo nějakého králíka. Jsou to šelmy. ⑩

12 – Tati? Myslíš, že mají tamhle ve stánku párky? Mám hrozný hlad… hlad jako vlk! Kde jsou vůbec vlci? ⑪

První (1.) cvičení: Rozumíte těmto větám?

❶ Volal nám, protože neznal Davidovu adresu. ❷ Nevadilo by vám, kdybych otevřel okno? ❸ Řekla Pavlovi, aby přišel ve dvě do banky. Kdyby nemohl, sešli by se večer v kavárně Slavia. ❹ Být na jeho místě, udělal bych to jinak! ❺ Jak dlouho už jste v Praze, Elisabeth?

Druhé (2.) cvičení: Doplňte chybějící slova!

❶ Wenn du lieb sein wirst, werden wir in den zoologischen Garten und ins Kino gehen. – Und falls ich nicht lieb sein sollte? Würden wir wenigstens ins Kino gehen?

. . . . budeš hodný, ... do zoologické zahrady a do kina. – A . . . . hodný? . . . . aspoň do kina?

❷ Glaubst du, dass es den Löwen und den Tigern im Käfig gefällt?

. . . . . . , . . lvům a . . . . . . se líbí v kleci?

❸ Sie sagte zu Jan, dass er einen wärmeren Pullover anziehen soll.

Řekla . . . . . . , . . . si . . . . teplejší svetr.

❹ Wir wollten Sie [gern] bitten, ob Sie nicht Herrn und Frau Novák ein Telegramm schicken könnten.

. . . . vás poprosit, jestli . . . . poslat telegram panu a paní . . . .

| 11 | — Wenn du an ihrer Stelle wärst, würdest du vielleicht nach Afrika wollen, aber sicherlich würdest du kein Würstchen wollen. Vielleicht ein Stück rohes Fleisch oder irgendein Kaninchen. Das sind Raubtiere.
| 12 | — Papa? Glaubst du, dass sie in dem Kiosk dort Würstchen haben? Ich habe einen schrecklichen Hunger ... Hunger wie ein Wolf! Wo sind überhaupt die Wölfe?

(ANMERKUNGEN)

⑩ **Být na jejich místě, chtěl bys** = **kdybys byl na jejich místě, chtěl bys...** „Wenn du an ihrer Stelle wärst, würdest du wollen ...". Hat ein Konditionalsatz das gleiche Subjekt wie der Hauptsatz, kann das Verb des Nebensatzes durch einen Infinitiv ersetzt werden: **Kdybych měl čas/Mít čas, naučil bych se španělsky** „Wenn ich Zeit hätte, würde ich Spanisch lernen". ■ **králíka**, Akkusativ Plural von **králík** (m. bel.) „Kaninchen". ■ **šelmy**, im Singular **šelma**, „Raubtier".

⑪ **Myslíš, že...** „Denkst du / glaubst du, dass ...". Für „glauben" im Sinne von „an etw./jdn. glauben" verwendet man **věřit** (L. 72). ■ **vůbec** (Adverb) „überhaupt, im Allgemeinen".

Řešení prvního cvičení: Rozuměli jste?

❶ Er rief uns an, weil er Davids Adresse nicht kannte. ❷ Würde es Sie (nicht) stören, wenn ich das Fenster aufmachen würde? / Stört es Sie, wenn ich das Fenster aufmache? ❸ Sie sagte Pavel, dass er um zwei in die Bank kommen soll. Falls er nicht könnte, würden sie sich abends im Café Slavia treffen. ❹ Wenn ich an seiner Stelle wäre, hätte ich es anders gemacht! / An seiner Stelle würde ich es anders machen! ❺ Wie lange sind Sie schon in Prag, Elisabeth?

⑤ Warum hat der Elefant rote Augen? – Damit man ihn im Erdbeerfeld (in den Erdbeeren) nicht sieht.

. . . . má slon červené oči? – . . . ho nebylo vidět v jahodách.

6 Hast du schon mal einen Elefanten im Erdbeerfeld (in den Erdbeeren) gesehen? [Da] Siehst du, wie gut er getarnt war!

Už jsi někdy .... v jahodách? Vidíš, ... byl dobře maskovaný!

▶ Sedmdesátá čtvrtá (74.) lekce

Věda a technika

1 – Rozumíte tomu? Samá revoluce: nejdřív elektronika a počítače, teď genetika... ①

2 Vědci dávají myším nebo opicím spoustu injekcí a léků, aby jim změnili chromozómy, chování a všechno. To jednou špatně skončí! Jako s informatikou. ②

(VÝSLOVNOST)

[... täcHnika **1** ... gänätika ... **2** ... in'jäktßii ... cHromosoomi ... ß'informatikoU.]

Řešení druhého cvičení: Chybějící slova.

① Když - půjdeme - kdybych nebyl - šli bychom ② Myslíš - že - tygrům ③ Janovi - aby - vzal ④ Chtěli bychom - byste nemohli - Novákovým ⑤ Proč - Aby ⑥ viděl slona - jak

Sprichwort des Tages
skočit na špek
„auf den Leim gehen"
(„auf den Speck springen")

Druhá vlna: Proberte dnes aktivně dvacátou čtvrtou (čtyřiadvacátou) (24.) lekci!

Vierundsiebzigste Lektion

Wissenschaft und Technik

1 – Verstehen Sie das? Lauter Revolution[en]: Zuerst die Elektronik und Computer, jetzt die Genetik ...
2 Wissenschaftler geben Mäusen oder Affen eine Menge Spritzen und Medikamente, um ihre (ihnen die) Chromosomen, [ihr] Verhalten und alles zu verändern. Das wird einmal schlecht enden! Wie mit der Informatik.

(ANMERKUNGEN)

① **počítače**, im Singular **počítač** (m.), „Rechner, Computer".

② **Vědci**, im Singular **vědec** (m. bel.), „Wissenschaftler, Gelehrter", im Femininum **vědkyně**, sind, ebenso wie **věda** „Wissenschaft, Wissen, Kunde" und **vědecký/á/é** „wissenschaftlich", von **vědět** „wissen" abgeleitet. ■ **myším, opicím**, Dativ Plural von **myš** (f.) „Maus" und **opice** (f.) „Affe". Weibliche Nomen auf **-e/-ě** oder mit weicher Konsonantenendung (Musterwort **píseň**) enden im Dativ Plural auf **-ím**. ■ **injekcí**, Genitiv Plural von **injekce** (f.) „Spritze, Injektion".

| 3 | – S informatikou? Vždyť to je obrovský pokrok – technologická revoluce!
| 4 | – Stačí se podívat, kam ten slavný pokrok vede. Minulý týden jsem jel do Brna. Chtěl jsem zpáteční lístek s místenkou. Dnes jsou na to počítače. Je to rychlejší, souhlasím. ③
| 5 | Jenže když jsem nastoupil do vlaku, na mém místě už někdo seděl. A to není všecko: tři další cestující měli místenku na totéž sedadlo! Počítač se úplně zbláznil. ④
| 6 | Uvidíte: napřed dají všude počítače, pak udělají z lidí opice a z opic lidi…
| 7 | – No, já těmhle věcem moc nerozumím, nejsem odborník. Ale myslím, že pokusy s opicemi mohou pomoct proti různým nemocem. Když se vám podaří vyléčit opici, je to znamení… ⑤
| 8 | – Nevěřím znamením, věřím faktům. Opravdový pokrok by byl, kdyby se vyřešil problém nezaměstnanosti. Počítače to všechno ještě zhoršují. ⑥

(VÝSLOVNOST)

[*3* ... täcHnologitßkaa ...]

(ANMERKUNGEN)

③ **slavný/á/é** „berühmt, gefeiert, ruhmreich, ruhmvoll". ■ **zpáteční lístek** „Rückfahrkarte".

④ **nastupovat** (unvoll.), **nastoupit** (voll.) „(in ein Fortbewegungsmittel) einsteigen". **Vystupovat, vystoupit** bedeutet „aussteigen", und für „umsteigen" verwenden Sie **přestupovat, přestoupit**. ■ **všecko** ist kein Druckfehler! **všecko** (ugs.), **všechno, vše** (Schriftsprache) „alles". ■ **cestující**, „Reisende(r)" ist ein substantiviertes Adjektiv und ein männliches und weibliches Nomen. (Der „Forschungsreisende" ist ein **cestovatel**.) ■ **zbláznit se** „verrückt, wahnsinnig werden", abgeleitet von **blázen** „Narr, Irrer, Verrückter".

| 3 | – | Mit der Informatik? Das ist doch ein riesiger Fortschritt – eine technologische Revolution!
| 4 | – | Man muss nur schauen (es reicht zu schauen), wohin der ruhmvolle Fortschritt führt. Letzte Woche fuhr ich nach Brünn. Ich wollte eine Rückfahrkarte mit Platzkarte. Heute gibt es dafür (sind dafür) Computer. Es ist schneller, da stimme ich zu.
| 5 | | Doch als ich in den Zug stieg, saß schon jemand auf meinem Platz. Und das ist nicht alles: Drei weitere Reisende hatten eine Platzkarte für denselben Sitz! Der Computer ist vollkommen verrückt geworden.
| 6 | | Sie werden sehen: Zuerst werden sie überall Computer aufbauen (geben), dann werden sie aus Menschen Affen und aus Affen Menschen machen ...
| 7 | – | Also, von diesen Dingen verstehe ich nicht viel (ich verstehe diesen Dingen nicht viel), ich bin kein Fachmann. Ich glaube aber, dass Versuche mit Affen [beim Kampf] gegen verschiedene Krankheiten helfen können. Wenn es Ihnen gelingt, einen Affen zu heilen, ist es [doch] ein Zeichen ...
| 8 | – | Ich glaube [an] keine Zeichen, ich glaube [an] Fakten. Ein wirklicher Fortschritt wäre, wenn man das Problem der Arbeitslosigkeit lösen würde. Computer verschlimmern das alles noch.

⑤ **věcem**, Dativ Plural von **věc** (f.) „Sache, Ding, Angelegenheit". ■ Weibliche Nomen mit Konsonantenendung (Musterwort **radost**) enden im Dativ Plural auf **-em**. ■ **pokusy**, im Singular **pokus** (m.), bedeutet „Versuch, Experiment". ■ **podaří se vám** + Infinitiv „Ihnen wird (etw.) gelingen", ist eine unpersönliche Konstruktion mit Dativ. Darin steckt **dařit se** oder **vést se** (unvoll.), **podařit se** oder **povést se** (voll.) „gelingen".

⑥ **znamením**, Dativ Plural von **znamení** „Zeichen". ■ Sächliche Hauptwörter auf **-í** und **-e/-ě** enden im Dativ Plural auf **-ím**. ■ **kdyby se vyřešil...**, „wenn man lösen würde, wenn gelöst werden würde" ist ein Reflexivpassiv, hier in Konditionalform. ■ **zhoršovat** (unvoll.), **zhoršit** (voll.) „verschlimmern, verschlechtern". Gegenwort: **zlepšovat, zlepšit** „verbessern".

9 – Není to lehké, to je fakt. Co chcete, žijeme v revoluční době. Ale já osobně jsem pro všechno nové. Díváte se v televizi na pořad „Pokusy, objevy, vynálezy"? ⑦

10 – Proto o tom mluvím! Zítra budou opice nebo roboti řídit taxíky a prodávat noviny. My budeme sedět doma a jíst plankton. ⑧

11 – Plankton... Vida – to není tak špatný nápad! Dívá–li se na to člověk bez předsudků, je to dokonce revoluční! Já jsem pro! ⑨

První (1.) cvičení: Rozumíte těmto větám?

❶ Ten americký vědec říkal, že objevy v genetice patří k největším úspěchům moderní vědy. ❷ Jste proti injekcím a lékům? ❸ Věříte kartám? ❹ Omluvili se cestujícím za zpoždění. ❺ Kdybych nerozuměl novým počítačům, nebyl bych tak kategorický... Navíc informatika, to je můj koníček! ❻ Díváš-li se na věc bez předsudků, je to opravdový pokrok!

Druhé (2.) cvičení: Doplňte chybějící slova!

❶ Abiturienten geben heute exakten (mathematischen) Wissenschaften den Vorzug vor den Sozialwissenschaften.

Maturanti dnes . . . . . . přednost exaktním . . . . . před vědami společenskými.

❷ Von diesen Sachen verstehe ich überhaupt nichts. Doch ich glaube, dass das nur eine Frage der Zeit ist.

Vůbec . . . . nerozumím. Avšak myslím, . . to je jen otázka času...

❸ Und das alles wegen Mäusen und Affen! – Wieso? Auch dank ihnen wurden doch wirksame Arzneimittel (Medikamente) gefunden!

A všechno tohle kvůli . . . . . a opicím. – Jak to? Vždyť i díky nim se našly účinné . . . . !

| 9 | — | Es ist nicht leicht, das stimmt. Was wollen Sie, wir leben in einer revolutionären Zeit. Aber ich persönlich bin für alles Neue. Schauen Sie sich [manchmal] im Fernsehen die Reihe „Experimente, Entdeckungen, Erfindungen" an?
| 10 | — | Deshalb spreche ich davon! Morgen werden Affen oder Roboter Taxi fahren und Zeitungen verkaufen. Wir werden zu Hause sitzen und Plankton essen.
| 11 | — | Plankton ... Sieh an – das ist keine so schlechte Idee! Wenn man es ohne Vorurteile betrachtet, ist es sogar revolutionär! Ich bin dafür!

(ANMERKUNGEN)

⑦ **pořad** „(Sende)Reihe, Programm". ■ **objevy, vynálezy**, im Singular **objev**, „Entdeckung" und **vynález**, „Erfindung", sind beide männlich.

⑧ **Proto** „darum, deshalb, deswegen".

⑨ **Dívá-li se člověk...** Die Konjunktionspartikel **-li** (Synonym von **jestliže, jestli** „wenn, falls") wird mit einem Bindestrich an das Verb angefügt. Das Verb steht am Beginn des Nebensatzes: **Máte-li jeho adresu, napište mu!** „Wenn Sie seine Adresse haben, schreiben Sie ihm!". **Nevěděl, máš-li čas** „Er wusste nicht, ob du Zeit hast". (Sie kennen bereits **ne-li** „wenn nicht".) ■ **předsudků**, Genitiv Plural von **předsudek** „Vorurteil".

Řešení prvního cvičení: Rozuměli jste?

❶ Der amerikanische Wissenschaftler sagte, dass die Entdeckungen in der Genetik zu den größten Erfolgen der modernen Wissenschaft gehören. ❷ Sind sie gegen Spritzen und Medikamente? ❸ Glauben Sie Karten? / Glauben Sie, was die Karten sagen? ❹ Sie entschuldigten sich bei den Reisenden für die Verspätung. ❺ Wenn ich die neuen Computer nicht verstehen würde, wäre ich nicht so kategorisch ... Zudem ist Informatik mein Steckenpferd! ❻ Wenn du eine Sache ohne Vorurteile betrachtest, ist es ein wirklicher Fortschritt!

❹ Reisende nach Brünn, steigen Sie in den Schnellzug Nummer 174, (zweiter) Bahnsteig zwei, (erstes) Gleis eins ein; Abfahrt um 15 Uhr 30 (Minuten).

. . . . do Brna, nastupujte do rychlíku číslo sto sedmdesát čtyři, ... nástupiště, ... kolej; odjezd v patnáct . . . . . třicet minut.

⑤ Im Zoo ist das Füttern der Tiere verboten. Wenn jeder Besucher den Giraffen einen Keks gäbe ...

V Zoo je krmení zvířat ....
každý návštěvník .... sušenku...

▶ Sedmdesátá pátá (75.) lekce

Suvenýry ①

1 – Chtěla bych koupit dárek našim přátelům z Dánska. Typicky český, ale zároveň originální...
2 – To není špatný nápad. Typický a zároveň originální... Co takhle křišťál? Nebo vázu z broušeného skla, nějaký hezký popelník...? ②
3 – Mají už několik váz z českého křišťálu a celou sbírku broušených popelníků. Víš dobře, že Andersenovi už byli v Praze několikrát. ③

VÁZY Z BROUŠENÉHO SKLA SE JÍ NELÍBILY

Řešení druhého cvičení: Chybějící slova.

❶ dávají - vědám ❷ těmhle věcem - že ❸ myším - léky ❹ Cestující - druhé - první - hodin ❺ zakázáno - Kdyby dal - žirafám

Sprichwort des Tages
nemít hlavu ani patu
„weder Hand noch Fuß haben"
(„weder Kopf noch Ferse haben")

Druhá vlna: Proberte dnes aktivně dvacátou pátou (pětadvacátou) (25.) lekci!

Fünfundsiebzigste Lektion

Souvenirs

1 — Ich möchte gern unseren Freunden aus Dänemark ein Geschenk kaufen. Typisch tschechisch, aber gleichzeitig originell ...

2 — Das ist kein schlechter Einfall. Typisch und gleichzeitig originell ... Wie wäre es mit Kristall (Was so Kristall)? Oder eine Vase aus geschliffenem Glas, irgendeinen hübschen Aschenbecher ... ?

3 — Sie haben schon etliche Vasen aus böhmischem Kristall und eine ganze Sammlung geschliffener Aschenbecher. Du weißt genau (gut), dass Andersens schon mehrmals in Prag waren.

(ANMERKUNGEN)

① **Suvenýry**, im Sing. **suvenýr**, „Souvenir". Im Sinne von „Erinnerung" verwendet man **vzpomínka**.

② **vázu** ist der Akkusativ Sing. von **váza** (f.) „Vase".

③ **několik** „einige, mehrere, etliche" (von **kolik** „wieviel") gibt eine unbestimmte Menge an; es ist eine sog. Indefinitzahl (unbestimmtes Zahlwort). Nach **několik** und den anderen Indefinitzahlen wie **málo, mnoho, tolik** usw. folgt stets der Genitiv. **několik váz** „etliche Vasen", **málo popelníků** „wenige Aschenbecher", **mnoho dárků** „viele Geschenke", **tolik lidí** „so viele Leute"; „mehrmals, einige/mehrere Male" heißt **několikrát**.

LEKCE 75

|4| – Anebo pro paní české granáty? Nebo šaty s lidovými motivy, vyšívaný ubrus… Na Václavském náměstí je prodejna… ④

|5| – Dagmar šperky nenosí. A má už troje vyšívané šaty: z Mexika, z Maďarska a z Polska. Vlastně je to trochu zvláštní. Před rokem mi sama řekla, že nemá ráda folklór; ovšem to mluvila o keramice… ⑤

|6| – Takže by se jí pravděpodobně nelíbily ani lidové malby na skle… A co nějakou pěknou grafiku, s pražskými motivy? ⑥

|7| – Jen to ne! Hradčany a Karlův most, Staroměstské náměstí, toho mají plné zdi… Dagmar a Olaf tu mají hodně přátel. Já sama bych nevěděla, co s tolika grafikami dělat! ⑦

|8| – Přiznám se, že už nevím… Snad nějaký obyčejný dárek – nic typicky českého? Něco, co by bylo zároveň osobní a praktické: kožená taška nebo rukavice… ⑧

(ANMERKUNGEN)

④ **granáty**, Akkusativ Plural von **granát** „Granat". ■ **motivy**, Instrumental Plural von **motiv** (m.) „Motiv". ■ Der große Prager Platz **Václavské náměstí** wurde nach Böhmens Landespatron, dem heiligen Wenzel (**Svatý Václav**) benannt, Herzog von Böhmen des 10. Jahrhunderts.

⑤ **šperky**, Akkusativ Plural von **šperk** „Schmuck", zu kaufen in der **bižutérie** „Schmuckgeschäft". ■ **troje** gehört zu den Gattungszahlwörtern, die meistens mit Wörtern stehen, die es nur im Plural gibt: **jedny nůžky** „eine Schere", **dvoje/troje brýle** „zwei/drei Brillen", **troje hodinky** „drei Armbanduhren"… **Dvoje, troje**, etc. meint auch „ein, zwei, etc. Paar". Ab „vier" werden Gattungszahlwörter mit der Nachsilbe **-ery** gebildet: **čtvery/patery/šestery/sedmery**, usw. ■ **Mexika, Maďarska, Polska**, Genitiv Sing. von **Mexiko** „Mexiko", **Maďarsko** „Ungarn", **Polsko** „Polen". ■ **(o) keramice**, Lokativ Sing. von **keramika** „Keramik".

|4| — Oder böhmische Granaten für die Frau? Oder ein Kleid mit volkstümlichen Motiven, eine gestickte Tischdecke ... Am Wenzelsplatz ist ein Geschäft ...

|5| — Dagmar trägt keinen Schmuck. Und hat schon drei gestickte Kleider: aus Mexiko, aus Ungarn und aus Polen. Eigentlich ist es ein bisschen merkwürdig. Vor einem Jahr sagte sie mir selbst, dass sie Volkskunst nicht mag; allerdings sprach sie da über Keramik ...

|6| — So dass ihr wahrscheinlich nicht einmal die volkstümliche Malerei auf Glas gefallen würde ... Wie wäre es mit einer (was eine) schönen Grafik mit Prager Motiven?

|7| — Nur das nicht! Hradschin und Karlsbrücke, Altstädter Ring, davon haben sie die Wände voll ... Dagmar und Olaf haben hier viele Freunde. Ich wüsste selbst nicht, was [ich] mit so vielen Grafiken tun [soll]!

|8| — Ich gebe zu, dass ich nicht mehr weiß ... Vielleicht irgendein einfaches Geschenk – nichts typisch Tschechisches? Irgend etwas, was gleichzeitig persönlich und praktisch wäre: eine Ledertasche oder Handschuhe ...

(6) **malby**, im Sing. **malba**, „Malerei; Gemälde; Anstrich". ■ **pěkný/á/é** „hübsch, schön".

(7) **Hradčany** (m., Pl.), Prager Burg und Regierungssitz, ursprünglich eine kleine Burgstatt mit Wall und Sitz der Könige. ■ **zdi**, Akkusativ Plural von **zeď** (f.) „Wand, Mauer". ■ **tolika** (Nom. **tolik**) „soviel, so viel". ■ Bei der Deklination der Indefinitzahlen **několik, kolik, tolik** und **mnoho** sind Akkusativ und Nominativ identisch (alle anderen Fälle: Endung **-a**). **málo** jedoch ist unveränderlich (Ausnahme Genitiv: Endung **-a**). ■ Verben, die Indefinitzahlen zum Subjekt haben, stehen stets im Singular: **Několik malířů tam má/mělo obrazy** „Etliche Maler haben/hatten dort Bilder". Die gleiche Regel gilt bei Zahlen über „vier".

(8) **Přiznávat (se)** (unvoll.), **přiznat (se)** (voll.) „(sich) bekennen, gestehen, zugeben". ■ **obyčejný/á/é** „gewöhnlich, gebräuchlich, einfach, normal".

9 – To je nápad! Koupím dvoje kožené rukavice, jedny pro Dagmar, druhé pro Olafa. Doufám jenom, že jim padnou... a že nebudou z Dánska! ⑨

První (1.) cvičení: Rozumíte těmto větám?

❶ Chcete-li koupit typicky český suvenýr, doporučujeme vám český křišťál – nebo becherovku! ❷ Z Hradčan šli pěšky až k Vltavě. Na Karlově mostě potkali několik Olafových přátel. ❸ Vázy z broušeného skla se jí nelíbily. Nakonec koupila keramiku. ❹ V Dánsku jsme se seznámili s tolika sympatickými lidmi! ❺ K narozeninám dostala koženou tašku a dvoje rukavice.

Druhé (2.) cvičení: Doplňte chybějící slova!

❶ Sind Sie zum ersten Mal in Prag? – Nein, ich war bereits letztes Jahr im Sommer mit einigen Freunden hier.

Jste . . . . . . poprvé? – Ne, už . . . . tady . . . loni v létě, s . . . . přáteli.

❷ Zu Weihnachten bekam ich zwei Armbanduhren, drei Brillen und sechs Paar Handschuhe! Ist das nicht ein bisschen merkwürdig?

K vánocům jsem dostal . . . . . hodinky, ... brýle a šestery rukavice! . . . . to trochu divné?

❸ Sie bat uns, sie zu entschuldigen. Sie konnte nicht kommen; sie hatte um fünf Uhr eine Verabredung mit ihrer kanadischen Freundin, die aus Paris ankommen sollte.

Požádala nás, ... ji omluvili. Nemohla přijít, v pět . . . . . měla . . . . se . . . kanadskou přítelkyní, ... měla přiletět z Paříže.

❹ Er sagte mir, dass sie eine sehr schöne Erinnerung an die Burg Konopiště haben. Sie haben dort so viele interessante Sachen gesehen!

Říkal mi, ... na hrad Konopiště velice . . . . . . vzpomínku. Viděli tam . . . . . zajímavých . . . . !

[9] – Das ist die Idee! Ich kaufe zwei (Paar) Lederhandschuhe, eins für Dagmar, das zweite für Olaf. Ich hoffe nur, dass sie ihnen passen werden ... und dass sie nicht aus Dänemark sein werden!

(9) **padnout** + Dativ hier: „sitzen, passen".

Řešení prvního cvičení: Rozuměli jste?

❶ Wenn Sie ein typisch tschechisches Souvenir kaufen wollen, empfehlen wir Ihnen böhmisches Kristall – oder Becherlikör! ❷ Vom Hradschin gingen sie bis zur Moldau zu Fuß. Auf der Karlsbrücke trafen sie einige Freunde von Olaf. ❸ Vasen aus geschliffenem Glas gefielen ihr nicht. Am Ende kaufte sie Keramik. ❹ In Dänemark lernten wir so viele sympathische Leute kennen! ❺ Zum Geburtstag bekam sie eine Ledertasche und zwei (Paar) Handschuhe.

❺ Ich würde ihnen gern irgendein Souvenir schenken: irgendeine hübsche Grafik der Karlsbrücke und des Hradschin – oder vielleicht ein Armband aus böhmischen Granaten für Dagmar?

Ráda . . . . darovala nějaký . . . . :
. . . . hezkou grafiku Karlova mostu a
. . . . – nebo možná pro Dagmar náramek z
českých . . . . ?

Řešení druhého cvičení: Chybějící slova.

❶ v Praze - jsem - byl - několika ❷ dvoje - troje - Není ❸ abychom - hodin - schůzku - svou - která ❹ že mají - pěknou - tolik - věcí ❺ bych jim - suvenýr - nějakou - Hradčan - granátů

> *Wie Sie vielleicht bemerkt haben, geben wir das Geschlecht der Hauptwörter nur noch in Zweifelsfällen an, denn Sie kennen die Regel: Weibliche Hauptwörter haben die Endung -a, sächliche Hauptwörter enden auf -o oder -í, und männliche Hauptwörter enden meistens auf einen harten Konsonanten.*

Sprichwort des Tages
držet palce
„die Daumen drücken" („Daumen halten")

Druhá vlna: Proberte dnes aktivně dvacátou šestou (šestadvacátou) (26.) lekci!

▶ Sedmdesátá šestá (76.) lekce

Velmi surrealistická poezie

1	Toho večera nemohla Jarmila Nováková usnout. O půlnoci vstala a zasedla k psacímu stolu. Ve svých volných chvílích píše Jarmila básně. ①
2	„Člověk" (surrealistická báseň)
3	Hlava. Obličej. Tvář ②
4	Na každé straně nosu oko: celkem dvě oči ③
5	Ucho vlevo, ucho vpravo: celkem dvě uši
6	Pytláci mají oka, džbány mají ucha ④
7	Tak dlouho se chodí se džbánem pro vodu…
8	Mezi očima a ušima nos. Tváře hoří
9	Ústa, rty – a cigareta ⑤

ANMERKUNGEN

① **usínat** (unvoll.), **usnout** (voll.) „einschlafen". ■ **(O) půlnoci**, Lokativ Sing. von **půlnoc** (f.) „Mitternacht". ■ **(psací) stůl** „(Schreib)tisch". ■ **vstávat** (unvoll.), **vstát** (voll.) „aufstehen". ■ **zasednout** = **sednout si** „sich setzen, Platz nehmen".

② **Obličej** (m.) „Gesicht, Angesicht, Antlitz". ■ **Tvář** „Wange, Backe, Gesicht, Antlitz". Man sagt **Tváří v tvář** „von Angesicht zu Angesicht, Auge in Auge" und **ztratit/zachránit tvář** „das Gesicht verlieren/wahren".

Sechsundsiebzigste Lektion

Eine sehr surrealistische Poesie

1 An diesem Abend konnte Jarmila Nováková nicht einschlafen. Um Mitternacht stand sie auf und setzte sich an den Schreibtisch. In ihrer Freizeit (ihren freien Momenten) schreibt Jarmila Gedichte.
2 „Der Mensch"
(ein surrealistisches Gedicht)
3 Kopf. Gesicht. Wange
4 An jeder Seite der Nase ein Auge: insgesamt zwei Augen
5 Ein Ohr links, ein Ohr rechts: insgesamt zwei Ohren
6 Wilddiebe haben Schlingen („Augen"), Krüge haben Henkel („Ohren")
7 Der Krug geht so lange zum Wasser ... (Man geht so lange mit einem Krug für Wasser ...)
8 Zwischen Augen und Ohren die Nase. Die Wangen brennen
9 Der Mund, die Lippen – und eine Zigarette
10 Darf ich Ihnen die Hand küssen, Jarmila?

③ Die Zahlwörter **dva** „zwei" und **oba** „beide" haben eine eigene Deklination (siehe Grammatikanhang).

④ In slawischen Sprachen gibt es einige alte Wörter mit eigener Pluralform (Dual) für die paarweise vorkommenden oder symmetrisch angelegten Körperteile von Menschen und Tieren: **oko** „Auge", **ucho** „Ohr", **ruka** „Hand, Arm", **noha** „Fuß, Bein", **rameno** „Schulter", **koleno** „Knie", **prs(o)** „Brust"). Im Singular werden sie regelmäßig dekliniert, im Plural haben einige noch die Dual-Endungen. Regelmäßig dekliniert haben sie aber eine andere Bedeutung (s.a. Grammatikanhang). ■ **oko** (Plural: **oka**) „Auge; Masche; Schlinge", Dual: **oči** „Augen". ■ **ucho** (Plural: **ucha**) „Ohr; Henkel; Nadelöhr", Dual: **uši** „Ohren". ■ **Pytláci**, im Sing. **pytlák**, „Wilddieb, Wilderer". ■ **džbány**, im Sing. **džbán** (m.), „Krug".

⑤ **Ústa** (n., Pl.) „Mund". Sie kennen bereits das Synonym **pusa** „Mund, Kuss". ■ **rty**, im Singular **ret** (m.), „Lippe".

10	Mohu vám políbit ruku, Jarmilo? ⑥
11	Vlasy, pak kůže, lebka, mozek
12	Ale to není všechno
13	Pod hlavou krk, pod krkem tělo
14	Pár rukou, pár nohou a dvacet prstů ⑦
15	Dvacet? Už je někdo někdy spočítal??? ⑧
16	Hruď, břicho a záda ⑨
17	Uvnitř kostra, svaly, krev. Krev! ⑩
18	Orgány: srdce ⑪
19	Plíce. Srdce buší, buší! Krev! ⑫
20	Žaludek, játra a ledviny… Tělo ⑬
21	Má ruka, má kůže – krev! Krev!
22	Smím vás políbit, Jarmilo?
23	Srdce tak silně buší v hrdle ⑭
24	… až se ucho utrhne
25	Ne, ne, chci říct
26	Nekuřte prosím tolik, není to…

(ANMERKUNGEN)

⑥ **líbat** (unvoll.), **políbit** (voll.) „küssen".

⑦ **rukou, nohou** sind Dualformen von **ruka** und **noha**. Vergleichen Sie die Deklination mit der regelmäßigen Genitiv-Plural-Form: **Člověk bez nohou** „Ein Mensch ohne Beine". – **Stůl bez noh**. „Ein Tisch ohne (Tisch-)Beine". ■ **prstů**, Genitiv Plural von **prst** (m.) „Finger, Zehe".

⑧ **Už někdy** „schon irgendwann".

⑨ **Hruď** (f.) oder **prsa** (n., Pl.) „Brust". ■ **záda** (n., Pl.) „Rücken".

(První (1.) cvičení: Rozumíte těmto větám?)

❶ Dvě modré oči, ústa, vlasy… Potom Veronika maluje červené šaty, dvě ruce a nohy: to je maminka. ❷ A nakonec namaluje červené tváře a mezi oběma očima nos. ❸ Toho večera jsem se necítil ve své kůži. ❹ Na letišti se políbili… a pak David odletěl do Montrealu. ❺ Včera jsem nemohl usnout. Myslel jsem na Jarmilu Novákovou. Ten talent!

11	Haare, dann Haut, Schädel, Gehirn
12	Aber das ist nicht alles
13	Unter dem Kopf der Hals, unter dem Hals der Körper
14	Ein Paar Arme (Hände), ein Paar Beine (Füße) und zwanzig Finger [und Zehen]
15	Zwanzig? Hat sie schon irgend jemand irgendwann gezählt???
16	Brust, Bauch und Rücken
17	Innen das Skelett, Muskel, Blut. Das Blut!
18	Die Organe: Herz
19	Lunge. Das Herz pocht, pocht! Das Blut!
20	Magen, Leber und Nieren ... Der Körper
21	Meine Hand, meine Haut – das Blut! Das Blut!
22	Darf ich Sie küssen, Jarmila?
23	Das Herz pocht so stark im Hals
24	... bis er bricht (bis man den Henkel / „das Ohr" abreißt)
25	Nein, nein, ich meine
26	Rauchen Sie nicht so viel, das ist nicht ...

⑩ **svaly**, im Singular **sval** (m.) „Muskel". ■ **krev** (f.) „Blut".

⑪ **Orgány**, im Singular **orgán** (m.) „Organ".

⑫ **Plíce** (f., Pl.) „Lunge". ■ **bušit** „pochen, hämmern".

⑬ **játra** (n., Pl.) „Leber". ■ **ledviny**, im Singular **ledvina** „Niere". (Die Verkleinerung **ledvinky** wird im kulinarischen Sinne für „Nieren" verwendet.)

⑭ **(v) hrdle**, Lokativ Sing. von **hrdlo** „Kehle, Gurgel; Hals".

Řešení prvního cvičení: Rozuměli jste?

❶ Zwei blaue Augen, ein Mund, Haare ... Danach malt Veronika ein rotes Kleid, zwei Arme/Hände und Beine/Füße: Das ist Mama. ❷ Und zum Schluss malt sie rote Wangen und zwischen den beiden Augen eine Nase. ❸ An dem Abend fühlte ich mich nicht [wohl] in meiner Haut. ❹ Am Flughafen küssten sie sich ... und dann flog David nach Montreal. ❺ Gestern konnte ich nicht einschlafen. Ich dachte an Jarmila Nováková. Dieses Talent!

Druhé (2.) cvičení: Doplňte chybějící slova!

1 Wenn du willst, dass ich mit dir zum Abend der französischen Poesie gehe, musst du mir versprechen, dass du nicht vor dem Ende einschläfst.

..... chceš, ... s tebou na večer francouzské .... , musíš mi slíbit, .. neusneš .... koncem.

2 Sie sagte es mir unter vier Augen: Er küsste sie und bat um ihre Hand!

Řekla .. ... mezi čtyřma ..... : .... , a požádal ji o ruku!

3 Kennen Sie die Gedichte des Vladimír Holan? Oder Gedichte anderer tschechischer Dichter?

Znáte .... ?
Nebo ..... jiných .... básníků?

Jetzt, kurz vor der 77. Lektion, können Sie auf eine hervorragende Leistung zurückblicken: Sie kennen mittlerweile ca. 2.200 Wörter, ganz zu schweigen von den zahlreichen Eigennamen, Redewendungen und umgangssprachlichen Ausdrücken. Sie haben die Hürden Vergangenheits- und Zukunftsform und quasi im Vorbeigehen den Konditional genommen, und Sie haben sich den tschechischen Satzbau weiter verinnerlicht.

Die Aussprache der Konsonantenfolgen, der Konsonanten mit „háček" und des „ř" hat sicherlich mittlerweile auch ihren Schrecken verloren. Falls nicht, so seien Sie getrost: Auch die Tschechen müssen die Aussprache des „ř" erst lernen – möglichst noch vor der Einschulung – und sie haben ihre Probleme mit Zungenbrechern, von denen wir Ihnen nachfolgend zwei vorstellen möchten – zum Üben und/oder Schmunzeln:

Tři tisíce tři sta třicet tři stříbrných stříkaček stříkalo přes tři tisíce tři sta třicet tři stříbrných střech.

„3333 silberne Spritzen spritzten über 3333 silberne Dächer".

Naolejuje-li mě Julie či nenaolejuje-li mě Julie? Nenaolejuje-li mě Julie, naolejuji Julii já.

„Ölt Julia mich ein, oder ölt Julia mich nicht ein? Wenn Julia mich nicht einölt, öle ich Julia ein".

④ Wenn/falls er Zeit haben wird, wird er das Motorrad reparieren. Wenn/sobald er es repariert hat, wird er schlafen gehen.

.... čas, opraví motorku. .. ji
......, ... spát.

⑤ Anna sagte, dass ihr das nicht machen sollt.

Anna říkala, ... to ....

⑥ Als ob Jan weder Hände, noch Füße hätte! Als ob er ein Invalide ohne Hände und ohne Füße wäre!

Jako ..... Jan ..... ruce ani nohy!
Jako .. ... invalida bez ..... a bez ..... !

Řešení druhého cvičení: Chybějící slova.

① Jestli - abych šel - poezie - že - před ② mi to - očima - políbil ji ③ básně Vladimíra Holana - básně - českých ④ Když bude mít - Až - opraví - půjde ⑤ abyste - nedělali ⑥ kdyby - neměl - by byl - rukou - nohou

---

Nach einem Treffen mit einer Delegation der Tschechischen Republik sagte der damalige Außenminister der USA, George Bush, man solle den Tschechen dringend einige Vokale spendieren. Wie dringend diese Forderung ist, verdeutlicht der folgende Satz:

Strč prst skrz krk! „Steck den Finger in (durch) den Hals".

... und wenn wir schon dabei sind: Kennen Sie das längste tschechische Wort?

nejneobhospodařovávatelnějšími

Das ist der Instrumental des Superlativs von **neobhospodařovatelný** „unbewirtschaftbar".

Sprichwort des Tages
olíznout všech pět
„sich die Finger nach etwas lecken"
(„alle fünf ablecken")

Druhá vlna: Proberte dnes aktivně dvacátou sedmou (sedmadvacátou) (27.) lekci!

▶ Sedmdesátá sedmá (77.) lekce

OPAKOVÁNÍ A POZNÁMKY

Das Hauptthema der vergangenen sechs Lektionen war zweifellos der Konditional. Bevor wir uns ihm zuwenden, fassen wir kurz die Deklination im Dativ Plural zusammen. Zunächst die Hauptwörter:

1. Deklination: Dativ Plural der Hauptwörter

Männlich
pánům „den Herren"
mužům „den Männern"
hradům „den Burgen"
strojům „den Maschinen"

Weiblich mit Endung **-a**
ženám „den Frauen"
Weiblich mit Endung **-e/ě**
růžím „den Rosen"
Weiblich mit Konsonantenendung
radostem „den Freuden"
Weiblich mit weicher Konsonantenendung
písním „den Liedern"

Sächlich mit Endung **-o**
městům „den Brücken"
Sächlich mit Endung **-e/ě**
mořím „den Meeren"
Sächlich mit Endung **-í**
nádražím „den Bahnhöfen"

2. Deklination: Dativ Plural der Adjektive

Wie Sie sehen, haben im Dativ Plural alle Geschlechter die gleichen Endungen: weiche Adjektive **-ím**, harte Adjektive **-ým**.

Směje se těm moderním mladým mužům/moderním krásným ženám/moderním novým městům. „Er lacht die modernen, jungen Männer / modernen wunderschönen Frauen / modernen neuen Städte aus."

Siebenundsiebzigste Lektion

3. Possessivpronomen: Dativ Plural

Sie ahnen es vielleicht schon: Possessivpronomen haben im Dativ Plural die gleichen Endungen wie Adjektive. Allerdings ist der Vokal bei „unseren" und „euren" kurz:

Děkuje mým/tvým/jeho/jejím přítelkyním. „Er dankt meinen/deinen/seinen/ihren Freundinnen".
Poděkoval našim/vašim/jejím přátelům. „Er dankte unseren/euren/ihren Freunden".

4. Konditional

Kommen wir nun zum Konditional und seiner Bildung. Mit dem Konditional werden die Möglichkeit, ein Wunsch oder eine Aufforderung (die durch den Konditional höflicher klingt) ausgedrückt.

Udělal bych to jinak. „Ich würde das anders machen".
Chtěl bych jet do Prahy. „Ich würde/möchte gern nach Prag fahren".
Půjčil byste mi/mohl byste mi půjčit tu knihu? „Würden Sie mir / könnten Sie mir dieses Buch ausleihen?"

Im Tschechischen gibt es
A. den Konditional in der Gegenwartsform. Er drückt eine mögliche Handlung in der Gegenwart oder Zukunft aus.
B. den Konditional in der Vergangenheitsform. Er drückt eine Handlung aus, die in der Vergangenheit möglich war, jedoch nicht stattgefunden hat.

Wie schon erwähnt, wird der Konditional in der Vergangenheitsform in der Umgangssprache kaum noch verwendet. Wir führen ihn dennoch nachfolgend auf, als Hilfestellung für Ihre zukünftige literarische Lektüre:

byl(a) bych dělal(a), byl(a) bys dělal(a), byl(a) by dělal(a) „ich hätte gemacht, du hättest gemacht, er (sie) hätte gemacht"
byli(-y) bychom dělali(-y), byli(-y) byste dělali(-y), byli(-y) by dělali(-y) „wir hätten gemacht, ihr hättet gemacht, sie hätten gemacht".

Beim Hilfsverb „sein" haben Sie die Wahl zwischen **být** und **bývat**. Sie können also ebensogut sagen: **býval(a) bych dělal(a)**, **bývali(-y) bychom dělali(-y)**, etc.

Und bei der Verneinung können Sie die Partikel **ne-** vor das Hilfsverb (**nebyl/nebýval bych dělal**) oder vor das Partizip (**byl/býval bych nedělal**) stellen.

5. Konditional: Nebensätze, die eine Bedingung ausdrücken

Zwei Regeln gelten für die Bedingungssätze, die Sie kennengelernt haben:
1. Auf die Konjunktion „wenn" kann die Zukunftsform folgen;
2. Das Verb des Hauptsatzes steht im gleichen Modus wie das Verb des Nebensatzes.

A. Gilt eine Bedingung als sehr wahrscheinlich, steht „wenn" + Indikativ (Wirklichkeitsform) + Indikativ:

Když budu mít čas, opravím motorku. „Wenn ich Zeit haben werde, werde ich das Motorrad reparieren".

In Konditionalsätzen, die das gleiche Subjekt wie der Hauptsatz haben, kann das Verb des Nebensatzes durch einen Infinitiv ersetzt werden:

Mít čas, opravím motorku.

Anstelle von **když** können ebensogut die Synonyme **jestliže**, **jestli** und **-li** stehen.

B. Gilt eine Bedingung als eventuell möglich, steht „wenn" + Konditional + Konditional:

Kdybych měl dobrou učebnici, naučil bych se rusky. „Wenn ich ein gutes Lehrbuch hätte, würde ich Russisch lernen".
Rozuměl bych líp, kdybys tolik nekřičel. „Ich würde besser verstehen, wenn du nicht so schreien würdest".

C. Liegt eine Bedingung in der Vergangenheit, steht „wenn" + Konditional + Konditional:

Kdybychom to byli věděli včera, byli bychom jim zatelefonovali. „Wenn wir das gestern gewusst hätten, hätten wir sie angerufen".

Dieser Satz kann ebensogut im Konditional der Gegenwart stehen:
Kdybychom to věděli včera, zatelefonovali bychom jim.

Bei einer Hypothese oder einer Bedingung in der Vergangenheit bildet **když** eine Verknüpfung mit der Konditionalpartikel: **kdybych, kdybys, kdyby,** usw. (siehe Lektion 71).

Haupt- und Nebensatz werden durch ein Komma voneinander getrennt.

Verstehen Sie die folgenden Sätze?

1. Chci koupit dárek našim přátelům z Brna. 2. Nebude vám vadit, když otevřu okno? 3. Kdyby měl čas, opravil by motorku.

Die Lösungen finden Sie am Ende der Lektion.

6. Finalsätze

Bei Finalsätzen und Ergänzungssätzen, die von einem Hauptsatz abhängen, der ein Verb der Willensäußerung oder des Wunsches enthält, verwendet man, um eine Absicht auszudrücken (Resultat, erwünschte Konsequenz) den Konditional.
Dabei gilt:
A. Der Nebensatz wird immer mit der Konjunktion **abych, abys, aby,** usw. eingeleitet (es handelt sich dabei um eine Verknüpfung von **ať** „damit, dass" und der Konditionalpartikel; siehe Lektion 72);
B. Der Konditional ist unabhängig von der Zeitform des Verbs im Hauptsatz;
C. In Finalsätzen können beide Verben ein unterschiedliches Subjekt haben.

Beispiele für Finalsätze
Vysvětlím vám to podrobněji, abyste tomu líp rozuměl. „Ich werde es Ihnen ausführlicher erklären, damit Sie es besser verstehen".
Přijď trochu dřív, abychom měli dost času. „Komm ein wenig früher, damit wir genug Zeit haben".
V neděli večer si všechno připravil, aby mohl ráno spát o trochu déle. „Am Sonntagabend hat er sich alles zurechtgelegt, damit er morgens etwas länger schlafen kann".

Beispiele für Ergänzungssätze mit **aby**
Chcete, abych vám pomohl? „Wollen Sie, dass ich Ihnen helfe?"
Žádali Václava, aby přišel v půl páté. „Sie baten Václav, um halb fünf zu kommen".

Ergänzungssätze, die vom Verb des Hauptsatzes abhängen, das eine Bestätigung, Meinung oder Ansicht ausdrückt, werden mit **že** eingeleitet, gefolgt vom Indikativ: **Vím, že přijde.** „Ich weiß, dass er kommen wird".
Říkali, že Václav přijde v půl páté. „Sie sagten, dass Václav um halb fünf kommen wird".

▶ Sedmdesátá osmá (78.) lekce

Dějiny

1 – A co kdybychom šli na pivo?
2 – Rád. Šel jsem si koupit knihu o českých hradech, ale v obchodech je tolik lidí! Totéž na ulicích: jako kdyby byla manifestace nebo nějaký svátek. ①
3 – Po prázdninách je vždycky blázinec. Děti se vracejí do školy a my do práce... To je život... Ale teď se v klidu posadíme, povíte mi, co děláte. – Pane vrchní, dvě piva! ②

(ANMERKUNGEN)

① **(o) českých**, Lokativ Plural des harten Adjektivs **český/á/é** „tschechisch".
■ **hradech** und **obchodech** ist der Lokativ Plural von **hrad** „Burg" und **obchod** „Geschäft, Laden". ■ **(na) ulicích**, Lokativ Plural von **ulice** „Straße, Gasse". Zur Deklination der Nomen im Lokativ Plural und den Ausnahmen bei Kehllauten siehe Lektion 84.

Ergänzungssätze, die mit **aby** eingeleitet werden, sind gängiger und „natürlicher" als jene, die mit **at'** eingeleitet werden, und die eher kategorischen Charakter haben.

Und hier die Lösung aus Absatz 5:

1. Ich will unseren Freunden aus Brünn ein Geschenk kaufen. **2.** Stört es sie, wenn ich das Fenster öffne? **3.** Wenn er Zeit hätte, würde er das Motorrad reparieren.

> **Druhá vlna: Proberte dnes aktivně dvacátou osmou (osmadvacátou) (28.) lekci!**

Achtundsiebzigste Lektion

Geschichte

1 – Wie wäre es mit einem Bier? (Und was, wenn wir ein Bier trinken gingen?)
2 – Gern. Ich ging mir ein Buch über tschechische Burgen kaufen, aber in den Geschäften sind so viele Leute! Das gleiche auf den Straßen: wie bei einer Kundgebung oder an irgendeinem Feiertag (als wäre eine Kundgebung oder irgendein Feiertag).
3 – Nach den Ferien ist immer ein Rummel (Wirrwarr). Die Kinder gehen (kehren) zurück zur Schule und wir zur Arbeit ... So ist (das ist) das Leben ... Aber jetzt setzen wir uns in Ruhe hin, [und] Sie erzählen mir, was Sie [so] machen. – Herr Ober, zwei Bier!

② **(Po) prázdninách**, Lokativ Plural von **prázdniny** „Ferien". ■ **bláznec** (m.) „Irrenanstalt, Narren-, Tollhaus; Wirrwarr". ■ **(v) klidu**, Lokativ Sing. von **klid** „Ruhe". ■ Mit **Pane vrchní!** ruft man den Kellner. **vrchní** heißt eigentlich „Ober(kellner), für „Kellner" sagt man **číšník**.

| 4 | – Už jsem vlastně v důchodu. Byl bych mohl zůstat na venkově, máme dům blízko Tábora. Na podzim je tam krásně… Ale to víte, Praha je Praha… Ostatně bych rád viděl výstavu o prvních Přemyslovcích, končí v neděli. ③

| 5 | – Zajímáte se o historii? Nedávno jsem četl výbornou knihu o husitských válkách… To byli bojovníci! Husitů se bála celá Evropa. ④

| 6 | – Války, bitvy – to je jedna věc. Ale ty následky… ⑤

| 7 | – Máte pravdu. Stačí si vzpomenout na bitvu na Bílé hoře. Národní katastrofa! Ovšem někdy je třeba bojovat za svobodu až do posledního muže… ⑥

| 8 | – Osud se s námi nikdy moc nemazlil… Malá země v srdci Evropy, na strategicky tak důležitém místě… ⑦

(ANMERKUNGEN)

③ **Tábor** (m.), eine befestigte Stadt in Südböhmen, wurde zu Beginn des 15. Jh.'s von radikalen Hussiten aufgebaut und nach dem biblischen Berg **Har Tavor** benannt. **tábor** bedeutet auch „Lager"; „Zeltlager". ■ **(o) prvních**, Lokativ Plural von **první** „erster/-e/-es". ■ **Přemyslovcích**, Lokativ Plural von **Přemyslovec**. Die Przemysliden waren die „Urväter" der Tschechen.

|4| — Ich bin eigentlich schon im Ruhestand (in der Rente). Ich hätte auf dem Land bleiben können, wir haben ein Haus in der Nähe von Tábor. Im Herbst ist es dort wunderschön ... Aber Sie wissen ja, Prag ist Prag ... Im übrigen würde ich gern die Ausstellung über die ersten Przemysliden sehen, sie endet am Sonntag.

|5| — Interessieren Sie sich für Geschichte? Neulich habe ich ein hervorragendes Buch über die Hussitenkriege gelesen ... Das waren Krieger! Vor den Hussiten fürchtete sich ganz Europa.

|6| — Kriege, Schlachten – das ist die eine Sache. Aber die Folgen ...

|7| — Sie haben recht. Es genügt, sich an die Schlacht am Weißen Berg zu erinnern. Eine nationale Katastrophe! Allerdings ist es manchmal nötig, bis zum letzten Mann um die Freiheit zu kämpfen ...

|8| — Das Schicksal war uns nie sehr gnädig ... (Das Schicksal hat uns nie zu sehr verhätschelt ...) Ein kleines Land im Herzen Europas, an einer strategisch so wichtigen Stelle ...

(4) **(o) válkách**, Lokativ Plural von **válka** „Krieg". ■ **bojovníci**, im Singular **bojovník** „Kämpfer, Krieger", ist ein Synonym für **válečník** „Krieger". ■ **husitů**, Genitiv Plural von **husita** „Hussit", Schüler und Anhänger des Jan Hus.

(5) **bitvy**, im Singular **bitva** „Schlacht, Kampf". ■ **následky**, im Singular **následek** „Folge, Nachwirkung".

(6) Die klägliche Niederlage der tschechischen Aristokratie bei der Schlacht am Weißen Berg (1620) gegen die Habsburger markierte den Beginn der Gegenreformation und das Ende der nationalen Selbstständigkeit, die das Land bis zum Zusammenbruch Österreich-Ungarns nicht mehr wiedererlangte. ■ **je třeba** + Infinitiv „nötig, notwendig sein". ■ **svobodu**, Akkusativ Sing. von **svoboda** „Freiheit". Als Huldigung der französischen Revolution haben viele tschechische Patrioten beim Widerstand im 19. Jh. **svoboda** als Nachnamen angenommen, heute der meistverbreitete Familienname in Böhmen.

(7) **mazlit se** (unvoll.), **pomazlit se** (voll.) **s** + Instrumental „hätscheln, liebkosen". Verneint bedeutet diese Redensart etwa „streng halten, nicht verhätscheln".

| 9 | – A co takový Přemysl Otakar II. (Druhý)? To byl král, to byl válečník! Patřila mu půlka Evropy, Čechy sahaly od moře k moři! ⑧
| 10 | – Netrvalo to dlouho. A je to už sedm set let.
| 11 | – No tak Karel IV. (Čtvrtý): všechno, co dal postavit, ještě stojí. Nebo skoro všechno… po šesti staletích! Jak já vždycky říkám – míň slov, víc činů! Potřebujeme to jako sůl. ⑨
| 12 | – Ano, měli bychom se z minulosti poučit, ale myslet hlavně na přítomnost a na budoucnost. A podle toho jednat. ⑩
| 13 | – Správně: míň mluvit a víc jednat… Dáte si ještě jedno pivo?

(ANMERKUNGEN)

⑧ Der böhmische König Přemysl Otakar II, Herrscher über Mitteleuropa, dehnte die Grenzen seines Reichs das einzige Mal in der Geschichte des Landes bis zum Baltischen Meer und der Adria aus. ■ **král** „König" ist wie in allen slawischen Sprachen vom Namen „Karl" (dem Großen) abgeleitet. „Königin" heißt **královna**, das „Königreich" ist **království**, und „königlich" ist **královský/á/é**.

První (1.) cvičení: Rozumíte těmto větám?

❶ Nevím, proč je dnes na ulicích i v obchodech tolik lidí! ❷ O prázdninách jsme byli ve východních Čechách a na jižní Moravě. ❸ Kdybych měl čas, přečetl bych si tu knihu o prvních Přemyslovcích. ❹ Řekli nám, že bitva na Bílé hoře má v českých dějinách velice důležité místo. ❺ Karel IV. založil v Praze univerzitu, dal postavit katedrálu, most a Nové Město.

| 9 | – | Und wie steht's mit (und was so ein) Přemysl Otakar II.? Das war ein König, das war ein Krieger! Ihm gehörte das halbe Europa (die Hälfte Europas), Tschechien erstreckte sich von Meer zu Meer!
| 10 | – | Es dauerte nicht lange [an]. Und ist schon siebenhundert Jahre her.
| 11 | – | Na dann Karl IV.: Alles, was er bauen ließ, steht noch. Oder fast alles ... nach sechs Jahrhunderten! Wie ich immer sage – weniger Worte, [und] mehr Taten! Wir brauchen es [so dringend] wie Salz.
| 12 | – | Ja, wir sollten aus der Vergangenheit lernen, aber hauptsächlich an die Gegenwart und die Zukunft denken. Und dementsprechend handeln.
| 13 | – | Richtig: weniger reden und mehr handeln ... Nehmen Sie noch ein Bier?

⁽⁹⁾ **Karl IV.** (1316-1378), Kaiser, König von Böhmen und Sohn der letzten Przemyslidenerbin Eliška. Die lange Herrschaft Karls IV. zeichnet die Blüte des mittelalterlichen Böhmens, mit Prag als Hauptstadt, aus. ■ **dát** oder **nechat postavit** (vollendeter Infinitiv) bedeutet „bauen lassen". Man sagt **dal** oder **nechal postavit most/opravit auto/udělat náhradní klíče** „Er ließ eine Brücke bauen / das Auto reparieren / Ersatzschlüssel machen". ■ **(po) staletích**, Lokativ Plural von **století** „Jahrhundert". ■ **činů**, Genitiv Plural von **čin** „Tat".

⁽¹⁰⁾ **minulost** „Vergangenheit", **přítomnost** „Gegenwart" und **budoucnost** „Zukunft" sind alle weiblich.

Řešení prvního cvičení: Rozuměli jste?

❶ Ich weiß nicht, warum heute auf den Straßen und in den Geschäften so viele Leute sind! ❷ In den Ferien waren wir in Osttschechien und in Südmähren. ❸ Wenn ich Zeit hätte, würde ich das Buch über die ersten Przemysliden lesen. ❹ Sie sagten uns, dass die Schlacht am Weißen Berg in der tschechischen Geschichte einen sehr wichtigen Platz hat. ❺ Karl IV. gründete in Prag eine Universität, ließ eine Kathedrale, eine Brücke und die Neustadt bauen.

Druhé (2.) cvičení: Doplňte chybějící slova!

❶ Im Wald war noch Schnee, aber die Vögel in den Bäumen sangen wie im Frühling.

  V lese ... ještě sníh, ale ptáci na .... zpívali jako .. ..

❷ Touristen? Sie sind überall: in Hotels, in Banken, in Museen und Galerien, in Kirchen und auf den Straßen!

  Turisté? Jsou všude: v ...., v ...., v muzeích a ...., v kostelích a .. .. !

❸ Glauben Sie mir: In allen großen europäischen Städten ist es dasselbe.

  Věřte ..: ve všech .... je to totéž.

❹ An Silvester waren wir in den Bergen, im Riesengebirge.

  Na Silvestra jsme byli .. .., v Krkonoších.

▶ **Sedmdesátá devátá (79.) lekce**

Politika

1 – Ještě pivečko, poslední? ①

❺ Nach dem Verfall Großmährens zu Beginn des 10. Jahrhunderts gründeten die Przemysliden den ersten tschechischen Staat: eine Feudalmonarchie, nach fränkischem Muster organisiert.

Po rozpadu Velké ...... na počátku

.... založili ....

první český stát: feudální monarchii,

.... podle franského vzoru.

Řešení druhého cvičení: Chybějící slova.

❶ byl - stromech - na jaře ❷ hotelech - bankách - galeriích - na ulicích ❸ mi - velkých evropských městech ❹ na horách ❺ Moravy - desátého století - Přemyslovci - organizovanou

Sprichwort des Tages
zapřahat koně za vůz
„das Pferd am Schwanz aufzäumen"
(„die Pferde hinter den Wagen spannen")

Druhá vlna: Proberte dnes aktivně dvacátou devátou (devětadvacátou) (29.) lekci!

Neunundsiebzigste Lektion

Die Politik

1 — Noch ein Bierchen, das letzte?

ANMERKUNGEN

① **pivečko**, Verkleinerung von **pivo** „Bier". Verkleinerungsformen beschreiben nicht nur Größe oder eine geringe Anzahl von Personen, Tieren oder Dingen, sie drücken auch die Zuneigung und Verbundenheit der sprechenden Person zu ihnen aus: **Eva - Evička, kočka - kočička, strom - stromek - stomeček,** usw. (Zu den Endungen für die Bildung der Verkleinerungsform siehe Grammatikanhang.)

| 2 | – Dobrá – ale opravdu poslední. Jak se říká, všechno má svůj konec... ②
| 3 | – Četl jste, co se píše v dnešních novinách o doplňovacích volbách do parlamentu? Budou se konat začátkem listopadu. ③
| 4 | – Četl jsem troje noviny, ale moudřejší z toho nejsem. Mluví se o krizi v politickém životě, o demisích a o nových kandidátech... Máme už tolik poslanců! ④
| 5 | Je to podle ústavy, chápu. Ale vláda ani poslanci nám neřeknou, co zamýšlejí udělat s daněmi. A kdo to všechno bude platit... ⑤
| 6 | – Tady nejde o daně, jde o parlamentní krizi. Včera v rádiu jsem slyšel mluvit ministra financí. Říkal, že všichni občané by si měli... ⑥

(ANMERKUNGEN)

② **říká se** (unvoll.), **řekne se** (voll.) ist ein Reflexivpassiv; es beschränkt sich auf die 3. Person. Das reflexive Verb richtet sich nach dem Satzsubjekt (genannt oder nicht). Dieses ist jedoch nicht der Urheber der Handlung: **V Plzni se vyrábějí/se vyráběla/se budou vyrábět auta značky Škody.** „In Pilsen werden Fahrzeuge der Marke Škoda hergestellt / wurden ... hergestellt / werden ... hergestellt werden." Das Reflexivpassiv kann auch „man" ausdrücken: **Jakou řečí se mluví v Tibetu?** „Welche Sprache wird in Tibet gesprochen / spricht man in Tibet?"

③ Das Adjektiv **doplňovací** ist abgeleitet von **doplňovat** (unvoll.), **doplnit** (voll.) „nachfüllen; ergänzen". ■ **doplňovací volby** (f., Pl.) „Ergänzungswahlen". Im Singular bedeutet **volba** auch „Wahl" im Sinne von „Auswahl". ■ **konat se** „stattfinden; erfolgen". ■ **začátkem**, Instrumental Sing. von **začátek** „Anfang, Beginn", steht mit dem Genitiv: **začátkem listopadu/příštího týdne/roku** „Anfang November / nächster Woche / des Jahres".

|2| – Gut – aber wirklich das letzte. Wie man [so schön] sagt: Alles hat ein (sein) Ende ...

|3| – Haben Sie gelesen, was in der heutigen Zeitung über die Ergänzungswahlen für das Parlament geschrieben wurde (wird)? Sie werden Anfang November stattfinden.

|4| – Ich habe drei Zeitungen gelesen, bin aber (daraus) nicht klüger [geworden]. Man spricht von einer Krise im politischen Leben, von Rücktritten und neuen Kandidaten ... Wir haben schon so viele Abgeordnete!

|5| Das ist verfassungsgemäß, das verstehe ich. Aber weder die Regierung noch die Abgeordneten sagen uns, was sie mit den Steuern zu machen gedenken. Und wer das alles bezahlen soll (wird) ...

|6| – Hier geht es nicht um Steuern, es geht um eine Parlamentskrise. Gestern hörte ich den Finanzminister im Radio sprechen. Er sagte, (dass) alle Bürger sollten ...

④ **moudřejší**, Komparativ von **moudrý/á/é** „weise, klug". **nebýt z toho moudřejší** „daraus nicht klug (klüger) werden" ist eine Redensart. ■ **(o) krizi**, Lokativ Sing. von **krize** (f.) „Krise". ■ **(o) demisích, kandidátech**, Lokativ Plural von **demise** (f.) „Rücktritt" und **kandidát** (f.: **kandidátka**) „Kandidat".

⑤ **(podle) ústavy**, Genitiv Sing. von **ústava** „Verfassung". ■ **zamýšlet** + Infinitiv „etwas beabsichtigen, zu tun gedenken, planen, vorhaben". ■ **daněmi**, Instrumental Plural von **daň** (f.) „Steuer".

⑥ **jde o** + Akkusativ „es geht um". Der Präposition **o** folgt meist der Lokativ. Der Gebrauch des Akkusativs ist auf wenige Ausdrücke (siehe hier) beschränkt. ■ **slyšet** + Akkusativ + Infinitiv. Nach den Verben der Wahrnehmung **slyšet** „hören", **vidět** „sehen" und **cítit** „fühlen" folgt der Infinitiv: **Slyším Evu zpívat** „Ich höre Eva singen". Nach dem Infinitiv kann dann a) der Akkusativ (**Slyším Evu zpívat árii** „Ich höre Eva eine Arie singen") oder b) der Dativ (**Slyším Josefa vysvětlovat Davidovi gramatiku** „Ich höre Josef David die Grammatik erklären") stehen. ■ **ministra**, Akkusativ Sing. von **ministr** (f.: **ministryně**) „Minister". ■ **občané**, im Singular **občan** (f.: **občanka**) „Bürger".

| 7 | – … utáhnout opasek? Nemusíte ani pokračovat. Rád bych ho viděl na našem místě, s našimi platy! ⑦
| 8 | – Ale ne. Říkal, že všichni občané by si měli uvědomit důležitost situace… a zúčastnit se voleb. ⑧
| 9 | – Samozřejmě! Nejde totiž jenom o to účastnit se, ale především o výsledky a o vliv politických stran. ⑨
| 10 | – Myslíte? Poslanec má přece být nestranný – reprezentuje své voliče, ne stranu.
| 11 | – Většinou to nebývá tak jednoduché… Je vidět, že jste idealista. ⑩
| 12 | – Nedělám si iluze, ale stejně… Samozřejmě, politika je politika…

(ANMERKUNGEN)

⑦ **utáhnout si opásek** „den Gürtel enger schnallen".

⑧ **uvědomovat si** (unvoll.), **uvědomit si** (voll.) + Akkusativ „sich einer Sache bewusst werden, sich etw. vergegenwärtigen, etw. zur Kenntnis nehmen".
■ **důležitost** (f.) „Wichtigkeit, Belang, Bedeutung".

⑨ **vliv** (m.) „Einfluss". ■ **(politických) stran**, Genitiv Plural von **strana** „(politische) Partei". **strana** steht auch für „Seite" und „(Buch)Seite".

(První (1.) cvičení: Rozumíte těmto větám?)

❶ V novinách se hodně mluvilo o městských volbách, které se konaly v pondělí. ❷ Chtěl bych ho vidět na mém místě! ❸ Co si myslíš o těch dvou nových kandidátech do parlamentu? ❹ Slyšeli jste už Věru hrát na saxofon? – Ještě ne. Ale včera jsme ji viděli v baru tancovat swing… ❺ Známky se prodávají na poště. ❻ Jak se řekne francouzsky "Česko"?

7	–	... den Gürtel enger schnallen (zuziehen)? Sie müssen nicht einmal fortfahren. Ich würde ihn gern an unserer Stelle sehen, mit unseren Bezügen!
8	–	Aber nein. Er sagte, dass alle Bürger sich der Wichtigkeit der Situation bewusst werden sollten ... und sich an den Wahlen beteiligen sollten.
9	–	Selbstverständlich! Es geht nämlich nicht nur darum teilzunehmen, sondern vor allem um die Ergebnisse und um den Einfluss der politischen Parteien.
10	–	Meinen Sie? Ein Abgeordneter soll doch unparteiisch sein – er repräsentiert seine Wähler, nicht die Partei.
11	–	Meistens ist es nicht so einfach ... Man sieht, dass Sie ein Idealist sind.
12	–	Ich mache mir keine Illusionen, aber trotzdem (sowieso) ... Natürlich, Politik ist Politik.

⑩ **Většinou** „meistens, größtenteils", Instrumental Sing. von **většina** „Mehrheit, Mehrzahl". ■ **nebývat** ist die iterative Form von **být** (s. Lektion 70). ■ **Je vidět** (wörtlich: Es ist zu sehen). Auf die Redewendungen **je vidět/slyšet/cítit** „man sieht/hört/fühlt" folgt a) ein Ergänzungssatz (**Je vidět, že Václav je optimista**. „Man sieht, dass Václav ein Optimist ist") oder b) eine Ergänzung im Akkusativ (**Nebylo slyšet vaši odpověď**. „Man konnte Ihre Antwort nicht hören").

Řešení prvního cvičení: Rozuměli jste?

❶ In der Zeitung wurde viel über die Stadtwahlen gesprochen, die am Montag stattgefunden haben. ❷ Ich würde ihn gern an meiner Stelle sehen! ❸ Was denkst du über die zwei neuen Kandidaten fürs Parlament? ❹ Habt ihr schon Věra auf dem Saxofon spielen hören? – Noch nicht. Aber gestern sahen wir sie in der Bar Swing tanzen ... ❺ Briefmarken werden auf der Post verkauft. ❻ Wie sagt man auf Französisch „Česko"?

Druhé (2.) cvičení: Doplňte chybějící slova!

① Wie sagt man auf Englisch "Demokratie"? Und wie schreibt man das? Können Sie es mir buchstabieren?

... . anglicky "demokracie"? A jak
.. to .... ? Můžete .. .. hláskovat?

② In letzter Zeit spricht man viel über die Veränderungen in der Regierung und über die Ergänzungswahlen für die Nationalversammlung.

Poslední dobou .. hodně ..... . změnách
ve vládě a o .... do
Národního shromáždění.

③ Ende der Woche kommt (wird sein) im Fernsehen eine Sendung über die politischen Parteien in verschiedenen europäischen Ländern.

Koncem ..... bude v televizi pořad o
.... v různých evropských
....

▶ Osmdesátá (80.) lekce

Strašidlo

1 – Jaké to bylo na táboře? ①
2 – Fajn! A představ si, že jsem viděla strašidlo! ②

STRAŠIDLO

④ Ich sah ihn, wie er David half (hilft) das Motorrad zu reparieren.

   Viděl jsem ho, ... pomáhá .... opravit ....

⑤ Man kann Sie nicht hören – sprechen Sie bitte lauter!

   .... vás slyšet – ...... prosím hlasitěji!

Řešení druhého cvičení: Chybějící slova.

❶ Jak se řekne - se - píše - mi to ❷ se - mluví o - doplňovacích volbách ❸ týdne - politických stranách - zemích ❹ jak - Davidovi - motorku ❺ Není - mluvte

Sprichwort des Tages
objevovat/objevit Ameriku
„ein alter Hut sein", „Amerika entdecken"
(etwas entdecken, was ein anderer längst entdeckt hat)

Druhá vlna: Proberte dnes aktivně třicátou (30.) lekci!

Achtzigste Lektion

Das Gespenst

1 – Wie war es im Zeltlager?
2 – Klasse! Und stell dir vor, ich habe ein Gespenst gesehen (dass ich ein Gespenst gesehen habe)!

ANMERKUNGEN

① **(na) táboře**, Lokativ Sing. von **tábor** „Ferien-, Zeltlager, Lager". ■ **na táboře - v táboře** „im Zeltlager". Die Präposition **na** drückt hier die Idee des Verweilens aus, während die Präposition **v** den Ort an sich bezeichnet.

② **strašidlo** „Gespenst, Spuk" ist von **strašit** „spuken, jdn. erschrecken" abgeleitet.

| 3 | – Nepovídej…
| 4 | – Opravdu, večer při táboráku. Hrálo se na kytaru, zpívalo se, vyprávěly se hrůzostrašné historky. A jedna holka říkala, že potkala v lese vlka, když šla odpoledne na borůvky. ③
| 5 | – Vlci už dávno nejsou.
| 6 | – Totiž on to nebyl vlk, ale vlkodlak… A večer před tábořákem viděli kluci na noční hlídce upíra! Dokonce několik upírů. ④
| 7 | – Vidím, že jste se nenudily, děti.
| 8 | – Počkej, to není konec. Bylo mi trochu zima, a tak jsem šla do stanu pro svetr. Já jsem se nebála – a měla jsem baterku. Ve stanech jsme byli po dvou nebo po čtyřech. Měla jsem stan s Lídou; byla hrozně fajn, i když pořád chtěla uklízet. ⑤

(ANMERKUNGEN)

③ **(při) táboráku**, Lokativ Sing. von **táborák** (Schriftsprache: **táborový oheň**) „Lagerfeuer". **tábořit** heißt „kampieren, lagern". ■ **(na) kytaru**, Akkusativ Sing. von **kytara** „Gitarre". ■ **vyprávět** (unvoll.) „erzählen". ■ **hrůzostrašný/á/é** oder **strašidelný/á/é** „gruselig, greulich, gespenstisch". ■ **holky**, im Singular **holka**, umgangssprachlich für „Mädchen". In der Schriftsprache verwendet man **dívka** oder **děvče** (n., Plural: **děvčata**). ■ **borůvky**, Akkusativ Plural von **borůvka** „Heidelbeere". Man sagt: **jít na borůvky/na maliny/na houby/na dříví** „Heidelbeeren/Himbeeren/Pilze/Holz sammeln gehen". **jít na** wird für „sammeln" verwendet. Will man etwas „irgendwo holen", verwendet man **jít pro**: **jít do špajzu pro borůvky** „in der Speisekammer Heidelbeeren holen (gehen)"; **jít do stodoly pro dříví** „in der Scheune Holz holen (gehen)".

| 3 | – | Was du nicht sagst (erzähl nicht) ...
| 4 | – | Wirklich, abends, beim Lagerfeuer. Es wurde Gitarre gespielt, gesungen, und [es werden] gruselige Geschichten erzählt. Und ein Mädchen sagte, dass es im Wald einen Wolf traf, als es nachmittags Heidelbeeren [sammeln] ging.
| 5 | – | Wölfe gibt es schon längst nicht mehr.
| 6 | – | Das heißt (nämlich), es war kein Wolf, sondern ein Werwolf... Und abends vor dem Lagerfeuer sahen die Jungs während (bei) der Nachtwache einen Vampir! Sogar mehrere Vampire.
| 7 | – | Ich sehe, dass ihr euch nicht gelangweilt habt, Kinder.
| 8 | – | Warte, das ist nicht alles (das Ende). Mir war ein bisschen kalt, und so ging ich in das Zelt einen Pullover holen. Ich fürchtete mich nicht – und ich hatte eine Taschenlampe. In den Zelten waren wir zu zweit oder zu viert. Ich hatte ein Zelt mit Lydia; sie war schrecklich nett (prima), auch wenn sie ständig aufräumen wollte.

(4) **kluci**, im Singular **kluk** „Junge, Kerl", ist ein umgangssprachliches Synonym von **chlapec**.

(5) **tak** leitet eine Schlussfolgerung ein: **Byl tady před chvílí, tak nemůže být daleko.** „Er war vor einer Weile hier, also kann er nicht weit sein." **Pršelo, a tak zůstali doma.** „Es regnete, und so blieben sie zu Hause." ■ **po dvou** „zu zweit". Distributivzahlwörter werden mit **po** „je" + Lokativ gebildet: **Bydleli jsme po dvou/třech/čtyřech.** „Wir wohnten zu zweit/dritt/viert." **Chodili tam po jednom.** „Sie gingen einzeln hin." **Studenti chodili na zkoušku po čtyřech/pěti/šesti.** „Die Studenten gingen zu viert/fünft/sechst zur Prüfung." (Andere Verwendungsweisen von **po** siehe L. 31.) ■ **hrozně fajn**: Die Adverbien **hrozně, děsně** und **strašně** sind umgangssprachliche Synonyme für „sehr". ■ **uklízet** (unvoll.), **uklidit** (voll.) „aufräumen, wegräumen".

9 Otevřu stan – ta hrůza! Šaty, fotoaparát, ručník, mýdlo, všechno bylo na zemi… Lídin spací pytel ležel v koutě a kolem byly karty, sušenky, bonbóny! ⑥

10 Najednou jsem uslyšela nějaký hluk. Pak se spací pytel začal hýbat, pomalu, sám od sebe… ⑦

11 – Třeba v něm byla myš.

12 – Ale ne, strašidlo. Velké bílé strašidlo: skočilo na mě, a pak uteklo – a zmizelo ve tmě. Děti, co byly u ohně, ho taky viděly. Později jsme v trávě našli Lídinu noční košili… Byl to vlkodlak! ⑧

13 – Vlkodlak?

14 – Ten velký pes, kterého ta holka potkala v lese. Večer přišel do tábora. Snědl tři čtvrtiny uzené šunky, co byla v kuchyni, a pak chtěl přenocovat u nás ve stanu. To aspoň říkal kuchař. ⑨

15 – Rozumím. Toulavý pes…

16 – Ničemu nerozumíš! Zapomínáš, že náš stan byl zavřený na zip… To nebyl obyčejný pes! Byl to duch nebo vlkodlak. Dostal se do zavřeného stanu – a navíc měl na sobě noční košili… Bylo to strašidlo! ⑩

(ANMERKUNGEN)

⑥ **spací pytel** (umgangssprachlich **spacák**) „Schlafsack". Infinitivadjektive wie **spací** drücken einen Zweck aus und bestehen aus Wortstamm mit Kurzvokal + Nachsilbe **-cí**: **psát - psací stroj** „Schreibmaschine"; **balit - balicí papír** „Packpapier"; **sdělovat - sdělovací prostředky** „Kommunikationsmittel". ■ **(v) koutě**, Lokativ von **kout** „Ecke" (im Gebäudeinneren): **kuchyňský/jídelní kout** „Kochnische/Essecke"; **(v) koutě pokoje** „in der Zimmerecke". Sie kennen bereits **roh** „Ecke" (außen): **na rohu domu** „an der Hausecke".

|9| Ich öffne das Zelt – das Grauen! Kleider, Fotoapparat, Handtuch, Seife, alles war auf dem Boden ... Lydias Schlafsack lag in der Ecke und ringsherum waren Karten, Kekse, Bonbons!

|10| Plötzlich hörte ich irgendein Geräusch. Dann fing der Schlafsack an sich zu bewegen, langsam, ganz von alleine ...

|11| – Vielleicht war in ihm eine Maus.

|12| – Aber nein, ein Gespenst. Ein großes weißes Gespenst: Es sprang mich an, und dann rannte es weg – und verschwand in der Dunkelheit. Die Kinder, die beim Feuer waren, haben es auch gesehen. Später fanden wir im Gras Lydias Nachthemd ... Es war ein Werwolf!

|13| – Ein Werwolf?

|14| – Der große Hund, den das Mädchen im Wald traf. Er kam abends ins Zeltlager. Aß drei Viertel des geräucherten Schinkens, der in der Küche war, und dann wollte er in unserem Zelt übernachten. Das sagte zumindest der Koch.

|15| – Ich verstehe. Ein streunender Hund ...

|16| – Nichts verstehst du! Du vergisst, dass unser Zelt mit dem Reißverschluss zugemacht wurde ... Das war kein gewöhnlicher Hund! Das war ein Geist oder ein Werwolf. Er kam in ein verschlossenes Zelt hinein – und zudem hatte er noch ein Nachthemd an (auf sich) ... Es war ein Gespenst!

⑦ **hýbat (se)** (unvoll.), **hnout (se)** (voll.) „(sich) rühren, bewegen". Auch: **Hněte sebou!** „Beeilt euch!" Ein Synonym: **pohybovat (se), pohnout (se)** „(sich) bewegen".

⑧ **utíkat** (unvoll.), **utéct** (voll.) „(weg)laufen, rennen, flüchten, fliehen". **utíkat** kann synonym zu **běhat, běžet** „rennen, laufen" verwendet werden. ■ **(ve) tmě**, Lokativ Sing. von **tma** „Dunkelheit". Man sagt: **Venku je tma/světlo** „Draußen ist [es] dunkel (Dunkelheit)/hell (Licht)" ■ **(v) trávě**, Lokativ Sing. von **tráva** „Gras".

⑨ **tři čtvrtiny** „drei Viertel". Nenner von Bruchzahlen werden aus den Grundzahlwörtern + der Endung **-ina** gebildet: **jedna pětina/šestina** usw. „ein Fünftel/Sechstel". Nur **polovina** „Hälfte", **třetina** und **čtvrtina** werden nicht nach der Regel gebildet. ■ **přenocovat** oder **přespat** „übernachten". ■ **ve stanu/pod stanem** „im (unter dem) Zelt".

⑩ **Zapomínat** (unvoll.), **zapomenout** (voll.) „vergessen".

LEKTION 80

První (1.) cvičení: Rozumíte těmto větám?

❶ Bydleli jste po dvou nebo po čtyřech? ❷ Slyšel jsem, že Jarmila prodala svůj starý psací stroj a koupila si počítač. ❸ V červenci jeli Lída a Štěpán na tábor. Koupali se v řece, chodili do lesa na borůvky a na maliny. ❹ V sobotu večer byl táborák: zpívalo se, vyprávěli se veselé historky. ❺ Před chvílí mi Martina říkala, že když šla odpoledne na výstavu, potkala Václava.

Druhé (2.) cvičení: Doplňte chybějící slova!

❶ Wenn ich es nicht mit eigenen Augen gesehen hätte, hätte ich es nicht geglaubt.

. . . . to byl . . . . na vlastní oči, nebyl . . . . tomu . . . .

❷ Draußen war es schon dunkel, und so nahm ich Lydias Taschenlampe.

Venku už byla . . . a . . . jsem si vzala Lídinu . . . .

❸ Wir kampierten am Ufer des Flusses. Wir hatten Schlafsäcke und ein Zelt. Und wir kochten auf dem [Holz-]Feuer!

Tábořili jsme na břehu . . . . . . Měli jsme . . . . a . . . . . A . . . . . . jsme na . . . . !

❹ Beim Lagerfeuer erzählte er ihnen gruselige Geschichten über die Weiße Frau, die angeblich im Schloss nahe des Dorfes spukt.

. . . táboráku . . . . hrůzostrašné . . . . o Bílé paní, která prý straší . zámku blízko vesnice.

❺ Und letzten Mittwoch um Mitternacht sah der Koch den Kopflosen Mann, wie er beim Friedhof spazieren geht – mit dem Kopf unter dem Arm!

A minulou . . . . půlnoci . . . . Bezhlavého muže, . . . se prochází u hřbitova – s . . . . . . pod paží!

Řešení prvního cvičení: Rozuměli jste?

❶ Habt ihr zu zweit oder zu viert gewohnt? ❷ Ich hörte, dass Jarmila ihre alte Schreibmaschine verkauft und sich einen Computer gekauft hat. ❸ Im Juli fuhren Lída und Štěpán ins Zeltlager. Sie badeten in einem Fluss, gingen im Wald Heidelbeeren und Himbeeren sammeln. ❹ Samstagabend gab es (war) ein Lagerfeuer: Es wurde gesungen, [und es wurden] lustige Geschichten erzählt. ❺ Vor einer Weile sagte mir Martina, dass sie, als sie nachmittags zur Ausstellung ging, Václav getroffen hat.

❻ Er aß drei Viertel der Bonbons und die Hälfte der Kekse alleine auf.

..... sám ... . bonbónů a .... sušenek.

Řešení druhého cvičení: Chybějící slova.

❶ Kdybych - neviděl - bych - věřil ❷ tma - tak - baterku ❸ řeky - spací pytle - stan - vařili - ohni ❹ Při - jim vyprávěl - historky - v ❺ středu o - kuchař viděl - jak - hlavou ❻ Snědl - tři čtvrtiny - polovinu

Sprichwort des Tages
chrápat, jako když prkna řeže
„schnarchen wie ein Bär"
(„schnarchen, als würde er Bretter sägen")

Druhá vlna: Proberte dnes aktivně třicátou první (jednatřicátou) (31.) lekci!

▶ Osmdesátá první (81.) lekce

Naposledy viděn v Irsku

1 – To se mi vůbec nelíbí… Hrabě zmizel. Detektiv přijede do zámku, pozván hraběnkou. Sotva začne pátrání, zmizí zahradníkova žena. Zahradník je viděn kuchařkou, jak kope v parku hrob. Pak kuchařka i zahradník beze stop zmizí… ①

2 – Co to čteš? Nějaký horror nebo starou detektivku?

3 – Jmenuje se to „Zlom vaz!" a čtenář má sám najít těla obětí, motiv a vraha. A detektiva, který během vyšetřování také zmizí. ②

4 – Máš už nějakou stopu?

5 – Mám jich aspoň deset. Rozečetl jsem knihu včera ve vlaku. Myslel jsem, že ji přečtu za jedno odpoledne… ③

(ANMERKUNGEN)

① **Hrabě**, (m. bel.) „Graf" (ursprünglich sächlich) wird wie das Musterwort **kuře** dekliniert. ■ **mizet** (unvoll.), **zmizet** (voll.) „(ver-)schwinden". ■ **zvát** (unvoll.), **pozvat** (voll.) „einladen". **(je) pozván/je viděn** „er ist eingeladen/gesehen" ist ein zusammengesetztes Passiv (Schriftsprache; Hilfsverb „sein" + Partizip Passiv + **-n/-t**). Es kann vom Partizip Perfekt abgeleitet werden (**zakázal - zakázán; otevřel - otevřen; umyl - umyt**) und richtet sich in Geschlecht und Zahl nach dem Satzsubjekt. Beispiele: Singular: **být viděn/-a/-o** „gesehen werden". Plural: **být zapomenuti/-y/-a** „vergessen werden". Der Urheber der Handlung steht im Instrumental. ■ **pátrání; vyšetřování** „Nachforschung, Suche, Untersuchung" sind Verbalsubstantive wie **parkování** „Parken", **kouření** „Rauchen", **pití** „Trinken, Getränk". Diese Wörter, vom Partizip auf **-n/-t** abgeleitet und mit dem Suffix **-í** gebildet, sind sächlich. ■ **(beze) stop**, Genitiv Plural von **stopa** „Spur, Fährte".

Einundachtzigste Lektion

Zuletzt gesehen in Irland

1 – Das gefällt mir überhaupt nicht ... Der Graf ist verschwunden. Der Detektiv trifft im Schloss ein, eingeladen von der Gräfin. Kaum [dass] die Nachforschung beginnt, verschwindet die Frau des Gärtners. Der Gärtner wird von der Köchin gesehen, wie er im Park ein Grab gräbt. Dann verschwinden Köchin und Gärtner ohne eine Spur (Spuren) ...

2 – Was liest du? Irgendein Horrorbuch oder einen alten Detektivroman?

3 – Es heißt „Hals- und Beinbruch!", und der Leser soll selbst die Körper der Opfer, das Motiv und den Mörder finden. Und den Detektiv, der im Verlauf der Ermittlung auch verschwindet.

4 – Hast du schon irgendeine Spur?

5 – Ich habe mindestens zehn davon. Ich fing gestern im Zug an, das Buch zu lesen. Ich dachte, ich lese es an einem Nachmittag ...

(2) **Zlom/zlomte vaz!** „Hals- und Beinbruch!" Sie können auch **Hodně štěstí!/Hodně zdaru!** „Viel Glück!" und „Gutes Gelingen!" wünschen.
■ **během** + Genitiv „im Verlauf, während".

(3) **Rozečíst - přečíst - dočíst**. Die Vorsilben präzisieren Art, Weise und Ablauf einer Handlung in ihren verschiedenen Phasen: **Napsal Anně dopis. Psal ho dva měsíce. Rozepsal ho v září, ale dopsal ho až v listopadu.** „Er schrieb Anne einen Brief. Er schrieb ihn zwei Monate [lang]. Er fing im September an, ihn zu schreiben, hat ihn aber erst im November fertig geschrieben".

6	Ale mám čím dál tím víc pocit, že stopy jsou falešné. Nenašel jsem jedinou oběť. Možná že celý ten příběh je jenom zlý sen toho detektiva. Nevím, jestli knihu dočtu. ④
7	– Kolik je tam obětí?
8	– Hodně. Chvílemi si říkám, jestli si ze mě autor nedělá legraci. Například jedna oběť z první kapitoly nemůže být mrtvá, poněvadž píše dopisy hraběnce a v šesté kapitole cestuje, zdá se, s detektivem kdesi v Irsku. ⑤
9	Vlastně všechny postavy pořád někde cestují. Nikdo není na svém místě – ani mrtvoly! eklo by se román o stěhování duší. Prostě detektivní román bez postav. ⑥

(ANMERKUNGEN)

④ **pocit** „Gefühl, Empfindung". Im abstrakteren Sinne verwendet man **cit** „Gefühl, Gefühlssinn; Empfindung". ■ **Možná že...** „Möglicherweise, vielleicht = **Je možné, že...** "Es ist möglich, dass ..." ■ **zlý/-á/-é** „böse, boshaft; schlecht; übel". Es gibt die Warnung: **Pozor, zlý pes!** "Vorsicht, bissiger (böser) Hund!".

|6| Aber ich habe immer mehr (je weiter desto mehr) das Gefühl, dass die Spuren falsch sind. Ich habe nicht ein Opfer gefunden. Vielleicht ist die ganze Begebenheit nur ein böser Traum dieses Detektivs. Ich weiß nicht, ob ich das Buch zu Ende lesen werde.

|7| – Wie viele Opfer gibt es (sind) dort?

|8| – Viele. Zeitweilig frage ich mich (sage ich mir), ob sich der Autor nicht über mich lustig macht (einen Spaß aus mir macht). Zum Beispiel, ein Opfer aus dem ersten Kapitel kann nicht tot sein, weil es der Gräfin Briefe schreibt, und im sechsten Kapitel, so scheint es, mit dem Detektiv irgendwo in Irland [herum]reist.

|9| Eigentlich reisen alle Figuren ständig irgendwo [umher]. Keiner ist auf seinem Platz – nicht einmal die Leichen! Man kann sagen: ein Roman über Seelenwanderungen. Einfach ein Detektivroman ohne Figuren.

---

(5) **dělat/udělat si legraci z** + Genitiv bedeutet etwa „sich einen Spaß aus jdm./etw. machen, sich über jdn./etw. lustig machen". ■ **poněvadž** „weil, da", Synonym von **protože**. ■ **kdesi** (eher schriftsprachlich) und **někde** „irgendwo" sind Synonyme. Es gibt noch weitere paarweise auftretende Indefinitpronomen und Adverbien. Ursprünglich beschreibt **-si** eine virtuelle Gegebenheit, **ně-** dagegen etwas Realistisches, das aber nicht identifiziert wurde: **někdo, kdosi** „(irgend-)jemand", **něco, cosi** „(irgend-)etwas", **někam, kamsi** „irgendwohin", **odněkud, odkudsi** „irgendwoher", **nějak, jaksi** „irgendwie, gewissermaßen". Aber: Die Adverbien **někdy** und **kdysi** haben eine andere Bedeutung: „irgendwann"; „einst". ■ **(v) Irsku**, Lokativ Sing. von **Irsko** „Irland".

(6) **postavy**, im Sing. **postava** „Gestalt, Figur, Statur". **románová postava** = „Romanfigur", **rytíř smutné postavy** „Ritter von der traurigen Gestalt", **muž střední postavy** „ein Mann mittlerer Gestalt". ■ **stěhování** „Umzug, Um-, Übersiedlung, Wanderung". ■ **duší**, Genitiv Plural von **duše** (f.) „Seele, Geist" (spirituell), **duch** (m.) „Geist" (psychologisch). **Myslet si v duchu** „sich im Geiste denken".

10 – Detektivka bez postav, to je nesmysl. Ačkoli dnes je možné všechno… ⑦

11 – Tenhle román byl napsán v devatenáctém století. Musím tomu přijít na kloub… ⑧

12 Není vyloučeno, že vrahem bude nakonec detektiv. Nebo že by to byl sám autor?

13 – Nebo čtenář. Zlom vaz!

První (1.) cvičení: Rozumíte těmto větám?

❶ Je možné, že nebyl pozván… ❷ Ze všech zimních sportů mám nejradši lyžování, z letních sportů plavání. ❸ Etnografické muzeum je otevřeno od 10,00 do 17,00 hodin; v pondělí je zavřeno. ❹ Na spaní mám spací pytel. To mi stačí. ❺ Začala psát ten text o českých hradech a zámcích v létě o prázdninách. Pravděpodobně ho dopíše koncem září. ❻ Během vyšetřování se prý konečně našlo tělo oběti… Slyšel jsem to na vlastní uši!

Druhé (2.) cvičení: Doplňte chybějící slova!

❶ Ich danke für die Einladung – aber am Mittwoch mache ich eine Fahrprüfung … – Hals- und Beinbruch!

Děkuji za . . . . – ale ve středu dělám řidičskou . . . . – . . . . . vaz!

❷ Einfahrt verboten! Parken verboten!

Vjezd . . . . ! . . . .

❸ Machst du Spaß? – Nein, ich meine es ernst: Der Wagen ist verschwunden!

Děláš si . . . . ? – Ne, myslím to . . . . . : auto . . . . !

❹ Obwohl sie euch nicht schrieb, denkt sie an oft an euch (hat sie euch oft im Sinn).

Přestože … . . . . , často na … myslí.

❺ Das ist aber eine Überraschung! Seien Sie willkommen!

. . . . ale překvapení! . . . . . . vítán!

| 10 | — | Ein Detektivroman ohne Figuren, das ist Unsinn. Wobei, heutzutage ist alles möglich ...
| 11 | — | Dieser Roman wurde im 19. Jahrhundert geschrieben. Ich muss dahinterkommen ...
| 12 | | Es ist nicht ausgeschlossen, dass am Ende der Detektiv der Mörder sein wird. Oder dass es der Autor selbst wäre?
| 13 | — | Oder der Leser. Hals- und Beinbruch!

ANMERKUNGEN

(7) Die Konjunktion **ač/ačkoli/ačkoliv** „obwohl, obgleich, wenn auch" leitet einen Einwand oder ein Zugeständnis ein: **Ačkoli vám nenapsal, často na vás myslí.** „Obwohl er euch nicht schrieb, denkt er oft an euch." Synonyme sind **třebaže**, **přestože**, **i když**, **i kdyby**.

(8) Die Redensart **přijít na kloub** + Dativ bedeutet: „einer Sache auf den Grund gehen, dahinterkommen, etwas herausfinden". **kloub** ist ein „Gelenk" im medizinischen wie auch im technischen Sinne.

Řešení prvního cvičení: Rozuměli jste?

❶ Es ist möglich, dass er nicht eingeladen wurde ... ❷ Von allen Wintersportarten habe ich Skilaufen am liebsten, von den Sommersportarten das Schwimmen. ❸ Das ethnografische Museum ist von 10 bis 17 Uhr geöffnet; am Montag ist es geschlossen. ❹ Zum Schlafen habe ich einen Schlafsack. Das reicht mir. ❺ Sie fing in den Sommerferien an, den Text über die tschechischen Schlösser und Burgen zu schreiben. Wahrscheinlich wird sie ihn bis Ende September fertig schreiben. ❻ Im Laufe der Ermittlung(en) wurde angeblich endlich der Körper des Opfers gefunden ... Ich hörte es mit eigenen Ohren!

Řešení druhého cvičení: Chybějící slova.

❶ pozvání - zkoušku... Zlomte ❷ zakázán! Parkování zakázáno ❸ legraci - vážně - zmizelo ❹ vám nenapsala - vás ❺ To je - Buďte

Sprichwort des Tages
tichá voda břehy mele
„stille Wasser sind tief"
(„stilles Wasser mahlt Ufer")

Druhá vlna: Proberte dnes aktivně třicátou druhou (dvaatřicátou) (32.) lekci!

▶ Osmdesátá druhá (82.) lekce

Votrubcovi jedou na venkov

1 – Jsi hotová, Majko? ①
2 – V troubě mám ještě bábovku, bude za pět minut. Jinak mám všechno připraveno v taškách v předsíni. ②
3 – Takže můžu naložit auto… Na silnici je objížďka a rád bych dojel za světla. Vyrazíme, jakmile tu budou vnoučata… ③
4 Ve všech těch krabicích a taškách, to je jídlo? Nač tolik zásob? ④
5 – Chtěla bych mít klidný víkend, Kájo. Samo se to neudělá – a dětem chutná. Od rána jsem na nohou, abych všechno stihla a užila si pak přírody. ⑤

ANMERKUNGEN

① **Majko** ist der Vokativ von **Majka**, einer Kurzform von **Marie**.

② **(V) troubě**, Lokativ Sing. von **trouba** „Backofen". ■ **bábovku**, Akkusativ Sing. von **bábovka** „Gugelhupf". ■ **mám všechno připraveno** „ich habe alles bereit". mít + Partizip Passiv **-n/-t** eines vollendeten Verbs drückt das Resultat einer vollendeten „aktiven" Handlung aus. Es muss hier frei übersetzt werden: **Máme nakoupeno/uklizeno/vypráno/dopito**. „Es ist eingekauft / aufgeräumt / die Wäsche gewaschen / leer getrunken".

Zweiundachtzigste Lektion

Die Votrubec fahren aufs Land

1 – Bist du fertig, Majka?
2 – Ich habe noch den Gugelhupf im Backofen, er wird in fünf Minuten [fertig] sein. Ansonsten habe ich alles bereit in den Taschen im Flur.
3 – So dass ich das Auto beladen kann ... Auf der Landstraße ist eine Umleitung, und ich würde gern bei Tageslicht ankommen. Wir brechen auf, sobald die Enkelkinder da sind ...
4 – In all den Taschen und Schachteln, das [alles] ist Essen? Wozu so viel Proviant?
5 – Ich hätte gern ein ruhiges Wochenende, Kája. Das [Essen] macht sich nicht [von] selbst – und den Kinder schmeckt es. Ich bin seit heute Morgen auf den Beinen, um alles zu schaffen und [später] dann die Natur zu genießen.

---

③ **nakládat** (unvoll.), **naložit** (voll.) ... **auto/kufry do auta** „das Auto beladen / Koffer ins Auto einladen". ■ **za světla/za tmy** (Genitiv) „bei Tageslicht / bei Nacht". ■ **vnoučata**, im Singular **vnouče** (n.) „Enkelkind". **Vnuk** „Enkel"; **vnučka** „Enkeltochter" kennen Sie bereits. ■ **Vyrážet** (unvoll.), **vyrazit** (voll.) „aufbrechen, sich auf den Weg machen" (Gegenwort **dorazit** „ankommen").

④ **(V) krabicích**, Lokativ Plural von **krabice** (f.) „Schachtel". ■ **Nač?** oder **k čemu?** „wozu?, wofür?" ■ **zásob**, Genitiv Plural von **zásoba** „Vorrat, Reserve", hier: „Proviant".

⑤ **Kájo**, Vokativ von **Kája**, einer Kurzform von **Karel** „Karl". ■ **stíhat** (unvoll.), **stihnout** (voll.) hier: „(zeitlich) schaffen". ■ **užívat** (unvoll.), **užít** (voll.) + Genitiv „etwas gebrauchen, (be-)nutzen; genießen". Man sagt: **Užívat (si) života.** „Das Leben genießen."

| 6 | – Máš pravdu, miláčku. Co budeme mít dobrého? ⑥
| 7 | – Upekla jsem tvarohové buchty a švestkový koláč. V té zavřené tašce je kastrol se svíčkovou – dej pozor, aby se nepřevrhl. ⑦
| 8 | – Nedáme si v rychlosti kafe a nějakou buchtu? Než dorazí mládež a pomůže nám s věcmi? Potřebuješ si jistě odpočinout. ⑧
| 9 | Dnes v práci – to byl den! Ale za hodinu nebo za dvě budeme na venkově. Představ si – rostou houby! ⑨
| 10 | – Cože? ⑩
| 11 | – Rostou už houby! Včera Novotný nasbíral dva košíky hřibů... třicet kilometrů od Prahy! Paní Novotná je naložila do octa. ⑪
| 12 | Když dojedeme za světla, zaskočím do lesa. Zítra vstanu v pět... Nebo spíš v šest... ekněme v sedm. Vlastně bych s sebou mohl vzít děti... ⑫
| 13 | – Houby... To nám ještě chybělo: houby! ⑬

(ANMERKUNGEN)

⑥ **miláčku**, Vokativ Sing. von **miláček** (m./f.) „Liebling; Geliebte/r, Liebste/r".

⑦ **Upéct** (voll.) „backen, braten", **péct** (unvoll.). ■ **zavřený** „geschlossen, verschlossen" ist ein Partizip Perfekt (auch 'Verbaladjektiv'). In der Umgangssprache verwendet man dies oft als Attribut mit einer Passivkonstruktion: **Stan byl zavřen.** → **Stan byl zavřený.** „Das Zelt wurde verschlossen."; **Je auto otevřeno?** → **Je auto otevřené?** „Ist das Auto geöffnet?" ■ **svíčkovou**, Instrumental von **svíčková** „Rahm-Sauerbraten", ein typisch tschechisches Gericht. ■ **dávat/dát pozor** „acht geben, aufpassen".

⑧ **Nedáme si... ?** = **A co kdybychom si dali... ?** „Sollen wir uns nicht ... genehmigen?/Wie wäre es mit... ?" ■ **(v) rychlosti**, Lokativ Sing. von **rychlost** (f.) „Schnelligkeit, Geschwindigkeit; Gang (im Auto)" und eine Redensart: „auf die Schnelle". ■ **kafe** (n.), umgangssprachlich für **káva** „Kaffee". ■ **mládež** (f.) steht für „Jugend, Jugendliche, junge Leute". Die „Jugend" im Sinne von „Jugendjahren" heißt **mládí**.

6	—	Hast recht, Liebling. Was werden wir [denn] Gutes haben?
7	—	Ich habe Quarkbuchteln und Pflaumenkuchen gebacken. Und in der geschlossenen Tasche ist ein Topf mit Sauerbraten – gib acht, dass er nicht umkippt.
8	—	Sollen wir uns nicht auf die Schnelle einen Kaffee und (irgend)eine Buchtel genehmigen? Bevor die jungen Leute eintreffen und uns mit den Sachen helfen? Du willst (brauchst) dich sicher ausruhen.
9		Heute in der Firma (Arbeit) – das war ein Tag! Aber in einer oder zwei Stunden werden wir auf dem Land sein. Stell dir vor – Pilze wachsen!
10	—	Wie bitte?
11	—	Pilze wachsen schon! Novotnýs haben gestern zwei Körbe Steinpilze gesammelt ... dreißig Kilometer von Prag entfernt! Frau Novotná hat sie in Essig eingelegt.
12		Wenn wir bei Tageslicht ankommen, gehe ich auf einen Sprung in den Wald. Morgen stehe ich um fünf auf ... Oder eher um sechs ... Sagen wir um sieben. Eigentlich könnte ich die Kinder mitnehmen ...
13	—	Pilze ... Das hat uns noch gefehlt: Pilze!

⁽⁹⁾ **růst** „wachsen". Man sagt: **rostou/porostou houby/borůvky**. „Pilze/Heidelbeeren wachsen/werden wachsen." ■ **houby**, im Singular **houba**, „Pilz; Schwamm". **Houby!** in der Umgangssprache bedeutet soviel wie „Quatsch!"

⁽¹⁰⁾ **Cože?** „Was? / Wie bitte?", stärkere Form des Fragepronomens **co?**. Ebenso gibt es: **Kdože?** „Wer denn?"; **Kdeže?** „Wo denn?"; **Jakže?** „Wie denn?".

⁽¹¹⁾ **nasbírat** (voll.) „sammeln, auflesen". Für „(Obst) pflücken" verwendet man **natrhat**. ■ **košíky**, Akkusativ Plural von **košík** „Korb". ■ **hřibů**, Genitiv Plural von **hřib** „Steinpilz". ■ **nakládat, naložit houby/okurky** „Pilze/Gurken einlegen, einmachen". ■ **(do) octa**, Genitiv Sing. von **ocet** „Essig".

⁽¹²⁾ **zaskakovat** (unvoll.), **zaskočit** (voll.) „einen Sprung machen", hier: „auf einen Sprung vorbeigehen/-kommen."

⁽¹³⁾ **To mi/nám ještě chybělo** ist wie im Deutschen eine Redensart: „Das hat mir/uns noch gefehlt".

První (1.) cvičení: Rozumíte těmto větám?

❶ Až budete mít nakoupeno, sejdeme se naproti v kavárně. ❷ Kdybys viděl, že do konce týdne všechno nestihneš, zatelefonuj Zuzaně: v sobotu by ti mohla pomoct. ❸ Pražská univerzita byla založena r. (roku) 1348 Karlem Čtvrtým. ❹ Dej pozor na Vaška, ať nespadne z kola! ❺ Vyrazili brzy ráno, aby si užili přírody.

Druhé (2.) cvičení: Doplňte chybějící slova!

❶ In den Taschen sind zwei Hähnchen, Rinderbraten auf Pilzen und Gemüse: Böhnchen, Erbsen und so weiter.

V . . . . jsou dvě kuřata, hovězí pečeně na . . . . a zelenina: fazolky, hrášek a tak . . . .

❷ Und in den beiden roten Schachteln sind Kuchen.

A . . . . . dvou červených . . . . jsou koláče.

❸ Für wen halten Sie mich? – Das kann ich Ihnen leider Gottes nicht sagen.

Za . . . . mě máte? – To . . . bohužel . . . . . . říct.

❹ Sobald die Mädchen ankommen (mit Fortbewegungsmittel), fahren wir los, damit wir bei Tageslicht ankommen.

. . . . děvčata, vyjedeme, ... dorazili za světla.

❺ Das (Im) Kino "Klub" ist ausverkauft.

. . . . . "Klub" . . vyprodáno.

❻ Ich danke vielmals. – Keine Ursache (Ist nicht wofür). Das ist doch nichts (Für wenig). Gern geschehen.

. . . . . . mnohokrát. – Není zač. Za . . . . . Rádo se stalo.

Řešení prvního cvičení: Rozuměli jste?

❶ Sobald ihr eingekauft habt, treffen wir uns im Café gegenüber. ❷ Solltest du sehen, dass du bis Ende der Woche nicht alles schaffst, [dann] rufe Zuzana an: Sie könnte dir am Samstag helfen. ❸ Die Prager Universität wurde im Jahre 1348 von Karl IV. gegründet. ❹ Gib acht auf Václav, dass er nicht vom Fahrrad fällt! ❺ Sie brachen früh morgens auf, um die Natur zu genießen.

Řešení druhého cvičení: Chybějící slova.

❶ taškách - houbách - dál ❷ v těch - krabicích ❸ koho - vám - nemohu ❹ Jakmile přijedou - abychom ❺ V kině - je ❻ Děkuji - málo

Haben Sie die „Kosenamen" der beiden Hauptdarsteller dieser Lektion noch in Erinnerung? **Majka** und **Kája**. Unten finden Sie eine Liste der gängigsten Namen mit ihren Koseformen, Verkleinerungsformen oder vereinfachten Varianten:

Anna	„Anne"	Anča, Anka, Andula
Daniela/Dana	„Daniela"	Danka, Danča, Dáňa
František	„Franz"	Franta, Fanda, Fanouš, Francek
Hana	„Hanna"	Hanka, Hanča
Helena	„Helena"	Helča
Jan	„Jan"	Jenda, Honza
Jaroslav		Jára, Jarda, Jarouš
Jaroslava		Jarča, Jarka, Jaruna
Jiří	„Georg"	Jirka, Jíra
Josef	„Josef"	Joska, Jožka, Jóža, Jožin, Pepa, Pepík
Kateřina	„Katharina"	Káťa, Katka, Káča, Kačena
Ludvík	„Ludwig"	Ludva, Luděk
Marie	„Maria"	Majka, Mája, Máňa, Maryša, Mařena, Mařka
Matouš	„Matthäus"	Matěj, Máťa, Matys
Michal	„Michael"	Míša
Miroslav		Mirek, Míra, Mirda
Miroslava		Mirka, Míra, Mirča
Oldřich	„Ulrich"	Olda
Olga	„Olga"	Olina, Olča
Ondřej	„Andreas"	Ondra, Ondráš
Pavel	„Paul"	Pavlík

Petr	„Peter"	Péťa
Stanislav	„Stanislaus"	Standa, Stáňa, Slávek
Stanislava		Stáňa, Slávka, Staša
Václav	„Wenzel"	Véna, Venda, Venca, Venouš, Vašek

▶ Osmdesátá třetí (83.) lekce

Helena se učí latinu

1. Helena Karásková se nemůže soustředit. Při práci je zvyklá poslouchat hudbu a její magnetofon je rozbitý. Nový gramofon, koupený před měsícem, je v bratrově pokoji… ①
2. Helena se učí latinu. Zítra bude psát část třídy zkoušku. ②
3. Je to nelidské. To ticho… A Julius César a jeho legie…

Sprichwort des Tages
vzít nohy na ramena
„die Beine unter den Arm nehmen"
(„die Beine auf die Schultern nehmen")

Druhá vlna: Proberte dnes aktivně třicátou třetí (třiatřicátou) (33.) lekci!

Dreiundachtzigste Lektion

Helena lernt Latein

1. Helena Karásková kann sich nicht konzentrieren. Sie ist es gewöhnt, bei der Arbeit Musik zu hören, und ihr Tonbandgerät ist kaputt. Der neue Plattenspieler, vor einem Monat gekauft, ist im Zimmer ihres Bruders (ist in Bruders Zimmer) …
2. Helena lernt Latein. Morgen wird ein Teil der Klasse eine Prüfung schreiben.
3. Es ist unmenschlich. Diese Stille … Und Julius Cäsar und seine Legionen …

(ANMERKUNGEN)

① **soustřeďovat (se)** (unvoll.), **soustředit (se)** (voll.) „(sich) konzentrieren, sammeln". ■ **být rozbitý/-á/-é** „kaputt sein". Will man sagen „eine (Auto-) Panne haben", so verwendet man **mít poruchu**.

② **učit se** „lernen", **studovat** „studieren". **Při práci/při učení** „bei der Arbeit / beim Lernen". ■ **latinu**, Akkusativ Sing. von **latina** „Latein". ■ **třídy**, Genitiv Sing. von **třída** „Klasse, Klassenzimmer". Man sagt auch: **vůz** oder **vagón druhé třídy** „Wagen 2. Klasse", aber auch **třída** für „(breite) Straße, Avenue". **Národní třída** „Nationalstraße".

4 Ledaže by si půjčila dědův starý přenosný gramofon. Někdy se sice trochu zpomaluje, nebo naopak zrychluje, ale to tolik nevadí… Bude poslouchat staré desky – jsou tak legrační! ③

5 Když Helena vybírá desky, najde na dně kufru starý italský filmový časopis. ④

6 Okamžitě zapomene na zítřejší zkoušku. V létě má jet do Itálie. A i když neumí italsky, bude si moct prohlédnout fotografie. Film, hudba a tanec patří mezi její koníčky – po pravdě řečeno, žádné jiné nemá. ⑤

7 V čísle je velká reportáž o francouzských hercích. A fotky Belmonda : Belmondo skákající ze střech, Belmondo v autech padajících do propastí, Belmondo topící se uprostřed oceánu… ⑥

8 Pak další Belmondové na pláži, v letadle, na střeše vagónu.

9 Helena je překvapená: některým titulkům rozumí, zná ta slova z latiny… ⑦

(ANMERKUNGEN)

③ **Ledaže/leda** + Konditional „außer dass, es sei denn, dass". ■ **půjčovat si** (unvoll.), **půjčit si** (voll.) „sich etwas ausleihen". Das nicht-reflexive Verb bedeutet „(ver)leihen". ■ **sice…, ale** „zwar, wohl, … aber" drückt ein Zugeständnis aus: **Janovo auto je sice staré, ale jezdí velmi dobře.** „Jans Auto ist zwar alt, aber es fährt sehr gut." ■ **zpomalovat (se)** (unvoll.), **zpomalit (se)** (voll.) „(sich) verlangsamen, verzögern, langsamer werden", **zrychlovat (se)** (unvoll.), **zrychlit (se)** (voll.) „(sich) beschleunigen, schneller werden". **z-** beschreibt die Anfangsphase eines neuen, veränderten Zustands: **zčervenat, zblednout, zbohatnout** „rot, bleich, reich werden". ■ Stehen von bestimmten reflexiven Verben mehrere im Satz, verwendet man nur ein Reflexivpronomen, aber nur, wenn die Pronomen im selben Fall stehen. ■ **vadit** „stören, behindern". **To nevadí!** „Das macht nichts!". ■ **desky**, Akkusativ Plural von **(gramofónová) deska** „Schallplatte".

| 4 | Es sei denn, sie würde sich Großvaters alten tragbaren Plattenspieler ausleihen. Manchmal wird er zwar ein wenig langsamer, oder im Gegenteil schneller, aber das macht nichts (nicht so viel) ... Sie wird die alten Schallplatten hören – die sind so lustig!
| 5 | Als Helena die Schallplatten aussucht, findet sie auf dem Boden des Koffers eine alte italienische Filmzeitschrift.
| 6 | Sofort vergisst sie die morgige Prüfung. Im Sommer soll sie nach Italien fahren. Und auch wenn sie nicht Italienisch kann, sie kann (wird können) die Fotos durchschauen. Film, Musik und Tanz gehören zu ihren (zwischen ihre) Hobbys – um die Wahrheit zu sagen, sie hat keine anderen.
| 7 | In der Ausgabe (Nummer) ist ein großer Bericht über französische Schauspieler. Und Fotos von Belmondo: ein von Dächern springender Belmondo, Belmondo in Autos, die in Schluchten fallen (Belmondo in in Schluchten fallenden Autos), ein in der Mitte des Ozeans ertrinkender Belmondo ...
| 8 | Dann weitere Belmondos am Strand, im Flugzeug, auf dem Dach eines Waggons.
| 9 | Helena ist überrascht: Manche Untertitel versteht sie, sie kennt die Wörter aus dem Lateinischen ...

---

④ **(na) dně**, Lokativ Singular von **dno** „Boden, Grund".

⑤ **prohlížet (si)** (unvoll.), **prohlídnout (si)** (voll.) „(sich etw.) anschauen, besichtigen".

⑥ **reportáž** (f.) „Reportage, Bericht". ■ **(o) hercích**, Lokativ Plural von **herec** (f.: **herečka**) „Schauspieler". ■ **fotky**, im Singular **fotka** „Foto", umgangssprachlich für **fotografie**. ■ **skákat** (unvoll.), **skočit** (voll.) „springen". **Skákající** „springend" ist ein Partizip Präsens, abgeleitet von der 3. Pers. Pl. unvollendeter Verben: **čtou** „sie lesen" → **čtoucí** „lesend". (Mehr dazu in der Wiederholungslektion.) ■ **padat** (unvoll.), **padnout** (voll.) „fallen".

⑦ **titulkům**, Dativ Plural von **titulek** „Untertitel" und eine Verkleinerungsform von **titul** „Titel". ■ **rozumět** (unvoll.), **porozumět** (voll.) „verstehen". ■ **znát** (unvoll.) „kennen".

| 10 | Na následující stránce jsou portréty mladých italských hereček a herců. Jsou tu i krátké rozhovory, doplněné názvy filmů a jmény režisérů. Helena jde pro slovník. [8]
| 11 | Nejdřív překládá neznámá slova; pak zkouší přeložit celé věty. [9]
| 12 | Samozřejmě, že toho večera se Helena Karásková už neučila.
| 13 | Zato se rozhodla, že si koupí učebnici italštiny a kazety. Do léta se naučí mluvit italsky, sama. [10]
| 14 | Zatím může poslouchat všechny ty předpotopní desky… *O sole mi-i-io!* [11]

(ANMERKUNGEN)

[8] **portréty**, im Singular **portrét** „Porträt, Abbild".

[9] **překládat** (unvoll.), **přeložit** (voll.) „übersetzen". Zur „Übersetzung" sagt man **překlad**, und der „Übersetzer" heißt **překladatel** (f.: **překladatelka**). ■ **zkoušet** (unvoll.), **zkusit** (voll.) „prüfen; probieren, versuchen", Synonym von **pokoušet se, pokusit se** „etw. versuchen, probieren; sich bemühen". Für „durchprobieren; erproben; (Kleidung) anprobieren" verwendet man **vyzkoušet** (voll.).

První (1.) cvičení: Rozumíte těmto větám?

❶ Ten nový magnetofon, koupený před deseti dny, je už rozbitý? ❷ Ale ne, mluvíme o gramofonu: trochu se zpomaluje… ❸ Mohl bys mi přeložit aspoň titulky? Nerozumím italsky. ❹ Se slovníkem můžeš číst všechno, co chceš – nebo skoro všechno! ❺ Helena si prohlíží fotky z prázdnin: Helena ležící na pláži, Helena koupající se v moři nebo tancující v italském baru…

10	Auf der nächsten Seite sind Porträts junger italienischer Schauspielerinnen und Schauspieler. Da sind auch kurze Interviews, ergänzt durch die Namen der Filme und die Namen der Regisseure. Helena geht das Wörterbuch holen.
11	Zuerst übersetzt sie die unbekannten Wörter; dann versucht sie, ganze Sätze zu übersetzen.
12	Es ist klar (Selbstverständlich), dass Helena Karásková an dem Abend nicht mehr gelernt hat.
13	Dafür entschied sie sich, sich ein (dass sie sich ein) Italienisch-Lehrbuch und Kassetten zu kaufen. Bis zum Sommer wird sie sich Italienisch beigebracht haben, ganz alleine.
14	Unterdessen kann sie all die vorsintflutlichen Schallplatten hören ... *O sole mi-i-io!*

⑩ **rozhodovat (se)** (unvoll.), **rozhodnout (se)** (voll.) „(sich) entscheiden, entschließen, beschließen". Sie kennen bereits **rozhodně** „entschieden; sicherlich, gewiss" und **rozhodčí** „Schiedsrichter". ■ **kazety**, Akkusativ Plural von **(magnetofonová) kazeta** „(Tonband-) Kassette". ■ **do léta** „bis zum Sommer".

⑪ **předpotopní** „vorsintflutlich" (=uralt) kommt von **potopa** „Überflutung, Überschwemmung, Sintflut".

Řešení prvního cvičení: Rozuměli jste?

❶ Das neue Tonbandgerät, vor zehn Tagen gekauft, ist schon kaputt? ❷ Aber nein, wir sprechen vom Plattenspieler: Er wird [immer] ein wenig langsamer. ❸ Könntest du mir wenigstens die Untertitel übersetzen? Ich verstehe kein Italienisch. ❹ Mit einem Wörterbuch kannst du alles lesen, was du willst – oder fast alles! ❺ Helena schaut sich die Fotos von den Ferien an: Helena am Strand liegend, Helena im Meer badend oder tanzend in einer italienischen Bar ...

Druhé (2.) cvičení: Doplňte chybějící slova!

① Es sei denn, ich würde ihm meine reparierte Schreibmaschine ausleihen. Es ist zwar ein altes Modell, aber es ist tragbar.

. . . . . . bych mu půjčil svůj opravený psací . . . . . .
Je to . . . . starý model, ale je . . . .

② Wir bitten die Reisenden nach Rom, die Verspätung des Flugzeugs der Gesellschaft X, Flug Nummer 183, zu entschuldigen.

Prosíme . . . . do Říma, . . . omluvili
. . . . letadla společnosti X, let . . . . . 183.

③ Der junge Mann, der mit Marta Tennis spielt? Das ist ihr Bruder Jiří. – Auf dem alten Foto hätte ich ihn nicht erkannt!

Ten mladík, ... s Martou tenis? To je
. . . . bratr Jiří. – Na . . staré . . . . . bych ho nepoznal!

④ Dafür hat sich Marta in den dreißig Jahren fast nicht verändert: immer das gleiche Lächeln, immer der gleiche Charme.

Zato Marta se za těch třicet . . . skoro
. . . . : pořád tentýž úsměv, pořád . . . . . . šarm.

▶ Osmdesátá čtvrtá (84.) lekce

OPAKOVÁNÍ A POZNÁMKY

1. Deklination: Lokativ Plural der Hauptwörter

Hier eine kurze Zusammenfassung der Deklination von Hauptwörtern im Lokativ Plural, charakterisiert durch die Endung **-ch**. (Da die Lokativformen alleine nicht übersetzt werden können, haben wir den Formen hier die Präposition **o** hinzugefügt):

Männlich
   (o) pánech „(über) die Herren", **(o) Češích**[1] „(über) die Tschechen"

⑤ Der Weißwein, in Mikulov gekauft, war hervorragend! Auch wenn er, unter uns [gesagt], ganz schön teuer war.

To bílé víno, ... v Mikulově . . . . vynikající! . . . . . mezi námi, bylo pěkně . . . . . .

Řešení druhého cvičení: Chybějící slova.

❶ Ledaže - stroj - sice - přenosný ❷ cestující - aby - zpoždění - číslo ❸ který hraje - její - té - fotce ❹ let - nezměnila - tentýž ❺ koupené - bylo - I když - drahé

Sprichwort des Tages
přijít z deště pod okap
„vom Regen in (unter) die Traufe kommen"

Druhá vlna: Proberte dnes aktivně třicátou čtvrtou (čtyřiatřicátou) (34.) lekci!

Vierundachtzigste Lektion

(o) hradech „(über) die Burgen", **(o) zámcích**[1] „(über) die Schlösser"
(o) mužích „(über) die Männer"
(o) strojích „(über) die Maschinen"

[1] Männliche Hauptwörter mit Nominativendung **-g**, **-h**, **-ch**, **-k** (Kehllaute) haben im Lokativ die Endung **-ích**, was wiederum eine Erweichung nach sich zieht: **Čech** - **o Češích** „über die Tschechen," **roh** - **v rozích** „in Ecken", **dialog** - **v dialozích** „in Dialogen", **zámek** - **v zámcích** „in Schlössern".
Als Ausnahme trifft dies auch für das Wort „Wald" zu: **les** - **lesích** „in den Wäldern" (im Singular **v lese** „im Wald").

Einige wenige männliche Hauptwörter können zwei verschiedene Endungen annehmen: **v hotelech/hotelích** „in Hotels", **v balíčcích/balíčkách** „in Päckchen" (**balíček** „Päckchen"), usw.

Weiblich mit Endung **-a**
   (o) ženách „(über) die Frauen"
Weiblich mit Endung **-e/ě**
   (o) růžích „(über) die Rosen"
Weiblich mit Konsonantenendung
   (o) radostech „(über) die Freuden"
Weiblich mit weicher Konsonantenendung
   (o) písních „(über) die Lieder"

Sächlich mit Endung **-o**
   (o) městech „(über) die Städte"
Sächlich mit Endung **-e/ě**
   (o) mořích „(über) die Meere"
Sächlich mit Endung **-í**
   (o) nádražích „(über) die Bahnhöfe"

2. Deklination: Lokativ Plural von Adjektiven, Demonstrativ- und Possessivpronomen

Ist Ihnen aufgefallen, dass Adjektive, Demonstrativ- und Possessivpronomen im Lokativ Plural die gleichen Endungen haben wie im Genitiv Plural?

Snil o těch moderních mladých mužích/o těch moderních krásných ženách/o našich moderních nových městech. „Er träumte von diesen modernen, jungen Männern / von diesen modernen wunderschönen Frauen / von unseren modernen neuen Städten".

3. Passiv: Reflexivpassiv und zusammengesetztes Passiv

In den letzten Lektionen haben wir viel über das Passiv und das Partizip Passiv mit der Endung **-n/-t** gesprochen. Sie wissen, dass es im Tschechischen zwei Passivformen gibt.

A. Das Reflexivpassiv

Es ist eigentlich das einzige geläufige Passiv. Es ist auf die 3. Person beschränkt. Das Verb, das reflexiv wird, stimmt mit dem Subjekt des Satzes überein, unabhängig davon, ob das Subjekt genannt wird oder nicht:

Anglické knihy se prodávají/se budou prodávat/se prodávaly v knihkupectví „Shakespeare". „Englische Bücher werden verkauft / werden verkauft werden / wurden verkauft in der Buchhandlung ‚Shakespeare'".
Jak se řekne česky 'sauna'? „Wie sagt man auf Tschechisch ‚Sauna'?"

B. Das zusammengesetzte Passiv

Ist das Verb jedoch bereits reflexiv oder der Urheber der Handlung bekannt, verwendet man eine andere Passivform, nämlich das zusammengesetzte Passiv. Es setzt sich aus der konjugierten Form des Hilfsverbs „sein" und dem Partizip Passiv mit Endung **-n/-t** zusammen. Das Partizip stimmt in Geschlecht und Zahl mit dem Subjekt des Satzes überein:

Za pět minut byl umyt a oholen. „In fünf Minuten war er gewaschen und rasiert".
Autorovy kresby a plakáty budou prodávány v knihkupectví 'Hollar'. „Die Zeichnungen und Plakate des Künstlers werden in der Buchhandlung ‚Hollar' verkauft werden."

Der Urheber der Handlung steht stets im Instrumental und wird mit „von" + Dativ ins Deutsche übersetzt:

Kuchařka byla viděna zahradníkem. „Die Köchin wurde vom Gärtner gesehen".

In der Umgangssprache meiden die Tschechen diese Form des Passivs. Sie ersetzen sie entweder durch das Reflexivpassiv:

Autorovy kresby a plakáty se budou prodávat... „Die Zeichnungen und Plakate des Künstlers werden verkauft ...", oder sie formulieren den Satz aktiv:

Za pět minut se umyl a oholil. „In fünf Minuten wusch und rasierte er sich". **Zahradník viděl kuchařku.** „Der Gärtner sah die Köchin".

Außer in Ihrer tschechischen Lektüre werden Sie diese Form in einigen höflichen Redensarten und Redewendungen mit „amtlichem" Charakter wiederfinden:

Buďte vítán/vítána/vítáni. „Seien Sie / seid willkommen".
Otevřeno od 9,00 do 18,00. „Geöffnet von 9 bis 18 Uhr".
Zavřeno „Geschlossen".
Vyprodáno „Ausverkauft".
Obsazeno „Besetzt".
Rezervováno „Reserviert".

Das Partizip Passiv mit den Endungen **-n/-t (-n/-t** Partizip) wird auf der Grundlage der Vergangenheitsform vollendeter oder unvollendeter transitiver Verben (Verben mit einem Akkusativobjekt) gebildet: **prodával → prodáván, viděl → viděn, umyl se → umyt**. Weitere Einzelheiten zur Bildung des Partizip Passiv finden Sie im Grammatikanhang.

Verstehen Sie die folgenden Sätze?

1. Finále se bude hrát v Brně. 2. Muchovy plakáty se tam prodávaly za padesát korun. 3. V kině „Praha" bylo vyprodáno. 4. Buďte vítán!

Die Lösungen finden Sie am Ende der Lektion.

4. Verbalsubstantive

Sie werden vom Partizip Passiv (Endung **-n/-t**) mithilfe der Nachsilbe **-í** abgeleitet. Diese Substantive werden wie sächliche Hauptwörter nach dem Musterwort **nádraží** dekliniert. Den Aspekten entsprechend gibt es diese Substantive häufig paarweise: **koupání - vykoupání** „Baden", **placení - zaplacení** „Bezahlen/Bezahlung", **mytí - umytí** „Waschen", usw.

Die unvollendete Form drückt den anhaltenden oder wiederholten Charakter einer Handlung aus.

Die vollendete Form verwendet man, wenn man das Resultat oder die Besonderheit einer einmaligen vollendeten Handlung unterstreichen möchte.

5. Partizipien (Verbaladjektive)

Wie im Deutschen gibt es zwei Arten von Partizipien, das Partizip Präsens (kommen<u>d</u>, gehen<u>d</u>) und das Partizip Perfekt (<u>ge</u>waschen, vor<u>ge</u>stellt).

Beide Partizipien werden wie Adjektive angewendet, die von Verben abgeleitet sind.

A. Partizip Präsens

Das Partizip der Gegenwart (Präsens) wird auf der Grundlage der 3. Person Plural unvollendeter Verben mit Hilfe der Nachsilbe **-cí** gebildet (**jet - jedou - jedoucí, číst - čtou - čtoucí**). Die Partizipien der Gegenwart werden wie gewöhnliche weiche Adjektive dekliniert:

jedoucí vlak „fahrender Zug",
muž čtoucí noviny „Zeitung lesender Mann",
o chlapcích hrajících fotbal „über Fußball spielende Jungen".

Diese Form des Partizips findet eher in der Schriftsprache Verwendung. In der Umgangssprache wird diese Konstruktion meistens durch einen Nebensatz ersetzt.

B. Partizip Perfekt

Das Partizip der Vergangenheit (Perfekt) wird aus dem Partizip Passiv (Endung **-n/-t**) mithilfe der Nachsilbe **-ý/-á/-é** gebildet. Die Deklination folgt den Regeln für harte Adjektive:
otevřený obchod „geöffnetes Geschäft",
umyté ruce „gewaschene Hände",
o knihách koupených včera „über gestern gekaufte Bücher".

Ist das Partizip dem Hauptwort nachgestellt, so kann es durch einen Nebensatz ersetzt werden.

Als Attribut verwendet drückt die Form mit der Endung **-ý/-á/-é** einen Zustand aus, der als dauerhaft betrachtet wird:
Je pořád unavený. „Er ist immer müde".
Banka je otevřená. „Die Bank ist offen".

In der Umgangssprache ersetzt diese Form das Partizip mit der Endung **-n/-t** des zusammengesetzten Passivs (siehe Lektion 82).

6. Infinitivadjektive

Diese Adjektivform, die den (Verwendungs-)Zweck eines Hauptworts beschreibt, gleicht dem Partizip Präsens, wird jedoch auf der Grundlage des Wortstamms mit Kurzvokal + Endung **-cí** gebildet. Vergleichen Sie:
psací stroj - autoři píšící německy „Schreibmaschine - deutsch schreibende Autoren",
hrací stroj - hrající si děti „Spielautomat - spielende Kinder",
balicí papír - ženy balící dárky „Packpapier - Geschenke einpackende Frauen".

7. Infinitive

Zum Schluss noch ein paar Anmerkungen zu den Infinitiven, die Sie in unseren Texten kennengelernt haben.

Der Infinitiv steht:

- nach Modalverben:
  chtít „wollen", **moct/moci** „können", **muset** „müssen", **mít** „haben", **smět** „dürfen".

- nach Verben, die eine Phase des Anfangs- oder Endzustands einer Handlung ausdrücken:
  začínat, začít „beginnen", **přestávat, přestat** „aufhören; abbrechen".

Der Infinitiv ist hier ein unvollendetes Verb.

- nach den („Halb-Hilfs-")Verben **nechat** und **dát** „lassen" und „geben" im Sinne von „machen lassen" oder „in Auftrag geben" (siehe Lektion 78).

- nach bestimmten Verben (im Deutschen „zu" + Infinitiv) wie zum Beispiel: **umět** „können", **dovést** „zustande bringen", **učit se** „lernen", **zkusit** „versuchen", usw.

Der Infinitiv kann darüber hinaus in einfachen oder komplexen Sätzen verwendet werden, in denen er ergänzende Nebensätze, Finalsätze, usw. ersetzt (jedoch niemals Konditionalsätze). So finden wir ihn

- nach bestimmten unpersönlichen Redensarten mit Modalcharakter:
  je možné „es ist möglich",
  je třeba/nutno/nutné „es ist notwendig",
  je dobře/dobré „es ist gut".

- nach Verben der Wahrnehmung:
  vidět „sehen", **slyšet** „hören", **cítit** „fühlen", sowie nach den Redewendungen **je vidět/slyšet/cítit** „man sieht/hört/fühlt" (siehe Lektion 79).

- nach bestimmten Verben der Tätigkeit oder des Willens:
  přikázat/poručit/nařídit „befehlen", **zakázat** „verbieten", **dovolit/povolit** „erlauben", **rozhodnout se** „sich entschließen", **slíbit** „versprechen", **přát si** „sich wünschen", **toužit** „sich sehnen", **potřebovat** „brauchen".

- wenn es darum geht, ein Ziel auszudrücken, nach den Verben **být** „sein", **poslat/posílat** „schicken", **spěchat/pospíchat** „eilen", sowie nach Verben der Bewegung:
   Byl nakupovat. „Er war einkaufen".
   Šel se koupat. „Er ging baden", usw.

- in Konditionalsätzen, die das gleiche Subjekt wie der Hauptsatz haben (siehe Lektion 73).

- in indirekten Fragen, nach den Verben **být** „sein", **mít** „haben", **vědět** „wissen", **přemýšlet** „nachdenken, überlegen", usw.
   Nevěděl co a jak dělat. „Er wusste nicht, was er tun sollte und wie".

Schließlich gibt es noch die Nominalform (substantivierter Infinitiv) ...
   Mýlit se je lidské. „Irren ist menschlich".

... und die Verben in Vorschriften und Befehlen:
   Nekouřit! „Nicht rauchen!",
   Platit, prosím! „Zahlen, bitte!".

Und hier die Übersetzung der Sätze aus Absatz 3:

1. Das Finale wird in Brünn gespielt (werden). **2.** Muchas Plakate wurden dort für fünfzig Kronen verkauft. **3.** Das Kino „Praha" war ausverkauft. **4.** Seien Sie willkommen!

Druhá vlna: Proberte dnes aktivně třicátou pátou (pětatřicátou) (35.) lekci!

LEKTION 84

▶ Osmdesátá pátá (85.) lekce

Film

1. V prvním ročníku Filmové školy se pořádá soutěž na téma „Naše škola". Miloš, Zdeněk a Pavel se rozhodli natočit reportáž. ①
2. Miloš studuje režii. V neděli si přečetl knihu rozhovorů s několika mladými avantgardními režiséry. Má už plán. ②
3. Zdeněk je začínající kameraman. Těsně před vánocemi si koupil videokameru. ③
4. Pavel, který se chce stát spisovatelem a scenáristou, se nabídl, že napíše scénář. A kdyby tam mohla být nějaká ženská role... ④
5. Zdeněk měl týž nápad. Ale režisér protestuje. ⑤

(ANMERKUNGEN)

① **(V) ročníku**, Lokativ Singular von **ročník** „Jahrgang". ■ Einige sächliche Nomen sind griechischen Ursprungs (Endung **-a**): **dogma, drama, klima, schéma**... Die Deklination ist wie bei **kuře**, jedoch lautet im 2.,3. und 6. Fall Sing. die Endung **-tu**: **bez tématu** „ohne Thema". ■ **točit** (unvoll.), **natočit** (voll.) „drehen, wenden, kurbeln", hier „filmen".

Fünfundachtzigste Lektion

Der Film

1. Im ersten Jahrgang der Filmschule wird ein Wettbewerb unter dem Motto (zum Thema) „Unsere Schule" veranstaltet. Miloš, Zdeněk und Pavel haben sich entschieden, eine Reportage zu drehen.
2. Miloš studiert Inszenierung. Am Sonntag las er ein Buch (durch) zu Gesprächen mit etlichen jungen avantgardistischen Regisseuren. Er hat schon einen Plan.
3. Zdeněk ist ein angehender Kameramann. Kurz vor Weihnachten hat er sich eine Videokamera gekauft.
4. Pavel, der Schriftsteller und Drehbuchautor werden will, bot sich an, das Drehbuch zu schreiben. Und falls darin eine weibliche Rolle sein könnte ...
5. Zdeněk hatte den gleichen Einfall. Aber der Regisseur protestierte.

---

② Von **režie** (f.) „Regie, Inszenierung, Spielleitung" sind **režisér** (f.: **režisérka**) „Regisseur" und **režírovat** „Regie führen" abgeleitet. ■ **mladými, avantgardními**, Instrumental Plural des harten Adjektivs **mladý** „jung" und des weichen Adjektivs **avantgardní** „avantgardistisch". ■ **režiséry**: Männliche Nomen mit harter und mittlerer Konsonantenendung und sächliche Nomen auf **-o** enden im Instrumental Plural auf **-y**.

③ **Těsně (před)** „kurz, knapp (vor)". ■ **vánocemi**, Instrumental Plural von **vánoce** (f., Pl.) „Weihnachten". Weibliche Nomen auf **-e/-ě** oder mit weicher Konsonantenendung (Musterwort **píseň**) enden im Instrumental Plural auf **-emi/-ěmi**.

④ **spisovatelem, scenáristou**, Instrumental Sing. von **spisovatel** (f.: **spisovatelka**) „Schriftsteller, Verfasser, Autor" und **scenárista** (m.) (f.: **scenáristka**) „Bühnenbuch-, Drehbuchautor". ■ **nabízet (se)** (unvoll.), **nabídnout (se)** (voll.) „(sich) anbieten". ■ **ženský/-á/-é** „Frauen-, weiblich". Analog dazu: **mužský/-á/-é** „Männer-, männlich".

⑤ **týž/táž/totéž** „der-/die-/dasselbe" ist eine Abwandlung von **tentýž/tatáž/totéž**.

LEKTION 85

6 – Reportáž, to je dokument, pánové. Zajímají nás fakta jako taková, skutečnost viděná okem kamery… Chci říct naše škola, počínaje chodbami nebo sklepy… Úplně všední věci, které ovšem ukážeme nově a originálně… ⑥

7 – A co kdyby to byla reportáž s malou zápletkou? ptá se scenárista.

8 Například se v prvním patře najde bomba. Nebo začne hořet. Nějaká dívka – řekněme… ⑦

9 – Řekněme Zuzana? To by už nebyla malá zápletka, ale milostná sága! A taky to není moc originální, rozčiluje se režisér.

10 Ne, my se spokojíme s prázdnými místnostmi, s chodbami a se schodišti… A samozřejmě se sklepy. Představíme školu v úplně novém světle! ⑧

11 Zvolíme techniku montáže: začneme točit v podzemí školy na černobílý film. Načež, aby se dosáhlo kontrastu… ⑨

12 – … se v podzemí objeví nějaká dívka v barvě? Například Zuzana? říká scenárista.

(ANMERKUNGEN)

⑥ **počínaje** + Instrumental „beginnend, anfangend". ■ **chodbami, sklepy**, Instrumental Plural von **chodba** (f.) „Flur, Gang" und **sklep** (m.) „Keller". Weibliche Nomen auf **-a** enden im Instrumental Plural auf **-ami**. ■ **všední** „Alltags-, alltäglich".

⑦ **(v) patře**, Lokativ Sing. von **patro** „Stock, Stockwerk, Etage", Synonym von **poschodí**. ■ **hořet** „brennen". **Dům hoří.** „Das Haus brennt." **Začalo hořet v prvním patře.** „Es fing im ersten Stock an zu brennen."

| 6 | – | Eine Reportage ist ein Dokument, meine Herren. Uns interessieren Fakten als solches, die Realität durch das Auge der Kamera gesehen ... Ich meine unsere Schule, bei den Fluren oder Kellern angefangen ... ganz alltägliche Dinge, die wir allerdings neu und originell zeigen ...
| 7 | – | Und wenn es eine Reportage mit einer kleinen Verwicklung wäre? fragt der Drehbuchautor.
| 8 | | Zum Beispiel findet sich in der ersten Etage eine Bombe. Oder es fängt an zu brennen. Irgendein Mädchen – sagen wir [mal] ...
| 9 | – | Sagen wir [mal] Zuzana? Das wäre schon keine kleine Verwicklung, sondern eine Liebessaga! Und es ist auch nicht sehr originell, regt sich der Regisseur auf.
| 10 | | Nein, wir werden uns mit leeren Räumen, Gängen und Treppenhäusern begnügen ... Und selbstverständlich mit den Kellern. Wir stellen die Schule in ganz neuem Licht vor!
| 11 | | Wir nehmen (wählen) die Montagetechnik: Wir fangen im Kellergeschoss der Schule mit einem Schwarzweißfilm an zu drehen. Woraufhin, um einen Kontrast zu erzielen ...
| 12 | – | ... im Kellergeschoss irgendein Mädchen in Farbe erscheint? Zum Beispiel Zuzana? sagt der Drehbuchautor.

⑧ **spokojovat se** (unvoll.), **spokojit se** (voll.) **s** + Instrumental „sich zufrieden geben, sich begnügen mit". ■ **místnostmi**, Instrumental Plural von **místnost** (f.) „Raum, Räumlichkeit". Weibliche Nomen mit Konsonantenendung (Musterwort **radost**) enden im Instrumental Plural auf **-mi**. ■ **schodišti**, Instrumental Plural von **schodiště** (n.) „Treppen, Treppenhaus". Sächliche Nomen auf **-e/-ě** und männliche Nomen mit weicher Konsonantenendung enden im Instrumental Plural auf **-i**.

⑨ **Zvolit** (voll.) „wählen", **volit** (unvoll.). Man sagt: **Byl zvolen prezidentem.** „Er wurde zum Präsidenten gewählt." ■ **montáže**, Genitiv Sing. von **montáž** (f.) „Montage". ■ **podzemí** „Unter-, Kellergeschoss; Untergrund". **podzemní** „unterirdisch" wird auch im Sinne von „illegal" verwendet: **podzemní činnost** „illegale Tätigkeit". ■ **Načež** „worauf(hin), wonach". ■ **dosáhnout** (voll.) + Genitiv „erlangen, erwirken, erzielen".

13 Kameraman v duchu počítá, kolikrát už podobnou scénu viděl: ve třech starých detektivních filmech… Pak v reklamě na ústřední topení… Nebo to bylo v té reklamě na prací prášek „Zázrak"? ⑩

První (1.) cvičení: Rozumíte těmto větám?

① Můj bratr Pavel, který studuje na Filmové škole, ji pozval na večeři. ② Na následující stránce byl rozhovor s francouzskými režiséry. ③ Je to stará nemocnice s dlouhými chodbami a velkými místnostmi. ④ Nechtěl jsem koupit barevný film, chtěl jsem černobílý! – Nerozčiluj se. ⑤ V přízemí je galerie; kulturní středisko a knihovna jsou v prvním a v druhém patře.

Druhé (2.) cvičení: Doplňte chybějící slova!

① Das Mädchen, das mit deinen Freunden sprach, ist Schauspielerin?

Ta . . . . . , ... mluvila . tvými . . . .
je herečka?

② Charles verabschiedete sich von Jan. Dann ging er spazieren – um sich auch von der Stadt zu verabschieden.

Charles se rozloučil s . . . . . . Pak se šel projít –
aby . . . . i . městem.

③ Er sprach über sein Auto; in Wirklichkeit gehörte es seinem Vater.

Mluvil o . . . . autě; ve . . . . patřilo
. . . . otci.

④ Kurz vor Weihnachten lernte Sidonius zwei italienische Kameramänner kennen.

Těsně před . . . . se Zdeněk seznámil
s dvěma . . . .

13 Der Kameramann rechnet im Geist, wie viele Male er schon eine ähnliche Szene gesehen hat: in drei alten Krimis ... dann in einer Werbung für Zentralheizungen... Oder war es in dieser Reklame für das Waschpulver „Wunder"?

(ANMERKUNGEN)

⑩ **podobnou scénu**, Akkusativ Sing. des harten Adjektivs **podobná** „ähnlich" (f.) und des Nomens **scéna** (f.) „Szene". ■ **(v) reklamě**, Lokativ Sing. von **reklama** „Reklame, Werbung". ■ **prací prášek** oder **prášek na praní** „Waschpulver". Prát, vyprat kennen Sie aus Lektion 58. ■ **Zázrak** „Wunder, Phänomen".

(Řešení prvního cvičení: Rozuměli jste?)

❶ Mein Bruder Pavel, der an der Filmschule studiert, lud sie zum Abendessen ein. ❷ Auf der folgenden Seite war ein Gespräch/Interview mit französischen Regisseuren. ❸ Es ist ein altes Krankenhaus mit langen Gängen und großen Räumen. ❹ Ich wollte keinen Farbfilm kaufen, ich wollte einen schwarzweißen! – Reg dich nicht auf. ❺ Im Erdgeschoss ist eine Galerie; das Kulturzentrum und die Bücherei sind im ersten und zweiten Stock.

❺ Das Mädchen, das wir in der Bank trafen – das kenne ich! Ich sah es gestern im Fernsehen in einem Interview mit jungen Schauspielern.

Tu ....., ... jsme potkali v bance – tu znám! Viděl jsem ji včera . ... , v interview . ...

(Řešení druhého cvičení: Chybějící slova.)

❶ dívka, která - s - přáteli ❷ Janem - se rozloučil - s ❸ svém - skutečnosti - jeho ❹ vánocemi - italskými kameramany ❺ dívku - kterou - v televizi - s mladými herci

Sprichwort des Tages
bít do očí
„ins Auge springen"
(„in die Augen schlagen")

Druhá vlna: Proberte dnes aktivně třicátou šestou (šestatřicátou) (36.) lekci!

▶ Osmdesátá šestá (86.) lekce

Literatura

1 – Mohu vám poradit, ukázat vám cestu?
2 – Hledám dům, kde žil Jan Neruda... v Nerudově ulici. ①
3 – To je buď dům U dvou sluncí nebo U tří černých orlů. Totiž Neruda bydlel v obou... Jestli chcete, dovedu vás tam, jdu týmž směrem. ②
4 – Jste velice laskav... Máte rád literaturu devatenáctého století? Hned se pozná, že jste znalec... Kdo je váš nejoblíbenější autor?
5 – Mám samozřejmě velice rád Máchu, myslím, že to byl geniální básník. A ovšem Nerudu – básně, ale hlavně povídky. ③

(VÝSLOVNOST)

[5 ... maacHu ...]

(ANMERKUNGEN)

① **Jan Neruda** (1834-1891), Dichter und Novellist, Schlüsselperson der Erneuerung der tschechischen Prosa und Begründer des Feuilleton in der tschechischen Literatur. ■ Die Nerudagasse verläuft steil zur Burg hinauf und ist mit ihren prachtvollen barocken Häusern eine der schönsten Gassen Prags.

Sechsundachtzigste Lektion

Die Literatur

1. – Kann ich Ihnen helfen (Sie beraten), Ihnen den Weg zeigen?
2. – Ich suche das Haus, in dem (wo) Jan Neruda lebte ... in der Nerudagasse.
3. – Das ist entweder das Haus Zu den zwei Sonnen oder Zu den drei schwarzen Adlern. Neruda wohnte nämlich in beiden ... Wenn Sie wollen, führe ich Sie dorthin, ich gehe [in] die gleiche Richtung.
4. – Sie sind sehr freundlich ... Mögen Sie die Literatur des 19. Jahrhunderts? Man merkt sofort, dass Sie ein Kenner sind ... Wer ist ihr Lieblingsautor (beliebtester Autor)?
5. – Selbstverständlich mag ich Mácha sehr gern, ich finde (denke), dass das ein genialer Dichter war. Und natürlich Neruda – [seine] Gedichte, aber hauptsächlich [seine] Erzählungen.

---

(2) **dvou, (v) obou**, Genitiv und Lokativ der Zahlwörter **dva/dvě** „zwei" und **oba/obě** „beide". ■ **orlů**, Genitiv Plural von **orel** „Adler" (f.: **orlice**). ■ **jít** + Instrumental, frei übersetzt etwa „einen Weg nehmen/gehen". Man sagt: **Jdu týmž, tímtéž/stejným směrem.** „Ich gehe in die gleiche Richtung." **Odešel jiným/opačným směrem.** „Er ging in die andere/entgegengesetzte Richtung weg." ■ **dovést (někam)** (voll.) „(irgendwohin) führen". **Dovedl nás k soše K. H. Máchy.** „Er führte uns zur Statue des K. H. Mácha." **Dovedl dítě do školy.** „Er führte das Kind zur Schule." Nicht verwechseln mit **dovést** + Infinitiv „etwas zustande bringen, können". **Dovede pracovat.** „Er kann arbeiten."

(3) **Karel Hynek Mácha** (1810-1836), Dichter der Romantik, schrieb Gedichte und Erzählungen sowie das bekannte Versepos „Der Mai". ■ **povídky**, im Singular **povídka** „Erzählung, Geschichte". Für „Märchen" verwendet man **pohádka**: **Pohádky bratří Grimmů.** „Die Märchen der Gebrüder Grimm."

| 6 | Pokud jde o román, dávám přednost klasikům dvacátého století. Hašek, Čapek, Vančura a tak dál. ④
| 7 | – Samozřejmě: Hašek a jeho dobrý voják Švejk! Nezapomenutelná postava... Ten humor, ta satira! I když šlo o staré Rakousko–Uhersko... Myslím, že Hašek je spisovatel, jehož dílo je pořád stejně aktuální. ⑤
| 8 | – Že? Neříká se nadarmo, že každý Čech je trochu Švejk... A co si myslíte o současné literatuře? Po druhé světové válce? ⑥
| 9 | – Nejradši mám Hrabala, to je vynikající vypravěč. Někdy má, pravda, moc dlouhé věty. Ale má smysl pro humor. Milan Kundera taky, i když je dost ironický, kousavý. ⑦
| 10 | Mladší spisovatele moc neznám. Čtu je málokdy... A ani toho nelituji... ⑧

ANMERKUNGEN

④ **Pokud jde o** „was ... anbelangt, betrifft; bezüglich". ■ **klasikům,** Dativ Plural von **klasik** „Klassiker". ■ Der Romanheld Švejk in 'Die Abenteuer des braven Soldaten Švejk', einem satirischen Roman aus der Zeit des 1. Weltkriegs von **Jaroslav Hašek** (1883-1923), bringt es mit entwaffnender Gutmütigkeit fertig, die Maschinerie des Krieges unschädlich zu machen, indem er Befehle ins Absurde verdreht. ■ **Vladislav Vančura** (1891-1942) war Romanschriftsteller und Dramaturg.

⑤ **Rakousko-Uhersko** (n.) „Österreich-Ungarn". 1526 bestieg die österreichische Dynastie der Habsburger den böhmischen Thron. 1867-1918 war Tschechien der österreichisch-ungarischen Monarchie (**rakousko-uherská monarchie**) unterstellt. ■ **jehož** „dessen", Relativpronomen (m./n.), gebildet durch Anfügen von **-ž** an das Personalpronomen in der 3. Person. Das Femininum lautet **jejíž** „deren", der Plural für alle Geschlechter **jejichž** „deren". Die Deklination folgt den Regeln für die Relativpronomen: **s jeho/s jejím/s jejich otcem** „mit seinem/ihrem/ihrem Vater". **Chlapec, s jehož/Dívka, s jejímž/Dvojčata, s jejichž otcem jsem mluvil.** „Der Junge, mit dessen / Das Mädchen, mit dessen / Die Zwillinge, mit deren Vater ich gesprochen habe."

6		Was Romane anbelangt, [so] gebe ich den Klassikern des 20. Jahrhunderts den Vorzug. Hašek, Čapek, Vančura und so weiter.
7	–	Natürlich: Hašek und sein braver (guter) Soldat Švejk! Eine unvergessliche Gestalt ... Dieser Humor, diese Satire! Auch wenn es um das alte Österreich-Ungarn ging ... Ich finde (denke), dass Hašek ein Schriftsteller ist, dessen Werk ständig gleich aktuell bleibt (ist).
8	–	Nicht wahr? Nicht umsonst sagt man, dass jeder Tscheche ein bisschen ein Švejk ist ... Und was halten Sie von (denken Sie über) der gegenwärtigen Literatur? Seit (nach) dem 2. Weltkrieg?
9	–	Am liebsten habe ich Hrabal, das ist ein hervorragender Erzähler. Manchmal hat er in der Tat (freilich) zu lange Sätze. Aber er hat Sinn für Humor. So wie Milan Kundera, auch wenn er ziemlich ironisch, bissig ist.
10		Jüngere Schriftsteller kenne ich nicht sehr. Ich lese ihre Werke (Ich lese sie) selten ... Und ich bereue es nicht einmal ...

⑥ **nadarmo** „vergebens, umsonst, vergeblich". Nicht zu verwechseln mit **zadarmo** oder **zdarma** „kostenlos, umsonst". **Je to zadarmo! Vstup zdarma.** „Es ist kostenlos! Eintritt frei."

⑦ **Bohumil Hrabal** (geb. 1914) und **Milan Kundera** (geb. 1929) gehören zu den geschätzten zeitgenössischen Autoren.

⑧ **málokdy** „selten". Es werden noch weitere Adverbien und Indefinitivpronomen mit dieser Partikel gebildet: **málokdo** „kaum jemand" (wörtl. selten wer), **máloco** „kaum etwas" (wörtl. selten was), **málokde** „kaum irgendwo" (wörtl. selten wo), usw. ■ **litovat** (unvoll.) + Genitiv „etw. bereuen, bedauern": **Opravdu lituji.** „Es tut mir wirklich leid." **Lituji/je mi líto, že jsem to udělal.** „Ich bedaure, dass ich das gemacht habe." Aber: **litovat** + Akkusativ „jdn. bemitleiden, bedauern". **Litovat Evu z celého srdce.** „Eva von ganzem Herzen bemitleiden."

|11| Vezměte si například tu básnířku Novákovou, její první román dostal Národní cenu. To není román, to je galimatyáš! Příběh nemá hlavu ani patu. ⁹

|12| Božena Němcová by tohle nikdy nemohla napsat. Karel Čapek taky ne. To je aspoň můj názor. ¹⁰

|13| – Moje řeč. Pořád samý surrealismus, nový román, automatické psaní, a teď zase postmodernismus... ¹¹

|14| – Směšné! Psaní není pračka! A buď jsem moderní, nebo nejsem, k čertu!

|15| – Zkrátka mladá generace...

|16| – Mladá generace? Podívejte se na spisovatele, kteří jsou stejně staří jako my. Měli by mít rozum. Ale ne: publikují všelijaké nesmysly, jako by literatura byla pro ně jen legrace... ¹²

|17| Já mám legraci rád, ale všechno má své meze. Jestli autoři nezačnou brát psaní i čtenáře vážněji, bude to konec literatury! ¹³

(ANMERKUNGEN)

⁹ **tu básnířku Novákovou** „diese Dichterin Nováková." Demonstrativpronomen können, wie im Deutschen, für Aussagen mit negativem Unterton verwendet werden: **Ten David, ten její bratr, je blázen!** „Dieser David, ihr Bruder, ist ein Irrer!"

ⁱ⁰ **Božena Němcová** (1820-1862), Autorin zahlreicher Erzählungen und mehrerer Märchenbände. Ihr Roman **Babička** „Großmutter" gilt als der erste tschechische Roman des Realismus.

| 11 | Nehmen Sie zum Beispiel diese Dichterin Nováková, deren erster Roman einen nationalen Preis bekam. Das ist kein Roman, das ist ein wirres Kauderwelsch (Galimathias)! Die Geschichte hat weder Hand (Kopf) noch Fuß (Ferse).
| 12 | Božena Němcová würde so etwas niemals schreiben können. Karel Čapek auch nicht. Das ist zumindest meine Ansicht.
| 13 | – Meine Rede. Ständig lauter Surrealismus, neue Romane (neuer Roman), automatisches Schreiben, und jetzt wieder das Postmoderne ...
| 14 | – Lächerlich! Das Schreiben ist keine Waschmaschine! Und entweder ich bin modern oder ich bin es nicht, zum Teufel!
| 15 | – Kurzum, die junge Generation ...
| 16 | – Die junge Generation? Schauen Sie sich die Schriftsteller an, die so alt sind (gleich alt sind) wie wir. Sie sollten Vernunft haben. Aber nein: Sie publizieren allerlei Unsinn, als wäre die Literatur für sie nur ein Spaß ...
| 17 | Ich mag Spaß, aber alles hat seine Grenzen. Wenn die Autoren nicht anfangen, das Schreiben und die Leser ernster zu nehmen, wird das das Ende der Literatur sein!

---

⑪ **Moje řeč** „Meine Rede". **řeč** (f.) „Rede, Gespräch; Sprache". ■ **psaní** „Schreiben" auch im Sinne von **dopis** „Brief". ■ **surrealismus, postmodernismus...** Männliche Nomen auf **-ismus** werden nach dem Musterwort **hrad** dekliniert. Im Genitiv, Dativ und Lokativ Singular enden sie auf **-ismu** (**výstava kubismu** „Ausstellung des Kubismus"), im Instrumental Singular auf **-ismem**.

⑫ **publikovat** (unvoll.) „publizieren, veröffentlichen", Synonym zu **uveřejňovat, uveřejnit** „veröffentlichen" und **vydávat, vydat** „verlegen". Für „erscheinen" verwendet man **vycházet, vyjít**: **Jeho sbírka povídek vyšla v nakladatelství Spisovatel.** „Seine Geschichtensammlung ist im Verlag Spisovatel erschienen."

⑬ **meze**, Akkusativ Plural von **mez** (f.) „Schranke, Grenze".

První (1.) cvičení: Rozumíte těmto větám?

① Jaroslav vám ukáže cestu... Ostatně, jestli chcete, může vás dovést až k Technickému muzeu. ② Neruda, jehož "Malostranské povídky" se ti tolik líbily, žil v Praze. Bydlel na Malé Straně. ③ Pokud jde o sport, dávám přednost fotbalu a hokeji; box nemám rád. ④ Koupil si novou automatickou pračku. ⑤ Božena Němcová? To je autorka, jejíž knihy by se měly znovu vydat.

Druhé (2.) cvičení: Doplňte chybějící slova!

① Könntest du mir einen Tipp geben, wie ich zum Flughafen komme?

. . . . mi . . . . , . . . se dostanu na letiště?

② Gehen Sie geradeaus, und an der nächsten Kreuzung biegen Sie links ab.

Jděte . . . . . a na . . . . . . křižovatce zahněte . . . .

③ Kaum jemand hat einen solchen Sinn für Humor, denkst du nicht [auch]?

Málokdo má takový . . . . , nemyslíš?

④ Das ist der Junge, dessen Vater wir auf dem Kongress in Olomouc getroffen haben.

To je . . . chlapec, ... otce . . . . na kongresu v Olomouci.

⑤ Wenn ich gewusst hätte, dass Božena Němcová und Alois Jirásek zu den Autoren gehörten, deren Romane ihr so gefallen haben ...

. . . . byl věděl, že Božena Němcová a Alois Jirásek patřili mezi . . . . . . , ... romány se jí tolik líbily...

Řešení prvního cvičení: Rozuměli jste?

❶ Jaroslav zeigt Ihnen den Weg ... Übrigens, wenn Sie möchten, kann er Sie bis zum Technischen Museum bringen (führen). ❷ Neruda, dessen "Kleinseitner Geschichten" dir so gefallen haben, lebte in Prag. Er wohnte auf der Kleinseite. ❸ Was den Sport anbelangt, so gebe ich Fußball und Hockey den Vorzug; Boxen mag ich nicht. ❹ Er kaufte sich eine neue (automatische) Waschmaschine. ❺ Božena Němcová? Das ist eine Autorin, deren Bücher neu verlegt werden sollten.

❻ Hast du dir die neue Sammlung von Hrabals Erzählungen gekauft, über die wir gesprochen hatten? – Wir sprachen über seine alten Erzählungen; gerade jetzt sind sie wieder im Verlag Spisovatel erschienen.

. . . . tu novou sbírku Hrabalových
. . . . o kterých jsme mluvili? – Mluvili jsme
. . . . . povídkách; právě teď znovu
vyšly v . . . . Spisovatel.

Řešení druhého cvičení: Chybějící slova.

❶ Mohl bys - poradit - jak ❷ rovně - příští - doleva ❸ smysl pro humor ❹ ten - jehož - jsme potkali ❺ Kdybych - autory - jejichž ❻ Koupil sis - povídek - o jeho starých - nakladatelství.

Sprichwort des Tages
mít hlavu na pravém místě
"Köpfchen haben"
("den Kopf am richtigen Platz haben")

Druhá vlna: Proberte dnes aktivně třicátou sedmou (sedmatřicátou) (37.) lekci!

LEKTION 86

▶ Osmdesátá sedmá (87.) lekce

Švestkové knedlíky

1 – Dvacet pět deka tvarohu, jedno celé vejce a jeden žloutek, jedna lžíce másla, tři lžíce mouky a tři strouhanky… ①
2 – To je recept na tvarohový koláč?
3 – Na knedlíky se švestkami. Nebo s meruňkami, s jahodami… jak chceš. ②
4   Výhoda je, že to je rychlé a snadné. Připravíš těsto; do kousků těsta zabalíš ovoce a pak knedlíky hodíš do vařící vody. A přidáš špetku soli. ③
5 – Jak dlouho se to vaří?
6 – Pět minut.
7 – Věděl jsem, že jsi gurmánka, ale netušil jsem, že jsi taková kuchařka! Umíš dělat i kynuté knedlíky?

Siebenundachtzigste Lektion

Zwetschgenknödel

1. – 250 Gramm (25 Dekagramm) Quark, ein ganzes Ei und ein Eigelb, ein Esslöffel Butter, drei Esslöffel Mehl und drei [Esslöffel] Semmelbrösel ...
2. – Das ist ein Rezept für Quarkkuchen?
3. – Für Knödel mit Pflaumen. Oder mit Aprikosen, mit Erdbeeren ... wie du willst.
4. – Der Vorteil ist, dass es schnell und einfach ist. Du bereitest den Teig vor; tust (verpackst) die Früchte in Teigstückchen, und dann wirfst du die Knödel in kochendes Wasser. Und gibst eine Prise Salz hinzu.
5. – Wie lange kocht man das?
6. – Fünf Minuten.
7. – Ich wusste, dass du eine Feinschmeckerin bist, aber ich ahnte nicht, dass du so eine Köchin bist! Kannst du auch Hefeknödel machen?

ANMERKUNGEN

① **lžíce** „(Ess-)Löffel".

② **švestkami, meruňkami**, Instrumental Plural von **švestka** „Pflaume, Zwetsche" und **meruňka** „Aprikose".

③ **Připravovat** (unvoll.), **připravit** (voll.) „vorbereiten". ■ **balit** (unvoll.), **zabalit** (voll.) „(ein-)packen, verpacken; einwickeln". ■ **házet** (unvoll.), **hodit** (voll.) „werfen". Ist das vollendete Verb reflexiv, bedeutet es „passen". Man verwendet es überwiegend in Redensarten: **Hodí se vám to?** „Passt es Ihnen?". **Jak se vám to hodí?** „Wie passt es Ihnen?". ■ **vařící** „kochend" ist von **vařit, uvařit** „kochen" abgeleitet. ■ **přidávat** (unvoll.), **přidat** (voll.) „(hin-)zugeben, hinzutun, hinzufügen". ■ **špetku**, Akkusativ Sing. von **špetka** „Prise". ■ **soli**, Genitiv Sing. von **sůl** (f.) „Salz". Für „salzen" verwendet man **solit**.

| 8 | – Jistě. Naučila mě to Marie; zná stovky receptů – a dobrou desítku receptů na knedlíky. ④
| 9 | – Kynuté těsto, to trvá dlouho… I když rád mám obojí. ⑤
| 10 | – Teď mě napadá, že máme na zahradě plno švestek, se kterými se bude muset něco udělat. Jsou už zralé… ⑥
| 11 | – A co kdybych ti pomohl…? Dnes odpoledne mám volno. ⑦
| 12 | – Mohl bys? Jsi opravdu hodný… Natrháš si samozřejmě i pro sebe. A pak bys mohl zůstat na večeři… Jako zastara. Pamatuješ? ⑧
| 13 | – V sedm mám schůzku s Kristýnou… Mohl bych jí zavolat… Chci říct, že Kristýna by se s tebou jistě ráda setkala. ⑨
| 14 | – Ach tak… Myslíš?

(ANMERKUNGEN)

④ **stovky, desítku**, Akkusativ Plural von **stovka** „(die) Hundert" und Singular von **desítka** „(die) Zehn". Substantivierte Zahlwörter sind weiblich, von Grundzahlwörtern abgeleitet und werden mit **-ka** (teilweise auch **-(ič)ka** und **-(oj)ka**) gebildet: **jednička, dvojka, trojka, čtyřka, pětka, šestka, sedmička, osmička, devítka,** usw. Man verwendet sie bei Straßenbahn- und Buslinien, Hausnummern, Hotelzimmern, Schuh- und Kleidergrößen, dem Alkoholgehalt eines Getränks usw.

⑤ **trvat** (unvoll.) „(an-)dauern". **Jak dlouho to bude trvat?** „Wie lange wird das dauern?" ■ **obojí** „beide, beiderlei", ein Gattungszahlwort. Es wird wie ein Adjektiv dekliniert und mit den Endungen **-ojí** (**obojí, dvojí, trojí**) oder **-erý/-á/-é** (**čtverý, paterý, šesterý, sedmerý** usw.) gebildet. Man benutzt sie für Elemente der gleichen „Gattung". Die Kurzformen der Gattungs- zahlwörter **dvoje (oboje), troje, čtvery, patery** usw. kennen Sie bereits.

| 8 | – | Sicher. Marie hat es mir beigebracht; sie kennt Hunderte von Rezepten – und gut zehn Knödelrezepte.
| 9 | – | Ein Hefeteig, der dauert lange ... Auch wenn ich beides mag.
| 10 | – | Jetzt fällt mir ein, dass wir im Garten eine Menge Pflaumen haben, mit denen etwas gemacht werden muss (gemacht wird werden müssen). Sie sind schon reif ...
| 11 | – | Wie wäre es, wenn ich dir helfe (und was wenn ich dir helfen würde) ...? Heute Nachmittag habe ich frei.
| 12 | – | Könntest du? Du bist wirklich nett ... Du pflückst natürlich auch für dich. Und dann könntest du zum Abendessen bleiben ... Wie früher. Erinnerst du dich?
| 13 | – | Um sieben habe ich eine Verabredung mit Kristýna ... Ich könnte sie anrufen ... Ich meine, dass Kristýna dich sicher gerne treffen würde (sich sicher gern mit dir treffen würde).
| 14 | – | Ach so ... Meinst du?

⑥ **plno** + Genitiv „eine Menge (von)". **Plno švestek, se kterými...** „Eine Menge Pflaumen, mit denen ...". Das Relativpronomen richtet sich in Zahl und Geschlecht nach dem Bezugswort. Der Fall kann jedoch die Form des Pronomens, seiner Funktion im Nebensatz entsprechend, verändern: **Ten černý pes, který je na zahradě** (= Nom.) „Der schwarze Hund, der im Garten ist." – **Ten černý pes, kterého vidím na zahradě** (= Akk.) „Der schwarze Hund, den ich im Garten sehe." – **Ten černý pes, o kterém mluvím** (= Lok.) „Der schwarze Hund, über den ich spreche."

⑦ **pomáhat** (unvoll.), **pomoct** (voll.) + Dativ „jdm. helfen": **Jan pomáhá/pomůže Robertovi.** „Jan hilft Robert / wird Robert helfen." **Pomohli vám?** „Haben sie euch geholfen?"

⑧ **zůstávat** (unvoll.), **zůstat** (voll.) „bleiben; übrig bleiben, verbleiben". ■ **zastara** „einst, früher, in alten Zeiten". ■ **Pamatovat si** + Akkusativ/**se na** + Akkusativ (unvoll.) „sich an etwas erinnern, sich etwas merken". Das Synonym hierzu ist **zapamatovat si** „sich etw. merken/einprägen".

⑨ **setkávat se** (unvoll.), **setkat se** (voll.) **s** + Instrumental „sich treffen". Sie kennen bereits **potkávat, potkat**: „jdn. treffen" und **seznamovat se, seznámit se** „jdn. kennenlernen, mit jdm. Bekanntschaft machen".

První (1.) cvičení: Rozumíte těmto větám?

① Jak dlouho vám to bude trvat? ② Ta dívka, se kterou jsme byli včera na koncertě, je má nová přítelkyně Kristýna. ③ Je důležité, aby mu ještě dnes zatelefonovala. ④ Umíš vařit? Vaříš rád? ⑤ Kterou tramvají mám jet? – Jeďte dvanáctkou nebo šestnáctkou, až na konečnou.

Druhé (2.) cvičení: Doplňte chybějící slova!

① Drei Pilsner, bitte: zwei Zwölfer (12°), ein Zehner (10°).

Tři . . . . . , prosím: dvě dvanáctky, jednu

. . . .

② Wie heißt der alte Film, über den Josef gestern sprach?

. . . . ten starý film, o . . . . . .
mluvil včera Josef?

③ Er wollte, dass ich ihm einen Kuchen mit Pflaumen und einen mit Aprikosen kaufe.

. . . . . , ... mu koupil jeden koláč se
. . . . a jeden s meruňkami.

④ [An] dieses Hotel erinnere ich mich sehr gut. Wir trafen uns dort mit euren Freunden, mit Frau und Herrn Horák.

. . . hotel si velice dobře . . . .
Setkali . . . . . . tam s vašimi . . . . ,
s paní a panem Horákovými.

⑤ Welche Ski nimmst du: Langlauf- oder Abfahrtski? – Beide.

. . . . lyže si . . . . . . : běžky nebo sjezdovky?
– . . . . . .

Řešení prvního cvičení: Rozuměli jste?

① Wie lange wird es (Ihnen) dauern? / Wie lange werden Sie dafür brauchen?
② Das Mädchen, mit dem wir gestern im Konzert waren, ist meine neue Freundin Kristýna. ③ Es ist wichtig, dass sie ihn heute noch anruft. ④ Kannst du kochen? Kochst du gerne? ⑤ Mit welcher Straßenbahn soll ich fahren? – Fahren Sie mit der 12 oder der 16 bis zur Endstation.

⑥ Veronika spielt auf dem Hof mit dem großen schwarzen Hund, mit dem Mikuláš morgens die Butter holen ging. Im Übrigen haben sie die Hörnchen vergessen.

Veronika si hraje na dvoře s tím velkým
. . . . . . psem, se . . . . . . šel Mikuláš ráno
. . . máslo. Ostatně . . . . na rohlíky.

Řešení druhého cvičení: Chybějící slova.

① plzně - desítku ② Jak se jmenuje - kterém ③ Chtěl - abych - švestkami ④ Ten - pamatuji - jsme se - přáteli ⑤ Jaké - vezmeš - Oboje ⑥ černým - kterým - pro - zapomněli

Sprichwort des Tages
znát jako své boty
„wie seine eigene Westentasche kennen"
(„wie seine eigenen Schuhe kennen")

Druhá vlna: Proberte dnes aktivně třicátou osmou (osmatřicátou) (38.) lekci!

LEKTION 87

▶ Osmdesátá osmá (88.) lekce

Pojištění proti úrazům

1 – Jsi samá modřina! Měl jsi nějaký úraz? Spadl jsi ze schodů? ①

2 – Z kola. Trénoval jsem na silnici pod Bílou skálou, kde bude příští závod. A v zatáčce najednou vyběhl z lesa kanec. ②

3 – Proboha... Nestačil ses mu vyhnout? Napadl tě? ③

4 – Měl jsem úplně idiotskou reakci: chtěl jsem zabrzdit! Jel jsem plnou rychlostí, snad padesátkou... A jakmile jsem stiskl brzdy – oběma rukama! –, dostal jsem samozřejmě smyk. ④

5 – Takže jsi spadl...

6 – Ne hned. Sjel jsem na krajnici. Znovu jsem dostal smyk. Přeletěl jsem patník, pak příkop a křoví. A bác! Kolo skončilo v příkopu.

(ANMERKUNGEN)

① **úraz** „Unfall" mit Körperverletzung. **Nehoda** bedeutet ebenfalls „Unfall", aber mit materiellem Schaden. **Pojištění proti úrazům** heißt „Unfallversicherung", **automobilové pojištění** „Autoversicherung". ■ **(ze) schodů** „Treppe", Genitiv Plural von **schod** „Stufe".

② **skálou**, Instrumental Sing. von **skála** „Felsen, Fels(-block)". ■ **(v) zatáčce**, Lokativ Sing. von **zatáčka** „Kurve, Biegung" ist von **zatáčet, zatočit** „umdrehen, wenden, einbiegen" abgeleitet. **Silnice zatáčí doprava.** „Die Straße biegt nach rechts ab." ■ **vybíhat** (unvoll.), **vyběhnout** (voll.) „hinauslaufen; vorspringen".

Achtundachtzigste Lektion

Unfallsversicherung (Versicherung gegen Unfälle)

1 – Du bist voller blauer Flecken! Hattest du (irgend)einen Unfall? Bist du die Treppe heruntergefallen (von der Treppe gefallen)?
2 – Vom Fahrrad. Ich habe auf der Straße unterhalb des Weißen Felsens trainiert, wo das nächste Rennen stattfinden (sein) wird. Und in der Kurve sprang (rannte) plötzlich ein Wildschwein aus dem Wald.
3 – Um Gottes willen ... Hast du es nicht [mehr] geschafft, ihm [noch] auszuweichen. Hat es dich angefallen?
4 – Ich hatte eine total idiotische Reaktion: Ich wollte bremsen! Ich fuhr mit voller Geschwindigkeit, vielleicht mit fünfzig ... Und sowie (sobald) ich die Bremsen gedrückt hatte – mit beiden Händen! – kam ich natürlich ins Schleudern.
5 – So dass du heruntergefallen bist ...
6 – Nicht gleich. Ich rutschte auf den Randstreifen. Ich kam wieder ins Schleudern. Ich flog über den Randstein, dann den Graben und ein Gebüsch. Und bumm! Das Fahrrad landete (endete) im Straßengraben.

③ Die Redensart **Proboha** „Um Gottes/Himmels willen" stammt von **bůh** „Gott" (f.: **bohyně**). ■ **stačit** „reichen, genügen" + Infinitiv bedeutet etwa „genug Zeit haben etw. zu tun". ■ **vyhýbat se** (unvoll.), **vyhnout se** (voll.) + Dativ „etw./jdm. ausweichen". ■ **Napadat** (unvoll.), **napadnout** (voll.) + Akkusativ „angreifen, überfallen; einfallen". (In Verbindung mit einem Überraschungseffekt verwendet man das Synonym **přepadat, přepadnout**.) Häufig wird das Verb in der unpersönlichen Konstruktion verwendet: **Napadlo mě, že...** „Mir fiel ein, dass ...".

④ **idiotský/-á/-é**, **blbý/-á/-é** oder **pitomý/-á/-é** ist umgangssprachlich: „idiotisch, blöd(sinnig)". ■ **reakci**, Akkusativ Sing. von **reakce** „Reaktion". Das Verb hierzu ist **reagovat** „reagieren". ■ **brzdit** (unvoll.), **zabrzdit** (voll.) „bremsen", **brzda** „Bremse". ■ **tisknout** (unvoll.), **stisknout** (voll.) „drücken, pressen". Aber: **tisknout, vytisknout** „drucken". ■ **oběma rukama**, Instrumental Plural des „Duals" **obě ruce** „beide Hände". Erinnern Sie sich noch an den Dual? Wir haben ihn in Lektion 76 behandelt. ■ **dostat smyk** „ins Schleudern kommen".

| 7 | Já jsem dopadl o pět metrů dál – jako zázrakem na mech! Přitom okolo mě byly všude stromy, pařezy a velké kameny… Kanec zmizel. ⑤

| 8 | Zkusil jsem hýbat nohama a rukama. Bolelo mě levé koleno a kotník, z nosu mi tekla krev, ale to bylo všechno. Žádné vážnější zranění – podle všeho jsem si nic nezlomil… ⑥

| 9 | Kolo bylo taky celé. Nefungoval zvonek a pravá brzda se zablokovala… maličkosti, které jsem mohl opravit na místě. ⑦

| 10 | – Měl jsi štěstí! Mohlo to dopadnout mnohem hůř… Měl bys být opatrnější! ⑧

ANMERKUNGEN

⑤ **dopadat** (unvoll.), **dopadnout** (voll.) „fallen, auf-, einschlagen". **dopadnout** bedeutet auch „ausgehen, enden": **dopadnout dobře/špatně** „gut/schlecht ausgehen". ■ **jako zázrakem** „wie durch ein Wunder". ■ **okolo** + Genitiv „um … herum, ringsum", Synonym von **kolem**. ■ **kameny**, Plural von **kámen** (m.) „Stein".

| 7 | Ich landete fünf Meter weiter – wie durch ein Wunder im (auf das) Moos! Dabei waren überall um mich herum Bäume, Baumstümpfe und große Steine ... Das Wildschwein verschwand.
| 8 | Ich versuchte, Hände und Füße zu bewegen. Mein linkes Knie und der Fußknöchel taten mir weh, ich blutete aus der Nase (lief Blut), aber das war alles. Keine ernsteren Verletzungen – allem Anschein nach hatte ich mir nichts gebrochen ...
| 9 | Das Fahrrad war auch ganz. Die Klingel funktionierte nicht, und die rechte Bremse blockierte ... Kleinigkeiten, die ich an [Ort und] Stelle reparieren konnte.
| 10 | – Du hattest Glück! Es hätte viel schlimmer ausgehen können (das konnte viel schlimmer ausgehen) ... Du solltest vorsichtiger sein!

⑥ **Bolelo mě koleno a kotník.** „Mir taten das Knie und der Knöchel weh." Ein Verb vor mehreren Subjekten bezieht sich stets auf das nächststehende Subjekt: **Byla tam Eva, David a Jan.** „Dort waren Eva, David und Jan". Ein Verb hinter mehreren Subjekten steht im Plural, und zwar stets in der männlichen belebten Form, es sei denn, alle Subjekte sind weiblich oder sächlich: **Lidé a domy tam vypadali stejně: šedivě a zamračeně.** „Leute und Häuser sahen dort gleich aus: grau und düster." **Eva a Jana odešly dost brzo.** „Eva und Jana gingen ziemlich früh." ■ **téct** „fließen, rinnen, strömen, laufen". **Teče/tekla mu krev.** „Ihm läuft/lief Blut", unpersönliche Konstruktion mit Dativ, die dem literarischen **krvácet** „bluten" entspricht. ■ **zranění** „Verletzung"; **zranit (se)** „sich verletzen". Für „Wunde" verwendet man **rána**. ■ **zlomit (si)** „(sich) brechen". Für „kaputtmachen" verwendet man **rozbít**: **Zlomil si nohu.** „Er brach sich das Bein." **Rozbil sklenici.** „Er zerbrach das Glas."

⑦ **fungovat** „funktionieren; fungieren". Man sagt **Pošta/veřejná doprava funguje dobře/špatně.** „Die Post/Beförderung mit öffentlichen Verkehrsmitteln funktioniert gut/schlecht." **Telefon/výtah nefunguje.** „Das Telefon / der Aufzug funktioniert nicht." ■ **zvonek** „Klingel", Verkleinerung von **zvon** „Glocke". ■ **maličkosti** (Sing. **maličkost** (f.)) „Kleinigkeit", abgeleitet von **maličký/-á/-é** „klein, winzig" (Verkleinerung **malý/-á/-é**).

⑧ **opatrnější**, Komparativ von **opatrný/-á/-é** „vorsichtig".

| 11 | – Budu. Pro jistotu dám zítra obě brzdy zkontrolovat. Můžu je nechat i vyměnit. Jsem pojištěný, pojišťovna to zaplatí... V sobotu bych rád pokračoval v tréninku. ⁽⁹⁾
| 12 | – Nemáš rozum. Co uděláš, jestli zase potkáš kance?
| 13 | – Rozhodně nebudu brzdit. Je to bezpečnější. ⁽¹⁰⁾
| 14 | – Na to by ses měl zeptat spíš toho kance…

(ANMERKUNGEN)

⁽⁹⁾ **Pro jistotu** „zur Sicherheit, sicherheitshalber, vorsorglich". ■ **kontrolovat** (unvoll.), **zkontrolovat** oder **překontrolovat** (voll.) „kontrollieren, überprüfen".

První (1.) cvičení: Rozumíte těmto větám?

❶ Stalo se vám něco? Jste pojištěný? ❷ Spadl z motorky. Pršelo; jel sotva šedesátkou, ale v zatáčce za mostem dostal smyk. ❸ Naštěstí se mu nestalo nic vážného. ❹ Ta tenistka s těma krásnýma nohama, to je Zuzana? ❺ Doma byl jenom pes a kočka; Jana s Petrem se vrátili okolo půlnoci.

Druhé (2.) cvičení: Doplňte chybějící slova!

❶ Er schaffte es nicht, zu bremsen. Er prallte gegen einen Randstein und landete (endete) im Straßengraben.

 . . . . zabrzdit. Narazil do patníku a skončil

 . . . .

❷ Gleich hinter der Kurve waren ein See und eine kleine Wiese; über dem Tal waren große weiße Felsen.

 Hned za zatáčkou . . . rybník a malá louka; nad údolím . . . . velké bílé . . . .

| 11 | – | Werde ich sein. Zur Sicherheit lasse (gebe) ich morgen beide Bremsen kontrollieren. Ich kann sie sogar auswechseln lassen. Ich bin versichert, die Versicherung bezahlt das ... am Samstag würde ich gern das Training fortsetzen (mit dem Training fortfahren).
| 12 | – | Du bist nicht vernünftig (hast keine Vernunft). Was machst du, wenn du das Wildschwein wieder triffst?
| 13 | – | Ich werde gewiss nicht bremsen. Das ist sicherer.
| 14 | – | Danach solltest du dich eher bei dem Wildschwein erkundigen ...

(10) **bezpečnější**, Komparativ von **bezpečný/-á/-é** „gefahrlos, sicher". Das Gegenwort lautet **nebezpečný** „gefährlich". Für „sicher" im Sinne von „gewiss" verwendet man **jistý**.

Řešení prvního cvičení: Rozuměli jste?

❶ Ist Ihnen etwas passiert? Sind Sie versichert? Er fiel vom Motorrad. ❷ Es regnete; er fuhr höchstens sechzig, aber in der Kurve hinter der Brücke kam er ins Schleudern. ❸ Zum Glück ist ihm nichts Ernstes passiert. ❹ Die Tennisspielerin mit den wunderschönen Beinen, das ist Zuzana? ❺ Zu Hause waren nur der Hund und die Katze; Jana und Petr kamen um Mitternacht herum zurück.

❸ Was würdest du machen, wenn du im Wald ein Wildschwein treffen würdest?

Co . . . . , ... potkal v lese kance?

❹ Morgens kam (floss) kein warmes Wasser, jetzt kommt (fließt) nicht einmal das kalte! Der Aufzug funktioniert nicht, und das Telefon ist kaputt. Und das nennst du (dazu sagst du) Kleinigkeiten?

Ráno . . . . teplá voda, teď už neteče ani
. . . . ! . . . . výtah a je rozbitý telefon.
A tomu říkáš . . . . ?

⑤ Können Sie mit dem rechten Ohr wackeln (bewegen)? Und mit dem linken? Und mit beiden auf einmal? Bravo!

Umíte ..... pravým uchem? A ..... ?
A ..... najednou? Bravo!

Wie das Deutsche kennt auch das Tschechische eine ganze Menge Ausrufe und lautnachahmende Ausdrücke, darunter:
bác! bumm! - **prásk!** wums! - **ťuk ťuk!** tock tock! - **cink!** klirr!/kling! - **crr!** dring! - **bim! bam!** ding! dong! - **žbuňk!** platsch! - **hop!** hopp! - **au!** au! - **brr!** brr! - **fuj!** pfui! - **hepčik!** hatschi! - **pšt!** psst! und – **hurá!** Hurra!

▶ Osmdesátá devátá (89.) lekce

Na policii

1 – Kdes byl tak dlouho? Je skoro půlnoc! ①
2 – Na policii. Málem mě zatkli... ②
3 – Zatkli? Cos udělal?
4 – Dva chuligáni chtěli jedné slečně ukrást kabelku. Slyšel jsem, jak vykřikla... ③
5 Ulice byla prázdná, široko daleko nikdo... Honem jsem tam běžel. Když mě uviděli, utekli. Kabelka zůstala ležet na chodníku. ④

ANMERKUNGEN

① Das Hilfsverbs **jsi** verschmilzt in der Umgangssprache mit dem Fragewort in der Vergangenheitsform: **Kde jsi byl?** → **Kdes byl?** „Wo warst du?" **Co jsi udělal?** → **Cos udělal?** „Was hast du gemacht?".

② Das Adverb **málem** „beinahe, fast" wird häufig in Redewendungen verwendet: **Málem jsem zapomněl**. „Fast hätte ich vergessen (Beinahe habe ich vergessen)."

Řešení druhého cvičení: Chybějící slova.

① Nestačil - v příkopu ② byl - byly - skály ③ bys udělal - kdybys ④ netekla - studená - Nefunguje - maličkosti? ⑤ hýbat - levým - oběma

Sprichwort des Tages
mít v malíčku
„etwas aus dem Stegreif können"
(„es im kleinen Finger haben")

Druhá vlna: Proberte dnes aktivně třicátou devátou (devětatřicátou) (39.) lekci!

Neunundachtzigste Lektion

Auf der Polizei[wache]

| 1 | – | Wo warst du so lange? Es ist fast Mitternacht!
| 2 | – | Bei der Polizei. Fast hätten (haben) sie mich verhaftet ...
| 3 | – | Verhaftet? Was hast du getan?
| 4 | – | Zwei Gauner wollten einem Fräulein die Handtasche stehlen. Ich hörte, wie sie aufschrie ...
| 5 | | Die Straße war leer, weit und breit kein Mensch (niemand) ... Ich lief schnell dort hin. Als sie mich sahen, rannten sie weg. Die Handtasche blieb auf dem Gehweg liegen.

③ **chuligáni** (Sing. **chuligán**, f.: **chuligánka**) „Gauner, Hooligan". ■ **krást** (unvoll.), **ukrást** oder **ukradnout** (voll.) „stehlen". **Krádež** (f.) „Diebstahl". ■ **vykřikovat** (unvoll.), **vykřiknout** (voll.) „aufschreien, einen Schrei ausstoßen", abgeleitet von **křičet, křiknout** „schreien".

④ **široko daleko** „weit und breit" ist ein Synonym von **do nedohledna** „außer Sichtweite". Manche Adverbien kommen als Wortpaar mit zwei Formen vor: **široko/široce, daleko/dalece**. Ihre Bedeutung variiert leicht. Mehr dazu in Lektion 91. ■ **Honem** „schnell, geschwind". ■ **(na) chodníku**, Lokativ Sing. von **chodník** „Gehweg".

| 6 | – To bylo od tebe hezké. A odvážné. Dneska jsou lidé tak lhostejní. Mají strach z násilí, pochopitelně. Slečna byla jistě ráda. ⑤
| 7 | – Těžko říct. Myslela, že patřím k těm zlodějům. Jakmile se vzpamatovala z prvního šoku, zaútočila. ⑥
| 8 | – Zaútočila?
| 9 | – Ve vteřině jsem byl na zemi. Ztratil jsem vědomí. Pak přijelo policejní auto. Odvezli nás oba na stanici, kde se naštěstí všechno vysvětlilo. ⑦
| 10 | Dotyčná slečna byla dvojnásobná šampiónka Severní Moravy v karate. Vysvětlovala policistům, že mi nechtěla ublížit – jenom mě zneškodnit. Myslela, že jsem kriminální živel. ⑧
| 11 | – To je ale drzost! Kriminální živel... Státní úředník, slušný člověk! ⑨
| 12 | – Bylo tma, bylo špatně vidět... Nemohl jsem se na ni vlastně zlobit. ⑩

(ANMERKUNGEN)

⑤ **pochopitelně** „begreiflicher-, verständlicherweise".

| 6 | – | Das war nett von dir. Und mutig. Heutzutage sind die Leute so gleichgültig. Sie haben Angst vor Gewalt, verständlicherweise. Das Fräulein war sicher froh.
| 7 | – | Schwer zu sagen. Sie dachte, dass ich zu den Dieben gehöre. Sowie sie sich vom ersten Schock erholte, griff sie [mich] an.
| 8 | – | Sie griff an?
| 9 | – | In einer Sekunde war ich am Boden. Ich verlor das Bewusstsein. Dann kam ein Polizeiauto. Sie brachten uns beide zur Wache, wo alles zum Glück aufgeklärt wurde (sich alles aufklärte).
| 10 | | Das betreffende Fräulein war zweifache Karatemeisterin von Nordmähren. Sie erklärte den Polizisten, dass sie mir nicht weh tun wollte (keinen Schaden zufügen wollte) – mich nur unschädlich machen [wollte]. Sie dachte, ich sei ein kriminelles Element.
| 11 | – | Das ist aber eine Frechheit! Kriminelles Element ... Ein Staatsbeamter, ein anständiger Mensch!
| 12 | – | Es war dunkel, schlecht zu sehen ... Ich konnte ihr eigentlich nicht böse sein.

⑥ **Těžko** bildet ein Wortpaar mit **těžce** „schwer, hart, mühsam". ■ **zlodějům**, Dativ Plural von **zloděj** (f.: **zlodějka**) „Dieb". ■ **vzpamatovávat se** (unvoll.), **vzpamatovat se** (voll.) „zur Besinnung kommen, das Bewusstsein wiedererlangen". ■ **šoku**, Genitiv Sing. von **šok** „Schock". ■ **útočit** (unvoll.), **zaútočit** (voll.) „angreifen".

⑦ **Ztrácet** (unvoll.), **ztratit** (voll.) „verlieren". ■ **vysvětlovat** (unvoll.), **vysvětlit** (voll.) „erklären, aufklären".

⑧ **dvojnásobný/-á/-é** „zweifach". Multiplikationszahlwörter werden mit der Endung **-násobný** gebildet: **trojnásobný, čtyřnásobný, pětinásobný, šestinásobný,** usw. Die Synonyme **dvojitý, trojitý** benutzt man für Dinge, die aus zwei oder drei gleichen Bestandteilen bestehen: **dvojité okno, trojité hradby** „doppelte Fenster, dreifache Wälle". ■ **karate** ist unveränderlich. ■ **policistům**, Dativ Plural von **policista** (f.: **policistka**) „Polizist".

⑨ **drzost** (f.) „Frechheit, Dreistigkeit, Unverfrorenheit". **drzý/-á/-é** „frech, dreist, unverfroren". ■ **slušný/-á/-é** „anständig".

⑩ **Je/Bylo tma.** „Es ist/war dunkel". In dieser unpersönlichen Konstruktion gehört **tma** wieder zu einem Adverbpaar. ■ **zlobit se** (unvoll.) **na** + Akkusativ „jdm. böse sein". Das vollendete **rozzlobit se** bedeutet „wütend werden".

13 – Ještě by ses jí chtěl omlouvat! Já bych na ni podala žalobu u soudu... Co vlastně dělala sama v noci na ulici? ⑪

14 – Nevím. Ale zjistím to. Zítra. Chci se zapsat do klubu karate... ⑫

(ANMERKUNGEN)

⑪ **omlouvat se** (unvoll.), **omluvit se** (voll.) „sich entschuldigen/rechtfertigen". „Entschuldigen" im Sinne von „verzeihen" bedeutet **promíjet, prominout: Omlouvám se.** „Ich entschuldige mich." – **Promiňte.** „Verzeihen Sie." ■ **žalobu**, Akkusativ Sing. von **žaloba** „Klage" (juristisch). ■ **(u) soudu**, Genitiv Sing. von **soud** „Gericht" (juristisch).

První (1.) cvičení: Rozumíte těmto větám?

❶ Málem vykřikla: Zloděj! Chyťte zloděje! ❷ Je to dost daleko, odvezu vás tam autem. ❸ Nezlob se... Ztratila jsem tašku se všemi tvými knihami a časopisy... a s tvými klíči. ❹ To je těžko říct. Kdybych jen věděl, že Ivana je trojnásobná šampionka Evropy v karate! ❺ Neublížil jste si? Jste zraněný? ❻ Dlouze se zamyslel. ❼ Čekáte tady dlouho?

Druhé (2.) cvičení: Doplňte chybějící slova!

❶ Morgens war es noch kühl. Aber am Nachmittag wird es warm werden, wenn nicht sogar heiß.

Ráno . . . . ještě chladno. Ale odpoledne . . . ., ne-li dokonce horko.

❷ Er erklärte uns lange, dass in den Großstädten lauter Gewalt, Drogen und Prostitution herrscht (ist).

. . . . nám . . . . . . , že ve velkoměstech to je samé . . . . . . , drogy a prostituce.

|13| — Du würdest dich bei ihr noch entschuldigen (entschuldigen wollen)! Ich würde sie anzeigen (gegen sie eine Klage beim Gericht erheben) ... Was hat sie eigentlich nachts alleine auf der Straße gemacht?

|14| — Ich weiß nicht. Ich werde es in Erfahrung bringen. Morgen. Ich will mich im Karateklub einschreiben ...

(ANMERKUNGEN)

⑫ **zjišťovat** (unvoll.), **zjistit** (voll.) „feststellen, ermitteln, in Erfahrung bringen". ■ **zapisovat (se)** (unvoll.), **zapsat (se)** (voll.) „(sich) einschreiben/eintragen".

(Řešení prvního cvičení: Rozuměli jste?)

❶ Beinahe schrie sie auf: Ein Dieb! Fangt den Dieb! ❷ Es ist ziemlich weit, ich fahre Sie mit dem Wagen dort hin. ❸ Sei nicht böse ... Ich habe die Tasche mit all deinen Büchern und Zeitschriften verloren ... und mit deinen Schlüsseln. ❹ Das ist schwer zu sagen. Wenn ich nur wüsste (oder: gewusst hätte), dass Ivana dreifache Europameisterin in Karate ist! ❺ Haben sie sich (nicht) weh getan? Sind sie verletzt? ❻ Er hat lange nachgedacht. / Er war lange in Gedanken versunken. ❼ Warten sie hier [schon] lange?

❸ Peter Maier, der gestrige zweifache Sieger im Hundert- und Zweihundertmeter-Lauf, siegte auch heute über seinen größten Gegner, den Tschechen Jan Zajíc. Wir gratulieren!

Peter Maier, včerejší . . . . vítěz v běhu na sto a na dvě stě . . . . . , zvítězil i dnes nad svým . . . . soupeřem, ... Janem Zajícem. . . . . !

④ Sei nicht frech! Wenn du dich weiterhin mit diesen Gaunern triffst, landest (endest) du eines Tages mit ihnen im Gefängnis.

..... drzý! Jestli se budeš dál stýkat s těmi ...., skončíš ..... jednou ve vězení!

⑤ Wir befreundeten uns dort mit drei jungen Engländerinnen und zwei Italienern.

.... jsme se tam se třemi .... a dvěma ....

▶ **Devadesátá (90.) lekce**

V kupé

1 – Nenahýbej se z okna, vlak se rozjíždí... A pojď si sednout, každým okamžikem přijde průvodčí. ①

2 – Chtě nechtě, člověk se někdy musí přizpůsobit okolnostem. Je mi líto, ale je to tak... ②

3 – Záchranná brzda? Je nade dveřmi. Proč? ③

PATRIK JEZDÍ NA MOTORCE, OLGA NA KONI

> **Řešení druhého cvičení: Chybějící slova.**

❶ bylo - bude teplo ❷ Vysvětloval - dlouze - násilí ❸ dvojnásobný - metrů - největším - Čechem - Blahopřejeme ❹ Nebuď - chuligány - s nimi ❺ Spřátelili - mladými Angličankami - Italy

**Sprichwort des Tages
bruslit na tenkém ledě**
„auf dünnem Eis tanzen"
(„auf dünnem Eis Schlittschuh laufen")

Druhá vlna: Proberte dnes aktivně čtyřicátou (40.) lekci!

Neunzigste Lektion

Im Zugabteil

1 – Lehne dich nicht aus dem Fenster, der Zug fährt los ... Und komm, setz dich, jeden Moment kommt der Schaffner.
2 – Wohl oder übel muss man sich manchmal den Umständen anpassen. Es tut mir leid, aber so ist es ...
3 – Die Notbremse? Die ist über der Tür. Warum?

> ANMERKUNGEN

① **Nahýbat se** (unvoll.), **nahnout se** (voll.) „sich hinauslehnen". ■ **rozjíždět se** (unvoll.), **rozjet se** (voll.) „sich in Bewegung setzen, losfahren". ■ **každým okamžikem** „jeden Augenblick/Moment". ■ **průvodčí** „Schaffner(in)" ist das männliche und das weibliche Nomen.

② **Chtě nechtě** „Wohl oder übel". ■ **přizpůsobovat se** (unvoll.) **přizpůsobit se** (voll.) + Dativ „sich anpassen". ■ **okolnostem**, Dativ Plural von **okolnost** (f.) „Umstand". ■ **Je mi líto.** „Es tut mir leid." Das 'prädikative' Adverb **líto** (s. L. 91) von **litovat** „bemitleiden, bedauern" steht in unpersönlichen Konstruktionen mit dem Dativ. **Je mi to líto.** „Das tut mir leid." **Je mi vás líto.** „Sie tun mir leid."

③ **(nad) dveřmi** ist eine unregelmäßige Form des Instrumentals von **dveře** (f. Pl.) „Tür".

4 – Je jasné, že to platí i pro fotbalisty. Soudě podle posledních výsledků, Dynamo se neudrží v první lize. Včera zase hráli hluboce pod úrovní… ④

5 – Jmenuje se Azor. Minulý týden měl narozeniny, koupila jsem mu nový obojek. Měl hroznou radost! ⑤

6 – To je dnes krásně! Máme štěstí: v rádiu hlásili déšť. ⑥

7 – Čí je ten salám? Váš? Promiňte… ⑦

8 – Podle jízdního řádu jede další přímý vlak ve 12,20 (dvanáct dvacet), bez příplatku. Je ovšem pomalejší, staví skoro všude… ⑧

9 – Poděkuj pánovi, Azore. Je hodný, našel salám.

10 – Jedeme za manželovými rodiči. Často je navštěvujeme, aby jim nebylo smutno. Rodina má držet pohromadě… A s dětmi je vždycky veseleji… Děti jsou slunce života. ⑨

(ANMERKUNGEN)

④ **platí to pro…** „dies gilt für …" In der 3. Person kann die unvollendete Form von **platit, zaplatit** „(be-)zahlen" auch „gelten, gültig sein" heißen: **To platí pro každého.** „Das gilt für jeden." **Před zákonem platí pouze občanský sňatek.** „Vor dem Gesetz gilt nur die standesamtliche Trauung". ■ **Soudě podle** + Genitiv „nach … zu urteilen". ■ **udržovat (se)** (unvoll.), **udržet (se)** (voll.) „(sich) halten", von **držet** (unvoll.) „halten". Sie kennen schon **vydržet** „aushalten, ertragen". ■ **(v) lize**, Lokativ von **liga** „Liga". ■ Das Adverb **hluboce** „tief" stammt von **hluboký/-á/-é** „tief" ('prädikative' Form: **hluboko**). ■ **(pod) úrovní**, Instrumental Sing. von **úroveň** (f.) „Niveau".

⑤ **obojek** „(Hunde-)Halsband".

⑥ **(v) rádiu**, Lokativ Sing. von **rádio** (n.) „Radio". Synonym: **rozhlas**. ■ Von **hlásit** (unvoll.) „melden" abgeleitet sind seine Synonyme **ohlašovat, ohlásit**. Eine andere Bedeutung haben **prohlašovat, prohlásit**: „erklären, kundtun, ausrufen". **hlásili, že…** „Sie meldeten, dass … " Die 3. Pers. Pl. (ohne Personalpronomen) wird oft verwendet, wenn das Subjekt unbestimmt ist. ■ **déšť** (m.) „Regen". **deštivý/-á/-é** „regnerisch, verregnet, Regen-".

| 4 | – | Das ist klar, dass das auch für Fußballspieler gilt. Den letzten Ergebnissen nach zu urteilen, wird sich Dynamo nicht in der ersten Liga halten. Gestern spielten sie wieder tief unter ihrem (dem) Niveau ...
| 5 | – | Er heißt Azor. Letzte Woche hatte er Geburtstag, ich habe ihm ein neues Halsband gekauft. Er hat sich schrecklich gefreut! (Er hatte schreckliche Freude!)
| 6 | – | Ist das heute schön! Wir haben Glück: Im Radio hatten sie Regen angesagt (gemeldet).
| 7 | – | Wessen Wurst ist das? Ihre? Entschuldigen Sie ...
| 8 | – | Dem Fahrplan nach fährt ein weiterer direkter Zug um 12 Uhr 20, ohne Aufschlag. Er ist allerdings langsamer, er hält fast überall ...
| 9 | – | Bedank dich bei dem Herrn (danke dem Herrn), Azor. Er ist nett, er hat die Wurst gefunden.
| 10 | – | Wir fahren zu den Eltern meines Mannes (hinter Ehemanns Eltern). Wir besuchen sie oft, damit sie nicht traurig sind. Eine Familie soll zusammenhalten ... Und mit Kindern ist es immer lustiger ... Kinder sind die Sonne des Lebens.

⑦ **Čí** „Wessen?". **Čí je to?** „Wessen ist das? Wem gehört das?" **Čí je ta kniha?** „Wem gehört das Buch?" (wörtl. „Wessen ist dieses Buch?").

⑧ **(Podle) jízdního řádu**, Genitiv Sing. von **jízdní řád** „Fahrplan". ■ **(bez) příplatku**, Genitiv Sing. von **příplatek** „Zuzahlung, Zuschlag, Aufschlag". ■ **stavět** (unvoll.): Bei Transportmitteln hat dieses Verb die gleiche Bedeutung wie **zastavovat (se), zastavit (se)** „stehenbleiben, halten". Bei öffentlichen Verkehrsmitteln können Sie folgende Aufschriften sehen: **Zastávka na znamení** „Hält auf Signal" („Bedarfshaltestelle"). **Autobus staví jen na znamení** „Bus hält nur auf Signal".

⑨ **Jet/jít za** + Instrumental „jdn. besuchen gehen, zu jdm. fahren". ■ **rodiče** (m., Pl.) „Eltern" stammt wie **rodina** „Familie" von **rodit** „gebären, zur Welt bringen" ab. **Rodinný/-á/-é** „Familien-", **rodinný život** „Familienleben". Für „Verwandte" sagt man **příbuzný**, **blízký/vzdálený příbuzný** „nahe/entfernte Verwandte". ■ **smutno**, 'prädikative' Form von **smutně** „traurig, trüb, trübselig". Im unpersönlichen **Je mi smutno** „Ich bin (Mir ist) traurig" drückt das prädikative Adverb einen seelischen Zustand aus; für einen als dauerhaft geltenden Zustand benutzt man „sein" + Adjektiv: **Je veselý/živý** „Er ist lustig/lebhaft". ■ **veseleji**, Komparativ von **vesele/veselo** „lustig, fröhlich, heiter". ■ **pohromadě**, Synonym von **spolu** „zusammen". **Držet pohromadě** „zusammenhalten" ist eine Redensart.

| 11 | – Já osobně mám radši koně... ⑩
| 12 | – Máte pravdu. Ale Picasso také není špatný.
| 13 | – To se lehko řekne, ale těžko dokazuje. ⑪
| 14 | – Včera jsem mluvila o té výstavě s přítelkyněmi... prý je báječná!
| 15 | – Víte, kůň, to je jako člověk! Otevřete vrata do stáje a... ⑫
| 16 | – Dobrý den, kontrola jízdenek. – Děkuji. ⑬

(ANMERKUNGEN)

⑩ **koně**, Akkusativ Plural von **kůň** „Pferd". Jet/jezdit na koni „reiten".

⑪ **dokazovat** (unvoll.), **dokázat** (voll.) „beweisen, erweisen, nachweisen".
Sie kennen es schon in der Bedeutung „zustande bringen".

První (1.) cvičení: Rozumíte těmto větám?

❶ Staví vlak ve Františkových Lázních? ❷ To je mi opravdu líto. ❸ Příští týden bychom za vámi mohli přijet do Brna. ❹ V radiu hlásili, že bude pršet. ❹ Opravdu? v televizi říkali, že bude hezky a teplo... ❺ Patrik jezdí na motorce, Olga na koni.

Druhé (2.) cvičení: Doplňte chybějící slova!

❶ Ist hier ein Platz frei? – Besetzt! – Das ist ärgerlich ...

Je zde volné ..... ? – .... !
– To je mrzuté...

❷ Warum schaust du so traurig drein? – Weil ich traurig bin. Wenn ich fröhlich wäre, würde ich fröhlich dreinschauen, viel fröhlicher!

.... se tváříš* tak ...... ? – Protože jsem smutný. .... byl veselý, tvářil bych se vesele – mnohem .... !

* **tvářit se** „dreinschauen, ein Gesicht machen"

| 11 | – | Ich persönlich habe Pferde lieber ...
| 12 | – | Sie haben recht. Aber Picasso ist auch nicht schlecht.
| 13 | – | Das sagt sich leicht, ist aber schwer nachzuweisen.
| 14 | – | Gestern habe ich mit Freundinnen über die Ausstellung gesprochen ... angeblich ist sie fabelhaft!
| 15 | – | Wissen Sie, ein Pferd, das ist wie ein Mensch! Sie öffnen das Tor zum Stall und ...
| 16 | – | Guten Tag, Fahrkartenkontrolle. – Danke.

(ANMERKUNGEN)

⑫ **Otevírat** (unvoll.), **otevřít** (voll.) „öffnen". ■ **vrata** (n., Pl.) „Tor". Das „Stadttor" oder die „Pforte" heißt **brána**: **Dveře bytu/vrata továrny/brána hradu** „Wohnungstür/Fabriktor/Burgtor". ■ **(do) stáje**, Genitiv Sing. von **stáj** (f.) „Stall, Stallung".

⑬ **jízdenek**, Genitiv Plural von **jízdenka**. Für „Zugfahrkarten, U-Bahn-fahrkarten" sagt man **lístek/jízdenka**. **Letenka** ist das „Flugticket", und die „Eintrittskarte" heißt **lístek** oder **vstupenka**.

Řešení prvního cvičení: Rozuměli jste?

❶ Hält der Zug in Františkových Lázních? ❷ Das tut mir wirklich leid. ❸ Nächste Woche könnten wir zu euch nach Brünn fahren. ❹ Im Radio haben sie angesagt, dass es regnen wird. ❺ Wirklich? Im Fernsehen sagten sie, dass es schön und warm werden wird ... ❻ Patrik fährt Motorrad, Olga reitet.

❸ Der Umschlag mit den Fotos ist auf dem Bord gleich hinter der Tür.

Obálka s . . . . je na poličce hned za

. . . .

❹ Dort sollte auch ein kleines deutsch-tschechisches und tschechisch-deutsches Wörterbuch sein.

. . . . . tam být i malý . . . . -. . . . .

a česko-německý . . . .

LEKCE 90

⑤ Vlasta liebt Pferde! Ich wette, dass sie morgen mit Prokop zum Pferderennen wird gehen wollen.

Vlasta miluje .... ! Vsadím se, že zítra
.... jít . ... na dostihy.

▶ Devadesátá první (91.) lekce

OPAKOVÁNÍ A POZNÁMKY

Der „Tag X" – auf Tschechisch **den D** – ist gekommen: Sie sind bei der letzten Wiederholungslektion angelangt. Danach erwartet Sie noch eine kleine Lektion, und natürlich müssen Sie ja auch die aktive Phase, die „Zweite Welle", noch bis zum Ende des Buches fortsetzen. Ihre Ausdauer und Beharrlichkeit hat sich bezahlt gemacht, denn Sie haben bisher eine ganz schöne Menge gelernt und sich Kenntnisse in einer recht schwierigen Sprache angeeignet. Glückwunsch!

Hier wie immer noch einmal eine kleine Wiederholung der Dinge, die uns in den letzten sechs Lektionen beschäftigt haben:

1. Deklination: Instrumental Plural der Hauptwörter

Männlich
- **(s) pány** „(mit) Herren"
- **(s) hrady** „(mit) Burgen"
- **(s) muži** „(mit) Männern"
- **(se) stroji** „(mit) Maschinen".

Weiblich mit Endung **-a**
- **(se) ženami** „(mit) Frauen"

Weiblich mit Endung **-e/-ě**
- **(s) růžemi, zeměmi** „(mit) Rosen, Ländern"

> **Řešení druhého cvičení: Chybějící slova.**

① místo - Obsazeno ② Proč - smutně - Kdybych - veseleji ③ fotografiemi - dveřmi ④ Měl by - německo-český - slovník ⑤ koně - bude chtít - s Prokopem

Sprichwort des Tages
rozumět tomu jako koza petrželi
„von etwas so viel verstehen wie der Esel vom Flötenspiel"
(„es verstehen wie eine Ziege die Petersilie")

**Druhá vlna: Proberte dnes aktivně čtyřicátou první
(jednačtyřicátou) (41.) lekci!**

Einundneunzigste Lektion

Weiblich mit Konsonantenendung
  (s) radostmi „(mit) Freuden"
Weiblich mit weicher Konsonantenendung
  (s) písněmi „(mit) Liedern".

Sächlich mit Endung **-o**
  (s) městy „(mit) Städten"
Sächlich mit Endung **-e/-ě**
  (s) moři „(mit) Meeren"
Sächlich mit Endung **-í**
  (s) nádražími „(mit) Bahnhöfen".

2. Deklination: Instrumental Plural von Adjektiven, Demonstrativ- und Possessivpronomen

Zur Bildung des Instrumental Plural von Adjektiven, Demonstrativ- und Possessivpronomen verwendet man einfach die Endung des Dativ und fügt ein **-i** an.

Byl dojat těmi moderními mladými ženami a těmi moderními mladými muži, byl nadšen našimi moderními novými městy. „Er war ergriffen von diesen modernen, jungen Frauen und von diesen modernen jungen Männern und war begeistert von unseren modernen neuen Städten".

Aber Vorsicht: Steht ein Adjektiv oder ein anderes Pronomen mit einem Dual im Instrumental, dann wird die Endung **-a** angefügt (siehe Lektion 76):
   Dívka s krásnýma modrýma očima. „Mädchen mit wunderschönen blauen Augen".
   Držte volant oběma rukama. „Halten Sie das Lenkrad mit beiden Händen fest".

3. Relativsätze

Wenden wir uns nun der Syntax von Relativsätzen zu. Haben Sie noch alle Relativpronomen in Erinnerung?

- In Geschlecht und Zahl richtet sich das Relativpronomen **který/-á/-é** nach dem Hauptwort, auf das es sich bezieht.
   Pes, který štěká, nekouše. „Ein Hund, der bellt, beißt nicht".
   Pes, kterého jsme potkali v parku, vesele štěkal. „Der Hund, den wir im Park getroffen haben, hat fröhlich gebellt".

- Der Fall jedoch, in dem das Relativpronomen steht, richtet sich nach dessen Funktion im Satz.
   Jan si hraje s velkým černým psem, se kterým se hned spřátelil. „Jan spielt mit dem großen, schwarzen Hund, mit dem er sich gleich angefreundet hatte".

- Ein Synonym von **který/-á/-é** ist **jenž/jež/jež**, das jedoch überwiegend in der Schriftsprache verwendet wird. Die Deklination dieses Relativpronomens finden Sie im Grammatikanhang.

- Das Relativpronomen **jehož/jejíž/jehož**, im Plural **jejichž**, kennen Sie aus Lektion 86.
   Malíř, jehož obrazy se vám tolik líbily, bude mít výstavu v Nové galerii. „Der Maler, dessen Bilder Ihnen so gut gefallen haben, wird eine Ausstellung in der Neuen Galerie haben".

- Die Fragewörter **kdo, co, kde, kdy** und **jak** sowie **jaký/-á/-é** können als Relativpronomen verwendet werden.
   Ten, kdo odejde poslední, zamkne. „Derjenige, der zuletzt geht, schließt ab".
   Všechno, co říkal, byla pravda. „Alles, was er sagte, war wahr".
   Vesnice, kde bydlí/kam odjel/odkud přijel/kudy projížděl

Josef. „Das Dorf, in dem (wo) Josef wohnt / in das (wohin) Josef wegfuhr / aus dem (von wo) Josef herfuhr / durch das Josef fuhr (wo Josef durchfuhr) ..."

Der Nebensatz wird stets mit einem Komma vom Hauptsatz getrennt.

Versuchen Sie, die folgenden Sätze auf Tschechisch zu formulieren:

1. Die große schwarze Katze, die ich im Park gesehen habe. **2.** Der Autor, dessen Roman Ihnen so gefallen hat. **3.** Jan spielt noch mit den drei schwarzen Katzen.

Die Lösungen finden Sie wie immer am Ende der Lektion.

4. Prädikative Adverbien

In den vergangenen Lektionen haben wir mehrfach Adverbien auf **-o**, sog. 'prädikative' Adverbien, angesprochen. Sie stehen meist allein mit dem Verb **být**, im räumlichen oder zeitlichen Sinne oder in Attributen (nähere Bestimmung zu einem Substantiv, Adjektiv oder Adverb) und beschreiben einen physischen oder psychischen Zustand:

Tancovali a zpívali jsme tam - bylo veselo. „Wir tanzten und sangen dort – es war fröhlich".
Je to moc vysoko/docela blízko/už dlouho. „Es ist zu hoch / ziemlich nah / schon lange".
Aber: **Vesele zpívali.** „Sie sangen fröhlich" (vgl. Lektionen 89 und 90).

Adverbien mit Endung **-e/-ě** werden im übertragenen Sinne oder zur Bestimmung eines Adjektivs oder Verbs verwendet: **vysoce důležitý** „extrem wichtig", **plně spokojený** „vollkommen zufrieden", **dlouze vysvětlovat** „lang erklären".

Es haben jedoch nur einige bestimmte Adverbien diese doppelte Form. Alle anderen haben nur eine Form:
To je dobře. „Das ist gut". **Včera bylo krásně.** „Gestern war es wunderschön".

5. Unpersönliche Konstruktionen

Nach und nach haben Sie eine stattliche Anzahl unpersönlicher Redensarten gelernt, von denen die wichtigsten nun kurz zusammenfassen wollen. In der Vergangenheitsform und im Konditional richtet sich das Verb nach dem Subjekt, unabhängig davon, ob dieses vorhanden ist oder nicht:

Je/bylo to možné. „Es ist / es war möglich".
Bylo by lepší. „Es wäre besser".
Je zakázáno. „Es ist verboten".
Není dovoleno. „Es ist nicht erlaubt".
Zdá se. „Es scheint".
Je načase/nejvyšší čas. „Es ist an der Zeit / höchste Zeit".
Je třeba/zapotřebí. „Es ist notwendig".
Prší. „Es regnet".
Sněží. „Es schneit".
Mrzne. „Es gefriert".
Je zima/chladno. „Es ist kalt/kühl".
Je teplo/horko/vedro. „Es ist warm/heiß/schwül".
Je hezky/krásně. „Es ist hübsch/schön".

- **Unpersönliche Konstruktionen mit Dativ**
  Bylo mi třicet let. „Ich bin 30 Jahre alt geworden".
  Je mi zima. „Mir ist kalt".
  Bude nám smutno. „Wir werden traurig sein".
  Je mu špatně. „Ihm ist schlecht".
  Je mi líto. „Es tut mir leid".
  Jak se vám daří? Jak se vede? „Wie geht es Ihnen? Wie geht's?"

- Man findet die unpersönliche Form auch im Reflexivpassiv wieder:
  Říká se, že jedna vlaštovka jaro nedělá. „Man sagt, dass eine Schwalbe noch keinen Sommer macht".
  Po bouřce se nanovo udělalo hezky. „Nach dem Gewitter wurde es erneut schön".

- Auch die 3. Person Plural (ohne Personalpronomen) kann verwendet werden, um ein unbestimmtes Subjekt zu ersetzen, also die Passivform zu bilden:
  Hlásili, že vlak bude mít zpoždění. „Sie meldeten / es wurde gemeldet / man meldete, dass der Zug Verspätung haben wird".
  V bance zavírají v šest. „Auf der Bank schließen sie / wird geschlossen / schließt man um sechs Uhr".

Und hier noch ein paar weitere Beispiele, wie das deutsche „man" ausgedrückt werden kann:

Člověk nikdy neví. „Man weiß nie".
Mluvilo se/mluvili o tom v novinách. „Man hat darüber in der Zeitung gesprochen".

6. Kleine Etymologie zu den Monatsnamen

Zum Ende dieser Wiederholungslektion wollen wir noch ein bisschen in die Etymologie ausschweifen, und den Freunden dieser Wissenschaft unter Ihnen hoffentlich eine Freude bereiten:

Sicher ist Ihnen im Verlauf der Lektionen aufgefallen, dass die Namen der Monate im Tschechischen einzigartig sind, völlig anders als in anderen europäischen Sprachen. Das Tschechische ist in der Tat eine der wenigen europäischen Sprachen — slawische Sprachen eingeschlossen —, die nicht die lateinischen Ausdrücke übernommen haben. Der tschechische Kalender stützt sich auf die Besonderheiten der verschiedenen Jahreszeiten.

Leden „Januar" von **led** „Eis". In alten Zeiten gab es auch das Wort **sněžen** von **sníh** „Schnee".

Únor „Februar", stammt wahrscheinlich von dem Verb **nořit (se)** „tauchen", mit der Vorstellung zerbrechender Eisblöcke, die im eisigen Wasser wegtauchen.

Březen „März" ist wahrscheinlich vom Adjektiv **březí** „tragend, trächtig" im Hinblick auf Ziegen und Schafe abgeleitet. Eine andere Interpretation ist, dass der Name von **bříza** „Birke" abstammt, die genau zu dieser Zeit im Saft steht.

Duben „April" kommt von **dub** „Eiche", die zu dieser Zeit blüht. Das Synonym **apríl** wird nur für den 1. April und somit für den Aprilscherz benutzt.

Květen „Mai" kommt von **květ** „Blüte" und ist einem eigenartigen Weg gefolgt. Das Wort hat scheinbar in der alten slawischen Sprache existiert, denn man findet die Spur z. B. im Polnischen, wo es den Monat April bezeichnet. Im Tschechischen wurde dieser Name jedoch zugunsten von **máj** fallen gelassen (dem einzigen lateinischen Monatsnamen (wenn man von **apríl** absieht) der sich im tschechischen Kalender etabliert hat). Doch dann fischte im Jahre 1805 ein Übersetzer aus den tiefsten Tiefen der Mundarten das Wort

květen wieder heraus, um das sehr poetische „lune de fleurs" von Chateaubriant in seiner Novelle „Atala" zu übersetzen. Ein sehr gelungenes „Comeback": Die falsche Wortbildung hat sich sofort durchgesetzt, während **máj** verbannt wurde ... in den poetischen Wortschatz!

Červen „Juni" von **červeň** „Rot, Röte" in den Früchten oder von **červ** „Wurm", den man z. B. mit der Schildlaus in Verbindung bringt, die den Farbstoff Carmin lieferte.

Červenec „Juli", da der **červen** „Juni" im Prinzip länger anhält als er ist, wurden mit der Zeit der sechste und der siebte Monat sozusagen miteinander verschmolzen. Die Endung **-ec** ist lediglich eine Verkleinerung. Und somit ist **červenec** nichts anderes als ein „kleiner Juni".

Srpen „August" stammt vermutlich von einem alten slawischen Verb ab, das so viel wie „reifen, reif werden" bedeutet – und nicht, wie die meisten Tschechen denken, von **srp** „Sichel".

▶ Devadesátá druhá (92.) a poslední lekce

Tajemné setkání

| **1** | – Ahoj! ① |
| **2** | – Nazdar! ② |

(ANMERKUNGEN)

① **Ahoj** ist ein relativ junges Wort. Die schottischen Matrosen riefen „ahoy", wenn Land in Sicht war. Später wurde es der Gruß der britischen Matrosen. In den 20er-Jahren wurde **Ahoj** durch die volkstümliche Seefahrerliteratur ins Tschechische übertragen, wo es sich sehr schnell verbreitet hat.

Září „September" hat, obwohl es so scheint, rein gar nichts mit **zářit** „scheinen" zu tun. Es stammt vom Substantiv **říje** „Brunft, Brunst" – **za říje** „während der Brunft(zeit)" – ab.

říjen „Oktober", „die Zeit der Brunft".

Listopad „November" ist ein zusammengesetztes Wort aus **list** „Blatt" und **padat** „fallen" oder **pád** „Fall".

Prosinec „Dezember" kommt nicht, wie mancher glaubt, von **prosit** „bitten", sondern vermutlich vom heute nicht mehr verwendeten Adjektiv **siný** „fahl". Eine weitere Interpretation ist die Verbindung von **prosinec** und **prase** „Schwein". Der Sinn ist wenig poetisch: „der Monat, in dem man das Schwein tötet".

So lauten die tschechischen Sätze aus Absatz 3:
1. Velká černá kočka, kterou jsem viděl v parku. 2. Autor, jehož román se vám tolik líbil. 3. Jan si ještě hraje s těmi třemi černými kočkami.

> **Druhá vlna: Proberte dnes aktivně čtyřicátou druhou (dvaačtyřicátou) (42.) lekci!**

Zweiundneunzigste und letzte Lektion

Eine geheimnisvolle Begegnung

| 1 | – | Hallo! |
| 2 | – | Servus! |

② **Nazdar** „Servus" (wörtl. „zum Gelingen", „auf den Erfolg") stammt aus den 50er-Jahren des 19. Jh.'s und hat seinen Ursprung im Aufruf zu Spenden für den Bau des ersten offiziellen Theaters in Prag: **Na zdar Národního divadla!** „Auf den Erfolg / das Gelingen des Nationaltheaters". **Na zdar** erhielt schnell eine besondere Bedeutung und wurde schließlich eine Grußformel.

3	– Čau! ③
4	**O dvě hodiny později**
5	– Tak zatím. ④
6	– Nashle. ⑤
7	– Měj se. ⑥

In dieser Abschlusslektion finden Sie anstelle der klassischen Übungen ein Kreuzworträtsel. Die dritte Spalte ergibt, von oben nach unten gelesen, unser letztes „Sprichwort des Tages".

Eltern
Halsband
Apfel
rechts
angeblich
Mantel
Obst
finden
Eugen
Weg
Sache
Schock
Eva
Ziel
hopp!
nichts
acht
Baum
Papier
Roman
Autor
Abend
das Singen

| 3 | – Ciao!
| 4 | **Zwei Stunden später**
| 5 | – Bis dann.
| 6 | – Wiedersehen!
| 7 | – Mach's gut.

(ANMERKUNGEN)

③ **Čau** „Ciao" kommt zwar aus dem Italienischen. Aber wahrscheinlich wissen Sie nicht, dass **Ciao** von **Schiavo** „Sklave" kommt und dies wiederum von **slavo** „Slawe". Tatsächlich waren im Mittelalter zahlreiche Slawen als Sklaven in Venedig oder Genua ...

④ **Tak zatím** „bis dann/dahin", wörtlich „also, einstweilen".

⑤ **Nashle** ist die umgangssprachliche Kurzform von **Na shledanou!** „Auf Wiedersehen".

⑥ **Měj se** (oder **Mějte se**) ist die abgekürzte Form von **Měj se dobře** „Lass es dir gut gehen, mach's gut".

Sie sind, was die passive Phase angeht, am Ende des Buches angelangt. Fast schon etwas schade, nicht wahr? Aber seien Sie nicht traurig: Sie haben ja immer noch 49 Lektionen der „Zweiten Welle" vor sich, und wenn Sie diese ebenfalls durchgearbeitet haben, können Sie ja immer wieder zu den Lektionen zurückkehren, die Texte lesen, die Grammatik nachschlagen und sich im Übersetzen üben: vom Tschechischen ins Deutsche oder anders herum .... und wenn Ihnen das alles schon zu langweilig ist, dann haben Sie wohl das gesetzte Ziel erreicht!

Ganz gleich, wo und wie Sie das in diesem Buch Gelernte einsetzen werden, wir wünschen Ihnen viel Spaß und Erfolg dabei!

**Auflösung des Kreuzworträtsels:
dobrý konec všechno spraví**
„Ende gut, alles gut".
(„Ein gutes Ende repariert alles".)

**Druhá vlna: Proberte dnes aktivně čtyřicátou třetí
(třiačtyřicátou) (43.) lekci!**

INHALT

1. Lautveränderungen
1.1 Vokalwechsel
1.2 Das bewegliche 'e'
1.3 Die Palatalisierung (Erweichung)

2. Hauptwörter
2.1 Deklination männlicher Hauptwörter mit Konsonantenendung
2.2 Deklination männlicher Hauptwörter mit Vokalendung
2.3 Deklination weiblicher Hauptwörter
2.4 Deklination sächlicher Hauptwörter
2.5 Der Dual

3. Adjektive
3.1 Deklination harter Adjektive
3.2 Deklination weicher Adjektive
3.3 Die Steigerung der Adjektive

4. Pronomen
4.1 Deklination der Personalpronomen und der Reflexivpronomen
4.2 Deklination der Possessivpronomen und der reflexiven Possessivpronomen
4.3 Deklination der Demonstrativpronomen
4.4 Deklination der Fragepronomen und der Relativpronomen
4.5 Deklination der Indefinitpronomen

5. Zahlwörter
5.1 Deklination der Grundzahlwörter (Kardinalzahlen)
5.2 Deklination der Ordinalzahlen
5.3 Deklination anderer Zahlwörter
5.4 Konstruktionen mit Grundzahlwörtern und die Verwendung von Zahlwörtern in einem Satz

6. Präpositionen

7. Verben
7.1 Verbklassen
7.2 Konjugation des Hilfsverbs **být** „sein"
7.3 Bildung der Zeiten und der Modi
7.4 Enklitika und ihre Wortfolge
7.5 Der Infinitiv und die Partizipien
7.6 Das Passiv
7.7 Unregelmäßige Verben

8. Adverbien und ihre Steigerungsformen

9. Bildung des Diminutivs (Verkleinerungsform)

10. Die Konjunktionen

GRAMMATIKALISCHER ANHANG

Dieser Grammatikanhang soll als systematisches und umfassendes Nachschlagewerk zu den Anmerkungen der Lektionen dienen. Referenzen auf Lektionen (z. B. s. 20/1 = siehe Lektion 20, Anm. 1) und auf Absätze des Anhangs (z. B. s. 1.1 = siehe Absatz 1.1) sollen Ihnen eine schnelle und leichte Orientierung ermöglichen.

1. Lautveränderungen

Lautveränderungen des Wortstamms treten bei der Deklination, der Konjugation und der Wortbildung auf. Dabei können mehrere Formen gleichzeitig Einfluss auf die Lautveränderung nehmen (s. 21/1). Erläuterungen zur Aussprache lesen Sie bitte im Vorwort nach.

1.1 Vokalwechsel

Ein Vokalwechsel kann die Veränderung der Länge (kurz/lang) (**mráz – mrazu; chléb – chleba; síla – silou; mýt – myl**) oder auch die Veränderung des Klangs und der Anzahl der Vokale sein.

o→ů: dům – domu; stůl – stolek; vůz – vozit
u→ou: houba – hub; koupit – kup!; kouřit – kuřák
ě→í/e→í: vítr – větru; deset – desítka; mít – měl.

1.2 Das bewegliche 'e'

Das bewegliche 'e' tritt häufig bei der Deklination von Hauptwörtern auf, wenn der Wortstamm auf eine Konsonantenfolge endet. Dies ist der Fall, wenn die deklinierten Hauptwörter keine eigene Endung haben, wie z. B. im Nominativ Singular männlicher Hauptwörter und Genitiv Plural weiblicher und sächlicher Hauptwörter: **lev → lva; sen → snu; den → dne; otec → otce; hra → her; okno → oken.**

Zur leichteren Aussprache wird das bewegliche 'e' an Präpositionen angefügt, bei denen sonst mehrere Konsonanten aufeinanderfolgen würden: **k(e): ke kostelu, s(e): se sestrou, v(e): ve městě, z(e): ze dveří, bez(e): beze slova, nad(e): nade mnou, od(e): ode mě, pod(e): pode mnou.**

Das gleiche gilt für Vorsilben: **rozloučil se**, aber: **rozesmál se**.

1.3 Die Palatalisierung (Erweichung)

Die Palatalisierung ist die Veränderung des Wortinneren, die durch die Vokale **ě/e, i/í** und den Konsonanten **j** erzeugt wird. In der Regel tritt sie bei der Deklination, Konjugation und der Wortbildung wie folgt auf:

Lautfolge	wird zu (Aussprache)
d/n/t + ě	*djä/njä/tjä*
d/n/t + i	*dji/nji/tji*
d/n/t + í	*djii/njii/tjii*
b/f/m/p/v + ě	*bjä/fjä/mnjä/pjä/wjä*
ch/g/h/k/r/ + i, í, e	**š/z/z/c/ř + i, í** oder **e**
ch/d/g/h/k/s/t/z/ + ě, i, í	**š/z/ž/ž/č/š/c/ž + e, i** oder **í**.

Eine Palatalisierung kann auch bei einer Konsonantengruppe erfolgen: **ck/sk + í, ě** wird zu **čt/št + í, ě** und **sk + e** wird zu **št + ě**.

Beispiele:
ho**d** – ho**ď**te! – ho**z**en
no**h**a – no**z**e – no**ž**ní

ru**k**a – ru**c**e – ru**č**ní
pla**t** – pla**ť**te! – pla**c**ení

angli**ck**ý – angli**čt**í; ital**sk**ý – ital**št**í; ti**sk**l – ti**št**ěn
prakti**ck**ý – prakti**čt**ější; přátel**sk**ý – přátel**št**ější
realisti**ck**y – realisti**čt**ěji; lid**sk**y – lid**št**ěji.

2. Hauptwörter

a) Artikel

Tschechische Hauptwörter haben weder bestimmte noch unbestimmte Artikel: **pes** kann deshalb mit „Hund", „ein Hund" oder „der Hund" übersetzt werden. In der Umgangssprache werden häufig Demonstrativpronomen als Artikel verwendet.

b) Geschlecht

Es gibt drei Geschlechter, die untergliedert werden in: männlich belebt (männliche Lebewesen), männlich unbelebt (Gegenstände), weiblich und sächlich.

Das Geschlecht der Hauptwörter wird in allen Wörterbüchern stets mit angegeben. In den meisten Fällen kann man das Geschlecht nach folgenden Regeln bestimmen:

- Die meisten männlichen Hauptwörter enden auf harte (häufig auch weiche und mittlere) Konsonanten. Sehr wenige männliche Hauptwörter enden auf **-a** oder **-e**; diese unterliegen eigenen Deklinationsmustern.

- Die typische Endung weiblicher Hauptwörter ist **-a**, oft auch **-e/-ě**. Weibliche Hauptwörter können auch auf Konsonanten (oft **-st** oder **-ň**) enden.

- Typische Endungen sächlicher Hauptwörter sind **-o** oder **-í**, manchmal auch **-e/-ě**, die häufig junge Lebewesen bezeichnen.

- Diminutive (Verkleinerungsformen) behalten das Geschlecht des Ursprungswortes.

c) Zahl

Es gibt Singular, Plural und Dual (zum Dual siehe 2.5.)

d) Fälle

Es gibt sieben Fälle: Nominativ, Genitiv, Dativ, Akkusativ, Lokativ (auch Präpositiv genannt) und Instrumental (zur Verwendung s. 7/2.)

- Die Endungen der Deklination werden an den Wortstamm des zu deklinierenden Wortes angefügt (in unseren Tabellen sind die Endungen fett gedruckt).

- Den Wortstamm erhält man, indem man die Endung vom Hauptwort trennt: **hotel-u, bank-y, aut-a.**

e) Deklinationsmuster

Die Deklination der Hauptwörter erfolgt nach Deklinationsmustern, die dem Geschlecht und der Nominativendung des jeweiligen Hauptwortes entsprechend anzuwenden sind. Es gibt die nachfolgenden Deklinationsmuster:

- Für männliche Hauptwörter

- mit harter (oder mittlerer) Konsonantenendung: **pán** „Herr" (belebt), **hrad** „Burg" (unbelebt),
- mit weicher Konsonantenendung: **muž** „Mann" (belebt), **stroj** „Maschine" (unbelebt),
- mit Endung **-a** und **-e**: **hrdina** „Held", **soudce** „Richter".

- Für weibliche Hauptwörter

- mit Endung **-a**: **žena** „Frau",
- mit Endung **-e/-ě**: **růže** „Rose"
- mit weicher Konsonantenendung: **píseň** „Lied",
- mit harter Konsonantenendung: **radost** „Freude".

- Für sächliche Hauptwörter
- mit Endung **-o**: **město** „Stadt",
- mit Endung **-e/-ě**: **moře** „Meer",
- mit Endung **-í**: **nádraží** „Bahnhof", für junge Lebewesen: **kuře** „Hühnchen, Küken".

2.1 Deklination männlicher Hauptwörter mit Konsonantenendung

Endungstyp: **SINGULAR**	*harter (mittl.) Konson.*		*weicher Konsonant*	
	männl. belebt	unbelebt	männl. belebt	unbelebt
Nominativ	*pán*	*hrad*	*muž*	*stroj*
Genitiv	*pána*	*hradu*	*muže*	*stroje*
Dativ	*pánu, -ovi*	*hradu*	*muži, -ovi*	*stroji*
Akkusativ	*pána*	*hrad*	*muže*	*stroj*
Vokativ	*pane*	*hrade*	*muži*	*stroji*
Lokativ	*pánu, -ovi*	*hradu, -ě*	*muži, -ovi*	*stroji*
Instrumental	*pánem*	*hradem*	*mužem*	*strojem*
PLURAL				
Nominativ	*páni*	*hrady*	*muži*	*stroje*
Genitiv	*pánů*	*hradů*	*mužů*	*strojů*
Dativ	*pánům*	*hradům*	*mužům*	*strojům*
Akkusativ	*pány*	*hrady*	*muže*	*stroje*
Vokativ	*páni*	*hrady*	*muži*	*stroje*
Lokativ	*pánech*	*hradech*	*mužích*	*strojích*
Instrumental	*pány*	*hrady*	*muži*	*stroji*

Anmerkungen:

Deklination im Singular:

- Das bewegliche 'e', das gelegentlich im Nominativ männlicher belebter und im Nominativ und Akkusativ männlicher unbelebter

Hauptwörter vorkommt, ist in allen anderen Fällen (Singular und Plural) nicht vorhanden: **pes – psa, psi, psech** etc.

Das gleiche trifft für Lautveränderungen zu: **ů/o: dům – domu, domy, domech** etc. und **í/ě: sníh – sněhu, sněhem** etc.

- Die Vokativendung **-e** erzwingt bei Hauptwörtern mit Nominativendung **-ec** und **-tr** eine Erweichung: **otec – otče! bratr – bratře!**

  Männliche Hauptwörter mit Endung **-ch, -g, -h** und **-k** nehmen die Endung **-u** an: **Marek – Marku!**

- In manchen Fällen kommt beim Musterwort **hrad** die Genitivendung **-a** vor:

- bei Monatsnamen mit Nominativendung **-n** oder **-r** (**od ledna do února**),
- bei Ortsnamen mit den Nominativendungen **-ín/-ýn, -ov, -berg (-burg)** und **-stein** (**z Berlína do Londýna/Mnichova/Norimberka/Karlštejna**),
- bei einigen Wörtern wie **čtvrtek** „Donnerstag", **dvůr** „Hof", **domov** „Heimat; zu Hause", **chléb** „Brot", **jazyk** „Sprache; Zunge", **klášter** „Kloster", **kostel** „Kirche", **les** „Wald", **oběd** „Mittagessen", **ostrov** „Insel", **potok** „Bach", **rybník** „Teich", **svět** „Welt", **sýr** „Käse", **večer** „Abend" usw.

- Im Lokativ des Musterwortes **hrad** steht in der Regel die Endung **-u**: **v parku, hotelu, lednu**.

Manche Wörter nehmen auch die Endung **-e/-ě** an (z. B. alle mit der Genitivendung **-a**, ausgenommen die mit Nominativendung **-k**), was auch eine Erweichung hervorrufen kann: **v lese, na obědě, na světě**.

Bei manchen Wörtern können auch beide Endungen verwendet werden. Meistens sind dies Wörter, die einen Ort oder Raum angeben: **hradu/hradě, domu/domě, rybníku/rybnice.**

Deklination im Plural:

- Im Nominativ und Vokativ männlicher belebter Hauptwörter zieht die Endung **-i** eine Erweichung nach sich: **student – studenti, doktor – doktoři, čech – češi**.

  Manche Wörter (häufig einsilbige) können auch die Endung **-ové**

annehmen, wie z.B. in **Dámy a pánové!** Aber auch beide Endungen sind möglich: **češi/čechové, muži/mužové** usw.
Einige Wörter mit den Nominativendungen **-an** und **-el** nehmen die Endung **-é** an: **občan – občané, spisovatel – spisovatelé**.

- Wörter mit der Nominativendung **-ch**, **-g**, **-h** und **-k** nehmen im Lokativ die Endung **-ích** an, was wiederum eine Erweichung nach sich zieht: **ekolog – ekolozích, park – parcích**.

Nachfolgend sind die einzelnen Wörter aufgeführt, die einer unregelmäßigen Deklination unterliegen:

- Der Plural von **člověk** „Mensch" wird mit dem Wort **lid** „Volk"; Pl. „Leute, Menschen" gebildet: **lidé – lidí – lidem – lidé – lidi – lidech – lidmi**.

- Das Wort **den** „Tag" hat eine unregelmäßige Deklination und kann sogar mehrere unterschiedliche Endungen annehmen. Im Singular: **den – dne – dnu/dni – den – dne/dni – dne/dnu/dni – dnem**. Im Plural: **dny/dni – dnů/dní – dnům – dny/dni – dny/dni – dnech – dny**.

- Das Wort **přítel** „Freund" wird nach dem Musterwort **muž** dekliniert, wobei im Plural der Vokalwechsel **í → á** erfolgt. Ausnahme: Im Nominativ Plural steht die Endung **-é**, und im Genitiv Plural steht keine Endung: **přátel**.

- Das Wort **peníze** „Geld", nach dem Musterwort **stroj** dekliniert, wird nur im Plural verwendet, wenn es im Sinne von „Geld" verwendet wird (im Singular steht **peníz** für „Geldstück"). Außer im Nominativ und Akkusativ gibt es einen Vokalwechsel: **í → ě**, und im Genitiv steht keine Endung: **peněz**.

- Substantivierte Adjektive mit Nominativendung **-ý** (**bytný** „Vermieter", **nemocný** „Kranker", **vrátný** „Pförtner", etc.) werden wie harte Adjektive dekliniert.

- Substantivierte Adjektive mit Nominativendung **-í** (**cestující** „Reisende", **průvodčí** „Schaffner", **rozhodčí** „Schiedsrichter", **vrchní** „Ober", etc.) werden wie weiche Adjektive dekliniert.

- Zur Deklination der Lehnwörter mit Nominativendung **-ismus** s. 86/11.

2.2 Deklination männlicher Hauptwörter mit Vokalendung

SINGULAR	männl. belebt auf -**a**	männl. belebt auf -**e**
Nominativ	*hrdin**a***	*soudc**e***
Genitiv	*hrdin**y***	*soudc**e***
Dativ	*hrdin**ovi***	*soudc**i***
Akkusativ	*hrdin**u***	*soudc**e***
Vokativ	*hrdin**o***	*soudc**e***
Lokativ	*hrdin**ovi***	*soudc**i***
Instrumental	*hrdin**ou***	*soudc**em***
PLURAL		
Nominativ	*hrdin**ové***	*soudc**i***
Genitiv	*hrdin**ů***	*soudc**ů***
Dativ	*hrdin**ům***	*soudc**ům***
Akkusativ	*hrdin**y***	*soudc**e***
Vokativ	*hrdin**ové***	*soudc**i***
Lokativ	*hrdin**ech***	*soudc**ích***
Instrumental	*hrdin**y***	*soudc**i***

Anmerkungen:

Deklination im Singular:

- Das Deklinationsmuster **hrdina** verknüpft die Endungen von **pán** mit denen von **žena**. Es dient der Deklination

a) von Berufsbezeichnungen und Funktionen mit der Endung **-a**: **předseda** „Vorsitzender", **sluha** „Diener", **starosta** „Bürgermeister", **vévoda** „Herzog", **táta** „Vater",

b) einer Anzahl von Lehnwörtern mit den Endungen -**ista**, **-asta** und -**ita**: **fotbalista** „Fußballspieler", **filatelista** „Briefmarkensammler",

gymnasta „Turner" **hokejista** „Hockeyspieler", **husita** „Hussit" etc., aber auch **kolega** „Kollege", **invalida** „Invalide", **monarcha** „Monarch", etc.;

c) der Kurzformen männlicher Vornamen mit Endung **-a**: **Franta** von **František**, **Honza** von **Jan**, **Jarda** von **Jaroslav**, **Jirka** von **Jiří**, etc.

- Das Deklinationsmuster **soudce** verknüpft die Endungen von **muž** mit denen von **růže**. Es dient der Deklination von Berufsbezeichnungen und Funktionen mit der Endung **-ce**: **správce** „Verwalter", **průvodce** „Reiseleiter", **tvůrce** „Schöpfer", **dárce** „Spender", **zrádce** „Verräter", etc.

Deklination im Plural:

- Im Nominativ und Vokativ des Deklinationsmusters **hrdina** haben Hauptwörter mit den Endungen **-ista**, **-asta** und **-ita** die Endung **-é**: **fotbalisté**, **husité**. Hauptwörter mit den Endungen **-eta** und **-ota** haben die Endung **-i**: **asketi**.

- Im Lokativ des Deklinationsmusters **hrdina** nehmen manche Wörter mit Endung **-ga**, **-ha**, **-cha** oder **-ka** die Endung **-ích** an, was eine Erweichung nach sich zieht: **kolega – kolezích**, **sluha – sluzích**.

2.3 Deklination weiblicher Hauptwörter

SINGULAR *Endung*	-a	-e/ě	weicher Konsonant	harter Konsonant
Nominativ	že*na*	růž*e*	píseň	radost
Genitiv	žen*y*	růž*e*	písn*ě*	radost*i*
Dativ	žen*ě*	růž*i*	písn*i*	radost*i*
Akkusativ	žen*u*	růž*i*	píseň	radost
Vokativ	žen*o*	růž*e*	písn*i*	radost*i*
Lokativ	žen*ě*	růž*i*	písn*i*	radost*i*
Instrumental	žen*ou*	růž*í*	písn*í*	radost*í*

PLURAL Endung	-a	-e/ě	weicher Konsonant	harter Konsonant
Nominativ	ženy	růže	písně	radosti
Genitiv	žen	růží	písní	radostí
Dativ	ženám	růžím	písním	radostem
Akkusativ	ženy	růže	písně	radosti
Vokativ	ženy	růže	písně	radosti
Lokativ	ženách	růžích	písních	radostech
Instrumental	ženami	růžemi	písněmi	radostmi

Anmerkungen:

Deklination im Singular:

- Zu weiblichen Hauptwörtern mit Konsonantenendung gibt es zwei Deklinationsmuster:

Das Deklinationsmuster **radost** dient zur Deklination aller weiblichen Hauptwörter mit Endung -st und einiger Wörter wie **nemoc** „Krankheit", **noc** „Nacht", **obuv** „Schuhwerk", **pomoc** „Hilfe", **řeč** „Rede; Sprache", **věc** „Sache" etc.

Das Deklinationsmuster **píseň** dient zur Deklination weiblicher Hauptwörter mit weicher oder mittlerer Konsonantenendung, vor allem aber weiblicher Hauptwörter mit den Endungen **-ň** und **-ev**.

- Das bewegliche 'e', das gelegentlich im Nominativ und Akkusativ vorkommt, ist in allen anderen Fällen (Singular und Plural) nicht vorhanden: **láhev – láhve, lahvích**, etc. Das gleiche trifft für Lautveränderungen **ů/o** zu: **sůl – soli, solí**, etc.

- Im Dativ und Lokativ des Musterwortes **žena** zieht die Endung -e/-ě eine Erweichung nach sich: **Praha – Praze, banka – bance, Věra – Věře**.

Deklination im Plural:

- Im Genitiv des Musterwortes **žena** (dies ist der Fall ohne Endung) tritt das bewegliche 'e' bei bestimmten Wörtern auf: **sestra – sester, knihovna – knihoven, chodba – chodeb**.

Dies gilt auch für die Lautveränderung „kurzer Vokal – langer Vokal":

dáma – dam, **síla – sil** und für **ou → u, í → ě: louka – luk, díra – děr**.

Wörter mit Endung **-ice** und **-íle**, die nach dem Deklinationsmuster **růže** dekliniert werden, haben im Genitiv keine Endung: **ulice – ulic, chvíle – chvil**.

Unregelmäßige Deklination.

- **Paní** „Frau" wird wie ein weiches Adjektiv dekliniert (bleibt also im Singular in allen Fällen unverändert), außer im Genitiv Plural, wo die Endung **-í** steht: **starších paní**.

- Substantivierte Adjektive mit der Endung **-á** (**bytná**, s. 2.1 Anmerkungen) sowie Familiennamen mit Endung -**ová** werden wie harte Adjektive dekliniert.

- Substantivierte Adjektive mit Endung **-í** (**průvodčí**, s. 2.1 Anmerkungen) werden wie weiche Adjektive dekliniert.

- Zur Deklination der Wörter **ruka** „Hand, Arm" und **noha** „Fuß, Bein" in Fällen, wo sie Körperteile bezeichnen, siehe 2.5.

- Folgende weibliche Hauptwörter, dekliniert nach **žena** und **růže**, gibt es nur im Plural: **brýle** „Brille", **hodiny** „Uhr", **hodinky** „Armbanduhr", **dveře** „Tür", **housle** „Geige", **kalhoty** „Hose", **narozeniny** „Geburtstag", **nůžky** „Schere", **prázdniny** „Ferien", **sáňky** „Schlitten", **vánoce** „Weihnachten", **velikonoce** „Ostern", **Čechy** „Tschechien", etc.

2.4 Deklination sächlicher Hauptwörter

SINGULAR Endung	-o	-e/ě	-í	junge Lebewesen
Nominativ	měst**o**	moř**e**	nádraž**í**	kuř**e**
Genitiv	měst**a**	moř**e**	nádraž**í**	kuř**ete**
Dativ	měst**u**	moř**i**	nádraž**í**	kuř**eti**
Akkusativ	měst**o**	moř**e**	nádraž**í**	kuř**e**
Vokativ	měst**o**	moř**e**	nádraž**í**	kuř**e**
Lokativ	měst**ě**, **-u**	moř**i**	nádraž**í**	kuř**eti**
Instrumental	měst**em**	moř**em**	náždraž**ím**	kuř**etem**

PLURAL Endung	-o	-e/ě	-í	junge Lebewesen
Nominativ	města	moře	nádraží	kuřata
Genitiv	měst	moří	nádraží	kuřat
Dativ	městům	mořím	nádražím	kuřatům
Akkusativ	města	moře	nádraží	kuřata
Vokativ	města	moře	nádraží	kuřata
Lokativ	městech	mořích	nádražích	kuřatech
Instrumental	městy	moři	nádražími	kuřaty

Anmerkungen

Deklination im Singular:

- Im Lokativ des Musterworts **město** steht in der Regel die Endung -e/-ě (was eine Erweichung nach sich ziehen kann): **v letadle, kině, létě**.

Hauptwörter mit Nominativendung **-go**, **-ho**, **-cho** und **-ko** nehmen im Lokativ die Endung **-u** an: **v tichu, Bavorsku, embargu**.

Bei manchen Hauptwörtern können auch beide Endungen verwendet werden: **jaře/jaru, autě/autu, okně/oknu**.

- Das Deklinationsmuster **kuře** hat eine gemischte Deklination. Der Singular wird wie **moře** dekliniert, und der Stamm wird durch **-et-/-ět-** erweitert. Der Plural wird nach dem Modell **město** dekliniert und der Stamm durch **-at-** erweitert.

Außer bei jungen Lebewesen werden auch einige andere Wörter nach diesem Muster dekliniert: **koště** „Besen", **prase** „Schwein", **rajče** „Tomate", **zvíře** „Tier", etc.

Deklination im Plural:

- Im Genitiv des Deklinationsmusters **město** (Fall ohne Endung), kann das bewegliche 'e' vorkommen: **jablko – jablek, divadlo – divadel, ministerstvo – ministerstev**.

Vokalwechsel sind selten: **záda – zad, jméno – jmen, dílo – děl**.

Manche Wörter mit der Nominativendung -**iště**, die nach dem Deklinationsmuster **moře** dekliniert werden, haben im Genitiv keine Endung: **letiště – letišť**.

- Im Lokativ des Deklinationsmusters **město** haben Hauptwörter mit der Nominativendung **-go**, **-ho**, **-cho** und **-ko** (z. B. die zahlreichen Verkleinerungen wie **městečko** „Städtchen" usw.) die Endung **-ách**: **městečko – městečkách**, **vajíčko – vajíčkách**.

Unregelmäßige Deklination:

- Der Plural von **dítě** „Kind" wird mit dem Stamm **dět-** und den Endungen des Deklinationsmusters **radost** gebildet und wechselt das Geschlecht: **děti** wird als weiblich angesehen.

- Das Wort **vejce** „Ei", nach dem Deklinationsmuster **moře** dekliniert, hat einen unregelmäßigen Genitiv Plural: **vajec**.

- Substantivierte Adjektive mit Endung **-é** (**skopové** „Hammelfleisch", **vepřové** „Schweinefleisch", **spropitné** „Trinkgeld", **šampaňské** „Champagner", **vstupné** „Eintrittsgeld" etc.) werden wie harte Adjektive dekliniert.

- Substantivierte Adjektive mit Endung **-í** (**hovězí** „Rindfleisch", **telecí** „Kalbfleisch" etc.) werden wie weiche Adjektive dekliniert.

- Zur Deklination der Wörter **oko** „Auge", **ucho** „Ohr", **koleno** „Knie", **rameno** „Schulter" und **prsa** „Brust", die Körperteile bezeichnen, s. 2.5.

- Zur Deklination von Lehnwörtern wie **muzeum** und **drama** s. 29/7 und 85/1.

- Folgende Hauptwörter, dekliniert nach **město**, gibt es nur im Plural: **kamna** „Ofen", **prsa** „Brust", **ústa** „Mund", **záda** „Rücken".

2.5 Der Dual

Nach der Deklination des Duals richten sich bestimmte Hauptwörter, die paarweise (Dual = Zweizahl) vorkommende Körperteile bezeichnen, s. 76/4. Aber Vorsicht: Wenn diese Hauptwörter keine Körperteile beschreiben, dann richten sie sich nach den „normalen", für ihre Nominativendungen gültigen Deklinationsmustern.

Es handelt sich hierbei um folgende Hauptwörter: **koleno** „Knie", **noha** „Fuß, Bein", **oko** „Auge", **prsa** (Pl.): „Brust", **rameno** „Schulter", **ruka** „Hand, Arm", **ucho** „Ohr". Im Plural nehmen diese Wörter ihre eigenen Dualendungen an:

Nominativ	o*či*	u*ši*	ruc*e*	noh*y*
Genitiv	o*čí*	u*ší*	ruk*ou*	noh*ou*
Dativ	o*čím*	u*ším*	ruk*ám*	noh*ám*
Akkusativ	o*či*	u*ši*	ruc*e*	noh*y*
Vokativ	o*či*	u*ši*	ruc*e*	noh*y*
Lokativ	o*čích*	u*ších*	ruk*ou*	noh*ou*
Instrumental	o*čima*	u*šima*	ruk*ama*	noh*ama*

Anmerkungen

- Bei „normaler" Deklination (wenn sie keine Körperteile beschreiben) bedeuten diese Wörter zum Beispiel „Fettaugen" (**oka**) oder „Henkel, Nadelöhr" (**ucha**) und werden im Plural entsprechend ihrer Endung nach **žena** oder **město** dekliniert.

- **Kolena**, **ramena**, **prsa**: In der Regel steht die Endung -**ou** im Genitiv und Lokativ: **kolenou, ramenou.** In den anderen Fällen richten sich die Endungen dieser Wörter nach dem Deklinationsmuster **město**.

- Für die Deklination der Zahlwörter des Duals **dva, dvě** „zwei" und **oba, obě** „beide" s. 5.1 b.

- Adjektive, Demonstrativ- und Possessivpronomen, die sich auf ein Substantiv in Dualform im Instrumental beziehen, haben die („dualische") Endung -**a** (-**ýma**, -**íma**, -**ěma**, -**ema**).

  Das gleiche gilt für die Zahlwörter: **jedněma**; **dvěma**; **oběma**; **třema**; **čtyřma**.

3. Adjektive

Es gibt vier Arten von Adjektiven.

- Die häufigsten sind die Qualitätsadjektive. Sie gliedern sich in die Gruppe der harten Adjektive mit den Endungen -**ý** (m.), -**á** (f.), -**é** (n.) und der weichen Adjektive mit der Endung -**í** in allen drei Geschlechtern. Auch sie haben Deklinationsmuster: **mladý/-á/-é** „jung" für alle harten und **jarní** „Frühlings-" für alle weichen Adjektive.

Nach diesen beiden Deklinationsmustern werden auch substantivierte Adjektive, Relativpronomen, Indefinitpronomen und Zahlwörter dekliniert.

- Nominaladjektive (auch 'Kurzformen' genannt), z. B. **zdráv/-a/-o**, „gesund", werden in der Umgangssprache kaum verwendet und meistens durch die 'Langformen' mit den Endungen **-ý/-á/-é** ersetzt. Die Kurzformen werden in der Schriftsprache, in bestimmten Redensarten und Höflichkeitsformeln und dort lediglich im Nominativ verwendet.

Anmerkung: Das Adjektiv **rád/-a/-o** "gerne", das Bestandteil der Redensarten **být rád/-a/-o** „froh sein" und **mít rád/-a/-o** „gerne haben" ist, gibt es nur in der 'Kurzform'. Es kann nicht als Attribut verwendet werden.

- Possessivadjektive (**Adamův/-ova/-ovo** „Adams", **Evin/-ina/-ino** „Evas") ordnen einer Person einen Besitz oder eine Zugehörigkeit zu und haben eine gemischte Deklination, s. 63/3.

- Adjektive stimmen in Geschlecht, Zahl und Fall mit ihrem Bezugswort überein. Bezieht sich ein Adjektiv auf eine Gruppe von Hauptwörtern verschiedenen Geschlechts, verwendet man stets die männliche Endung. Ist kein männliches Bezugswort vorhanden, steht die weibliche Form vor der sächlichen.

- Qualitätsadjektive stehen in der Funktion eines Beiworts vor dem Bezugswort (Hauptwort), Attribute folgen dem Verb.

3.1 Deklination harter Adjektive

SINGULAR	Männlich		Sächlich	Weiblich
	belebt	unbelebt		
Nominativ	mlad**ý**	mlad**ý**	mlad**é**	mlad**á**
Vokativ	mlad**ý**	mlad**ý**	mlad**é**	mlad**á**
Akkusativ	mlad**ého**	mlad**ý**	mlad**é**	mlad**ou**
Genitiv	mlad**ého**			mlad**é**
Dativ	mlad**ému**			mlad**é**
Lokativ	mlad**ém**			mlad**é**
Instrumental	mlad**ým**			mlad**ou**
PLURAL				
Nominativ	mlad**í**	mlad**é**	mlad**á**	mlad**é**
Vokativ	mlad**í**	mlad**é**	mlad**á**	mlad**é**
Akkusativ	mlad**é**	mlad**é**	mlad**á**	mlad**é**
Genitiv	mlad**ých**			
Dativ	mlad**ým**			
Lokativ	mlad**ých**			
Instrumental	mlad**ými**			

Anmerkungen

Deklination im Plural:

- Im Nominativ und Vokativ der männlichen belebten Form erzwingt die Endung **-í** eine Erweichung: **drahý – drazí**, **velký – velcí**, **dobrý – dobří**. Die Konsonantengruppen **ck/sk** erweichen zu **čt/št: anglický – angličtí, italský – italští.**

- Harte Adjektive, deren Bezugswort ein Dual ist, haben im Instrumental die Endung **-ýma**, s. 2.5.

- Familiennamen wie **Novákovi** „die Novaks" werden nach dem Musterwort **mladý** dekliniert. Im Singular richtet sich die Deklination nach dem Musterwort **pán**. Der weibliche Nachname **Nováková** wird wie **mladá** dekliniert.

3.2 Deklination weicher Adjektive

SINGULAR	Männlich		Sächlich	Weiblich
	belebt	unbelebt		
Nominativ	jarní	jarní	jarní	jarní
Vokativ	jarní	jarní	jarní	jarní
Akkusativ	jarn**ího**	jarní	jarní	jarní
Genitiv		jarn**ího**		jarní
Dativ		jarn**ímu**		jarní
Lokativ		jarn**ím**		jarní
Instrumental		jarn**ím**		jarní

PLURAL (alle drei Geschlechter)
Nominativ — jarní
Vokativ — jarní
Akkusativ — jarní
Genitiv — jarn**ích**
Dativ — jarn**ím**
Lokativ — jarn**ích**
Instrumental — jarn**ími**

Anmerkungen

- Weiche Adjektive, deren Bezugswort ein Dual ist, haben im Instrumental die Endung -**íma**, s. 2.5.

3.3 Die Steigerung der Adjektive

- Nur die Qualitätsadjektive (harte und weiche Adjektive) können Steigerungsformen (Komparativ und Superlativ) bilden. Harte Adjektive bekommen dabei weiche Endungen und werden dann auch wie weiche Adjektive (Deklinationsmuster **jarní**) dekliniert.
- Der Komparativ wird mithilfe der Nachsilben **-ejší/-ější**, **-ší** oder

-í gebildet, die an den Wortstamm des Adjektivs angefügt werden. Die meisten Adjektive verwenden die Nachsilbe **-ejší/-ější**. Die Nachsilbe **-ší** wird an Adjektive mit folgenden Nominativendungen angefügt: **-bý**, **-dý**, **-chý**, **-hý**, **-ký** oder **-oký**. Die Nachsilbe **-í** betrifft nur wenige Adjektive mit der Stammendung **-ký**. Siehe hierzu 70/4.

- Der Superlativ wird durch Anfügen der Vorsilbe **nej-** an den Komparativ gebildet. Siehe 70/4.

  Krásný moderní obraz „Ein schönes modernes Bild".

  Krásnější a modernější obraz „Ein schöneres und moderneres Bild".

  Nejkrásnější a nejmodernější obraz „Das schönste und modernste Bild".

  Petr je stejně rychlý jako Zdeněk „Petr ist so schnell (gleich schnell) wie Zdeněk".

  Helena je rychlejší než Petr „Helena ist schneller als Petr".

  Jan Zajíc je ze všech dětí nejrychlejší „Jan Zajíc ist der schnellste (am schnellsten) von allen Kindern".

- Unregelmäßige Formen:

dobrý „gut" – **lepší** „besser" – **nejlepší** „am besten; der/die/das beste"

dlouhý „lang" – **delší** „länger" – **nejdelší** „am längsten; der/die/das längste"

malý „klein" – **menší** „kleiner" – **nejmenší** „am kleinsten; der/die/das kleinste"

špatný „schlecht" – **horší** „schlechter/schlimmer" – **nejhorší** „am schlechtesten/schlimmsten; der/die/das schlechteste/schlimmste"

velký „groß" – **větší** „größer" – **největší** „am größten; der/die/das größte"

Anmerkung: Aus **rád/-a/-o** wird **(nej)raději** oder **(nej)radši** (siehe 8.1). Auch in Redewendungen: **Být raději, radši/nejraději, nejradši** „froher sein / am frohesten sein"; **Mít raději, radši/nejraději, nejradši** „lieber / am liebsten haben".

- Eine weitere Möglichkeit zur Bildung der Steigerungsformen ist die zusammengesetzte Form aus Adverb + Adjektiv. Häufig verwendet man hierfür das Adverb **víc(e)** oder im Superlativ **nejvíc(e)**. Diese zusammengesetzten Formen sind sehr selten und werden bei Adjektiven benutzt, die keine Steigerungsform besitzen (Endung -**ící**), bei den seltenen Nominaladjektiven und eventuell bei Adjektiven, die sonst zu lang werden würden.

Více/nejvíce překvapující „mehr / am meisten überraschend"

Více/nejvíce pravděpodobný = **pravděpodobnější/ nejpravděpodobnější** „wahrscheinlicher/am wahrscheinlichsten".

- Die zusammengesetzte Form wird in der Regel verwendet, um eine Verminderung auszudrücken, mit dem Adverb **méně, míň** „weniger", oder im Superlativ **nejméně, nejmíň**, gefolgt vom Adjektiv.

Méně, míň/nejméně, nejmíň rychlý „weniger / am wenigsten schnell".

4. Pronomen

Unter den Begriff Pronomen fallen Personalpronomen, Reflexivpronomen sowie Possessivpronomen, reflexive Possessivpronomen, Demonstrativpronomen, Fragepronomen und Indefinitpronomen.

4.1 Deklination der Personalpronomen und der Reflexivpronomen

- Übersicht über die Personalpronomen

já „ich"
ty „du"
on „er", **ona** „sie", **ono** „es"
my „wir"
vy „ihr/Sie"
oni „sie" (m.), **ony** „sie" (f.), **ona** „sie" (n.)

- Das Reflexivpronomen **se** bezieht sich auf das Subjekt des Satzes (Satzgegenstand).

a) Personalpronomen der 1. und 2. Person und das Reflexivpronomen „se"

SINGULAR	1. PERS. betont/unbetont	2. PERS. betont/unbetont	Reflexiv
Nominativ	*já*	*ty*	–
Akkusativ	*mne, mě*	*tebe / tě*	*sebe / se*
Genitiv	*mne, mě*	*tebe / tě*	*sebe*
Dativ	*mně / mi*	*tobě / ti*	*sobě / si*
Lokativ	*mně*	*tobě*	*sobě*
Instrumental	*mnou*	*tebou*	*sebou*
PLURAL			
Nominativ	*my*	*vy*	siehe
Akkusativ	*nás*	*vás*	Singular
Genitiv	*nás*	*vás*	
Dativ	*nám*	*vám*	
Lokativ	*nás*	*vás*	
Instrumental	*námi*	*vámi*	

Anmerkungen

- Die Verwendung von Personalpronomen ist im Tschechischen nicht üblich. Sie werden nur verwendet, wenn die Person besonders hervorgehoben werden soll: **Já to nevím, ty to budeš vědět** „Ich weiß es nicht, du wirst es wissen". **Já to udělám** „Ich werde es machen".

- Die betonte Langform wird verwendet, wenn die Person hervorgehoben werden soll: **Tebe neviděl** „Dich hat er nicht gesehen" und nach Präpositionen: **pro tebe** „für dich".

- Die unbetonte Form steht im Satz nach einem betonten Ausdruck. Diese sogenannten 'Enklitika' stehen niemals am Satzanfang: **Vidím tě** „Ich sehe dich"; und sie stehen nicht nach einer Präposition. (Zur Wortfolge einsilbiger, enklitischer Pronomen siehe 7.4.)

- **Mě** (Akkusativ und Genitiv von **já** „ich") wird gewöhnlich auch bei der Betonung verwendet. Die betonte Langform **mne** wird nur in der Schriftsprache benutzt.
- Personalpronomen der 1. und 2. Person Plural werden nicht in betonte oder unbetonte Formen untergliedert.
- Wenn sich das Pronomen auf das Subjekt desselben Satzes bezieht, verwendet man das Reflexivpronomen für alle drei Personen im Singular und Plural: **Mluvím o sobě** „Ich spreche über mich", **Mluvíš o sobě** „Du sprichst über dich". Das gleiche gilt für das Pronomen reflexiver Verben: **Jmenovat se** „heißen"; **jmenujete se** „ihr heißt / Sie heißen". Siehe 7 f.

b) Personalpronomen der 3. Person

SINGULAR	Männlich *betont/unbetont*	Sächlich *betont/unbetont*	Weiblich
Nominativ	*on*	*ono*	*ona*
Akkusativ	mb*: ***jeho, jej / ho*** ***je / ho***		*ji*
	mu*: ***jej / ho***		
Genitiv	***jeho / ho***		*jí*
Dativ	***jemu / mu***		*jí*
Lokativ	*něm*		*ní*
Instrumental	*jím*		*jí*
PLURAL			
Nominativ	mb: *oni*	*ona*	*ony*
	mu: *ony*		
Akkusativ	*je*		
Genitiv	*jich*		
Dativ	*jim*		
Lokativ	*nich*		
Instrumental	*jimi*		

* mb = männlich belebt; mu = männlich unbelebt

Anmerkungen

- Die betonte Langform wird verwendet, wenn die Person besonders hervorgehoben werden soll: **A jeho neznáš?** "Und ihn kennst du nicht?" sowie nach Präpositionen. Folgt das Pronomen der 3. Person auf eine Präposition, dann erweicht das 'j' im Anlaut zu einem 'n': **pro něho, něj/ně/ni** "für ihn/es/sie", **bez něho** "ohne ihn/es" **bez ní** "ohne sie", **s ním/ní** "mit ihm (männlich/sächlich)/ihr" etc.

4.2 Deklination der Possessivpronomen und der reflexiven Possessivpronomen

- Übersicht über die Possessivpronomen
  můj/má/mé "mein/meine/mein"
  tvůj/tvá/tvé "dein/deine/dein"
  jeho (wenn der Besitzer männlich und nicht das Subjekt des gleichen Satzes ist), unveränderlich: "sein/seine/sein"
  její (wenn der Besitzer weiblich und nicht das Subjekt des Satzes ist): "ihr/ihre/ihr"
  náš/naše/naše "unser/unsere/unser"
  váš/vaše/vaše "euer/eure/euer"
  jejich (wenn die Besitzer männlich, weiblich und/oder sächlich und nicht das Subjekt des Satzes sind), unveränderlich: "ihr/ihre/ihr"
- Das reflexive Possessivpronomen **svůj/svá/své** bezieht sich auf das Subjekt des gleichen Satzes.

a) Die Possessivpronomen můj, tvůj und svůj

SINGULAR	*Männlich*		*Sächlich*	*Weiblich*
	belebt	unbelebt		
Nominativ	můj		m**é**, moj**e**	m**á**, moj**e**
Akkusativ	m**ého**	můj	m**é**, moj**e**	m**ou**, moj**i**
Genitiv	m**ého**			m**é**, moj**í**
Dativ	m**ému**			m**é**, moj**í**
Lokativ	m**ém**			m**é**, moj**í**
Instrumental	m**ým**			m**ou**, moj**í**

PLURAL	Männlich		Sächlich	Weiblich
	belebt	unbelebt		
Nominativ	mí, moji	mé, moje	má, moje	mé, moje
Akkusativ	mé, moje	mé, moje	má, moje	mé, moje
Genitiv	mých			
Dativ	mým			
Lokativ	mých			
Instrumental	mými			

Anmerkungen

- **Můj, tvůj** und **svůj** haben die gleichen Endungen wie harte Adjektive (Musterwort: **mladý**).

- In bestimmten Fällen gibt es auch die Langformen mit **moj-, tvoj-** und **svoj-**, die häufig in der Umgangssprache verwendet werden. Diese haben die gleichen Endungen wie das Possessivpronomen **náš**.

- Wenn sich das Possessivpronomen auf das Subjekt desselben Satzes bezieht, verwendet man das Reflexivpronomen für alle drei Personen im Singular und Plural: **Hledám/hledáš/hledáte svůj pas** „Ich suche meinen / du suchst deinen / ihr sucht euren Pass", s. 20/6.

b) Die Possessivpronomen náš und váš

SINGULAR	Männlich		Sächlich	Weiblich
	belebt	unbelebt		
Nominativ	náš	náš	naše	naše
Akkusativ	našeho	náš	naše	naši
Genitiv	našeho			naší
Dativ	našemu			naší
Lokativ	našem			naší
Instrumental	naším			naší

PLURAL	Männlich		Sächlich	Weiblich
	belebt	unbelebt		
Nominativ	naš**i**	naš**e**	naš**e**	naš**e**
Akkusativ		naš**e**		
Genitiv		naš**ich**		
Dativ		naš**im**		
Lokativ		naš**ich**		
Instrumental		naš**imi**		

c) Das Possessivpronomen její

SINGULAR	Männlich		Sächlich	Weiblich
	belebt	unbelebt		
Nominativ	její	její	její	její
Akkusativ	jej**ího**	její	její	její
Genitiv		jej**ího**		její
Dativ		jej**ímu**		její
Lokativ		jej**ím**		její
Instrumental		jej**ím**		její

PLURAL (alle drei Geschlechter)	
Nominativ	její
Akkusativ	její
Genitiv	jej**ích**
Dativ	jej**ím**
Lokativ	jej**ích**
Instrumental	jej**ími**

Anmerkungen

Její wird wie das weiche Adjektiv **jarní** dekliniert.

- **Jeho** und **jejich** sind unveränderlich.

4.3 Deklination der Demonstrativpronomen

- Übersicht über die Demonstrativpronomen

    ten/ta/to „dieser/der, diese/die, dieses/das"

    tento/tato/toto „dieser/diese/dieses" oder das gebräuchlichere **tenhle/tahle/tohle** (zum Ausdruck der Nähe) „dieser/diese/dieses (hier)"

    tamten/tamta/tamto (zum Ausdruck einer gewissen Entfernung) „jener/jene/jenes", „der/die/das dort"

    takový/-á/-é „solcher/solche/solches".

a) Das Demonstrativpronomen ten

SINGULAR	*Männlich*		*Sächlich*	*Weiblich*
	belebt	*unbelebt*		
Nominativ	*ten*	*ten*	*to*	*ta*
Akkusativ	*toho*	*ten*	*to*	*tu*
Genitiv		*toho*		*té*
Dativ		*tomu*		*té*
Lokativ		*tom*		*té*
Instrumental		*tím*		*tou*
PLURAL				
Nominativ	*ti*	*ty*	*ta*	*ty*
Akkusativ	*ty*	*ty*	*ta*	*ty*
Genitiv		*těch*		
Dativ		*těm*		
Lokativ		*těch*		
Instrumental		*těmi*		

b) Das Determinativpronomen týž, tentýž „derselbe"

SINGULAR	Männlich		Sächlich	Weiblich
	belebt	unbelebt		
Nominativ	*týž, tentýž*	*týž, tentýž*	*totéž*	*táž, tatáž*
Akkusativ	*téhož*	*týž, tentýž*	*totéž*	*touž, tutéž*
Genitiv	*téhož*			*téže*
Dativ	*témuž*			*téže*
Lokativ	*témž(e), tomtéž*			*téže*
Instrumental	*týmž, tímtéž*			*touž, toutéž*

PLURAL				
Nominativ	*tíž, titíž*	*tytéž*	*táž, tatáž*	*tytéž*
Akkusativ	*tytéž*	*tytéž*	*táž, tatáž*	*tytéž*
Genitiv	*týchž*			
Dativ	*týmž*			
Lokativ	*týchž*			
Instrumental	*týmž*			

Anmerkungen

- Nur das Element **ten** der zusammengesetzten Demonstrativpronomen wie **tenhle** oder **tento** wird dekliniert. Die Partikeln **-hle**, **-to** bleiben unverändert: **tohohle/tohoto muže** „dieses Mannes", **tuhle/tuto ženu** „diese Frau", **tohle/toto město** „diese Stadt".
- **Takový** wird wie das harte Adjektiv **mladý** dekliniert, s. 3.1.
- **Týž** wird wie das harte Adjektiv **mladý** (mit den Partikeln **-ž** und **-že**) dekliniert. Im Nominativ und stellenweise im Akkusativ gibt es auch die Deklination der zusammengesetzten Formen **ten** + **týž**. In der Umgangssprache wird dieses Pronomen meistens durch **ten samý/ta samá/to samé** „der/die/dasselbe" wiedergegeben.

4.4 Deklination der Fragepronomen und der Relativpronomen

- Übersicht über die Fragepronomen

  kdo? (Lebewesen) „wer?"
  co? (Dinge) „was?"
  který/-á/-é? (Identität) „welcher?"
  jaký/-á/-é? (Qualität oder Beschaffenheit, s. 18/3) „welcher, was für ein?" (= wie beschaffen)
  čí? (Zugehörigkeit) „wessen?"

Anmerkung: Unter den Fragepronomen findet man auch Adverbien wie **kde** „wo", **kam** „wohin", **odkud** „woher", **kudy** „auf welchem Weg, wo", **kdy** „wann", **proč** „warum", **jak** „wie" und **kolik** „wie viel".

- Übersicht über die Relativpronomen

  Alle Fragepronomen sowie die Adverbien **kde/kam/odkud/kudy** können wie Relativpronomen verwendet werden.

  Weitere Relativpronomen sind:

  jehož/jejíž/jehož „dessen/deren/dessen", im Plural **jejichž** (s. 86/5) „deren";
  jenž/jež/jež „welcher/welche/welches".

a) Die Frage- und Relativpronomen kdo und co

Nominativ	k*do*	*co*
Akkusativ	k*oho*	*co*
Genitiv	k*oho*	č*eho*
Dativ	k*omu*	č*emu*
Lokativ	k*om*	č*em*
Instrumental	k*ým*	č*ím*

Anmerkungen

- **Kdo** (das außer im Instrumental die gleichen Endungen wie **te** annimmt) und **co** (das außer im Nominativ und Akkusativ die gleichen Endungen wie **naše** annimmt) werden nicht in Geschlecht und Zahl unterschieden.

- **Kdo** und **co** können wie Relativpronomen verwendet werden, wenn das Bezugswort nicht vorhanden oder wenn das Bezugswort ein Pronomen ist: (**Ten**) **kdo odejde poslední, zamkne** „Wer (als) letzter geht, schließt ab". **Všechno, co říkal, je pravda** „Alles, was er sagte, ist wahr".

b) Die Frage- bzw. Relativpronomen **který**, **jaký** und **čí** werden wie harte und weiche Adjektive dekliniert, s. 3.1 und 3.2. (Das Bezugswort der Relativpronomen ist immer ein Hauptwort, unabhängig davon, ob es vorhanden ist oder nicht. **Pes, který štěká, nekouše** „Der Hund, der bellt, beißt nicht." **Čí je ten pes?** „Wessen Hund ist das? Wem gehört der Hund?")

c) Die Formen **jehož** und **jejichž** sind unveränderlich. **Jejíž** nimmt die Endungen von **její** (s. 4.2 c) an, gefolgt von der Partikel **-ž**.

d) Das Relativpronomen **jenž/jež/jež** hat die gleichen Endungen wie **on/ona/ono** (s. 4.1 b), gefolgt von der Partikel **-ž**.

- **Jenž** (Synonym von **který** „welcher") wird nur in der Schriftsprache verwendet.

Hängt das Relativpronomen mit einer Präposition zusammen, wird das **j** zu einem **n**: **Muž, bez něhož/bez kterého nemohla žít** „Der Mann, ohne welchen sie nicht leben konnte". **Muž, s nímž/se kterým odjela na Aljašku** „Der Mann, mit welchem sie nach Alaska gefahren ist".

4.5 Deklination der Indefinitpronomen

Die meisten Indefinitpronomen werden aus Fragepronomen gebildet und folgen auch ihrer Deklination, s. 3.1, 3.2 und 4.4 a. Die Partikeln sind unveränderlich.

- Indefinitpronomen (mithilfe der Partikel **ně-** gebildet):

někdo „(irgend)jemand", **něco** „(irgend)etwas", **nějaký/-á/-é** „(irgend)ein, ein gewisser, (irgend)welcher", s. 15/3, **některý/-á/-é** „irgendein, irgendwelcher, irgend jemand, mancher, bestimmter", s. 38/5, **něčí** „irgend jemandes", etc.

- Negative Pronomen (mithilfe der Partikel **ni-** gebildet):

nikdo „niemand", **nic** „nichts", **ničí** „niemandes, niemandem gehörend", etc. Aber: **žádný/-á/-é** „kein, keine".

- Andere Partikel sind: **bůhví**-, **kde**-, **leda**-, **lec**-, **málo**-, **sotva**-, **všeli**-, **zřídka**- oder **-koli(v)** und **-si**.

Anmerkung: Unter den Indefinitpronomen finden sich auch einige Adverbien: **někde** „irgendwo", **někdy** „manchmal", **nějak** „irgendwie", **několik** „einige, mehrere, ein paar, etliche", **nikde** „nirgendwo", **nikdy** „niemals", **nijak** „auf keine Weise, keineswegs", etc.

- Determinativpronomen:

všechen/všechna/všechno „all, alles, ganz", s. 59/3.

sám/sama/samo „selbst, allein", s. 57/7

týž/táž/totéž oder **tentýž/tatáž/totéž** „der/die/dasselbe"

každý/-á/-é „jeder/jede/jedes", s. 73/7

a) Das Determinativpronomen všechen

SINGULAR	Männlich		Sächlich	Weiblich
	belebt	unbelebt		
Nominativ	*všechen*	*všechen*	*všechno*	*všechna*
Akkusativ	*všechen*	*všechen*	*všechno*	*všechnu*
Genitiv	*všeho*			*vší*
Dativ	*všemu*			*vší*
Lokativ	*všem*			*vší*
Instrumental	*vším*			*vší*
PLURAL				
Nominativ	*všichni*	*všechny*	*všechna*	*všechny*
Akkusativ	*všechny*	*všechny*	*všechna*	*všechny*
Genitiv	*všech*			
Dativ	*všem*			
Lokativ	*všech*			
Instrumental	*všemi*			

b) Das Determinativpronomen **sám/sama/samo** wird wie das harte Adjektiv **mladý** (s. 3.1) dekliniert, mit Ausnahme des Nominativ und Akkusativ, dort wird es wie die Substantive **pán/hrad, žena, město** dekliniert.

5. Zahlwörter

Zahlwörter sind der Deklination unterworfen. Sie können die Endungen der Hauptwörter, der Adjektive oder der Pronomen annehmen.

5.1 Deklination der Grundzahlwörter (Kardinalzahlen)

- Übersicht über die Grundzahlwörter (s. Lekt. 42/2)

a) **Jeden** „ein" hat die Endungen des Demonstrativpronomens **ten**:

SINGULAR	*Männlich*		*Neutrum*	*Weiblich*
	belebt	unbelebt		
Nominativ	jeden	jeden	jedno	jedna
Akkusativ	jednoho	jeden	jedno	jednu
Genitiv	jednoho			jedné
Dativ	jednomu			jedné
Lokativ	jednom			jedné
Instrumental	jedním			jednou

PLURAL				
Nominativ	jedni	jedny	jedna	jedny
Akkusativ	jedny	jedny	jedna	jedny
Genitiv	jedněch			
Dativ	jedněm			
Lokativ	jedněch			
Instrumental	jedněmi			

b) Dva „zwei" und **oba** „beide" haben eine eigene Deklination:

	Männlich	Neutral	Weiblich
Nominativ	dva oba	dvě obě	dvě obě
Akkusativ	dva oba	dvě obě	dvě obě
Genitiv		dvou obou	
Dativ		dvěma oběma	
Lokativ		dvou obou	
Instrumental		dvěma oběma	

c) Tři „drei" und **čtyři** „vier" werden wie das Musterwort **radost** dekliniert, mit Ausnahme des Instrumentals von „drei" und des Genitivs von „vier":

Nominativ	tři	čtyři
Akkusativ	tři	čtyři
Genitiv	tří	čtyř
Dativ	třem	čtyřem
Lokativ	třech	čtyřech
Instrumental	třemi	čtyřmi

d) Ab der Zahl **pět** „fünf" haben Grundzahlwörter nur noch zwei Formen: Im Nominativ und Akkusativ sind sie unveränderlich, und in allen anderen Fällen haben Sie die Endung **-i**: **s pěti přáteli** „mit fünf Freunden", **od osmi do devíti hodin** „von 8 bis 9 Uhr".

e) Bei zusammengesetzten Grundzahlwörtern (21 bis 99) werden beide Bestandteile dekliniert: **od dvaceti jedné hodiny do dvaceti dvou/dvaceti tří/dvaceti čtyř hodin** „von 21 Uhr bis 22/23/24 Uhr".

Diese Regel trifft jedoch nicht auf die „verschmolzenen" Grundzahlwörter zu (sie stehen, wie im Deutschen, in umgedrehter Reihenfolge und werden mit **a** „und" verknüpft): **od jednadvaceti do dvaadvaceti/třiadvaceti/čtyřiadvaceti hodin**.

f) Wie Hauptwörter werden die folgenden Zahlen dekliniert:

nula (f.) „Null"
sto (n.) „hundert", **dvě stě** (Dualform) „zweihundert", **tři sta** „drei-

hundert", **čtyři sta** „vierhundert", **pět set** „fünfhundert", etc.

tisíc (m.) „tausend", **dva tisíce** „zweitausend", **pět tisíc** „fünftausend", etc.

milión (m.) „Million", **dva milióny** „zwei Millionen", **pět miliónů** „fünf Millionen", etc.

miliarda (f.) „Milliarde", **dvě miliardy** „zwei Milliarden", **pět miliard** „fünf Milliarden", etc.

(Zahlwörter mit der Endung **-ina** wie in **desetina** „Zehntel", s. 80/9, sowie mit der Endung **-ka** wie in **desítka** „(die) Zehn", s. 87/4, werden nach dem Musterwort **žena** dekliniert.)

g) Die Wörter **čtvrt** „Viertel", **půl** „halb", **pár** „ein paar" sowie der Ausdruck **tři čtvrtě** „drei Viertel" werden nicht dekliniert.

h) Unbestimmte Zahlwörter wie **málo** „wenig", **mnoho** „viel", **několik** „einige", **kolik** „wieviel" und **tolik** „soviel", s. 75/3 und 75/7, sind im Nominativ und Akkusativ unveränderlich und haben in allen anderen Fällen die Endung **-a**: **o tolika věcech** „über so viele Sachen", **s několika přáteli** „mit einigen Freunden".

5.2 Deklination der Ordinalzahlen

• Übersicht über die Ordinalzahlen (s. 42/2)

Ordnungszahlen werden wie die weichen und harten Adjektive **mladý** und **jarní** dekliniert, s. 3.1 und 3.2.

5.3 Deklination anderer Zahlwörter

a) Gattungszahlwörter stehen mit Wörtern, die es nur im Plural gibt (s. 75/5): **dvoje nůžky** „zwei Scheren", **čtvery brýle** „vier Brillen".

Gattungszahlwörter werden, außer im Nominativ und Akkusativ, wie weiche und harte Adjektive (Musterwörter **mladý** und **jarní**) dekliniert:

	Alle drei Geschlechter		*männ./weibl.*	*sächlich*
Nominativ	dvoj*e*	troj*e*	čtver*y*	čtver*a*
Akkusativ	dvoj*e*	troj*e*	čtver*y*	čtver*a*
Genitiv	dvoj*ích*	troj*ích*	čtver*ých*	
Dativ	dvoj*ím*	troj*ím*	čtver*ým*	
Lokativ	dvoj*ích*	troj*ích*	čtver*ých*	
Instrumental	dvoj*ími*	troj*ími*	čtver*ými*	

b) Multiplikationszahlwörter wie **dvojnásobný** „doppelt", **čtyřnásobný** „vierfach", s. 89/8, und Gattungszahlwörter wie **dvojí** "zweierlei, doppelt", **čtverý** „viererlei, vierfach, vier", s. 87/5, werden wie harte und weiche Adjektive (**mladý** und **jarní**) dekliniert, s. 3.1 und 3.2.

5.4 Konstruktionen mit Grundzahlwörtern und die Verwendung von Zahlwörtern im Satz

- Wenn eine Kardinalzahl im Nominativ oder Akkusativ steht, steht das Bezugswort

- nach der Zahl „eins" im Nominativ oder Akkusativ Singular: **jeden hotel** „ein Hotel"

- nach den Zahlen „zwei", „drei" und „vier" im Nominativ und Akkusativ Plural: **dva hotely** „zwei Hotels"

- ab der Zahl „fünf" und nach unbestimmten Zahlwörtern (s. 5.1 h) im Genitiv Plural: **pět hotelů** „fünf Hotels", **několik kilometrů** „einige Kilometer".

- Auf zusammengesetzte Grundzahlwörter folgt der Fall, das Geschlecht und die Zahl des letzten Elements:
dvacet jeden den/jednadvacet dnů „einundzwanzig Tage"
dvacet čtyři hodiny/čtyřiadvacet hodin „vierundzwanzig Stunden"
dvacet pět kilometrů/pětadvacet kilometrů „fünfundzwanzig Kilometer".

- Grundzahlwörter richten sich nach dem Hauptwort, außer im Nominativ und Akkusativ:

  ve třech autech „in drei Fahrzeugen"

  mezi čtyřmi nebo pěti přáteli „unter vier oder fünf Freunden".

- Zu Uhrzeit und Datum s. 42/1.

- Die Übereinstimmung mit dem Verb. Nach den Zahlen „zwei", „drei" und „vier" steht das Verb im Plural:

  Dva studenti hrají/hráli v klubovně ping-pong. „Zwei Studenten spielen/spielten im Klubraum Tischtennis".

- Dagegen steht das Verb ab der Zahl „fünf" im Singular. In der Vergangenheitsform nimmt es außerdem die sächliche Form an:
Pět chlapců hraje/hrálo na dvoře fotbal „Fünf Jungen spielen/spielten im Hof Fußball".

Die gleiche Regel trifft bei unbestimmten Zahlwörtern zu, s. 5.1 h:

Několik studentek se opaluje/se opalovalo na trávníku „Einige Studentinnen sonnen/sonnten sich auf dem Rasen".

6. Präpositionen

- Präpositionen haben sehr genaue Bedeutungen, und sie bestimmen den Fall des nachfolgenden Wortes.
- Einem Hauptwort im Nominativ und Vokativ ist niemals eine Präposition vorangestellt, im Gegensatz zum Lokativ, dem immer eine Präposition vorausgeht.

Anmerkung: Nach manchen Präpositionen können zwei Fälle stehen, abhängig davon, ob sie auf die Frage **Kde?** „wo?" (= Zustand; statisch) oder **Kam?** „wohin?" (= Handlung; dynamisch) antworten. Diese Präpositionen tauchen in unserer Liste zweimal auf.

Übersicht über die wichtigsten Präpositionen und die ihnen folgenden Fälle

PRÄPOSITION	Handlung *Kam?* „Wohin?"		Zustand *Kde?* „Wo?"	
in	*do*	+ Gen.	*v(e)*	+ Lok.
auf	*na*	+ Akk.	*na*	
gegen	*k(e)*	+ Dat.	*u*	+ Gen.
zwischen	*mezi*		*mezi*	
über	*nad*		*nad*	
unter	*pod*	+ Akk.	*pod*	+ Instr.
vor	*před*		*před*	
hinter	*za*		*za*	
	Odkud? „Woher?"			
von	*od*	+ Gen.		
aus	*z(e)*			

ORT (Handlung)	ORT (Zustand)	ZEIT	ANDERE
• *Präpositionen, auf die der Akkusativ folgt:*			
mezi „zwischen"		**na** „in, zu/an, auf"	**pro** „für"
mimo „vorbei, außer, außerhalb"		**v(e)** „an, am, um"	
na „auf, an, in, zu"		**za** „in, innerhalb"	
nad „über"			
pod „unter"			
přes „über (hinweg)"			
za „hinter, um"			
• *Präpositionen, auf die der Genitiv folgt:*			
do „in, nach"	**kolem** „um … herum, vorbei"	**během** „während"	**bez** „ohne"
od „von"	**okolo** „um … herum, an vorbei"	**do** „bis"	**kromě** „außer"
z(e) „aus, von"	**podél** „entlang, längs"	**kolem** „gegen"	**místo** „statt, anstelle"
	u „bei, nahe, an"	**od** „seit, von … an"	**podle** „gemäß, längs, laut"
	uprostřed „mitten, inmitten"	**za** „während, bei, zur Zeit"	
	uvnitř „innen, im Innern, innerhalb"		

ORT (Handlung)	ORT (Zustand)	ZEIT	ANDERE
• Präpositionen, auf die der Dativ folgt:			
k(e) „zu"	**naproti** „gegenüber"		**díky** „dank" **kvůli** „wegen, zuliebe" **proti** „gegen"
• Präpositionen, auf die der Lokativ folgt:			
	na „auf, an, in" **po** „auf, entlang" **v(e)** „in"	**o** „zu, während" **po** „nach" **při** „bei, während"	**o** „von, über"
• Präpositionen, auf die der Instrumental folgt:			
	mezi „zwischen" **nad** „über" **pod** „unter" **před** „vor" **za** "hinter"	**před** „vor, zuvor"	**s(e)** „mit"

- Die hier aufgeführten Übersetzungen sind die gängigsten. Kontextabhängig und in Redewendungen können die jeweiligen Präpositionen noch andere Übersetzungen haben.
- Beispiele siehe 42/5 und 49/6.

7. Verben

Verben werden charakterisiert durch:

a) die Person: 1., 2. und 3. Person

b) die Zahl: Singular, Plural

c) die Zeit: Gegenwart, Vergangenheit, Zukunft

d) die Aussageweise: Indikativ (Wirklichkeitsform), Konjunktiv (Möglichkeitsform), Imperativ (Befehlsform)

e) die Aspekte: vollendet, unvollendet.

- Das System der Verben wird durch den Begriff Aspekte beherrscht. Ein Verb kann einem vollendeten oder einem unvollendeten Aspekt unterliegen, je nachdem, ob es den Ablauf oder die Vollendung einer Handlung ausdrückt (s. 28/5). Aufgrund dieser beiden unterschiedlichen Sichtweisen gibt es oft zwei Verben, die zu einem Aspektpaar zusammengefasst werden, und denen nur ein deutscher Infinitiv entspricht. (Einige seltene Verben wie **mít** „haben", **vědět** „wissen", **žít** „leben", das Hilfsverb „sein" sowie die Modalverben gibt es nur in der vollendeten Form, s. 35/6.)

- Die Bildung der Aspektpaare basiert auf der Ableitung. Es gibt zwei Möglichkeiten, Verben zu bilden:

a) An den Wortstamm eines unvollendeten Verbs (das noch kein Präfix hat) wird ein „leeres" Präfix (ohne lexikalischen Gehalt, und das den lexikalischen Gehalt des Verbs nicht verändert) an das Verb angefügt: **dělat** (unvollendet) → **udělat** (vollendet) „machen";

b) An den Wortstamm eines vollendeten Verbs (mit oder ohne Präfix) wird ein Suffix angefügt: **navštívit** (vollendet) → **navštěvovat** (unvollendet) „besuchen". (Für weitere Details siehe Übersicht in 35/6.)

- Das System der Aspekte erweitert das Spektrum der verfügbaren Zeiten (im Tschechischen reduziert auf eine Vergangenheits- und eine Zukunftsform). Das unvollendete (imperfektive) Verb drückt eine anhaltende und/oder wiederholte Handlung aus, es „filmt" sozusagen die Handlung (im Hinblick auf seinen Ablauf, unabhängig von der Vollendung). Es wird in der Gegenwart verwendet: **dělá** „er macht (er ist gerade dabei zu machen)" oder in der Vergangenheit: **dělal** „er machte (er war gerade dabei zu machen)" oder in der Zukunft: **bude dělat** „er wird machen (er wird gerade dabei sein, zu machen)".

Das vollendete (perfektive) Verb dagegen drückt eine einmalige, abgeschlossene Handlung aus, es „fotografiert" die Handlung. Es wird in der Vergangenheit verwendet: **udělal** „er machte (er war fertig zu machen)" und in der Zukunft: **udělá** „er wird machen (er wird fertig sein zu machen). Das vollendete Verb kann keine anhaltende Handlung ausdrücken und hat deshalb, obwohl in der Gegenwartsform konjugiert, immer Zukunftsbedeutung. Dennoch müssen perfektive Verben nicht zwangsläufig in die Zukunftsform übersetzt werden, wenn es vom Kontext her nicht passt und der Zukunftsaspekt erkennbar ist.

Anmerkung: Eine kleine Gruppe der Verben der Bewegung unterteilt den unvollendeten Aspekt in

a) unbestimmte Verben für eine wiederholte Handlung und/oder gewohnheitsmäßige und/oder nicht zielgerichtete Bewegung: **Jezdí často pryč.** „Er fährt häufig weg."

b) bestimmte Verben für eine einmalige und/oder zielgerichtete Bewegung: **Jede do Prahy autem.** „Er fährt mit dem Auto nach Prag", s. 42/3.

Anmerkungen

Die wichtigste Rolle der Aspekte ist die Unterscheidung zwischen der Dauer (unvollendet) und dem Ergebnis (vollendet). Der Aspekt präzisiert aber auch die Art und Weise, wie eine Handlung abläuft:

- Die einmalige und gerade ablaufende Handlung steht im Gegensatz zu einer wiederholten Handlung (Häufigkeit, gewohnte Wiederholung). Mithilfe sog. 'iterativer' Verben wird eine wiederholte, gewohnheitsmäßige Handlung unterstrichen: **chodit** „gehen" → **chodívat**, **dělat** „machen" → **dělávat**, **psát** „schreiben" → **psávat**, s. 70/6.

- Bestimmte vollendete Verben können den Unterschied in der

Vollendung bzw. Durchführung einer Handlung ausdrücken: **chytit** „fangen" – **Kočka chytila myš.** „Die Katze fing eine Maus"; **pochytat** „fangen" – **Kočka pochytala všechny myši.** „Die Katze hat alle Mäuse gefangen" (= eine nach der anderen).

- Bestimmte Vorsilben – vor allem die „leeren", bedeutungslosen – können die Art und Weise, in der eine Handlung abläuft, oder sogar den Grad seiner Vollendung bzw. Durchführung präzisieren: **smát se** „lachen" – **rozesmát se** „loslachen", **hrát** „spielen" – **dohrát** „fertigspielen", **pít** „trinken" – **vypít** „austrinken", etc.

- Vorsilben und „leere" Vorsilben: Der Unterschied zwischen einer Vorsilbe als solche (die dazu dient, ein neues Verb zu bilden, s. 63/7) und einer „leeren" Vorsilbe (die ein Verb zu einem vollendeten Verb umformt, ohne seine Bedeutung zu verändern) ist nicht immer klar zu erkennen. Hier sind alle auf einen Blick: **na-**, **o-**, **ob-**, **po-**, **pro-**, **pře-**, **při-**, **roz-**, **s-**, **u-**, **vz-**, **vy-**, **z-**, **za-**.

f) Verbklassen. Es gibt fünf Verbklassen und 14 Konjugationsklassen.

- Von den fünf Verbklassen der tschechischen Grammatik sind nur vier für Lernende relevant. Die Einteilung in Verbklassen erfolgt anhand der Endung der 1. Person Singular und dient als Hilfe beim Konjugieren der Verben. Die Endungen werden an den Wortstamm des jeweiligen Verbs angefügt.

- Den Wortstamm erhält man wiederum durch Weglassen der jeweiligen Endung: **nes-e**, **pros-í**, **děl-á**, etc.

- Die fünf Verbklassen sind in insgesamt 14 Konjugationsklassen unterteilt, die vor allem hier dazu dienen sollen, das Partizip auf **-l** der Vergangenheitsform zu bilden.

- Für die Konjugation der Gegenwart unvollendeter Verben dienen die gleichen Endungen wie für die Konjugation der Zukunftsform vollendeter Verben.

Anmerkung: Reflexive Verben haben keine eigene Konjugation und richten sich nach den vier Verbklassen. Das Reflexivpronomen steht entweder im Akkusativ: **omlouvat se** „sich entschuldigen" oder im Dativ: **přát si** „sich wünschen", dann folgt dem Verb in der Regel der Akkusativ: **mýt se** „sich waschen" – **mýt si ruce** „sich die Hände waschen". Das Reflexivpronomen **se/si** bleibt in allen Personen der Konjugation wie auch im Infinitiv gleich: **myji se** „ich wasche mich" **myješ se** „du wäschst dich", **myje se** „er/sie/es wäscht sich", etc.

g) die Handlungsart: Aktiv, Passiv

h) die Rektion (Erzwingung des nachfolgenden Falles)

- Das Verb bestimmt den Fall des Bezugswortes (Objekts; hierbei kann es sich um ein direktes oder um ein durch eine Präposition eingeleitetes Objekt handeln). Auf manche Verben können auch verschiedene Fälle folgen: **mluvit o sportu** (Lokativ) „über den Sport sprechen", **mluvit s Davidem** (Instrumental) „mit David sprechen", **mluvit několika jazyky** (Instrumental) „mehrere Sprachen sprechen", **mluvit pravdu** (Akkusativ) „die Wahrheit sagen". (Viele dieser Redensarten sind in den Anmerkungen ab Lektion 50 enthalten.)

- **Bestimmten Verben** – überwiegend Verben, die eine Handlung ohne Bewegung ausdrücken und Verben der Bewegung – stehen mit Adverbien, die den Zustand von der Handlung unterscheiden: **Kam jde Petr? Domů. Doprava.** „Wohin geht Peter? Nach Hause. Nach rechts". – **Kde je Petr? Doma. Vpravo.** „Wo ist Peter? Zu Hause. Rechts". (Eine Übersicht der Adverbpaare finden Sie in 21/5.)

7.1 Verbklassen

(Sofern nicht anders vermerkt, sind die Verben unvollendet (imperfektiv).)

- Klasse Ia: **nést** „tragen", **brát** „nehmen", **mazat** „schmieren", **péct** „backen", **umřít** (perf.) „sterben"

SINGULAR				
1. Person	nesu	beru	mažu	peču	umřu
2. Person	neseš	bereš	mažeš	pečeš	umřeš
3. Person	nese	bere	maže	peče	umře

PLURAL				
1. Person	neseme	bereme	mažeme	pečeme	umřeme
2. Person	nesete	berete	mažete	pečete	umřete
3. Person	nesou	berou	mažou	pečou	umřou

Partizip Perfekt auf -L				
nesl	bral	mazal	pekl	umřel

- Klasse Ib: **tisknout** „drucken", **minout** (perf.) „vorbeigehen", **začít** (perf.) „beginnen".

SINGULAR			
1. Person	tisk**nu**	mi**nu**	zač**nu**
2. Person	tisk**neš**	mi**neš**	zač**neš**
3. Person	tisk**ne**	mi**ne**	zač**ne**

PLURAL			
1. Person	tisk**neme**	mi**neme**	zač**neme**
2. Person	tisk**nete**	mi**nete**	zač**nete**
3. Person	tisk**nou**	mi**nou**	zač**nou**

Partizip Perfekt auf -L			
	tiskl	minul	začal

- II. Klasse: **prosit** „bitten", **trpět** „leiden", **sázet** „setzen"

SINGULAR			
1. Person	pros**ím**	trp**ím**	sáz**ím**
2. Person	pros**íš**	trp**íš**	sáz**íš**
3. Person	pros**í**	trp**í**	sáz**í**

PLURAL			
1. Person	pros**íme**	trp**íme**	sáz**íme**
2. Person	pros**íte**	trp**íte**	sáz**íte**
3. Person	pros**í**	trp**í**	sáz**ejí**

Partizip Perfekt auf -L			
	prosil	trpěl	sázel

- III. Klasse: **dělat** „machen"

SINGULAR	
1. Person	děl**ám**
2. Person	děl**áš**
3. Person	děl**á**

PLURAL	
1. Person	děl**áme**
2. Person	děl**áte**
3. Person	děl**ají**

Partizip Perfekt auf -L	
	dělal

- IV. Klasse: **krýt** „bedecken", **kupovat** „kaufen"

SINGULAR		
1. Person	kry**ji**	kup**uji**
2. Person	kry**ješ**	kup**uješ**
3. Person	kry**je**	kup**uje**

PLURAL		
1. Person	kry**jeme**	kup**ujeme**
2. Person	kry**jete**	kup**ujete**
3. Person	kry**jí**	kup**ují**

Partizip Perfekt auf -L		
	kryl	kupoval

Anmerkungen

- In der Umgangssprache werden bei Verbklasse IV in der 1. Person Singular die Endung **-u** und bei der 3. Person Plural die Endung **-ou** verwendet.
- Bei der Konjugation verändern manche Verben ihren Wortstamm, s. 7.7.

7.2 Konjugation des Hilfsverbs být „sein"

GEGENWART	*ZUKUNFT*
jsem	*budu*
jsi	*budeš*
je	*bude*
jsme	*budeme*
jste	*budete*
jsou	*budou*
VERGANGENHEIT	*KONJUNKTIV*
byl/a/o jsem	*byl/a/o bych*
byl/a/o jsi	*byl/a/o bys*
byl/a/o	*byl/a/o by*
byli/y/a jsme	*byli/y/a bychom*
byli/y/a jste	*byli/y/a byste*
byli/y/a	*byli/y/a by*

IMPERATIV

Buď! „Sei!"
Buďme! „Seien wir!"
Buďte! „Seid!/Seien wir!"

Anmerkung: Die Verneinung wird durch Voranstellen der Partikel **ne-** vor das Verb gebildet: **nejsem, nebudeš, nebyl** etc. In der 3. Person Singular Präsens tritt die einzige Ausnahme der tschechischen Sprache bei der Verneinung auf: „er/sie/es ist nicht" heißt **není**.

7.3 Bildung der Zeiten und der Modi

Im Indikativ (Wirklichkeitsform) unterscheidet man drei Zeiten: Die Gegenwart, die Vergangenheit und die Zukunft.

a) Gegenwart – Zur Gegenwart siehe 7.1.

b) Vergangenheit

- Die Vergangenheitsform erhält man, indem man in der 1. und 2. Person Singular und Plural dem Partizip Perfekt mit Endung **-l** das konjugierte Hilfsverb „sein" beifügt. In der 3. Person Singular und Plural bildet das Partizip Perfekt selbst die Vergangenheit.

- Das Partizip Perfekt erhält man, indem man die Infinitivendung **-t** des jeweiligen Verbs durch die Endung **-l** ersetzt (**dělat → dělal** „gemacht"), siehe Übersicht 7.5 und 7.7. Bei der Bildung des Partizips kann bei bestimmten Verben eine Veränderung der Buchstaben des Verbstamms vorkommen.

- Das Partizip stimmt in Geschlecht und Zahl mit dem Subjekt des Satzes überein. Im Singular: **dělal** (m.), **dělala** (f.), **dělalo** (n.); im Plural: **dělali** (m. bel.), **dělaly** (m. unbel. + f.), **dělala** (n.). In einem Satz mit mehreren Subjekten verschiedenen Geschlechts verwendet man beim Partizip stets die männliche Endung. Ist kein männliches Subjekt vorhanden, steht die weibliche Endung vorrangig vor der sächlichen.

- Zur Bildung der Verneinung geht die Partikel **ne-** dem Partizip voraus: **nedělal jsem**.

- Als Beispiel hier die Konjugation des Verbs **dělat** (unvoll.)/**udělat** (voll.) „machen":

  (u)dělal/-a/-o jsem „ich machte"
  (u)dělal/-a/-o jsi „du machtest"
  (u)dělal/-a/-o „er/sie/es machte"
  (u)dělali/-y/-a jsme „wir machten"
  (u)dělali/-y/-a jste „ihr machtet / Sie machten"
  (u)dělali/-y/-a „sie machten".

- Reflexive (Rückbezügliche) Verben: In der 2. Person Singular verschmilzt das Hilfsverb **jsi** mit dem Reflexivpronomen **se/si**: **ses/sis**. Diese Verschmelzung ist optional.

Beispiel: **mýt se** (unvoll.)/**umýt se** (voll.) „sich waschen":

(u)**myl jsem se** „ich wusch mich"
(u)**myl ses/jsi se** „du wuschest dich"
(u)**myl se** „er/sie/es wusch sich"
(u)**myli jsme se** „wir wuschen uns"
(u)**myli jste se** „ihr wuscht euch / Sie wuschen sich"
(u)**myli se** „sie wuschen sich".

c) Zukunft

- Die Zukunftsform unvollendeter Verben wird mithilfe des Hilfsverbs „sein", gefolgt vom Infinitiv des Verbs, gebildet. Zur Bildung der verneinten Form wird die Partikel **ne-** dem Hilfsverb vorangestellt: **nebudu dělat** „ich werde nicht machen".

- Beispielkonjugation: **dělat** (unvoll.)/**udělat** (voll.) „machen":

  budu dělat „ich werde machen"
  budeš dělat „du wirst machen"
  bude dělat „er/sie/es wird machen"
  budeme dělat „wir werden machen"
  budete dělat „ihr werdet / Sie werden machen"
  budou dělat „sie werden machen".

- Die Zukunftsform vollendeter Verben ist identisch mit der Konjugation der unvollendeten Verben in der Gegenwart, siehe 7.1: **udělám**, **uděláš**, **udělá** etc.

- Zur Zukunftsform der Verben der Bewegung siehe 42/3.

d) Imperativ (Befehlsform)

- Den Imperativ gibt es nur in der 2. Person Singular und in der 1. und 2. Person Plural. Für die 3. Person Singular und Plural verwendet man die Partikel **ať** „dass", gefolgt vom Indikativ (Gegenwart): **Ať dělá!** „Dass er/sie/es mache!" **Ať nedělají!** „Dass sie (m./f./n.) nicht machen".

- Zur Bildung des Imperativs werden dem Verbstamm (= 3. Person Plural ohne die Endungen -**ou**/-**í**) die entsprechenden Endungen angefügt. Diese Endungen, von denen es zwei Typen gibt, hängen von der Endung des Verbstamms ab (siehe 49/4):

- Verbstämme, die auf einen Konsonanten enden: (**mluví → mluv-**):

Mluv! „Sprich!"	Keine Endung
Mluvme! „Sprechen wir!"	Endung **-me!**
Mluvte! „Sprecht! / Sprechen Sie!"	Endung **-te!**

- Verbstämme, die auf eine Konsonantenfolge enden: (**řeknou → řekn-**):

řekni! „Sag!"	Endung **-i!**
řekněme! „Sagen wir!"	Endung **-eme/ěme!**
řekněte! „Sagt! / Sagen Sie!"	Endung **-ete/ěte!**

Anmerkung: Bei der Bildung des Imperativs kann bei bestimmten Verben eine Veränderung der Buchstaben des Verbstamms vorkommen, siehe 49/4 und 7.7. Bei Verben der I. Verbklasse zum Beispiel (**dělají → dělaj-**) gibt es die Lautveränderung **a → e**:

Dělej! „Mach!" **Dělejme!** „Machen wir!" **Dělejte!** „Macht! / Machen Sie!"

- Zum Imperativ der Verben der Bewegung siehe 49/5 und 7.7.

e) Konditional

- Man erhält den Konditional, indem man an das Partizip Perfekt auf **-l** (siehe 7.3 b.) die Konditionalpartikel anfügt.

- Diese Partikel hat die konjugierten Formen: **bych, bys, by, bychom, byste, by**.

- Zur Bildung der verneinten Form wird dem Partizip die Partikel **ne-** vorangestellt:

  nedělal bych „ich würde nicht machen".

- Beispielkonjugation: **dělat** (unvoll.)/**udělat** (voll.) „machen":

  (u)dělal/-a/-o bych „ich würde machen"
  (u)dělal/-a/-o bys „du würdest machen"
  (u)dělal/-a/-o by „er/sie/es würde machen"
  (u)dělali/-y/-a bychom „wir würden machen"
  (u)dělali/-y/-a byste „ihr würdet / Sie würden machen"
  (u)dělali/-y/-a by „sie würden machen".

- Reflexive Verben: In der 2. Person Singular wird die Endung **-s** der Partikel **bys** an das Ende des Reflexivpronomens verschoben: **by ses/sis.**

- Beispielkonjugation: **mýt se** (unvoll.)/**umýt se** (voll.) „sich waschen":

  (u)myl/-a/-o bych se „ich würde mich waschen"
  (u)myl/-a/-o by ses „du würdest dich waschen"
  (u)myl/-a/-o by se „er/sie/es würde sich waschen"
  (u)myli/-y/-a bychom se „wir würden uns waschen"
  (u)myli/-y/-a byste se „ihr würdet euch / Sie würden sich waschen"
  (u)myli/-y/-a by se „sie würden sich waschen".

- Zur Vergangenheitsform des Konditional siehe 77/4.

7.4 Enklitika und ihre Wortfolge

Einsilbige, unbetonte Wörter, die sich an ein betontes vorangehendes Wort anlehnen, sog. 'Enklitika', haben im Satz eine feste Position.

- Übersicht über die Enklitika:

- Formen des Hilfsverbs in der Vergangenheit: **jsem, jsi, jsme, jste**;

- Konjugierte Konditionalpartikel: **bych, bys, by, bychom, byste**;

- Unbetonte Personal- und Reflexivpronomen im Akkusativ, Genitiv und Dativ: **tě, se, ho, mi, ti, si, mu** (siehe 4.1).

Anmerkung: Einsilbige Wörter wie **mě, ji, je, jich, nám, vám, jim** oder auch **to** und die Adverbien **sem, tu** und **tam** können ihre Betonung verlieren und sich ebenfalls wie Enklitika verhalten.

- Wortfolge der Enklitika: Da sie hinter dem ersten betonten Ausdruck stehen müssen, können Enklitika niemals am Satzanfang stehen. Wenn mehrere Enklitika aufeinanderfolgen, so muss dies in der folgenden Reihenfolge geschehen: (betonter Ausdruck) – Hilfsverb „sein" oder Konditionalpartikel – Reflexivpronomen – Personalpronomen im Dativ – Personalpronomen im Akkusativ oder Genitiv.

Beispiele:
  Koupil jsem ti lístek. „Ich habe dir eine Eintrittskarte gekauft".
  Já jsem ti ho nekoupil. „Ich habe ihn dir nicht gekauft".
  Umyli bychom si ruce. „Wir würden uns die Hände waschen".
  Přečti mi to! „Lies es mir [vor]."

7.5 Der Infinitiv und die Partizipien

a) Der Infinitiv

- Der Infinitiv hat in der Regel die Endung **-t**, in seltenen Fällen auch **-ci**, und nur noch in der Schriftsprache oder in akademischen Wörterbüchern findet sich die heute nicht mehr verwendete Endung **-ti**.
- Die Endung **-t** wird entweder direkt an den Verbstamm (**nés-t, péc-t, krý-t**) oder (bei der Bildung der Aspekte) an den entsprechenden Bindelaut (**tisk-nou-t, kup-ova-t, pros-i-t, sáz-e-t, děl-a-t** etc.) angefügt.
- Entsprechend der Einteilung in Verbklassen (siehe 7.1) kann man sich an bestimmte Regeln halten:

Mögliche Infinitivendungen:

- **-at/-át/-ovat**

Dies sind in der Regel Verben der I. und IV. Verbklasse (**hrát; dělat; kupovat**). Sie haben das Partizip Perfekt **-al/-ál** und **-oval** (**hrál; dělal; kupoval**) und das Partizip Passiv **-án** und **-ován** (**hrán; dělán; kupován**).

- **-éct**

Dies sind Verben der I. Verbklasse (**péct**). Sie haben das Partizip Perfekt **-ekl** (**pekl**) und das Partizip Passiv **-ečen** (**pečen**).

- **-ést/-ézt**

Dies sind Verben der I. Verbklasse (**nést; vézt**). Sie haben das Partizip Perfekt **-esl** und **-ezl** (**nesl; vezl**) und das Partizip Passiv **-esen** und **-ezen** (**nesen; vezen**).

- **-et/-ět**

Dies sind in der Regel Verben der II. Verbklasse (**sázet; trpět**). Sie haben das Partizip Perfekt **-el/-ěl** (**sázel; trpěl**) und das Partizip Passiv **-en/-ěn** (**sázen; trpěn**).

- **-it/-ít**

Dies sind in der Regel Verben der II. und IV. Verbklasse (**prosit; křtít; pít**). Sie haben das Partizip Perfekt **-il** (**prosil; křtil; pil**) und das Partizip Passiv **-en/-ěn** und **-it** (**prošen; křtěn; pit**).

• **-nout**

Dies sind Verben der I. Verbklasse (**tisknout**; **minout** (voll.)). Sie haben das Partizip Perfekt **-l** und **-nul** (**tiskl**; **minul**) und das Partizip Passiv **-nut** (**tisknut**; **minut**).

• **-ýt**

Dies sind Verben der IV. Verbklasse: **krýt** und haben das Partizip Perfekt **-yl** (**kryl**) und das Partizip Passiv **-yt** (**kryt**).

- Zur Konjugation der Verben mit Infinitivendung -**být**, abgeleitet vom Hilfsverb „sein", siehe 7.2.
- Zu den unregelmäßigen Verben siehe 7.7.
- Zu Infinitivkonstruktionen siehe 84/7.

b) Das Partizip Perfekt Aktiv (PPA) mit Endung -l

- Zur Bildung und Verwendung in der Vergangenheitsform und im Konditional siehe 7.3 b.; zur Übersicht über die Partizipien entsprechend der Infinitivendung siehe 7.5 a.

c) Das Partizip Perfekt Passiv (PPP) mit Endung -n und -t

- Dieses Partizip dient der Bildung des Passivs der Schriftsprache, des sogenannten zusammengesetzten Passivs.

  Vom PPP werden auch Verbalsubstantive mit den Endungen **-ní** und **-tí** gebildet (all diese Substantive sind sächlich und werden wie **nádraží** dekliniert), s. 84/4, und etliche Adjektive mit den Endungen **-ný/-ná/-né** und **-tý/-tá/-té** (sie werden wie harte Adjektive dekliniert), s. 84/5.

- Das PPP wird gebildet, indem man die Endung **-l** der Vergangenheitsform transitiver Verben (Verben mit einem Akkusativobjekt) durch die Endung **-n** (**dělat** „machen", **dělal → dělán**) oder **-t** (**mýt** „waschen", **myl → myt**) ersetzt. Hierbei kann es zur Lautveränderung im Verbstamm kommen. Siehe 7.5 a.

- Alle drei Geschlechter haben eigene Partizipien. Im Singular:

  dělán, **myt** (m.);
  dělána, **myta** (f.);
  děláno, **myto** (n.).

Im Plural:

děláni, myti (m. bel.);
dělány, myty (m. unbel. + f.);
dělána, myta (n.).

- Die meisten Verben nehmen im Partizip Passiv die Endung **-n** an. Es handelt sich hierbei um Verben, die in der Vergangenheitsform die folgenden Endungen haben:

   -al/-ál/-oval: Beispiele **dělal → dělán, hrál → hrán, kupoval → kupován**;

   -ekl/-esl/-ezl: Beispiele **oblekl → oblečen, nesl → nesen, četl → čten, vezl → vezen**;

   -el/-ěl: Beispiele **otevřel → otevřen, zavřel → zavřen, myslel → myšlen, viděl → viděn**;

   -il: Beispiele **opravil → opraven, platil → placen, obsadil → obsazen, zpozdil → zpožděn**.

Die anderen Verben nehmen die Endung **-t** an. In der Vergangenheitsform haben sie die folgenden Endungen:

   -il/-ul/-yl: Beispiele **pil → pit, obul → obut, myl → myt**;

   -jal/-pnul: Beispiele **dojal → dojat, vypnul → vypnut**;

   -nul/-l: Beispiele **prominul → prominut, stiskl → stisknut**.

d) Das Transgressiv

- Diese Form der Schriftsprache drückt die Gleichzeitigkeit zweier Handlungen aus. Das Subjekt des Hauptsatzes stimmt mit dem Subjekt des Nebensatzes überein, das Verb richtet sich in Zahl (im Singular auch im Geschlecht) nach dem Subjekt.

   Beispiel für Transgressive: **čt-ou** „sie lesen" → **čta** (m. Sing.)/ **čtouc** (f.+ n. Sing.)/**čtouce** (Plural aller drei Geschlechter): „lesend";

   dělaj-í „sie machen" → **dělaje** (m. Sing.)/**dělajíc** (f. + n. Sing.)/ **dělajíce** (Plural aller drei Geschlechter): „machend".

Anmerkung: In der Umgangssprache wird der Transgressiv in Redewendungen verwendet, u. a. in den Formen **počínaje** (+ Instrumental): „beginnend", **nemluvě o** (+ Lokativ) „ganz zu schweigen von" („nicht gesprochen über"), **soudě podle** (+ Genitiv): „nach ... zu urteilen". Stellenweise wird der Transgressiv auch adverbial verwendet, wie z. B. bei **vsedě, vleže** oder **vstoje** „im Sitzen, sitzend", „im Liegen, liegend", „im Stehen, stehend".

- Der Transgressiv der Zukunfts- und Vergangenheitsform ist nicht gebräuchlich.

7.6 Das Passiv

a) Das zusammengesetzte Passiv

- Das Passiv der Schriftsprache wird aus dem konjugierten Hilfsverb „sein" und dem Partizip Passiv mit den Endungen **-n** oder **-t** zusammengesetzt. Siehe 84/3.

- Das Partizip Passiv stimmt in Geschlecht und Zahl mit dem Satzsubjekt überein. Zur Bildung des Partizips siehe 7.5 c.

- Das Hilfsverb „sein" wird in Gegenwart, Vergangenheit, Zukunft oder Konditional konjugiert. Zur Verneinung wird dem Hilfsverb die Partikel **ne-** vorangestellt.

- Konjugationsbeispiele des zusammengesetzten Passivs in der Gegenwart sind hier die Verben **zvát** (unvoll.)/**pozvat** (voll.) „einladen", **mýt se** (unvoll.)/**umýt se** (voll.) „sich waschen":

  jsem
  jsi   } (po)zván/-a/-o, (u)myt/-a/-o
  je

  jsme
  jste   } (po)zváni/-y/-a, (u)myti/-y/-a
  jsou

b) Das Reflexivpassiv

- Das Reflexivpassiv, die einzig geläufige Passivform, ist auf die 3. Person Singular und Plural beschränkt. Das reflexiv gewordene Verb stimmt mit dem Subjekt überein (siehe 84/3):

  Ta hra se hraje všude. „Dieses Spiel wird überall gespielt / Dieses Spiel spielt man überall".

  Anglické knihy se prodávají/se prodávaly/se budou prodávat/by se měly prodávat v knihkupectví 'Shakespeare'. „Englische Bücher werden verkauft / wurden verkauft / werden verkauft werden / sollten verkauft werden in der Buchhandlung 'Shakespeare' ".

  Jak se řekne česky "sauna"? „Wie sagt man auf Tschechisch 'Sauna'?"

- Zur unpersönlichen Form siehe 91/6.

7.7 Unregelmäßige Verben

Die unregelmäßigen Verben entnehmen Sie bitte den nachfolgenden Tabellen.

INFINITIV	GEGENWART			BEFEHLS-FORM	VERGAN-GENHEIT	ZUKUNFT
	1. Pers. Sg.	3. Pers. Pl.		2. Pers. Sg.	3. Pers. Sg.	3. Pers. Sg.
bát se „sich fürchten"	bojím se	bojí se		boj se!	bál se	bude se bát
číst „lesen"	čtu	čtou		čti!	četl	bude číst
dít se „geschehen"	–	dějí se		děj se!	děl se	bude se dít
dostat „bekommen"	dostanu	dostanou		dostaň!	dostal	dostane
hnát „treiben, jagen"	ženu	ženou		žeň!	hnal	požene
chtít „wollen"	chci	chtějí		chtěj!	chtěl	bude chtít
jet „fahren"	jedu	jedou		jeď!	jel	pojede
jíst „essen"	jím	jedí		jez!	jedl	bude jíst
jít „lügen"	jdu	jdou		jdi!	šel	půjde
mít „haben"	mám	mají		měj!	měl	bude mít
moct „können"	mohu	mohou		–	mohl	bude moct
pomoct „helfen"	pomohu	pomohou		pomoz!	pomohl	pomůže
poslat „schicken"	pošlu	pošlou		pošli!	poslal	pošle
přát „wünschen"	přeji	přejí		přej!	přál	bude přát

GRAMMATIKALISCHER ANHANG

INFINITIV	GEGENWART		BEFEHLSFORM	VERGANGENHEIT	ZUKUNFT
	1. Pers. Sg.	3. Pers. Pl.	2. Pers. Sg.	3. Pers. Sg.	3. Pers. Sg.
psát „schreiben"	píšu	píšou	piš!	psal	bude psát
plakat „weinen"	pláču	pláčou	plač!	plakal	bude plakat
růst „wachsen"	rostu	rostou	rost'!	rostl	poroste / bude růst
říct „sagen"	řeknu	řeknou	řekni!	řekl	řekne
smát se „lachen"	směji se	smějí se	směj se!	smál se	bude se smát
spát „schlafen"	spím	spí	spi!	spal	bude spát
stát „stehen, kosten"	stojím	stojí	stůj!	stál	bude stát
stát se „geschehen, werden"	stanu se	stanou se	staň se!	stal se	stane se
vědět „wissen"	vím	vědí	věz!	věděl	bude vědět
vést „führen"	vedu	vedou	veď!	vedl	povede / bude vést
vzít „nehmen"	vezmu	vezmou	vezmi!	vzal	vezme
začít „anfangen"	začnu	začnou	začni!	začal	začne
zapomenout „vergessen"	zapomenu	zapomenou	zapomeň!	zapomněl / zapomenul	zapomene
präfix + **-jmout**	-jmu	-jmou	-jmi!	-jal	-jme
präfix + **-pnout**	-pnu	-pnou	-pni!	-pnul	-pne

- Zur Konjugation des Hilfsverbs **být** „sein" und den abgeleiteten Verben siehe 7.2.

8. Adverbien

- Grundsätzlich unveränderlich, können Adverbien dennoch verschiedene Formen annehmen: Abwandlung der Adverbien des Zustands und der Handlung und Adverbien in der ersten und zweiten Steigerungsform (Komparativ und Superlativ).

  Die meisten Adverbien werden von den entsprechenden Adjektiven mithilfe von Nachsilben abgeleitet. Andere haben feste Formen ohne spezielle Endungen. Adverbien dienen der näheren Bestimmung des Ortes, der Zeit, der Menge, der Art und Weise etc. einer durch das Verb ausgedrückten Handlung.

- Die meisten Adverbien werden von Qualitätsadjektiven abgeleitet, wobei die Nachsilben **-e** oder **ě** an den Wortstamm anfügt werden:

  rychlý → rychle „schnell", **srdečný → srdečně** „herzlich", **moderní → moderně** „modern".

  Bei manchen Adjektiven mit Endung **-cký, -ský** et **-zký** wird das **-ý** durch ein kurzes **-y** ersetzt:

  praktický → prakticky „praktisch", **přátelský → přátelsky** „freundschaftlich", **hezký → hezky** „schön".

Anmerkungen

- Die Nachsilbe **-e/ě** zieht eine Erweichung nach sich:
  tichý → tiše, dlouhý → dlouze, krátký → krátce, dobrý → dobře etc.

- Adjektive, die Farben bezeichnen, bilden entsprechende Adverbien mithilfe der Endung **-e/ě**:
  bílý → bíle, černý → černě.

- Adjektive, die Sprachen bezeichnen, bilden entsprechende Adverbien mithilfe der Endung **-y**:
  anglický → anglicky; český → česky.

- Neben der 'normalen' Form haben einige Adverbien, die von harten Adjektiven abgeleitet sind, auch eine 'prädikative' Form mit der Endung **-o**. Sie werden nur in Attributen verwendet, siehe 91/5:
  draho „teuer", **plno** „voll", **volno** „frei".

- Wenn ein Adverb nur eine Form hat – was bei den meisten Adverbien der Fall ist – verwendet man es in Ergänzung zu einem weiteren Wort (Adjektiv, Adverb, Verb, Wortfolge) als Attribut: **dobře/správně napsané slovo** „gut/richtig geschriebenes Wort" – **To je dobře/správně** „Das ist gut/richtig".

- Einige Adverbien haben keine spezielle Endung. Dies sind Adverbien, die aus anderen Wortarten als Qualitätsadjektive entstanden sind:
  jak „wie", **ještě** „noch", **kde** „wo", **kdy** „wenn", **proč** „warum", **tady** „hier", **teď** „jetzt", **už** „schon" etc.

Die Formen dieser Adverbien können einfach sein:

trochu „ein wenig", **dost** „genug", **celkem** „insgesamt", **většinou** „meistens, größtenteils", **náhodou** „zufällig", **letos** „dieses Jahr", **dnes** „heute", **včera** „gestern",

oder sie können zusammengesetzt sein:

předevčírem „vorgestern", **pozítří** „übermorgen", **občas** „gelegentlich", **včas** „rechtzeitig", **najednou** „auf einmal", **kolikrát** „wie viele Male, einige Male", **nahlas** „laut", **potichu** „leise", **nahoře** „oben", **uprostřed** „in der Mitte", **vpravo** „rechts".

- Zu Adverbien, die als Frage- und Indefinitpronomen verwendet werden, siehe 4.4 und 4.5.
- Zu Adverbpaaren des Zustands und der Handlung siehe 21/5.
- Über die Adverbien für Zustand und Handlung hinaus können einige Adverbien außerdem die Richtung einer Bewegung angeben:

Handlung	Zustand
kam „wohin"	**odkud** „woher"
kudy „auf welchem Wege"	**kde** „wo"
doprava „nach rechts", **zprava** „von rechts"	**vpravo** „rechts"
nahoru „nach oben", **shora, zeshora** „von oben", **horem** „oben herum"	**nahoře** „oben"
dopředu „nach vorn", **zepředu, zpředu** „von vorn", **předem** „vorn"	**vepředu, vpředu** „vorn".

- Weitere Adverbien ...

... der Zeit: **dávno** „längst", **jednou** „einmal, einst", **minule** „kürzlich", **tenkrát** „damals", **tentokrát** „dieses Mal", **příště** „das nächste Mal", **pak** „dann", **potom** „dann, danach", **pořád** „ständig, immerwährend", **neustále** „ununterbrochen", **vždycky** „immer", **pokaždé** „jedes Mal", **zatím** „inzwischen, einstweilen", **hned** „gleich", **naposled** „zum letzten Mal", **loni** „letztes Jahr", **ráno** „morgens", **dopoledne** „vormittags", **odpoledne** „nachmittags", **večer** „abends", **zítra** „morgen".

... der Quantität: **kolik** „wie viel", **asi** „etwas", **zhruba** „ungefähr", **skoro** „fast", **hodně** „viel", **velice/velmi** „sehr", **moc** „sehr, viel", **příliš** „ziemlich", **sotva/stěží** „kaum", **stejně (... jako)** „genauso (... wie)", **tak (jako/že)** „so (... wie/dass)", **tolik/stejně (... jako)** „so viel (... wie)".

... der Meinung: **například** „zum Beispiel", **asi** „wahrscheinlich", **možná** „vielleicht", **snad** „vielleicht, wohl; hoffentlich", **nejspíš** „am ehesten", **spíš** „eher", **zvlášť/obzvlášť** „besonders", **zejména** „besonders", **třeba** „vielleicht", **právě** „eben", **ovšem** „jedoch", **hlavně** „hauptsächlich", **naopak** „im Gegenteil", **tak/takže** „so / so dass", **tedy** „also", **vůbec** „überhaupt nicht".

Steigerungsformen der Adverbien

- Nur von Qualitätsadjektiven abgeleitete Adverbien können Steigerungsformen bilden.

- Der Komparativ (1. Steigerungsstufe) wird mithilfe der Nachsilben **-eji/-ěji** (bei den meisten Adverbien) und **-e** (bei den seltenen Adverbien, die auf **-ko/-eko/-oko** enden) gebildet.

  Dabei kann es zu Lautveränderungen im Wortstamm kommen, siehe 70/4 b.

Anmerkungen: Die Nachsilbe **-e** kann manchmal auch vollständig entfallen:

blízko → blíž(e) „näher", **daleko → dál(e)** „weiter", **vysoko → výš(e)** „höher", etc.

- Der Superlativ (höchste Steigerungsstufe) wird mithilfe der Vorsilbe **nej-**, die dem Komparativ vorangestellt wird, gebildet, siehe 70/4 c.

- **Unregelmäßige Formen**

    brzo, brzy „früh" – **dříve, dřív** „früher" – **nejdříve, nejdřív** „am frühesten";
    dobře „gut" – **lépe, líp** „besser" – **nejlépe, nejlíp** „am besten";
    dlouho „lange" – **déle** „länger" – **nejdéle** „am längsten";
    málo „wenig"– **méně, míň** „weniger" – **nejméně, nejmíň** „am wenigsten";
    mnoho/moc „viel" – **více, víc** „mehr" – **nejvíce, nejvíc** „am meisten";
    špatně „schlecht" – **hůře, hůř** „schlechter" – **nejhůře, nejhůř** „am schlechtesten".

Anmerkungen: Die Adjektivform **rád/-a/-o** "gern; froh" wird bei der Steigerung adverbial: **raději, radši** – **nejraději, nejradši**. Siehe 3.3.

- Eine weitere Form zur Bildung des Komparativs ist die zusammengesetzte Form mit dem Adverb **víc(e)** „mehr": **trochu víc doleva** „etwas mehr nach links". Diese Form ist allerdings sehr selten.

- Jedoch ist die zusammengesetzte Form die einzige Möglichkeit, mit **méně, míň** „weniger", gefolgt von einem Adverb (**méně/míň rychle** „weniger schnell, langsamer"), eine Minderung auszudrücken. Der Superlativ lautet dementsprechend **nejméně, nejmíň rychle** „am wenigsten schnell, am langsamsten".

9. Bildung des Diminutivs (Verkleinerungsform)

- Der Diminutiv drückt eine Verkleinerung, aber auch die Zuneigung und Verbundenheit zu einer Person, einem Tier oder einer Sache aus:

strom „Baum" → **stromek** „Bäumchen" → **stromeček** „kleines Bäumchen", siehe 79/1.

Verkleinerungen werden von Hauptwörtern, Qualitätsadjektiven und Adverbien mithilfe von Nachsilben gebildet. Dabei können bei einigen Wörtern Änderungen des Wortstamms auftreten.

- Diminutive werden auch von tschechischen Vornamen gebildet, siehe 82.

Wichtigste Diminutivendungen

a) Hauptwörter

Männlich	Weiblich	Neutrum
-ek / -ík	**-ka**	**-ko**
dům „Haus" → domek	kniha „Buch" → knížka	slovo „Wort" → slůvko
stůl „Tisch" → stolek	strana „Seite" → stránka	rameno „Schulter" → ramínko
les „Wald" → lesík	ulice „Straße" → ulička	ucho „Ohr" → ouško

-eček / -íček	-ečka / -íčka	-ečko / -íčko
(dům → domek → domeček)	(kniha → knížka → knížečka)	(slovo → slůvko → slovíčko)
balík „Päckchen" → balíček	hvězda „Stern" → hvězdička	město „Stadt" → městečko
zajíc „Hase" → zajíček	píseň „Lied" → písnička	slunce „Sonne" → sluníčko

b) Qualitätsadjektive und Adverbien

-íčk- / -ink-	-oučk- / -ounk-
malý „klein" → maličký / malinký	sladký „süß" → sladoučký / sladounký
málo „wenig" → maličko / malinko	sladce „süß" → sladoučce / sladounce
trochu (trošku) „ein wenig" → trošičku / trošinku	hezký „schön" → hezoučký / hezounký
	hezky „hübsch" → hezoučky / hezounky

10. Die Konjunktionen

a) Nebenordnende Konjunktionen

Nebenordnende Konjunktionen verbinden zwei Hauptsätze. Zu diesen Konjunktionen gehören:

a „und"
ale „aber"
ani „nicht einmal"
avšak (am Satzanfang)/**však** (im Satzinnern) „aber, jedoch"
buď..., (a)nebo „entweder ... oder"
i „und, und auch, auch, sogar"
nebo „oder"
neboť „denn"
tedy „also".

b) Unterordnende Konjunktionen

Unterordnende Konjunktionen verbinden Haupt- und Nebensätze. Sie stehen immer am Anfang des Nebensatzes.

• **Aussagesatz**
že „dass"

• **Indirekter Fragesatz**
jestli/zda/zdali/-li (vor dem Verb) „ob"

• **Indirekter Aufforderungssatz**
aby (+ Konditional)/**ať** (+ Gegenwart/Zukunft des Indikativs) „dass"

• **Temporalsatz**

až (+ Zukunft des Indikativs) „sobald, wenn"
dokud „solange, bis"
jakmile/hned jak „sobald"
kdykoli(v) „wann immer; so oft; jedes Mal, wenn"
když (+ Gegenwart/Vergangenheit des Indikativs) „wenn, als"
než/dřív(e) než „bevor"
od té doby, co „seitdem, dass; seit"
pokaždé, když „jedes Mal, wenn"
poté, co „nachdem"
sotva(že) „kaum, (dass)"
zatímco „während"

• **Kausalsatz**
protože/poněvadž „weil, da"

- **Konsekutivsatz**
tak, aby (+ Konditional)/**takže** „so dass"

- **Finalsatz**
aby (+ Konditional) „damit, dass"

- **Konditionalsatz**
jestli/jestliže/-li (nach dem Verb)/**když** (+ Gegenwart/Zukunft des Indikativs)/**kdyby** (+ Konditional) „wenn, falls"
pokud „was anbelangt; sofern, soweit"

- **Konzessivsatz**
ačkoli(v)/přestože/třebaže „obwohl"
aniž „ohne dass"
i kdyby (+ Konditional)/**i když** (verneint: **ani kdyby/ani když**) „wenn auch, auch wenn"

- **Vergleichssatz**
čím (+ Komparativ) **..., tím** (+ Komparativ) „je ... desto"
jak „wie"
jako „wie"
jako (kdy)by (+ Konditional)/**jako když** „als ob, als wenn, wie wenn"
kolik..., tolik/nakolik..., natolik „(so) viel ... (so) viel"
než/než aby (+ Konditional) „als dass"
stejně (tak)..., jako/stejně tolik..., jako „gleich / soviel ... wie"

- Zu Relativsätzen siehe 91/3.

- Zu Ergänzungssätzen siehe 77/6, 79/10.

- Beispiele für diese Satztypen finden Sie, wenn Sie an den im grammatikalischen Index angegebenen Textstellen nachschlagen.

Anmerkungen

- Die meisten Konjunktionen haben keinen Einfluss auf den Modus des Nebensatzes. Je nach Kontext steht das Verb entweder im Indikativ (Feststellung einer Tatsache, einer Ansicht, einer Behauptung) oder im Konditional (modaler Gehalt: Wunsch, Hypothese, Zweifel, etc.).

- Auf die Konjunktionen **aby** und **kdyby** folgt immer der Konditional. Sie ändern sich der Person entsprechend, s. 71/5 und 72/6: **abych, abys, aby; kdybych, kdybys, kdyby** etc.

- Bestimmte andere Wörter, insbesondere Adverbien und Pronomen, werden manchmal als Konjunktionen verwendet.

GRAMMATIKALISCHER INDEX

Der folgende Index enthält in alphabetischer Reihenfolge alle Grammatikthemen, die in diesem Kurs besprochen werden. Zu jedem Thema ist die Lektion (**L**) bzw. der Absatz des grammatikalischen Anhangs (**A**) angegeben, in der bzw. in dem Sie Informationen zu dem Thema finden können. **L** 56/3a bedeutet z. B. Lektion 56, Anmerkung 3, 1. Anmerkungsteil, und **A** 10.b. verweist auf den grammatikalischen Anhang, Kapitel 10, Absatz b.

Absicht/Ziel, ausdrücken: siehe Finalsatz
aby „damit, (auf) dass, um ... zu", Konjunktion: **L** 72/6, 77/6, **A** 10 b.
   Siehe auch Indirekte Rede und Finalsätze
Adjektiv, Bildung: Nachsilben -**ový** und -**ní L** 11/8;
   Nachsilben **-ský/-cký L** 71/5
Adverbien: als Indefinitpronomen: **A** 4.5
   Adverbpaare **L** 16/4, 21/4, **A** 8;
   als Frage- und Relativpronomen: **A** 4.4
   Bildung der Adverbien **L** 56/7;
   Steigerungsformen **L** 70/4 b, c, **A** 8.1. Siehe auch Prädikative Adverbien und Vergleichssatz
Adverbpaare: Siehe Adverbien
Akkusativ: Singular **L** 14/2, 3, 4, 6;
   Plural **L** 63/1, 2;
   Tabelle **A** 2.1 – 5.3
Alphabet: **L** 14/1
Anrede: **L** 44/2;
   mit Titeln **L** 53/2. Siehe auch Vokativ
Artikel, Fehlen des: **L** 1/3, 4/5, 7/2, **A** 2 a
Aspekte: Allgemeines **L** 28/5, **A** 7 e;
   Verwendung **L** 32/4, 39/9, 10, 47/3, 55/4, 60/3, 66/1, 6, 70/6;
Aspektpaare: Siehe Aspekte
Aussagesatz: Konjunktionen **A** 10 b
Aussprache: Vorwort, **L** 1/2, 4, 5; 3/1, 2; 4/4, 7
až „bis", Adverb: **L** 61/5 „sobald, wenn";
   Konjunktion: **L** 41/10, **A** 10 b. Siehe auch Temporalsatz
Besitzanzeigendes Relativpronomen **jehož**: **L** 86/5. Siehe auch Relativsätze
Bestimmte und unbestimmte Verben: Siehe Verben der Bewegung
Bewegliches 'e': **L** 21/1 b, **A** 1.2
Bildung von Verben mithilfe von Vorsilben: **L** 63/7
Bruchzahlen: **L** 80/9, **A** 5.1 f
být: „sein", Konjugation: **A** 7.2

člověk „Mensch", Deklination im Plural: **A** 2.1: Anmerkungen
Dativ:
    Singular **L** 35/1, 2, 3;
    Plural **L** 77/1, 2, 3;
    Tabellen **A** 2.1 – 5.3. Siehe auch unpersönliche Konstruktionen
Datum: Siehe Uhrzeit
Deklination: Nomen und Funktion der Fälle **L** 7/4;
    Tabellen **A** 2.1 – 5.3
Demonstrativpronomen: Verwendung und Gehalt **L** 86/9;
    Tabelle **A** 4.3
den „Tag", Deklination: **A** 2.1: Anmerkungen
Diminutive: **L** 79/1, **A** 9
Direkte und indirekte Rede: **L** 63/6, 77/6;
    Konjunktionen **A** 10 b
dítě „Kind", Deklination im Plural: **A** 2.3: Anmerkungen
Dual, Deklination: **L** 76/4;
    Tabellen **A** 2.5
Einwand, ausdrücken: **L** 81/7; Konjunktionen **A** 10
Enklitika: Siehe Wortfolge
Ergänzungssatz: eingeleitet mit **že L** 77/6, 79/10;
    eingeleitet mit **aby L** 77/6
Erweichung: Siehe Palatalisierung
Familiennamen: Übereinstimmung **L** 8/5, 9, 12/1;
    Deklination der Familiennamen **L** 8/9, 62/1, 69/1, **A** 3.1:
    Anmerkungen
Femininum, Geschlecht: Siehe Hauptwörter, Nominal-, Qualitäts-, ..
    Possessivadjektive
Finalsatz: **L** 73/3, 77/6;
    Konjunktionen **A** 10 b
Fragepronomen: Tabelle **A** 4.4
Fragesätze: **L** 7/8. Siehe auch Konjunktionen und direkte und
    indirekte Rede
Fremd- und Lehnwörter, Deklination: männliche **L** 86/11;
    Deklination: sächliche **L** 29/7, 85/1
Gattungszahlwörter: **L** 87/5, **A** 5.3 b;
    Kurzformen: **L** 75/5, **A** 5.3 a
Gegenwartsform: **A** 7.1. Siehe auch Aspekte und Konjugation
Genitiv: Singular **L** 28/1, 2, 3;
    Plural **L** 70/1, 2, 3;
    Tabellen **A** 2.1 – 5.3
Handlung – Zustand: Siehe Adverb, Präpositionen und Verben des
    Zustands
Hauptwörter (männlich belebt/unbelebt, weiblich, sächlich): **L** 7/3, **A** 2
    Siehe auch Deklination

Imperativ (Befehlsform): **L** 49/4, 5, **A** 7.3 d. Siehe auch Aspekte
Indefinitpronomen: **A** 4.5; Bildung mit der Partikel **ně- L** 15/3, 81/5;
   Bildung mit der Partikel **-koli(v) L** 69/7;
   Bildung mit der Partikel **-si L** 81/5;
   Bildung mit der Partikel **málo- L** 86/8
Indefinitzahlen: **L** 75/3, 7, **A** 5.1 h, 5.4
Infinitiv: **A** 7.5 A. Siehe auch Aspekte und Infinitivkonstruktionen
Infinitivadjektive: **L** 80/6, 84/6
Infinitivkonstruktionen: **L** 79/6, 84/7
Instrumental: Singular **L** 49/1, 2;
   Plural **L** 91/1, 2;
   Tabellen **A** 2.1 – 5.3
Interjektionen und Lautmalerei: **L** 88
Iterative Verben: **L** 70/6, **A** 7 e: Anmerkungen
jak = **jakmile** „(so)wie" – **jak** = **když** „wenn", Konjunktion: **L** 65/9
jako by = **jako kdyby** „als ob/wenn", Konjunktion: **L** 72/5. Siehe auch Vergleichssatz
jaký Siehe **který – jaký**
jehož Siehe Besitzanzeigendes Relativpronomen
jet, jít „fahren, gehen" + **za** + Instrumental: **L** 90/9
jet, jít „fahren, gehen" + **na** + Akkusativ: **L** 19/1
kam "wohin" (Handlung) – **kde** „wo" (Zustand);
   Adverbien: **L** 16/4, **A** 8
Kardinalzahlen: **L** 42/2;
   als Distributivzahlen **L** 80/5;
   Tabellen **A** 5.1;
   Konstruktionen mit Kardinalzahlen **A** 5.4
Kausalsatz: **L** 73/3; Konjunktionen **A** 10
každý „jeder": **L** 73/7
kdy „wann", Adverb: **L** 36/9
když „wenn, als", Konjunktion: **L** 36/3, 41/9, **A** 10 b. Siehe auch Temporalsätze
když „wenn", Konjunktion: **L** 26/7, **A** 10 b. Siehe auch Konditionalsatz
Komparativ: Siehe Qualitätsadjektive und Adverb
Konditional: **L** 70/5, 72/1, 77/4, **A** 7.3 e. Siehe auch Aspekte, Konditionalsatz und Finalsatz
Konditionalsatz: **L** 71/5, 77/5;
   Konjunktionen **A** 10 b
Konjugation: Endungen der Gegenwarts-und Zukunftsform **L** 28/4, **A** 7 f;
   Verbklassen **L** 28/4, **A** 7.1;
   unregelmäßige Verben **L** 28/6, **A** 7.7
   Bildung der Zeiten und der Modi **A** 7.3;

Konjunktionen, neben- und unterordnende: **A** 10
Konsonanten: harte, weiche und mittlere: **L** 14/1
Korrespondenz, Gruß- und Schlussformeln: **L** 51/1, 9
který – jaký „welcher": **L** 18/3
Kurzformen: Siehe Nominaladjektive
„Leere" Vorsilben: **A** 7 e: Anmerkungen
-li "wenn, falls", Konjunktionspartikel: **L** 74/9, **A** 10 b. Siehe auch direkte und indirekte Rede und Konditionalsätze
Lokativ: Singular **L** 35/1, 2;
  Plural **L** 84/1, 2;
  Tabellen **A** 2.1 – 5.3
Männlich belebt und unbelebt, Geschlecht: Siehe Hauptwörter, Nominal-, Qualitäts-, Possessivadjektive
mít + Partizip Passiv: **L** 82/2
mít + Infinitiv: „sollen", unverbindliche Verpflichtung: **L** 34/9;
  měli jsme + Infinitiv: „wir hätten sollen" **L** 60/1
Modalverben: **L** 35/6, 84/7
Multiplikationszahlwörter: **L** 89/8, **A** 5.3 b
některý — nějaký: „irgendwelche – manche": **L** 38/5
než: „als dass", Konjunktion: Siehe Vergleichssatz
než „bevor", Konjunktion: **L** 36/9. Siehe auch Temporalsatz
Nomen: Siehe Hauptwörter
Nominaladjektive ("Kurzformen"): **L** 13/5, 56/3 b, 63/4, **A** 3
Nominativ: Plural **L** 56/1, 2;
  Tabellen **A** 2.1 – 5.3
Ordinalzahlen: **L** 42/2, **A** 5.2
Palatalisierung: **L** 21/1 c, **A** 1.3
Partizip Perfekt Aktiv mit Endung **-l**: **A** 7.3 b, 5 b
Partizip Perfekt Passiv mit Endung **-n** und **-t**: **A** 7.5 c
Personalpronomen: **L** 1/7; Tabellen **A** 4.1
Possessivadjektive: **L** 13/2, 56/3a, **A** 3;
  Tabelle **L** 63/3
Possessivpronomen: **L** 21/2;
  Tabellen **A** 4.2
Prädikative Adverbien: **L** 91/4, **A** 8: Anmerkungen
Präpositionen: **L** 42/5, 49/6;
  nachfolgende Fälle: **A** 6.1
Qualitätsadjektive: harte und weiche Adjektive: **L** 10/2, 3, **A** 3;
Qualitätsadjektive: Tabellen **A** 3.1 – 2;
Qualitätsadjektive: Steigerungsformen **L** 70/4 a, c, **A** 3.3. Siehe auch Übereinstimmung und Vergleichssatz
Reflexives Possessivpronomen **svůj**: **L** 20/8;
  Tabelle **A** 4.2 a
Reflexivpassiv: **L** 79/2, 84/3, 91/5, **A** 7.6 b
Reflexivpronomen **se**: Tabelle **A** 4.1 a

Reflexivpronomen **se/si** in konjugierten Verben: **L** 18/1, 21/6, **A** 7 f;
   Vergangenheit **L** 55/4;
   Konditional **L** 69/3;
   bei mehreren reflexiven Verben **L** 83/3;
   Wortfolge **A** 7.4
Rektion: **A** 7 h
Relativpronomen: **A** 4.4
Relativsatz: **L** 91/3
Sächlich, Geschlecht: Siehe Hauptwörter, Nominal-, Qualitäts-, Possessivadjektive
sám/sama/samo: „selbst, allein": **L** 57/7, **A** 4.5 b
Schlussfolgerung, ausdrücken: **L** 80/5;
   Konjunktionen **A** 10
Substantivierte Zahlwörter: **L** 87/4, **A** 5.1 f
Superlativ: Siehe Qualitätsadjektive und Adverbien
Tage, Monate und Jahreszeiten: **L** 42/1;
   Etymologie der Monatsnamen **L** 91/6
Temporalsatz: **L** 63/5; Konjunktionen **A** 10 b
(ten)týž/(ta)táž/totéž: „der-/die-/dasselbe": **L** 57/6;
   Tabelle **A** 4.5 c
Transgressiv: **A** 7.5 d
Übereinstimmung des Adjektivs (Beiwort, Attribut): **L** 5/1, 14/5, **A** 3
Übereinstimmung des Verbs:
   mit mehreren Subjekten (mit nach- und vorangestellten Verben): **L** 88/6;
   mit unbestimmtem Subjekt (unpersönliche Form) **L** 91/5;
   im Passiv **A** 7.6
   mit einem Zahlwort als Subjekt **A** 5.4;
   in der Vergangenheit und im Konditional **A** 7.3 b;
Übersicht über die Aspektpaare: **L** 35/6. Siehe auch Verben der Bewegung
Uhrzeit und Datum: **L** 37/1, 3, 5, 39/2, 42/1
Unbestimmte Zahlwörter: Siehe Indefinitzahlen
Unpersönliche Formen: **L** 91/5
Unpersönliche Konstruktionen mit Dativ: **L** 30/1, 2, 6, 91/6
Unregelmäßige Verben: Siehe Konjugation
Verbaladjektive, aktive: **L** 83/6, 84/5
Verbaladjektive, passive: **L** 82/7, 84/5
Verbalsubstantive: **L** 81/1, 84/4
Verben der Wahrnehmung: **L** 84/7
Verben bestimmter Phasen: **L** 84/7
Verben der Bewegung: bestimmte/unbestimmte **L** 42/3, **A** 7 e;
   Unterdrückung des Verbs im Infinitiv **L** 23/2;
   Konjugation im Futur **L** 42/4;
   im Imperativ **L** 49/4

Verben des Zustands: **L** 45/5, 8, 47/3, 48/9, 66/7
Vergangenheitsform: **L** 56/5, **A** 7.3 e. Siehe auch Aspekte und Konjugation
Vergleichssatz: Konjunktionen **A** 10 e
Verneinte Frage: **L** 23/2
Verneinung: **L** 7/7, **A** 7.3
Vokaländerungen: **L** 21/1 A, **A** 1.1
Vokativ: Singular **L** 49/3;
   Plural **L** 56/4;
   Tabellen **A** 2.1 – 3.2
Vollendete und unvollendete Verben: Siehe Aspekte
Vornamen und Kosenamen: **L** 82
Vorsilben für den Grad der Vollendung, Art und Weise, Ablauf einer Handlung: **L** 47/7, 55/1, 62/6, 81/3, 83/3
Vorsilben: Siehe Aspekte und Bildung von Verben mit Hilfe von Vorsilben
všechen/všechna/všechno: „all/ganz": **L** 59/3; Tabelle **A** 4.5 a
Weibliche Hauptwörter, Bildung mit Nachsilben -**ka L** 8/6; -**yně L** 9/5; -**ice L** 17/6
Wetter: **L** 36/2. Siehe auch unpersönliche Konstruktionen
Wortfolge: Qualitätsadjektiv und Attribut: **A** 3;
   im Satz **L** 8/5, 32/4;
   der Enklitika **L** 35/4, 56/6, **A** 7.4
Zugeständnis, ausdrücken: **L** 26/9, 81/7, 83/3;
   Konjunktionen **A** 10 b
Zukunftsform: **L** 35/5, **A** 7.3 c. Siehe auch Aspekte und Konjugation
Zusammengesetztes Passiv: **L** 81/1, 84/3, **A** 7.6 a
Zustand: Siehe Handlung

DIE AUSSPRACHE DES TSCHECHISCHEN

Die Aussprache des Tschechischen hat nichts Erschreckendes, denn sie folgt der Schreibung: Jeder Buchstabe wird im Prinzip so gesprochen, wie er geschrieben wird.

Wir wollen dennoch im Folgenden auf einige Besonderheiten der tschechischen Aussprache eingehen.

Akzente

Das Tschechische verwendet zwei Akzent-Typen, um die Aussprache zu präzisieren:

´ ist das Längenzeichen **čárka**. Es wird auf einem Vokal platziert und mit allen Vokalen verwendet/kombiniert.

˘ – **háček** genannt – dient zum Erweichen des Vokals **e** und für weitere Konsonanten. Dieses Erweichen (auch Mouillieren oder Palatalisieren genannt) bedeutet, dass der Laut am vorderen „harten" Gaumen (dem Palatum) gebildet wird und dabei mit einem „j" verschmilzt. Das „j" darf aber nicht wie ein eigener Laut gesprochen werden. Ein Beispiel hierfür finden Sie bei der Konsonantenfolge „gn", wenn Sie das Wort „Cognac" aussprechen.

Vokale

Die Vokale haben einen deutlichen und klaren Klang. Es gibt die kurzen Vokale **a, e, i/y, o, u** und die langen Vokale **á, é, í/ý, ó, ú/ů**. Bei den langen Vokalen hält man den Ton ungefähr doppelt so lang wie bei den kurzen, ohne jedoch die Qualität des Vokals zu verändern [aa, ee, ii, oo, uu]. Die Länge des Vokals muss unbedingt beachtet werden, denn sie kann die Bedeutung eines Wortes verändern: byt „Wohnung" und být „sein".

i und **y** stellen einen Laut dar und werden wie das deutsche „i" in „bitte" oder „Stille" gesprochen.

Auch **ú** und **ů** stellen einen Laut dar und werden nur beim Schreiben unterschieden: **ú** steht im Anlaut (Wortanfang), **ů** nur im In- und Auslaut (Wortmitte und Wortende).

Das **e** wird stets offen wie das deutsche „ä" ausgesprochen, dies gilt auch für das lange **é** und für -e/é am Wortende. Das **ě** ist ganz deutlich weich, d. h. es wird wie „j"+„ä" gesprochen. In der Lautschrift verwenden wir für seine Aussprache die Schreibweise: [jä].

Das **o** wird ebenfalls stets offen wie in „Post" gesprochen (d. h. Lippen und Mundhöhle werden relativ weit geöffnet). Für das lange **ó** gibt es im Deutschen keine Entsprechung. Es wird wie das „o" in „Kosten", nur eben lang, gesprochen.

Diphthonge

Der Diphthong, d. h. der „Doppellaut" **ou** und in Fremdwörtern **au** und **eu** wird wie ein „o" bzw. ein „a" bzw. ein „ä", das in ein „u" übergeht, also wie ein Laut, gesprochen [*oU, aU, äU*].

Konsonanten

Die meisten Konsonanten entsprechen den deutschen, mit den folgenden Ausnahmen:

k, **p** und **t** sind nicht behaucht.

Das **h** ist niemals ein Dehnungs-h wie im Deutschen, und es wird stets aspiriert (behaucht) ausgesprochen.

Des Weiteren gibt es das harte und stimmlose **ch** [*cH*] (das im Alphabet nach dem **h** kommt!).

Ihnen wird auffallen, dass die Konsonanten **l** und **r** (ein gerolltes Zungenspitzen-r, wie es in Südeuropa gesprochen wird) silbenbildend sein können.

Wie im Deutschen unterscheidet man stimmhafte und stimmlose Konsonanten (bei stimmlosen Konsonanten wird der Laut in der Mundhöhle mithilfe der Zunge erzeugt, bei den stimmhaften schwingen zusätzlich die Stimmbänder mit). Diese Unterscheidung muss bei der Aussprache beachtet werden, weil auch sie die Bedeutung eines Wortes verändern kann:
ten „dieser", **den** „Tag"; **pes** „Hund", **bez** „Flieder".

Stimmhaft sind: **b, d, d', g, v, z, ž, g, h, ř, (dz, dž)**

Stimmlos sind: **p, t, t', k, f, s, š, ch, ř, c, č**

Achten Sie darauf, dass am Wortende alle stimmhaften Konsonanten automatisch stimmlos werden:
hrad [*hrat*] „Burg"; **muž** [*musch*] „Mann".

Assimilation

Tritt in einem Wort eine Konsonantengruppe auf, so passen sich die Konsonanten bei der Aussprache in der Stimmhaftigkeit bzw. Stimmlosigkeit dem letzten Konsonanten dieser Gruppe an:
kdo [*gdo*].

Weiche Konsonanten

Konsonanten mit dem Akzent ˇ **háček** heißen weiche Konsonanten; auch **c** und **j** gehören zu dieser Kategorie.

c, č, š finden im deutschen „tß", „tsch" und „sch" ihr Äquivalent, und **ž** wird wie der Anlaut des französischen Wortes „Journal" oder wie das zweite „g" in „Garage" ausgesprochen.

Das **ř**, das weiche **r**, ist eine Besonderheit der tschechischen Sprache. Es ist in der Regel stimmhaft und wird wie eine Verschmelzung von **r** und **ž** als ein Laut gesprochen. Es kann auch stimmlos werden und wird dann wie eine Verschmelzung von **r** und **š** gesprochen.

Die Konsonanten **d-**, **t-**, **n-** werden, wenn ihnen die Vokale **-i**, **-í**, **-ě** folgen, außer in Fremdwörtern, ebenfalls weich gesprochen (also so, als hätten sie einen Akzent).

Noch eine Anmerkung zur Rechtschreibung: Nach weichen Konsonanten steht immer der Vokal **i/í**, das sogenannte „weiche i". Nach den Konsonanten **g**, **h**, **ch**, **k**, **r** steht immer der Vokal **y/ý**, das sogenannte „harte y".

Aussprache von Konsonantenverbindungen

Achten Sie darauf, dass Sie die folgenden Konsonantenverbindungen nicht wie im Deutschen aussprechen:

Bei **ck** werden **c** [*tß*] und **k** getrennt gesprochen:
  pecka [*pätß'ka*] „Obstkern",

bei **sch** werden **s** und **ch** [*cH*] getrennt gesprochen:
  schod [*ß'cHot*] „Stufe",

bei **sp** werden **s** und **p** getrennt gesprochen:
  spát [*ß'paat*] „schlafen"

und bei **st** werden **s** und **t** getrennt gesprochen:
  stroj [*ß'troj*] „Maschine".

Betonung

Sie liegt immer auf der ersten Silbe eines Wortes, es sei denn, dem Wort ist eine einsilbige Präposition vorangestellt. In diesem Fall verschmelzen die beiden Wörter zu einer Einheit, und die Präposition zieht die Betonung auf sich: **na zítra** [*na-sii-tra*].

Aber Vorsicht: **Betonung** und **Länge** sind zwei unterschiedliche Dinge. Die erste Silbe [*na-*] ist kurz und stark betont, die zweite hingegen [*-sii-*] ist lang, aber schwach betont.

Der Einfachheit halber weisen wir die Betonung bei einsilbigen Wörtern nicht durch Fettdruck aus. Wo zwei Laute unabhängig gesprochen werden, zeigen wir die Trennung mit einem Apostroph an: **fotoaparát** [*foto'aparaat*].

> Im Folgenden finden Sie eine ausführliche Liste der tschechischen Laute. Sie sollten sich diese Liste/Tabelle gründlich anschauen und sie besonders am Anfang immer wieder zum Nachschlagen oder Überprüfen heranziehen.

	Buch-stabe	Lautschrift-zeichen	Beschreibung bzw. deutsches Beispiel	tschechisches Beispiel
V o k a l e	a	[a]	das	**ano** [ano]
	á	[aa]	T**a**g	**má** [maa]
	e	[ä]	l**ä**cheln	**Eva** [äwa]
	é	[ää]	K**ä**se	**nové** [nowää]
	ě	[jä]	Verschmelzung von j + ä	**pět** [pjät]
	i/y	[I]	b**i**tte	**byl** [bIl]
	í/ý	[ii]	T**i**ger	**bílý** [biilii]
	o	[o]	**O**bjekt (offenes o)	**okno** [okno]
	ó	[oo]	langes, offenes o	**tón** [toon]
	u	[u]	m**u**ß	**ruka** [ruka]
	ú/ů	[uu]	F**u**ß	**dům** [duum]
	ou	[oU]	o mit Übergang zum u	**jednou** [jädnoU]
	au	[aU]	a mit Übergang zum u	**auto** [aUto]
	eu	[äU]	ä mit Übergang zum u	**euro** [äUro]
K o n s o n a n t e n	b	[b]	B**ä**r	**byt** [bIt]
	c	[tß]	**Z**ebra	**co** [tßo]
	č	[tsch]	**tsch**echisch	**čaj** [tschaj]
	d	[d]	**D**onner	**den** [dän]
	ď	[dj]	Verschmelzung von d und j	**ďábel** [djaabäl]
	f	[f]	**F**ilm	**film** [film]
	g	[g]	**G**ummi	**guma** [guma] *
	h	[h]	**H**aus (behaucht)	**hrad** [hrat]
	ch	[cH]	Bu**ch**	**chyba** [cHiba]
	j	[j]	**J**od	**já** [jaa]
	k	[k]	Zu**ck**er (nicht behaucht)	**kam** [kam]
	l	[l]	**L**öwe	**let** [lät]
	m	[m]	**M**öwe	**metro** [mätro]
	n	[n]	**N**ame	**ne** [nä]
	ň	[nj]	wie im französ. Co**gn**ac	**daň** [danj]
	p	[p]	**P**rag (nicht behaucht)	**pro** [pro]
	q	[kw]	**q**uasi	**quasi/kvazi** [kwasI]*
	r	[r]	rollendes Zungenspitzen-**r**	**rok** [rok]
	ř	[rrj]/[rrsch]	Verschmelzung von r + ž/š	**řeka** [rrjäka]
	s	[ß]	da**s**	**sto** [ßto]
	š	[sch]	**Sch**af	**šek** [schäk]
	t	[t]	**T**asse (nicht behaucht)	**ta** [ta]
	ť	[tj]	Verschmelzung von t und j	**trať** [tratj]
	v	[w]/[f]	**W**eg (/ f für nur im Auslaut)	**vy** [wi]
	w	[w]	**W**att	**watt** [wat] *
	x	[kß]	Te**x**t	**text** [täkßt] *
	z	[s]	Ro**s**e	**zase** [saßä]
	ž	[j]	wie im französ. **J**ournal	**že** [jä]

* nur Fremd- & Lehnwörter

Diese Tabelle haben wir auf der letzten Buchseite platziert, damit Sie sie immer wieder schnell finden können. Weitere Erklärungen zur Aussprache und Betonung finden Sie auch auf den vorherigen Seiten.